西周金文礼制研究

黄益飞 著

中国社会科学出版社

图书在版编目（CIP）数据

西周金文礼制研究/黄益飞著．—北京：中国社会科学出版社，2019.5（2020.9重印）
ISBN 978-7-5203-4379-4

Ⅰ.①西⋯　Ⅱ.①黄⋯　Ⅲ.①金文—研究—中国—西周时代②礼仪—制度—研究—中国—西周时代　Ⅳ.①K877.34②K892.9

中国版本图书馆 CIP 数据核字（2019）第 082416 号

出 版 人	赵剑英
责任编辑	郭　鹏
责任校对	刘　俊
责任印制	王　超

出　　版	中国社会科学出版社
社　　址	北京鼓楼西大街甲 158 号
邮　　编	100720
网　　址	http://www.csspw.cn
发 行 部	010-84083685
门 市 部	010-84029450
经　　销	新华书店及其他书店
印　　刷	北京君升印刷有限公司
装　　订	廊坊市广阳区广增装订厂
版　　次	2019 年 5 月第 1 版
印　　次	2020 年 9 月第 2 次印刷
开　　本	710×1000　1/16
印　　张	25.5
插　　页	2
字　　数	457 千字
定　　价	118.00 元

凡购买中国社会科学出版社图书，如有质量问题请与本社营销中心联系调换
电话：010-84083683
版权所有　侵权必究

序

　　益飞博士的这部学术专著是在他博士学位论文的基础上增补完善而成的。2013年他以题为《西周金文礼制研究》的论文获得博士学位，之后在这一问题的研究上日益精进，研究领域也不断拓展。这部著作便是他对相关问题阶段性研究的结穴。

　　在考古所研究古文字学必须具有自己的特色，文字释读虽然是古文字研究的基础工作，但并非这一学科研究的最终目的，古文字材料事实上与考古资料一样，都只是解决考古学与历史学问题的史料而已，而诠释史料的基础则在于文献。益飞在随我攻读博士学位之初就表达了他有志西周礼制研究的愿望，于是我命他先认真研读经学原典，特别是三礼，并进一步学好古文字理论，打实古文字和古文献基础，尔后选择应国铜器匍盉铭文作为研究训练，视其心之所得确定论文选题。他则不负我的期望，甘于寂寞，刻苦钻研，将金文的研读与文献的学习相互结合，逐渐形成了自己的想法。尽管如此，由于金文礼制研究属难中之难，非积厚者所不能为，他能否做好这个题目，我当时并无把握。而益飞则毅无反顾，心固如结，最终交出了一份优秀的成果，其勇于探索的精神令我感佩。

　　中国文化博大渊深，故治传统学术，抱残守缺或浅尝辄止都不是应有的态度。曾子曰："士不可以不弘毅。"没有坚韧不拔的毅力，要想在艰深的学术研究中有所成就是根本不可能的。治学不能避难就易，问题愈难，学术价值也就愈高。益飞迎难而上，必坚筑其学术基础，故而能取得今天呈现给学术界的这部有关西周金文礼制研究全面且系统的成果。

　　古人有为举之而制礼，遂以体以履训礼，足见礼的作用重在实用，并不纯在文本，故礼学素有礼经礼容之别。如何根据金文史料研究礼法威仪，始终都是西周礼制研究的重要内容。益飞在其专著中对这两方面问题都有所思考，也有所创获。不仅如此，他更有志将研究领域扩大到甲骨文所反映的商代礼制问题，周承殷制而有所损益，这对完整理解西周礼制问题非常重要。

商周礼制繁文缛节，涉及的问题广泛而具体，甲骨文、金文史料直出先民之手，所以是重建二代礼仪制度的绝好材料，向为学者所重。利用金文重建西周礼制的工作，北宋金石学启其端，至清儒孙诒让始成脉络，已有相当的成果可资汲取。如何在前人研究的基础上有所发现，积薪居上，关键取决于对金文资料的深入研究和正确解读。这不仅是金文研究的基础，更是西周礼制研究的基础。

铭文研究既要以大见小，也要以小见大。大者在于制度，制度明了，一字一词才可能得以落实；小者在于文字，文字正读，文意和制度才可能得以疏通揭示。二者不可偏废。

制度为先是正确理解铭文礼制意义的关键。譬如丧礼，古制以先人亡故至葬为奠，葬后迎精而返，三虞安神于宗庙，卒哭则行吉礼，此其大略，制度昭明。我曾据我方鼎铭文研究西周丧奠礼，就是在这样的制度背景下确定铭文"遣"字实指丧奠礼中的大遣奠，而其前两祭祖妣的活动当然就是丧奠礼中的朝庙奠与祖奠。而相关的否器铭文"遣"字，自也具有相同的意义。或有解"遣"乃遣送亡人精灵而出，惧其居宅作祟。此虽训诂无尤，但却深违制度，这种驱亡灵为厉鬼的做法实属不肖，在华夏文明的传统礼俗中是根本不能被允许的。

金文遣词的细微变化并非没有意义，因此，具体而微的文字考释对揭示古代制度非常重要，没有对文字的考辨正读，一切讨论都将化为虚幻。过去我对西周初年所建二伯制度的研究，证据之一就是基于对金文"遹省"、"达省"、"大省"和"省"之不同语词的分析，甄别其制度差异。然而文字的考释不徒形音义之说解，更需与制度符合，若拘于字形，强恃比附，则不免琐屑穿凿，以文害辞。

制度的研究易疏于空泛，文字的证说易昧于系统，此之失也，二者互相参证阐发，则举一可得其二。制度的通晓必须依靠对经学文献的系统学习，而文字的正读又需要小学知识的不断积累，所以，学问之功存不得半点机心巧用，不经过长期不懈的砥砺琢磨和慎思静悟是不可能成就的。益飞在其专著中的考证多很扎实，具有说服力，特别是像霸伯尚盂铭文一类研究成果，兼顾二者而论之，显示出其作为学术后劲的巨大潜力。

目前有关三代礼制的研究虽已深入于若干细节，取得了极大进展，但某些宏观问题仍有待思考，其中之要点至少涉及三方面问题。

礼器对于礼制的意义格外重要，古以形而上者谓之道，形而下者谓之器，制器的目的并不在器，器以载道才体现着器用制度的根本。《礼记·礼器》开篇即言"礼器，是故大备"，汉儒清儒对此的理解各有不同，实际"礼器"应指合礼之器，器合于礼则礼成，是谓大备；器不合礼则礼失，是谓不备。所以《礼器》全篇都在讲合礼之器用，反映了古人对于礼与器之关系的深刻思考。如何结合考古学、古文字学和古文献学综合探索古代器用制度，则是今后礼制研究的重要课题。

中国文化的核心在于崇德，德的表现形式则为礼乐，礼以节人，乐以发和，实为一体。礼乐有教，礼教恭俭庄敬，乐教广博易良；礼教失烦，乐教失奢；恭俭而不烦，广博而不奢，则深得礼乐也。故知乐则几于礼，礼乐皆得，谓之有德。这既体现了先贤对于礼乐关系的理解，更是今后礼学研究所应关注的重要课题。

一切学问的终极研究都是思想史，礼乐制度的历史同样如此，其所涉及的问题已远远超出容仪举止，而具有着更广泛的内涵。荀子作《礼论》，小戴《记》又有《乐记》，对这些问题都有深刻的阐释。如何根据金文资料建立西周的礼乐思想，也是今后礼学研究的重要课题。

学术研究是没有止境的，既要谋诸近，又要谋诸远；既得求其术，更得求其道。胸怀全局，修文纯粹，才可能穷神知化。对三代礼制重建的工作也要道术兼求，故任重而道远。兹略摅所怀，是为序。

冯时
2019年3月23日于尚朴堂

目 录

前言 ……………………………………………………………………… (1)
  一 阐发礼乐文化内涵，弘扬中国特色社会主义文化 ………… (1)
  二 识文说礼整理国故，探究中华礼乐文明起源发展 ………… (4)

第一章 西周金文礼制研究之回顾及展望 ……………………………… (1)
  第一节 宋人研究 ……………………………………………………… (1)
    一 礼器性质研究 ………………………………………………… (2)
    二 礼仪制度研究 ………………………………………………… (5)
  第二节 清人研究 ……………………………………………………… (8)
    一 乾嘉时期 ……………………………………………………… (8)
      （一）彝名修饰字研究 ……………………………………… (9)
      （二）礼制研究 ……………………………………………… (11)
    二 道咸时期 ……………………………………………………… (12)
      （一）彝名修饰字研究 ……………………………………… (13)
      （二）礼制研究 ……………………………………………… (14)
    三 同光时期 ……………………………………………………… (18)
      （一）刘心源 ………………………………………………… (18)
      （二）方濬益 ………………………………………………… (21)
      （三）其他学者 ……………………………………………… (27)
  第三节 民国时期的研究 ……………………………………………… (31)
    一 传统金石学研究 ……………………………………………… (31)
      （一）罗振玉、王国维 ……………………………………… (32)
      （二）于省吾、柯昌济 ……………………………………… (34)
      （三）杨树达 ………………………………………………… (34)
    二 郭沫若的金文礼制研究 ……………………………………… (37)
      （一）《周礼》及礼俗研究 ………………………………… (37)

（二）西周名物制度研究 …………………………………… (38)
　　（三）传统五礼研究 ……………………………………… (39)
　　（四）三年丧期研究 ……………………………………… (40)
第四节　1949年以后的研究 …………………………………… (42)
　一　断代体系之上的礼制研究 ………………………………… (42)
　　（一）陈梦家 ……………………………………………… (42)
　　（二）唐兰 ………………………………………………… (43)
　二　史论研究 …………………………………………………… (44)
　三　全面、深入的研究 ………………………………………… (47)
　　（一）总体性的研究 ……………………………………… (47)
　　（二）专题研究 …………………………………………… (48)
　　（三）多维度的研究 ……………………………………… (50)
　　（四）其他研究 …………………………………………… (51)
第五节　总体回顾及展望 ………………………………………… (52)
　一　既有研究成果述要 ………………………………………… (52)
　二　进一步的研究设想 ………………………………………… (53)
　　（一）对礼制研究的整体思考 …………………………… (53)
　　（二）笔者目前的研究进展 ……………………………… (55)
　　（三）研究设想 …………………………………………… (56)

第二章　吉礼研究 ……………………………………………… (59)
第一节　吉礼铭文整理 …………………………………………… (60)
　一　天神地祇之祭 ……………………………………………… (62)
　　（一）郊 …………………………………………………… (62)
　　（二）祓 …………………………………………………… (63)
　　（三）禜 …………………………………………………… (65)
　　（四）般 …………………………………………………… (67)
　　（五）祭（祊） …………………………………………… (67)
　二　人鬼之享祀 ………………………………………………… (71)
　　（一）侑、祀 ……………………………………………… (71)
　　（二）酌 …………………………………………………… (71)
　　（三）饔 …………………………………………………… (72)
　　（四）告（造） …………………………………………… (73)
　　（五）祔 …………………………………………………… (75)

  （六）禴 …………………………………………………………（77）
  （七）禦 …………………………………………………………（78）
  （八）燎 …………………………………………………………（79）
  （九）烝 …………………………………………………………（79）
  （十）赠 …………………………………………………………（82）
  （十一）尝 ………………………………………………………（82）
  （十二）报 ………………………………………………………（83）
  （十三）裡 ………………………………………………………（83）
  （十四）禫 ………………………………………………………（86）
  （十五）禅 ………………………………………………………（86）
  （十六）臘 ………………………………………………………（87）
 第二节　致祭对象——"神" …………………………………………（88）
 第三节　商周禘祭研究 …………………………………………………（93）
  一　□祭 …………………………………………………………（93）
  二　禘祭仪节 ……………………………………………………（96）
  三　余论 …………………………………………………………（100）
 第四节　金文所见西周宗法研究 ………………………………………（101）
  一　宗 ……………………………………………………………（101）
   （一）宗 …………………………………………………………（101）
   （二）大宗 ………………………………………………………（103）
   （三）多宗、万宗 ………………………………………………（103）
   （四）旧宗 ………………………………………………………（104）
   （五）宗老与宗子 ………………………………………………（104）
  二　兄弟 …………………………………………………………（104）
   （一）兄 …………………………………………………………（104）
   （二）弟 …………………………………………………………（106）
  三　亚 ……………………………………………………………（108）
  四　行字与宗法 …………………………………………………（109）
   （一）伯、仲、叔、季 …………………………………………（110）
   （二）西周家族与宗法 …………………………………………（111）
 第五节　金文所见西周用事习俗 ………………………………………（117）
  一　生活习俗 ……………………………………………………（118）
  二　政事习俗 ……………………………………………………（120）
  三　农事习俗 ……………………………………………………（121）

第三章　凶礼研究 … (126)

第一节　凶礼铭文整理 … (126)
- 一　丧 … (126)
- 二　吊 … (127)
- 三　哀 … (127)
- 四　安、宁 … (128)
- 五　遣 … (129)

第二节　殷周三年丧制研究 … (130)
- 一　有关三年丧制的争论 … (130)
- 二　郭沫若论三年丧 … (132)
- 三　彝铭所见西周丧制 … (133)
- 四　天子与诸侯丧制 … (134)
  - （一）文献所见天子、诸侯丧制 … (134)
  - （二）彝铭所见周天子丧礼之权变 … (138)
- 五　小结 … (140)

第三节　晏鼎铭文与西周丧服制度 … (140)
- 一　晏鼎铭文简释 … (141)
- 二　择哀与丧服制度 … (146)

第四章　宾礼研究 … (151)

第一节　宾礼铭文整理 … (151)
- 一　使（命）、宾（赏、赐） … (151)
  - （一）使 … (151)
  - （二）使、赐（赏）并用 … (152)
  - （三）使、宾（傧）并用 … (152)
  - （四）命、宾（傧）连言 … (153)
  - （五）使与宾礼 … (154)
- 二　见 … (156)
  - （一）见 … (156)
  - （二）见服与见事 … (161)
- 三　遘 … (162)
- 四　殷 … (163)
- 五　会、同 … (164)
  - （一）会 … (164)

（二）同 …………………………………………………………（165）
第二节　古文字所见宾、客 ………………………………………（166）
　一　释宾 …………………………………………………………（166）
　二　古文字中的客 ………………………………………………（168）
第三节　西周册命礼的朝仪 ………………………………………（170）
　一　君臣朝位 ……………………………………………………（171）
　　（一）天子朝位 …………………………………………………（172）
　　（二）册命地点 …………………………………………………（173）
　　（三）右者朝位 …………………………………………………（173）
　　（四）受命者朝位 ………………………………………………（174）
　二　宣命仪注与左右二史 ………………………………………（175）
　　（一）宣命仪注 …………………………………………………（175）
　　（二）册命史官与左右二史 ……………………………………（177）
　三　结论 …………………………………………………………（179）
第四节　霸伯盂铭文与西周朝聘礼 ………………………………（181）
　一　宾主身份 ……………………………………………………（183）
　　（一）命宾之辞 …………………………………………………（184）
　　（二）馈赠动词 …………………………………………………（185）
　二　盂铭所记朝聘礼 ……………………………………………（186）
　　（一）首日之礼 …………………………………………………（187）
　　（二）翌日正礼 …………………………………………………（194）
　　（三）郊送赠贿 …………………………………………………（206）
　　（四）宾礼之仪 …………………………………………………（207）
　三　相关问题讨论 ………………………………………………（208）
　　（一）蔑历 ………………………………………………………（208）
　　（二）爯 …………………………………………………………（212）
第五节　穆王制礼 …………………………………………………（214）
　一　六币的形成 …………………………………………………（214）
　二　西周聘礼的形成 ……………………………………………（216）
　三　西周婚礼的形成 ……………………………………………（217）
　四　周礼的确立 …………………………………………………（218）

第五章　军礼研究 ……………………………………………………（220）
　第一节　军礼铭文整理 …………………………………………（221）

一　省 …………………………………………………………（221）
　　　　（一）遹省 ……………………………………………………（221）
　　　　（二）违省 ……………………………………………………（222）
　　　　（三）省 ………………………………………………………（222）
　　　二　命将、献俘与饮至之礼 ………………………………（230）
　　　　（一）命将出征 ………………………………………………（230）
　　　　（二）振旅与饮至 ……………………………………………（232）
　　　　（三）献俘 ……………………………………………………（233）
　　　三　田礼类铭文 ……………………………………………（235）
　　　　（一）狩 ………………………………………………………（235）
　　　　（二）田 ………………………………………………………（235）
　　第二节　金文所见西周马政 …………………………………（236）
　　　一　驹与驹车 ………………………………………………（236）
　　　二　执驹 ……………………………………………………（238）
　　第三节　霸仲诸器与迁庙之主 ………………………………（241）
　　　一　诸器铭文 ………………………………………………（241）
　　　　（一）铭文略释 ………………………………………………（242）
　　　　（二）相关问题 ………………………………………………（243）
　　　二　迁庙之主与军事征伐 …………………………………（243）
　　第四节　仁本思想与西周刑德观 ……………………………（247）
　　　一　冬夏不兴师 ……………………………………………（247）
　　　　（一）抵御外侮 ………………………………………………（247）
　　　　（二）守卫盐场 ………………………………………………（248）
　　　　（三）秋狝与出师 ……………………………………………（248）
　　　二　老幼不忘弃 ……………………………………………（250）
　　　三　仁本与刑德 ……………………………………………（252）

第六章　嘉礼研究（上）
　　　　——饮食之礼及射礼 ……………………………………（255）
　　第一节　饗礼铭文整理 ………………………………………（256）
　　　一　宗庙献食之饗 …………………………………………（256）
　　　二　燕饗之饗 ………………………………………………（258）
　　　三　饗有饮与食 ……………………………………………（261）
　　　四　𩩍 ………………………………………………………（262）

第二节 西周饗礼研究 (263)
  一 饗礼或行于庙 (263)
  二 饗礼或有夜饮 (267)
  三 饗礼之俎 (268)
  四 饗礼之主宾 (269)
    （一）御 (269)
    （二）侑 (271)
    （三）迺 (275)
  五 饗义 (275)

第三节 燕礼与食礼 (276)
  一 燕礼 (276)
    （一）燕与殷商燕礼 (276)
    （二）西周醴、饮 (277)
    （三）东周宴乐 (278)
  二 饮 (279)
  三 食礼 (283)

第四节 西周射礼零拾 (284)
  一 王射之礼 (284)
  二 诸侯臣工射礼 (286)
    （一）大射 (286)
    （二）饗射 (288)
    （三）宾射 (289)
    （四）习射 (289)
  三 射仪 (291)
    （一）射耦 (291)
    （二）射数 (292)
    （三）赞射 (293)
    （四）奖惩 (293)
  四 结语 (293)

第七章 嘉礼研究（下）
  ——婚礼研究 (295)
第一节 匍盉与纳徵礼 (295)
  一 匍盉与纳徵礼 (296)

二　相关人物 …………………………………………………… (302)
　　三　铭辞余释 …………………………………………………… (304)
第二节　散车父诸器与亲迎之礼 ………………………………… (307)
第三节　昔鸡簋与送亲之礼 ……………………………………… (310)
　　一　送亲之礼 …………………………………………………… (311)
　　二　国族地理 …………………………………………………… (312)
　　　（一）荓 ……………………………………………………… (312)
　　　（二）韩与昔 ………………………………………………… (313)
　　三　周王后妃称谓 ……………………………………………… (314)
　　　（一）王姜 …………………………………………………… (314)
　　　（二）王姒与王妊 …………………………………………… (315)
　　　（三）周王后妃称号 ………………………………………… (316)
第四节　婚礼用币考 ……………………………………………… (317)
　　一　缁帛考辨 …………………………………………………… (317)
　　二　布帛尺寸 …………………………………………………… (320)
第五节　俪皮及相关问题 ………………………………………… (321)
　　一　鹿皮的礼仪用途 …………………………………………… (321)
　　二　鹿皮与婚礼 ………………………………………………… (323)
　　三　余论 ………………………………………………………… (325)
第六节　两周婚期研究 …………………………………………… (325)
　　一　媵器所见两周婚期 ………………………………………… (326)
　　　（一）西周媵器 ……………………………………………… (326)
　　　（二）春秋媵器 ……………………………………………… (327)
　　二　《春秋》经传所见婚期 …………………………………… (334)
　　　（一）于春嫁娶 ……………………………………………… (334)
　　　（二）于夏嫁娶 ……………………………………………… (335)
　　　（三）于秋嫁娶 ……………………………………………… (335)
　　　（四）于冬嫁娶 ……………………………………………… (335)
　　三　战国日书所见婚期 ………………………………………… (336)
　　四　余论 ………………………………………………………… (338)

第八章　西周金文常见仪节考 …………………………………… (340)

第一节　金文拜礼与《周礼》九拜 ……………………………… (340)
　　一　拜 …………………………………………………………… (340)

二　稽 ………………………………………………… （341）
　　三　九拜 ………………………………………………（343）
　　　（一）稽首 …………………………………………（343）
　　　（二）顿首 …………………………………………（346）
　　　（三）空首 …………………………………………（347）
　　　（四）吉拜 …………………………………………（348）
　　　（五）凶拜 …………………………………………（352）
　　　（六）奇拜与褒拜 …………………………………（355）
　　　（七）肃拜 …………………………………………（358）
　　　（八）振动 …………………………………………（359）
　　四　小结 ………………………………………………（359）
　第二节　"对扬"研究 ……………………………………（360）
　　一　对 …………………………………………………（360）
　　　（一）对……休 ……………………………………（361）
　　　（二）对……享 ……………………………………（362）
　　　（三）对……烈 ……………………………………（362）
　　　（四）对……德 ……………………………………（362）
　　二　扬 …………………………………………………（362）
　　　（一）扬……休 ……………………………………（363）
　　　（二）扬……烈 ……………………………………（364）
　　　（三）扬……赏 ……………………………………（364）
　　三　对扬 ………………………………………………（365）
　　　（一）对……扬 ……………………………………（365）
　　　（二）对扬…… ……………………………………（365）

第九章　结语 ………………………………………………（371）
　一　本书主要内容 ……………………………………（371）
　二　新认识 ……………………………………………（373）

主要参考书目 ………………………………………………（375）

后记 …………………………………………………………（380）

前　言

举世皆以中华为礼仪之邦，然而我们的关注点不能仅止于此。我们更关心为何中国能成为礼仪之邦，以及礼仪起源于何时、何地，礼如何沁入中华民族的心脾、深入中华民族的骨髓、成为中华民族的文化基因世世代代流淌在中国人的血液中等系列问题。其所涉及的问题宏观而又具体，繁难而又重要，需要做系统探索。

从某种意义上说，礼制的起源可能和中华文明起源一样古老，或者说中华文明起源本身就包含礼制起源的问题。然而包括出土文献在内的文献史料关于礼的系统记载，恐怕只能追溯到商代。因此，商周礼制特别是西周金文礼制研究上可追溯中华文明之源，下可观览中国传统文化之流。其价值和意义是多方面的，总体来说包括现实意义和学术价值两个层面。

一　阐发礼乐文化内涵，弘扬中国特色社会主义文化

中国共产党第十九次全国代表大会报告指出："中国特色社会主义文化，源自于中华民族五千多年文明历史所孕育的中华优秀传统文化，熔铸于党领导人民在革命、建设、改革中创造的革命文化和社会主义先进文化，植根于中国特色社会主义伟大实践。"[①] 因此，中国优秀传统文化是中国特色社会主义文化之源。中国自古就是礼仪之邦，研究礼制、阐发礼乐文化的内涵则是研究、弘扬中国特色社会主义文化的题中之义。

"中"是古人规划时空的必然结果，中国传统的知识体系、政治及文

---

①　习近平：《决胜全面建成小康社会　夺取新时代中国特色社会主义伟大胜利——在中国共产党第十九次全国代表大会上的报告（2017年10月18日）》，人民出版社2017年版。

化体系、哲学体系皆导源于斯①。因此，中国传统文化的精髓尽在于"中和"二字。中和是治理天下之大道，《礼记·中庸》即言："喜怒哀乐之未发，谓之中；发而皆中节，谓之和。中也者，天下之大本也；和也者，天下之达道也。致中和，天地位焉，万物育焉。"

中和思想在国家治理体系和政治制度中的具体体现则是礼乐，《礼记·乐记》："乐者，天地之和也。礼者，天地之序也。和，故百物皆化；序，故群物皆别。乐由天作，礼以地制，过制则乱，过作则暴。明于天地，然后能兴礼乐也。……天高地下，万物散殊，而礼制行矣。流而不息，合同而化，而乐兴焉。春作夏长，仁也。秋敛冬藏，义也。仁近于乐，义近于礼。乐者敦和，率神而从天。礼者别宜，居鬼而从地。故圣人作乐以应天，制礼以配地。礼乐明备，天地官矣。"因此，从这些意义上说"礼"确系中国传统文化的核心和精要所在②。

礼以中和为内涵，需时时刻刻求中不倚，内心之平和会形诸外之仪容。可以说礼容是礼的重要外在表现。因此，古人格外重视个人外在的形象，时至今日人们还会以有没有礼貌来评价一个人，而且这是很重要的评价。欲使人有礼有节，必须加以教化。因此，古人将礼列为六艺之一，是学子必修科目，《论语·季氏》即云："不学礼，无以立。"其礼即后世之《仪礼》，故三礼之中唯《仪礼》称经。罗惇衍序《仪礼正义》云："夫礼者履也，礼者体也。使人约其心于登降、揖让、进退、酬酢之间，目以处义，足以步目，考中度衷，昭明物则，以是观其容而知其心，即其敬惰以考其吉凶之故，《春秋》所记其应如响，故先王所以教，君子所以履，莫不于是尽心焉。"其说甚得礼经之神髓。古人正是将深邃、高妙的礼义、礼旨寓于揖让进退、居处跪拜之间，故《仪礼》为礼之根本。古人行礼，举动之间关乎天下苍生、礼仪道德，其核心思想在今天并不过时。研究历史，其目的之一即在于服务现世。

"和"是礼乐文明最重要的价值取向之一，它既强调人与自然的和谐，更主张人与人之间的和睦，这一观念经过长期的历史积淀，已成为中华民

---

① 业师冯时先生指出，规划时空是人类认识自然、改造自然首要的工作。尤其对于农业民族来说，掌握时间和季节已经成为人类生存发展所必备的知识。古人认识和规划时空的实践所建立起来的五方五位的方位体系，及在此基础上对时间和季节的认识，不仅为生产和生活提供了保障，同时也构成了中国特色的传统文化的核心内容。尤其是"中"这一概念的产生，更成为中国传统文化的核心观念的渊薮。详参氏著：《中国古代的天文与人文》，中国社会科学出版社2006年版，第1—36页。
② 梁启超说："中国重礼治，西方重法治。"钱穆赞扬此语"深得文化分别之大旨所在。"转引自彭林：《重拾中华之"礼"的当代价值》，《人民日报》2013年11月12日005版。

族的民族精神①。这种包容的世界观与西方的零和思维截然不同。尚"和"而不求同的价值取向于和谐社会的建设、一带一路战略都具有重要的人文价值。这一概念虽然古老,它必然成为中国特色社会主义价值的概念,成为中国先进文化的代表②。

礼既为日常行为规范,经过数千年的教化、熏染已经流淌在中华民族的血液之中,成为中华民族的文化基因。《礼记》等传统文献所记的很多日常行为规范在今天看来依然不过时,而且还会世代传习下去。比如"敖不可长,欲不可从,志不可满,乐不可极"(《礼记·曲礼上》),乃劝人庄矜、谦虚的千古至理名言。"夫为人子者,出必面,反必告,所游必有常,所习必有业"(《礼记·曲礼上》),乃千古不易的孝子之道。"从于先生,不越路而与人言;遭先生于道,趋而进,正立拱手"(《礼记·曲礼上》),乃尊师重道之仪。"人不独亲其亲,不独子其子"(《礼记·礼运》)、"老吾老以及人之老,幼吾幼以及人之幼"(《孟子·梁惠王上》),人心如是则医患、师生关系必大有改观。"夫礼者,自卑而尊人,虽负贩者,必有尊也,而况富贵乎?富贵而知好礼,则不骄不淫;贫贱而知好礼,则志不摄"(《礼记·曲礼上》),虽富足也不颐指气使、自觉高人一等,虽贫寒亦必不自怨自艾、报复社会,行礼若是则人人自尊、自信、自爱,世间自会多得一分温情、少了几分戾气,举目尽是柳下惠,当世再无严夫人。真正的文明社会,物质极大丰富固然重要,然内心的富足、安详与高贵也同样重要。如此,则"我无为,而民自化;我好静,而民自正;我无事,而民自富;我无欲,而民自朴",道路必自信、理论必自信、制度必自信、文化亦必自信。富强、民主、文明的和谐社会,可计日而待也。

以中和为核心的礼乐文化也深深影响中华民族的性格。礼最为重要的特点之一是其自我约束性,孔子说:"克己复礼为仁。"(《论语·颜渊》)求中和、修仁德,必须约束自我。中华民族浸淫礼法数千年,克制和隐忍已经成为中华民族民族性格最为显著的特点。这一性格特点影响广泛,修身、齐家、治国、平天下,无不以隐忍克制为要。个人修养谦逊礼让、国家大政不滥用武力都是郁郁周文、君子之道,因此中华文明是包容而不具有攻击性的文明。我们国家倡导的不称霸、不扩张等对外方针是基于我们

---

① 丁鼎:《儒家礼乐文化的价值取向与中华民族精神》,《山东师范大学学报(人文社会科学版)》2014年第6期。
② "中国特色社会主义价值"这一概念是习近平总书记所提出的,见《习近平谈治国理政·提高国家文化软实力》,外文出版社2014年版。

民族性格所发出的真诚的声音。

礼乐文明不仅是中国文明史也是人类文明史上光辉灿烂的华章,她深深影响了中国及泛东亚文化圈的历史进程,对于中华民族民族性格、民族自尊心、民族自信心的形成有不可估量的意义。这也是最高领导层强调存续和传承古文字学等绝学的题中之义①。这也充分说明了包括古文字学在内的中国考古学对于发掘、研究、展示中国优秀传统文化独特魅力的价值所在。

二 识文说礼整理国故,探究中华礼乐文明起源发展

礼制是中国古代社会的重要制度,贯穿于社会生活的各个方面,于修身、齐家、治国、平天下均有重要意义。《史记·礼书》论之曰:"人道经纬万端,规矩无所不贯,诱进以仁义,束缚以刑罚,故德厚者位尊,禄重者宠荣,所以总一海内而整齐万民也。"《汉书·礼乐志》亦云:"治身者斯须忘礼,则暴嫚入之矣!为国者一朝失礼,则荒乱及之矣!……故象天地而制礼乐,所以通神明,立人伦,正情性,节万事者也。"礼制起于上古,成于三代,三代礼制实发后代制度之端,因而有至关重要的意义。古代专论典章制度的名作如《史记·礼书》、《封禅书》、《汉书·礼乐志》、《郊祀志》、《通典》、《通志》、《文献通考》等,都力图勾稽三代礼制。

然传世文献却不能提供三代礼制的完备蓝本。首先,文献不足征。《汉书·艺文志》有云:"《易》曰:'有夫妇父子君臣上下,礼义有所错。'而帝王质文世有损益,至周曲为之防,事为之制,故曰'礼经三百,威仪三千'。及周之衰,诸侯将踰法度,恶其害己,皆灭去其籍,自孔子时而不具,至秦大坏。"相似记载亦见《史记·儒林列传》,知礼制文献在东周时期已为僭越之诸侯所恶,礼书被灭,至孔子之时其书已不全。《论语·八佾》有云:"子曰:'夏礼,吾能言之,杞不足征也。殷礼,吾能言之,宋不足征也。文献不足故也,足则吾能征之矣。'"是孔子之时已有文献不足征之叹。而当孔子之世礼制尚颇备考稽,《论语·为政》:"子张问:'十世可知也?'子曰:'殷因于夏礼,所损益可知也;周因于殷礼,所损

---

① 习近平:《加快构建中国特色哲学社会科学》,《习近平谈治国理政·第二卷》,外文出版社 2017 年版。

益可知也。其或继周者，虽百世可知也。'"是其证。至秦始皇焚书"史官非秦记皆烧之，非博士官所职，天下敢有私藏《诗》、《书》、百家语者，悉诣守、尉烧之。……所不去者，医药卜筮种树之书。"而秦皇焚书之缘起恰是博士淳于越以周制非秦法，因此礼书必在焚毁之列，事皆见《史记·秦始皇本纪》。汉兴，高堂生传《士礼》十七篇，后得《周官礼》，大、小戴又传《大戴礼记》、《礼记》便构成了今所见最见系统之三代礼制文献，其他大率亡佚。礼书一再遭厄，其间损失不知凡几，可资征考者鲜矣。再者，文献时代不易判定。传世文献时代颇有争议，其是否能反映商周礼制之全部史实，亦难定论。且礼缘人情而制，仪依人性而作，其间或增或损所由来尚矣。三代礼制损益亦为传世文献所难呈现。因此，真实商周礼制的构建需依据直接史料。

甲骨与彝铭直出先人手笔，是研究商周历史不可或缺的珍贵史料，其大量发现及研究为讨论商周礼制奠定了坚实基础。商周礼制研究或当从商入手，次及西周。甲骨文多卜辞，事关商代礼制问题的材料十分丰富；而殷商及两周金文多叙事文辞，内容完整，对于礼制研究易于获得清晰的认识。再者就传统文献而论，商代记载较少，而两周则相对集中。且周礼颇为圣人推崇，夫子尝言道："周监于二代，郁郁乎文哉！吾从周。"故而本书拟先从金文入手探索西周礼制。

西周金文礼制研究的学术意义可归纳为以下四点。

其一，考古学价值。就考古学研究而言，三代礼制关乎国家及文明起源研究，因此三代礼制研究很自然地成为考古学研究的对象，考古学学科发展规划将其列为重要研究课题，考古学科"十二·五"规划更明确指出"在三代各种制度的研究中，礼制是核心问题"。① 因此，三代礼制研究具有重要学术价值。西周礼制乃三代礼制的重要组成部分，待西周礼制相对清晰之后，再结合殷商甲骨及东周彝铭、考古及文献材料，可上及殷商下达东周，将整个商周礼制进行总体讨论，对国家及文明起源研究也将有所启示。

其二，历史学价值。通过对西周金文所见五礼的全面搜集整理，能够较为全面地认识西周礼制的种类和规模，为全面认识西周礼制奠定基础。礼制与职官之关系如同《仪礼》与《周礼》一般，有着紧密的内在联系，

---

① 全国社科规划考古学科调查组：《中国考古学学科发展调研报告》，《华夏考古》2001年第3期；《考古学科"十一五"规划调研报告》，《中国文物报》2006年3月17日第5、7版；《考古学科"十二五"规划调研报告》，《南方文物》2011年第1期。

可在礼制研究的基础之上对官制等其他政治制度展开讨论，或能对西周政治制度作一整体探索。

其三，文献学价值。西周金文礼制研究可使我们对传统礼制文献有较为深刻的认识，或能获得《仪礼》、《周礼》等所记西周礼制及其源流、形成过程的清晰脉络，对全面揭示文献所记礼制有所赞益。

其四，金文研究和西周礼制研究价值。西周时期礼乐文明高度繁荣，因此有必要在礼制背景下重新审视西周彝铭。目前金文研究已不能满足于一器一铭之解释，其中不少彝铭其大意虽明，然前后文之逻辑关系及整篇文辞的意旨尚待推敲。如裘卫四器之卫盉言"王禹旂于丰，矩伯庶人取瑾璋于裘卫"，历来研究卫盉的学者多将这两句割裂开来，然而二者之间或有联系，甚至"王禹旂于丰"可能是通读全篇铭文的关键所在。"瑾璋"乃西周重要的仪具，因此盉铭所载似也与礼制相关。诸如此类的彝铭恐亦不在少数，对此类铭文的解读可推动金文和西周礼制的研究。

第一章 西周金文礼制研究之回顾及展望

西周金文礼制研究意义重大，但难度也很高。任何学术研究都是在前辈学者研究的基础上展开，因此要深入研究西周金文礼制也必须对这一领域的研究史作全面梳理。藉金文而研讨礼制源远流长，自两宋以降，研释者不绝于世。清代经学昌明，金石小学之成就远迈前代，金文礼制研究所得亦颇夥。近世郭沫若建立两周彝器断代体系之后，礼制研究更有年代确切之彝铭可资征考，西周金文礼制研究日臻成熟。1949年之后，科学考古发掘出土涉礼彝铭与日俱增，为金文礼制研究提供了新鲜而丰富的史料。随着研究的不断深入及材料的日渐积累，开展西周金文礼制专题研究的条件已经成熟，相关成果也愈来愈多。兹将学者研究所得逐一条陈，并略作辨析，求其精华以资借鉴，查其不足以备研讨。

第一节 宋人研究

以彝器说周礼者，始自金石学肇创之宋代。流传至今年代较早的金石学著作——吕大临所著《考古图》[①]，已涉及礼制研究。宋代学者的研究成果，主要包括三个方面：其一，对礼器名称的考订，商周铜器名称太半系宋人所定，或以自铭定之，如钟、鼎、甗、鬲、敦、豆、壶、杅（盂）、盉、盘、匜、磬、戈等；或依其形制，并参考文献而为之，如尊、罍、彝、卣、瓶、爵、觚、觯、角、斝、斗、奁、瓿、钲、铙、带钩、削等[②]。宋人大部分定名都准确可信。此项研究与本书研究之主旨关系略浅远，兹

[①] 吕大临：《考古图》，清乾隆四十六年四库全书文渊阁书录钱曾影抄宋刻本。
[②] 王国维：《说斝》、《说觥》、《说盉》、《说彝》、《说俎》（上、下），《释觶觛觚觛》，分别见《观堂集林》卷三、卷六，中华书局1959年版。

不赘论。另外，又有礼器性质的研究，以及用彝铭来研究礼仪制度者。

一　礼器性质研究

礼器性质及用途研究，即通过对礼器名称前修饰字词的考证，来探讨彝器的礼仪用途。有说"旅"者，如《考古图》2·18伯勳父甗，吕氏有按语云：

> 文曰"旅甗"者，旅食所用。《燕礼》："司宫尊于东楹之西，两方壶，公尊瓦大两，有丰。士旅食于门西。两圜壶。"言"旅"者，以别公尊与堂上尊也，余器皆然。故此图所谓有旅彝、旅鬲、旅簋、旅卣、旅匜，皆此义也。

《博古图》① 3·28亦有是说，此论又为清代学者所接受，如《西清续鉴（甲编）》② 6·21、《宁寿鉴古》③ 9·10等，皆从其说。愚案：吕说不可信，今所见西周彝铭中，诸侯所作之器亦有曰"旅"者，如应侯甗（《新收》④ 67）曰："应侯作旅彝。"故，"旅"非士旅食之意。"旅"之诂训，自宋代以来众说纷纭。黄盛璋对"旅彝"进行了全面考察后指出，"旅"者，乃可移动、挪用之器，既可用于内、亦可用于外，既可用于宗庙祭祀、也可携带用于行旅和征战⑤。说可从。

有论"尊彝"者，《博古图·鼎蠡总说》说"尊彝"之义曰：

> 盖先王之时，作奇技奇器者，罪不容诛；用器不中度者，不鬻于市。戒在于作为淫巧，以法度为绳约，要使其器可尊，其度可法而已。……于鼎曰尊者，为其器可尊耳。……于鼎曰彝者，为其度可法耳。……故左丘明外传称法度之器曰彝器。……则尊彝者，礼器之总名。

---

① 王黼：《博古图》，清乾隆十八年黄晟亦政堂修补明万历二十八年吴万化宝古堂刻本。
② 王杰等：《西清续鉴（甲编）》，清宣统三年涵芬楼石印本。
③ 清高宗敕编：《宁寿鉴古》，涵芬楼石印本，1913年。
④ 锺柏生、陈昭容、黄铭崇、袁国华：《新收殷周青铜器铭文暨器影汇编》，艺文印书馆2006年版。
⑤ 黄盛璋：《释旅彝——铜器中"旅彝"问题的一个全面考察》，氏著《历史地理与考古论丛》，齐鲁书社1982年版。

明确提出尊彝为礼器总名。《金石录》13·3论父乙鼎铭曰：

其器鼎也，而谓之彝者，按：《说文》："彝，宗庙常器。"然以古器款识考之，商以前凡器通谓之彝，至周以后始有六彝之名，直以盛鬯之尊为彝，其铭与诸器始分矣。

《绍兴内府古器评》卷上·1，论周公方鼎铭之尊彝曰：

此鼎也，而谓之尊彝，举礼器之总名而已。

可见，宋人实为"尊彝"系礼器总名说之鼻祖。愚案："尊"与"旅"相对，"尊"最初只陈设于宗庙，不能移动。后来一些祭祀用器，在祭祀之后也可移动，因此有些铜器又自铭尊旅彝、旅尊彝[①]。"彝"亦非器物名称，与"尊"同为表示器物用途之形容词。

中斿父作宝尊彝鼎。七五八。　　中斿父鼎（《集成》2373）
史遄作宝方鼎。　　　　　　　　史遄方鼎（《集成》2164）
或拜稽首，对扬王姐姜休，用作宝簋尊鼎，其用夙夜享孝于厥文祖乙公，于文妣日戊，其子子孙孙永宝。　或方鼎（《集成》2789）
繼作朕皇考簋彝尊鼎，繼用享孝于朕皇考。微繼鼎（《集成》2790）
唯六月既死霸壬申，伯犀父蔑御史竞历，赏金，竞扬伯犀父休，用作父乙宝尊彝簋。　　　　　　御史竞簋（《集成》4134）

上揭诸例可能是器物名称较完整的表述形式，其中鼎、簋系器名，"宝"、"尊"、"彝"、"簋"则为形容词（史遄方鼎之"方"则用以形容器物形状），故"彝"应为表示器物用途的形容词，而非器物共名。"彝"几乎可用于修饰各种礼乐器，《说文·糸部》："彝，宗庙常器也。"段玉裁《注》："彝本常器，故引申为彝常。"以彝为器名，虽不合周人本义，然铭曰"彝"者乃宗庙常用殆无可疑。

准上，"尊彝"非礼乐器共名。周彝铭显示，礼乐器均可称作"器"。乐器有自铭为"器"者。

[①] 黄盛璋：《释尊彝——奠器说正谬》引唐兰说、《释旅彝——铜器中"旅彝"问题的一个全面考察》，氏著《历史地理与考古论丛》，齐鲁书社1982年版。

唯王正月初吉乙亥，郑公华择厥吉金，玄镠赤镛，用铸厥龢钟……，慎为之铭，元器其旧，哉公眉寿，郑邦是保。

郑公华钟（《集成》245）

十月己亥，莒公孙潮子造器。　莒公孙潮子镈（《新收》1132）

鼎、簋、瑚、敦、豆等食器，可自铭为"器"。

黄子作黄夫人孟姬器。　　　　　　　黄子鬲（《集成》624）
函皇父作琱妘盘盉尊器，鼎、簋一具：自豕鼎降十又一、簋八；两罍、两壶。　　　　　　　函皇父盘（《集成》10164）
伯彊为皇氏白行器，永祐福。　　　伯彊瑚（《集成》4526）
叔姬霝作黄邦，曾侯作叔姬、邛嬭媵器鬴彝。

曾侯瑚（《集成》4598）

唯十又四年，陈侯午以群诸侯献金，作皇妣孝大妃祭器钺敦，以烝以尝，保有齐邦，永世毋忘。　十四年陈侯午敦（《集成》4646）
黄君孟自作行器，子子孙孙则永祐福。黄君孟豆（《集成》4686）

酒水器亦有自铭为"器"者。

唯十又九年，王在序，王姜命作册睘安夷伯，夷伯宾睘贝、布，扬王姜休，用作文考癸宝尊器。　作册睘卣（《集成》5407）
智作文考日庚宝尊器。　　　　　　　智尊（《集成》5931）
黄子作黄夫人行器，则永祐福，灵终灵后。

黄子盉（《集成》9445）

黄君孟自作行器，子子孙孙则永祐福。黄君孟壶（《集成》9636）
伯雍父自作用器。　　　　　　　伯雍父盘（《集成》10074）
子叔嬴内君作宝器，子孙永用。　子叔嬴内君盆（《集成》10331）

故而"器"当为礼乐器之共名，《说文·皿部》："器，皿也。"段玉裁《注》："器，凡器通称。"是也。
有说"鬴"者，《博古图》18·9释太师望盨曰：

今簋也，而谓之鬴彝，盖鬴训煮熟食，簋盛黍稷，惟熟然后可食耳。

案：此说为清儒所宗，却不为后世学者所取，详后。

无论如何，宋人实开此项研究之先河，直至近世，尚有学者专文讨论彝器修饰字词的礼制意义①，可见其所关乎者大也。

二 礼仪制度研究

通过彝铭研究周礼者，如《考古图》3·7奠簋，其铭云："奠作皇祖益公、文公、武伯、皇考龏伯霝彝。"吕氏论之曰：

> 奠必大夫也，祭及四世则知古之大夫惟止三庙，而祭必及高祖（《大传》云：大夫、士干袷及其高祖）。武伯、龏伯其祖考之为大夫者，以谥配字，如文仲、穆伯之类，益公、文公其曾高之为诸侯者，大夫祖诸侯，末世之僭乱也。

吕氏以彝铭所记世数而论作器者身份，今世仍有踵之者，学者或据作器之世次而论丧服，认为但凡作器便有服②，此与吕氏之论如出一辙。然彝铭所记世数，是否与作器者身份及服制有关，尚需深入研究。吕氏据《大传》论彝铭所记礼制，则颇具启发性，《大传》："大夫、士有大事省于其君，干袷及其高祖。"乃士大夫均可合祭祖考之谓，所记与周彝铭相类。

> 师寏自作朕皇祖大公、庸公、封公鲁、仲馭、宫伯、孝公、朕烈考静□宝鯀钟。　　　　　　师寏钟（《新收》657）
> 姬寏母作大公、庸公、□公鲁、仲馭、省伯、孝公、静公豆。
> 　　　　　　　　　　　　　　　　　姬寏母豆（《集成》4693）

上举师寏钟、姬寏母豆所祭世数已达七代，然师寏及姬寏母之始祖非天子可知，故奠祭及四世其曾高亦不必为诸侯，此吕氏之失。依唐兰说，西周时期天子亦止五庙，太王、王季、文王、武王、成王等五位先王之庙在京宫，以太王为始祖；康王以下诸王，其庙在康宫，以康王为始祖，至

---

① 王讚源：《周金文释例》，文史哲出版社1980年版，第130—133页；杜逎松：《金文中的鼎名简释——兼释尊彝、宗彝、宝彝》，《考古与文物》1988年第4期；张亚初：《殷周青铜鼎器名、用途研究》，《古文字研究》第18辑，中华书局1992年版。
② 贾海生：《制服与作器——丧服与礼器饰群党、别亲疏相互对应的综合考察》，《考古学报》2010年第3期；又见氏著《周代礼乐文明实证》，中华书局2010年版。

宣王之时康宫之中康王以后诸王仅有昭王、穆王、夷王、厉王诸王之宗庙，亦止五庙，且有毁庙之事可知①。故合祭先祖之数与庙数并无必然联系，天子、诸侯、卿大夫均可祭及始祖。

有论亲族者，如《考古图》3·13 吕氏说伯庶父簋云：

> 称姑，妇辞也。王姑，夫之母也。……或谓王姑者，王父之姊妹，然王父姊妹当从人，否则有归宗及殇祔祭可也，亦不容制器以祭。

此器伯庶父为"王姑凡姜"所作，王姑非夫母而系王父之姊妹可知。

有论昭穆者，《博古图》6·33—34 论克壶曰：

> 其曰"作朕穆考"，则又言宗庙之制也。盖天子有三昭三穆，与太祖之庙而七；诸侯有二昭二穆，与太祖之庙而五。至于言考，则不特只有父而已，故谓其大父曰王考，谓其曾祖曰皇考，谓其高祖曰显考。此其言穆考之法也。

清儒王昶《金石萃编》② 3·5 伯克壶跋，亦宗此说。案：此"穆"为谥号，与彝铭"文考"、"昭考"等同，西周金文凡称"考"均指亡父，与《礼记·祭法》"王立七庙，曰考庙、王考庙、皇考庙、显考庙、祖考庙，有二祧，远庙称祧"所记之亲称不同，故"穆考"与《祭法》庙制似无关系。

《博古图》16·34—35 说仲驹父簋云：

> 仲姜者，盖仲驹父之母或祖也，或以为仲驹父妻，则《礼》曰："夫不祭妻。"是以知为母或祖也。……夫器有用器，有祭器，凡铭有"享孝"、"追孝"、"祀"、"禋"者，皆祭器。《九嫔》职云："凡祭祀赞玉齍。"玉齍之制不见于传、注，今宗庙中乃与瑚琏遂为阙器，岂郑玄所谓"敦、瑚琏、簠，皆黍稷之器"者欤？

案："仲姜"与仲驹父之关系难以推定，或为妻、或为女，然不得为

---

① 唐兰：《西周铜器断代中的"康宫"问题》，《考古学报》1962 年第 1 期。
② 王昶：《金石萃编》，清光绪十九年上海醉六堂石印本。

其母，若为其母当明言之。礼书虽有"夫不祭妻"之说，然夫为妻有服便可为妻作祭器则无可疑①，铭虽有追孝、享孝、祀等语，却不得据以认为，此器即仲驹父所作以祭仲姜也，器铭所记乃仲驹父为仲姜作器，使其子孙永宝并以之与祭也。

宋人考彝器所属国族多有创举，然以彝铭所记人名与经传附会已经不妥，用以说礼更爽之毫厘谬以千里。《博古图》20·35—36 以仲姞义母匜之仲姞义母为晋文公之妾偪姞，其文曰：

> 所谓仲姞者，自名也；义母者，襄公谓杜祁也。按：《通礼义纂》以谓媵御交盥。盖媵，送女之从者；御，婿之从者。夫妇礼始相接，廉耻有间，故媵、御交相为殊，以通其志。彼其婚姻欤？此称义母，则非初嫁之时，有子职在焉故也。称旅匜，则非交盥所用，特其盥所用，特其匜之不一耳。

案：义母乃仲姞之女字，非婚姻之谓。以彝铭所见人名与经典勉强比附的作法，在清代后期的著作中始有改观，如吴大澂（《愙斋集古录》②）、刘心源（《古文审》③）等已经纠正了不少类似穿凿附会之论，换之以一种更为客观的态度来看待传世经典与出土彝铭之间的关系。纵观宋人研究，其最大的功绩在于彝名之考订，以单篇铭文而说礼者虽成果不多，然其开创之功实不可没。

宋代金石学在创立之初，就在金文礼制研究方面取得诸多成就，实得益于宋代传统礼制研究的丰厚积累。自汉兴高堂生传《士礼》十七篇，四传至后仓，宣帝之世后仓治《士礼》最有名望，大小戴及庆普皆后仓弟子，宣帝时三家立于学官。礼学不但传承有序，而且巍巍然已成专学，其事详见《史记·儒林列传》、《汉书·儒林传》及《汉书·艺文志》。后汉之世，礼学大儒辈出（如贾逵、马融、郑玄等），其著作亦丰盈可观，郑玄三礼《注》更被后世治礼者奉为圭臬。唐初贾公彦、孔颖达在吸收魏晋南北朝学者三礼研究成果的基础上，编定了《周礼注疏》、《仪礼注疏》及《礼记正义》，其详录于贾氏、孔氏之《周礼注疏序》、《仪礼注疏序》及《礼记正义序》，兹不备引。唐时复有杜佑之《通典》，其中专列礼典，

---

① 贾海生：《制服与作器——丧服与礼器饰群党、别亲疏相互对应的综合考察》，《考古学报》2010 年第 3 期。
② 吴大澂：《愙斋集古录》，涵芬楼影印本，1930 年。
③ 刘心源：《古文审》，光绪十七年自写刻本。

以述历代礼制增损更迭，三礼之学至此已臻完备之境。惟此宋代方能礼学大儒辈出，如聂崇义、王安石、朱熹、李如圭、郑樵等，也有不少礼学研究著作，《宋史·艺文志》所录聂崇义《三礼图集注》、杨逢殷《礼记音训指说》等礼学著述，达九十四部之多。且不少金石学家也精研礼制，如吕大临便有《大学》、《中庸》、《礼记传》等三部著作，吕氏《考古图》在考订名物及研习礼制上的贡献，与之不无关系。宋代学者对于传统文献所载之礼，不特有丰厚的积累，亦有浓烈的兴趣，只要有关乎礼制的彝铭出现，必然会引起学者广泛而长远的研究志趣，因此金文礼制研究自金石学肇创之始，已经拉开序幕。

第二节 清人研究

清代金石学研究在乾嘉时期基本沿袭宋人的治学方法，但并未超越宋人，道咸年间形成特色，同光之世逐渐成熟，取得了很多骄人的成就，于此学者已有详论①，此不再作续貂之论。西周金文礼制研究同金石学整体研究水平相对应，本书亦分三阶段评述清代学者金文礼制研究之成就，以见学术发展之脉络。

一 乾嘉时期

乾嘉时期，已有研说西周金文礼制之作，乾隆四鉴之《西清续鉴（甲编）》、《西清续鉴（乙编）》②，钱坫所作《十六长乐堂古器款识考》③，毕沅、阮元合编《山左金石志》④，以及阮元所撰《积古斋钟鼎彝器款识》⑤、朱为弼之《积古斋钟鼎款识稿本》⑥均有涉猎。值得注意的是，乾隆四鉴于资料传布有重要贡献，然所收伪器颇多，真伪杂糅，与阮元所谓"我朝《西清古鉴》美备极矣"的评价并不相称。尔后有不少著作收录了乾隆四鉴所录之伪器。直至同光之际，吴大澂、陈介祺、潘祖荫等始着手进行辨

---

① 曾宪通：《清代金文研究概述》，见氏著《曾宪通学术文集》，汕头大学出版社2002年版。
② 王杰等：《西清续鉴（乙编）》，北平古物陈列所依宝蕴楼钞本石印本，1931年。
③ 钱坫：《十六长乐堂古器款识考》，嘉庆元年自刻本。
④ 毕沅、阮元：《山左金石志》，清嘉庆二年阮元小琅嬛仙馆自刻本。
⑤ 阮元：《积古斋钟鼎彝器款识》，清嘉庆九年自写刻本。
⑥ 朱为弼：《积古斋钟鼎款识稿本》，光绪三十三年石印本。

伪①，然许多著作仍不能豁免，其遗毒不可谓不深。学者对乾隆四鉴所录伪器进行了详细甄别②，其中一部分伪铭纯系模仿，清代学者不察，对这部分伪器也进行了研究，彝铭虽系伪作，然其所记内容并不伪，这一部分铭文的研究成果不能一概排斥，其说若有价值亦可资参酌。

乾嘉时期，西周金文礼制研究主要贡献包括三个方面，其中对宋人误定礼器名称之校正，宋人误"殷"为"敦"，钱坫始得其正③。另外，尚有彝器性质及礼制方面的研究。

（一）彝名修饰字研究

对彝铭区别字"旅"、"从"、"齍"、"朕"、"尊彝"、"齍"的意义进行研究。有说"旅"者，《山左金石志》1·10云：

> 《钟鼎款识》④ 跋旅彝曰：旅彝者，昔人尝谓有田一成，有众一旅，则旅举其众也。考诸铭誌，甗曰旅甗，敦曰旅敦，匜曰旅匜，簋曰旅簋义率如此云云。按：旅亦官名，《书·牧誓》有亚旅，《左传·文十五年》请命于亚旅，杜预《注》云上大夫也，此安知非大夫之鼎款欤？

案：此系伪铭，以旅为官名亦不足取。

又有说"从"者、"齍"者、"朕"者，《西清续鉴（甲编）》7·12说"从"云：

> 曰从彝者，祭器皆有从，即《周礼》之所谓贰。

案：此说并不足取。"从"与"行"义同，《读书杂志·管子第一·形势》："《势篇》曰：以修天地之从，又曰：修阴阳之从。从，行也。"是其证，"从彝"犹"行器"⑤。

《西清续鉴（乙编）》1·8虽系伪器，然"齍彝"则为彝铭习语，其

---

① 容庚：《清代吉金书籍评述》，《学术研究》1962年第2、3期。
② 容庚：《西清金文真伪存佚表》，《燕京学报》第5期，1929年；刘雨：《乾隆四鉴综理表》，中华书局1989年版。
③ 钱坫：《十六长乐堂古器款识考》，嘉庆元年自刻本。
④ 王厚之：《钟鼎款识》，清嘉庆七年阮元积古斋藏宋拓摹刻木本。
⑤ 黄盛璋：《释旅彝——铜器中"旅彝"问题的一个全面考察》，氏著《历史地理与考古论丛》，齐鲁书社1982年版。

论之曰：

> 此鼎而曰鬵彝，《玉篇》鬵与䰞同。按《史记·封禅书》："皆尝烹䰞上帝鬼神。"徐广《注》曰："䰞，烹煮也。"韩诗引《采蘋》曰："于以䰞之，维锜及釜。"鬵彝之义盖取此。

《山左金石志》1·17、《积古斋钟鼎彝器款识》4·9说同。案：此说实宗宋人，有簋、瑚等称黍稷稻粱之器曰"鬵彝"者，如元年师兑簋（《集成4274》）自铭为"鬵"；亦有盘、盂等水器自铭为"鬵彝"者，如伯卫父盂（《集成》9435）自称"鬵彝"；更有钟镈而自铭为"鬵彝"者，如薳子受钟（《新收》505）自铭为"鬵彝歌钟"，训"鬵"为烹煮，实有未安。不若徐同柏《从古堂款识学》①卷一以鬵为古将字之说，更为后世学者所广泛接受。

与"宗彝"相对者有"鬵彝"，陈梦家以宗彝主要是盛酒器，而鬵彝则多为烹饪器的鼎、鬲、甗和盛食器的簋、盨、瑚②。其说近是。

《西清续鉴（乙编）》12·32论"䛒"云：

> "䛒敦"二字见《钟鼎款识》肇父敦，宋儒未详其义。考许慎《说文》曰："䛒，物相增加也。"则或取附益之义。又䛒、媵字古人通用，徐鼎臣"䛒"字《注》曰："古者一国嫁女，二国往媵之，媵之为言送也。"此云作孟姜䛒敦，即指为送女之器，义亦可通。

后说甚是，此论实导婚礼研究之先路。

复有论"尊彝"、"齍"者，《积古斋钟鼎彝器款识》1·18论"尊彝"曰：

> 宗庙祭器必两手奉而奠之，故尊字从廾，廾竦手也，尊彝为祭器之总名，鼎曰尊鼎，敦曰尊敦并取此义。

以尊彝为彝器总名，实承宋人旧说。《积古斋钟鼎彝器款识》7·23论戏伯鬲之"齍"云：

---

① 徐同柏：《从古堂款识学》，清光绪三十二年蒙学报馆影石校本。
② 陈梦家：《西周铜器断代》，中华书局2004年版，第79—81页。

齍，盛也，字从鼎者，凡从貝之字古每从鼎，鼎古貝字也。盛有二义，《周礼·小宗伯》："辨六齍之名物。"《注》："（齍，读为粢。）六粢谓六谷。"是齍作粢解也。《说文》云："齍，黍稷在器以祀者。"是齍作盛字解也。《周礼·舂人》云："祭祀用瓠齍。"杜子春《注》："齍，盛也。"鬲为盛黍稷之器故曰"齍"。

鬲铭之齍，应从鼎，古从鼎之字或作貝乃讹体，言鼎古貝字非其朔也。以"齍"为盛黍稷之器，此说后世亦有追随者，是否允当值得深思。前人多以鬲为煮黍稷之器，而商周时期考古发现的陶鬲中多有盛兽骨者，如长安普渡村第一号墓出土三件陶鬲中都盛有兽骨①，则鬲之用途不限于盛黍稷。盛黍稷之铜器早期以簋，后期以盨。《仪礼》黍稷为正馔盛于簋、稻粱为加馔盛于簠，此簋、簠皆竹木器。在现实生活中竹木器的使用应更为普遍。

（二）礼制研究

有以彝铭说周代五礼者，所论涉及吉礼之禘祭、军礼之宜、归脤，以及嘉礼赏爵等。《西清续鉴（甲编）》12·40 论大簋所记禘祭云：

> 考《后汉书·祭祀志》曰：禘之为言谛也，谛諟昭穆尊卑之意，则此谛字当以饗祀释之。

认为铭文所记为审谛昭穆之禘祭②，其论甚是。已引及审谛昭穆之义，又解为饗祀，略显蛇足。

阮元《积古斋钟鼎彝器款识》5·28 论禽簋所记军礼曰：

> 某当读为谋，元帅之谋。"祝"钱（献之）释作祝，吴作撝，按之字形殊未的，而"祝"字又字书所无，今据前后文义考之，当即宜社之"宜"，《礼（记）·王制》天子将出征"宜乎社"，"宜"郑《注》以为祭名，《说文》祭名凡"禷、禡、禂"等字皆从示，古宜字当亦从示，宜字古通仪。……"周公谋，禽祝"者，《春官·大祝》："大师宜于社。"禽或居其职，故周公谋使莅其事。禽右啟祝者，古右字……义同佑；啟，《玉篇》训为击，此当读为脤，《左·成十三

---

① 石兴邦：《长安普渡村西周墓葬发掘记》，《考古学报》第八册，1954年。此则材料蒙何毓灵教授告知，特致谢忱。
② 冯时师说同，详参《中国古文字学概论》，中国社会科学出版社2016年版，第471页。

年传》:"成子受脤于社。"杜《注》:"脤,宜社之肉也。"

阮氏释字不准确,其说自误,后世复有论之者,详后。《积古斋钟鼎彝器款识》4·27论康鼎云:

案:康宫,康王庙。礼,爵禄必赐于祖庙示不敢专也。

说甚允当。朱为弼《积古斋钟鼎款识稿本》卷三说师旂鼎赐仆之事曰:

古者,天子于有功诸侯赐以仆正、虎贲。观此知,诸侯于大夫亦有赐仆臣之礼。仆,习骑射者。……君赐仆而作器者,纪宠命也。

朱善旂作《敬吾心室彝器款识》宗其父之说①,两说可从。

二 道咸时期

道咸时期,论及西周金文礼制的著作包括严可均之《全上古三代秦汉三国六朝文》②、曹载奎之《怀米山房吉金图》③、刘喜海之《长安获古编》④、《清爱堂家藏钟鼎彝器款识法帖》⑤、吴荣光之《筠清馆金文》⑥、徐同柏之《从古堂款识学》、朱善旂之《敬吾心室彝器款识》、吴式芬之《捃古录金文》⑦、陈庆镛之《籀经堂钟鼎考释题跋》⑧等。

这一时期以金文而论西周礼制者,较乾嘉时期更为可观,其中不乏真知灼见,涉及礼器名称考订、彝器用途的区别字研究以及阐发铭文礼义等。在礼器名称考订方面,对盨类器物已有初步认识,《全上古三代秦汉三国六朝文》13·11,严可均跋嫚恭父盨云:

---

① 朱善旂:《敬吾心室彝器款识》,清光绪三十四年朱之榛石印本。
② 严可均:《全上古三代秦汉三国六朝文》,清光绪年间黄冈王毓藻刻本。原书成于嘉道年间,暂列于此。
③ 曹载奎:《怀米山房吉金图》,明治十五年文石堂翻刻木本。
④ 刘喜海:《长安获古编》,清光绪三十一年刘鹗刻标题本。
⑤ 刘喜海:《清爱堂家藏钟鼎彝器款识法帖》,清光绪三年尹彭寿补刻本。
⑥ 吴荣光:《筠清馆金文》,杨守敬重刻本。
⑦ 吴式芬:《捃古录金文》,杭州西泠印社刻本,1913年。
⑧ 陈庆镛:《籀经堂钟鼎考释题跋》,西泠印社聚珍版辑《籀经堂类稿本》,1921年。

第一章 西周金文礼制研究之回顾及展望

案：篆是𥂁字，《说文》有之，旧释为簠，疑得借为簠。

严氏虽然没有进一步展开讨论该类器物的定名，然而已经正确释出"𥂁"字，为𥂁、簠两类器物之正名打下了基础。

（一）彝名修饰字研究

在彝器用途区别字研究方面，对礼器类修饰词"𤔲"、"齍"以及乐器类修饰词"林"进行了重新探讨。《清仪阁所藏古器物文》1·24 论"𤔲"云："古将字，奉也。"①《从古堂款识学》1·21 说同，案：此论可从。

有读"齍"为"齐"者，如《从古堂款识学》13·10 说厚趠方鼎之"齍"曰：

鼎从"𠫐"，《易·序卦》传《注》："鼎，所以和齐生物成新之器也。""𠫐"，古文齐字，读若和齐之齐。

亦有释作"齍"者，《捃古录金文》② 一之三·5 中师父鼎考释引许瀚说"齍"云：

《说文》："齍，黍稷在器以祀者。"大、小徐本皆同，本不作器名解。《韵会》引之作"黍稷器，所以祀者。"始解作器名。稽诸经典，《周礼·甸师》、《舂人》、《大宗伯》、《小宗伯》、《外宗》，《礼记·礼运》、《诗·采蘋》、《丰年》凡言齍皆解为粢之借字，惟《九嫔》："赞玉齍。"《注》云："玉齍，玉敦，受黍稷器。"与《韵会》引《说文》义合。然即以为器名，亦是黍稷器与鼎异用，小篆从皿则可，古文从鼎恐不其然，王俅《啸堂集古录》于王伯鼎释为"齐鼎"二字。瀚案：《周礼·司尊彝》鬱齐、醴齐、盎齐，故书齐为齍，郑司农云："齍，读皆为齐和之齐。"《说文》："鼎，三足两耳，和五味之宝器也。"然则齐与鼎连文，正齐和之义，王释是也。

许氏以"齍"并非器名，其说良是。郭沫若亦有说，郭老云：

圆鼎铭无作此字（齍）者，知虽鼎属而别为一类。……《善斋》

---

① 张廷济：《清仪阁所藏古器物文》，涵芬楼石印本，1925 年。
② 吴式芬：《捃古录金文》，西泠印社翻刻光绪二十一年吴氏家刻本，1913 年。

（案：即《善斋彝器图录》）于方鼎均别名为盨，以次于鼎，甚有见地，今从之。盨字《说文》谓"黍稷在器以祀者"……则是以盨为粢；而《韵会》则引作"黍稷器，所以祀者"，段氏从之，则是器名。《周官》多见玉盨之名，郑玄……《注》云："玉盨，玉敦，受黍稷器。"与后说合。……（盨）自应是器物，……盨之所盛实为稻粱而非黍稷。①

案：郭说可商，洛阳北窑所出旨鼎系圆鼎，而名曰"盨"（《新收》321），知"盨"非方鼎之专名，亦有鬲名曰"盨"者，如公姞鬲（《集成》753）。凡此足证"盨"乃器名前所缀之形容词，而非器名。唐兰以自铭为"盨"者为煮黍稷之器②，说是。

《从古堂款识学》6·6论虢叔旅钟之"林"曰：

按《左·襄十九年传》季武子作林钟，《注》："林钟，律名，铸钟声应林钟因以为名。"是钟名曰大林龢钟盖应林钟之律，谓之大者，《尔雅》大钟谓之镛，是也。考《周语》景王将铸无射而为之大林，《注》引贾侍中说："大林，无射之覆也。"作无射为大林以覆之，其律中林钟也，据此大林自是应林钟之律，特以其大谓之大林，如此钟之制之类是也。

此说可从。

（二）礼制研究

阐发礼义之作《从古堂款识学》创获颇多，1·6释史懋壶曰：

湿宫……谓泽宫。……路，正也；箅，射箅也；咸，读为函，甲革之属，《周礼·太史》："凡射事，饰中舍箅，执其礼事。"盖陈禽习射而命懋正其事。

其说仍有讨论余地，然对西周礼制及官制研究均颇具启益。2·16论颂鼎所记宾礼曰：

宾，宾颂也，字通傧，……《仪礼·觐礼》侯氏傧使者诸公马

---

① 郭沫若：《两周金文辞大系考释》，科学出版社1957年版，第29页。
② 唐兰：《论周昭王时代的青铜器铭刻》，《古文字研究》第2辑，中华书局1980年版。

四，傧太史亦如之，此曰马三匹，并见礼有隆杀。

案：近人多以"三匹"为"四匹"之合文，然文献史料及考古发现均有一车驾三马之制①，徐氏论释甚是。12·4说鲁侯爵所记礼制云：

"𥝩"古祼字，《考工记·玉人》注："祼之言灌也，或作祼，或作果。"是文"𥝩"象木有果形，旁作"⺀"水之象，上从"自"读若鼻，《礼（记）·郊特牲》云："灌用鬯臭。"鼻所以司臭也。《说文》："《周礼》曰国有疑则盟，诸侯再相会十二岁一盟，北面昭天之司慎、司命。"按：《周礼·司盟》尚有万民者，铭云"用尊祼、盟"，盟邦国万民，尊此鬱鬯之角以降神明也。

徐氏所谓"祼"字者应是"䵼"字②，其说盟礼则颇有见地。爵铭所记礼制还有继续探讨之必要。10·30又解禽簋所记军礼曰：

"禤"，古文揚通麾，言陈师鞠旅；啟读若振，言振旅。禽之功，周公之功也。禽受赐而作器，当时饮至册勋又可概见。

案："禤"钱坫释祝③，阮元释祝，吴云释揚（阮氏转引），以及徐氏释禤，均与字形不合，但凡"祝"字，必须突出口部，这与其职司密不可分，《说文·示部》："祝，祭主赞词者。……《易》曰兑为口为巫。"祝乃巫祝本字，其职司为祭祀祝号者，故必从口④。祝与此字形体不合，故释祝不妥。然后世学者仍有盲从钱说者，如郭沫若⑤、马承源⑥等，盖因大

---

① 杨琳：《论先秦一车驾三马之制》，《考古》2014年第5期；河北省文物研究所、中国社会科学院考古研究所、石家庄市文物研究所、行唐县文物保护管理所：《河北行唐县故郡东周遗址》，《考古》2018年第7期。
② 陈邦怀：《嗣朴斋金文跋·鲁侯爵跋》，吴多泰中国语文研究中心1993年版，第83—84页；冯时：《殷代史氏考——前掌大遗址出土青铜器铭文研究》，氏著《古文字与古史新论》，台湾书房出版有限公司2007年版。
③ 钱坫：《十六长乐堂古器款识考》2·3，嘉庆元年自刻本。
④ 冯时：《敖汉旗兴隆沟红山文化陶塑人像的初步研究》，河南大学历史文化学院：《孙作云百年诞辰纪念文集》，河南大学出版社2014年版。
⑤ 郭沫若：《两周金文辞大系考释》，科学出版社1957年版，第11页。
⑥ 上海博物馆商周青铜器铭文选编写组：《商周青铜器铭文选》（三），文物出版社1988年版，第18页。

祝禽鼎以禽为大祝之故，然而其说实谬，不可不察。商代金文有"兄"字作""，与此字亦不类，后柯昌济从阮释，而以"祝为祭祀之名，殆所谓六祝之词之一也"①，说虽新颖，然释字已误，说不足取可知；"为"，甲骨、金文均作以手服象之形，与此字不同，故不宜释作撝或祸。，应读为祜，徐氏以啟为振旅字，说可从。"王伐盖侯，周公谋、禽祜，禽又振祜"者，周公从王东征商盖而主兵谋事，谋后告庙，大祝禽助成之，振旅再告②。

徐氏于《从古堂款识学》2·6 无惠鼎之"王格庙"为"特格庙"，其文云：

> 格庙，《周礼·大宗伯》郑氏《注》云："王将出命假祖庙，诸侯爵禄其臣则于祭焉。"是王格于周庙为特格庙，非常祭之谓。今以《礼（记）·祭统》郑注及《书·洛诰》疏引郑说并所见鼎彝文证之。《祭统》爵赏之施节，郑《注》："一献，一酳尸也。……非时而祭曰奠。"曰一酳尸则非常祭之酳尸矣，云非时而祭，则受命都如是，出命者准是矣。此特格庙之一证也。
>
> 又祭有四时节，郑《注》谓夏殷时礼也，郑以因祭而发爵赐服为夏殷时礼，则周时发爵赐服自不因祭，此特格庙之二证也。
>
> 《洛诰》"戊辰，王在新邑"节，《疏》谓郑以烝祭上属，云岁文王骍牛一者，于是成王元年正月朔日特告文武封周公也，是当常祭时必越日行事，如巡守归格之仪则不当常祭时可知，此特格庙之三证也。
>
> 㪤敦云："正月乙子（当为巳），王格于太室。"师毛父敦云："六月既生霸戊戌，旦，王格于太室。"……凡祭以周之季月、夏之孟月为正，曰正月、曰二月、曰五月则非常祭之时日，旦则是行一酳尸之礼，此特格庙之四证也。
>
> 至免彝云："六月初吉，王在郑，丁亥王格太室。"师酉敦云："正月王在吴格吴太庙。"此特天子适诸侯自是特格庙，又不在因祭不因祭之例。《祭统》载孔悝鼎铭云："六月丁亥公假于太庙。"郑《注》云："谓之夏之孟夏禘祭。"是铭云："九月既望甲戌，王格于周庙。"正当夏之孟秋尝祭时，何以彼为因祭，此为特格，是在考礼

---

① 柯昌济：《韡华阁集古录跋尾》乙32，余园丛刻，1935年。
② 冯时：《周初二伯考——兼论周代伯老制度》，《中原文化研究》2018年第2期。

者之会而通之耳。

徐氏周代发爵赐服特格庙之论甚是。徐氏特格庙之论本诸郑玄《周礼》注。《周礼·春官·大宗伯》："王命诸侯，则俟。"郑玄《注》："诸侯爵禄其臣，则于祭焉。"徐氏申郑却有与郑义不合者，《礼记·祭统》"一献"之事乃诸侯因时祭而命臣与天子特格庙不同，贾公彦疏《大宗伯》云：

> 若诸侯命臣，则因祭宗庙命之，则《祭统》十伦之义六曰："见爵赏之施焉。故祭之日，一献，君降立于阼阶之南，南向，所命者再拜受书以归。"又云"古者于禘也，发爵赐服，顺阳义也。"诸侯命臣必于祭时，若天子命臣不要在祭时，欲命臣当特为祭以命之。故《洛诰》成王命周公后云："烝祭岁文王骍牛一、武王骍牛一，王命作策逸祝册，惟告周公其后。"《注》云："告神周公宜立后，谓封伯禽。"是非时而特假祖庙，故文武各特牛也。

贾疏谓天子命臣需特为祭而格庙，说与西周金文又不合。孙诒让《正义》则云：

> 盖郑意以岁为成王元年正月朔日，特为此祭而假庙，与上文烝祭文不相冢。伪孔《传》则谓即仲冬烝祭之日，特加文武各一牛以告，是与《祭统》诸侯命臣同，非郑义也。《祭统》又云："古者于禘也，发爵赐服，顺阳义也；于尝也，出田邑，顺阴义也。"贾、孔并谓彼为诸侯因时祭命臣法。……又案：依郑书注义，假祖庙盖用特牛告祭，其礼杀于时祭。祖庙者，谓于祖王庙。

孙氏之说颇达郑恉。由西周金文册命铭文观之，册命之日，周王或于昧爽格庙（如免簋），或与旦（明）格庙（如大克鼎、小盂鼎）。王格庙就位之后即行册命之事，且同日接受册命之臣工远不止一人，而周王祭庙之典当备九献之礼，仪程繁缛，册命与庙祭无法同日举行。因此，西周册命周王必特格庙。

其他如吴式芬《攈古录金文》等亦有说礼之文，《攈古录金文》三之二·41论虢季子白盘"赐用戊，用政蛮方"引许瀚说云：

戉,《说文》:"斧也。"……《王制》:"诸侯赐弓矢然后征,赐鈇钺然后杀。"是也。

说近是。
《籀经堂钟鼎考释题跋》12 说作册睘尊曰:

惟十有九年,王在室,王姜命作册睘安从。屈宾,睘贝、布扬王美休,用作文考癸宝尊器。按:此当是成王祭文王庙之器,王在室者,室即清庙中央之太室,《洛诰》:"王入太室祼。"祼为献尸礼尸,尸献而祭毕,王祭将毕,在室行献尸之礼,故王姜得行祭礼而命作册也。……"屈宾"者,燕召公助祭,王以宾礼礼之。……诸侯来朝,王以宾礼礼之,是诸侯有宾于天子之谊,故称宾也。"睘贝布扬王姜休",睘受王命以贝布扬王姜休也。

案:该说释字不精,且句读粗疏,以致错漏百出,为后世学者所不取。引此者,唯见其时金文礼制研究水平参差不齐之一斑耳。

三 同光时期

同光时期,金石学有了长足进展,释字水平极大提高,因此金文礼制研究取得了很多成就。同光之世,治金文礼制者有刘心源(《古文审》、《奇觚室吉金文述》[1])、吴大澂(《愙斋集古录》、《愙斋集古录释文賸稿》[2])、方濬益(《缀遗斋钟鼎彝器款识》[3])、孙诒让(《古籀拾遗》[4]、《籀庼述林》[5])等,其中以方濬益创获最多。

(一)刘心源

同光之世已开近代金文礼制研究之风,其释字精当,说礼精审,远迈前人。刘心源《古文审》、《奇觚室吉金文述》对于彝铭所记西周礼制之研究,有不少卓识。

1.《古文审》

《古文审》所涉西周金文礼制包括射礼、宾礼及祭礼。刘氏对关乎射

---

① 刘心源:《奇觚室吉金文述》,清光绪二十八年自写刻本。
② 吴大澂:《愙斋集古录释文賸稿》,涵芬楼影印本,1930年。
③ 方濬益:《缀遗斋钟鼎彝器款识》,商务印书馆石印本,1935年。
④ 孙诒让:《古籀拾遗》,中华书局1989年版。
⑤ 孙诒让:《籀庼述林》,自写刻本,1916年。

礼的静卣、麦方尊等进行过一些研究，其以静卣（7·5）"射于大沱"乃射于辟雍大池之谓，并认为该铭所记射礼与《韩诗》"辟雍者，天子以春射秋飨"相合，说近是；认为麦方尊（3·4—7）所言"大丰"、"射龚禽"、"从飨"皆飨射之事，与《五经异义》引韩诗说"璧雍者，天子之学，所以春射秋飨尊事三老五更也"相合，颇有启发性。刘心源误以令鼎（2·3）"飨"为飨，以"飨射"为飨而射即燕射，因释字不精所致，说不可从，详后。

有说宾礼者，刘氏论作册睘卣（4·8）云：

"伯宾睘贝、布"者，夷伯以宾礼礼睘而赠以货贝、泉布也。

说大簋（6·3）曰：

睽敬王使，以宾礼礼膳夫敏，宠赠帛束，睽于是告其里之吏曰：天子使我与大易里，我不敢拂鬱天子之命也。吏奉睽命，于是须待大来易里，大乃以宾礼待吏，又以宾礼待膳夫敏而分宠以马两，又以宾礼待睽，而分宠以帛束。

由于对宾礼铭文有了正确认识，刘氏对彝铭所涉宾礼之论，多一语中的，如《奇觚室吉金文述》说小臣守簋（4·2）之宾礼云：

两吏字均读为使，……宾者，以宾礼礼之。

凡此于西周宾礼研究都有重要意义。刘氏又以"宾"或读为颁，训为赐，义虽可通，但不若读如"傧"，更能合礼义。

有说祭祀者，论小子生尊"小子生赐金、鬱鬯"（3·16）曰：

《王制》："诸侯赐圭瓒然后为鬯，未赐圭瓒则资鬯于天子。"生之为侯以否未可知也。

论㝨卣"王饮西宫，烝咸"（4·6）：

烝，旧释作糟，……《礼记·祭统》："冬祭曰烝。"此云"饮"、"烝"即《淮南·时则训》"大饮烝"也。

此说良是也。

2.《奇觚室吉金文述》

《奇觚室吉金文述》亦有不少论礼之作，涵盖宗庙制度、用牲礼等。其说宗庙制度者，见于无惠鼎（2·11）"燔于图室"，刘氏云：

> "燔于图室"者，《周礼》所谓"槱燎"也。"图室"阮以为明堂太庙，然上云"周庙"，则此为庙中之室，室有图画故曰图室。《鲁灵光殿赋》："图画天地，品类群生。……上纪开闢，遂古之初，……黄帝唐虞，……下及三后，淫妃乱主，忠臣孝子，烈士贞女。贤愚成败，靡不载叙，恶以诫世，善以示后。"知古宫庙墙壁皆有画像。《吕览》所谓"五世之庙可以观怪者"此也。

释 ᨆ 为燔，可再深入讨论，刘氏以"图室"为室有图画者，其说可信。除刘氏所举鲁灵光殿之事外，尚有《楚辞·天问》可补证其说，《天问》王逸《章句》："见楚有先王之庙及公卿祠堂，图画天地山川神灵，琦玮僪佹，及古圣贤、怪物行事。"盖古先王之庙均辟有一室图画天神、地祇及古圣贤之行状，以达教化之旨，本铭之图室当即此。

论囟皇父器（3·31）之豕鼎云：

> 豕鼎者，《礼图》云天子、诸侯之鼎容一斛，大夫羊鼎容五斗，士豕鼎容三斗。天子、诸侯之鼎即牛鼎，礼书云天子、诸侯有牛鼎，大夫有羊鼎，士有豕鼎、鱼鼎而已。此云豕鼎则士鼎也，云降则非尽正鼎，亦兼陪鼎、铏鼎。

刘氏泥于传世礼书之说，以此论礼必有疏失，然其以"豕鼎"而推及用牲鼎制，由"降"而论及正鼎、陪鼎，却为后世说礼者提供了许多思路，继之者如陈梦家等均得益于刘说。

天亡簋铭为西周初年一篇极为重要的礼制铭文，刘氏释出天亡簋（4·11）铭之"豊"、"凡"两个关乎铭文主旨之字，且以天无（亡）为作器者之名，读"又王"为侑王乃助祭之义，并以"丁丑"以下记其相飨礼之事。凡此皆为天亡簋铭文的正确解读打下了良好基础，自刘氏后，铭文始可通读。

由于刘氏过分拘泥传统礼书，亦有间出臆说之嫌，如论中伯壶盖（6·29）铭"中伯作亲姬䜌人媵壶，其万年子子孙孙永宝用"云：

《春秋传》曰："女执不过亲栗。"按榛栗字本作亲，……亲为榛栗之本字，妇执取其自新耳，此铭亦读新。

此"亲"当为国族名，刘氏误矣。以刘氏之审尚不能尽免于穿凿附会，此足为后世学者戒也。

刘心源的《古文审》及《奇觚室吉金文述》无论对于金石小学还是金文礼制研究都有重要的价值，其对射礼、宾礼的论说为相关研究奠定了基础，对于天亡簋的研究更功不可没。

（二）方濬益

方濬益的《缀遗斋彝器考释》对于所收礼制铭文有不少独到见解。

1. 彝名修饰字研究

方氏在礼器用途修饰词研究上有很大贡献。旧皆以"旅"为"旅车"二字，方濬益始释作"旅"字（3·16），方氏云：

凡曰"旅"者，旅祭之器，《周礼·司尊彝》："大旅亦如之。"《注》："旅者，国有大敌之祭也。"或为军旅会盟所用，《左·文公十五年传》注："古之会盟必备盛仪，崇贽币，宾主以成为敬也。"故《传》曰："卿行旅从"。《礼记·曲礼》："行，前朱鸟而后玄武，左青龙右白虎，招摇在上。"《注》："又画招摇星于旌旗上。"此行旅必载旌旗，故旅从二人执扒之形，又或作辇，以从车见义。

以旅为旅祭者，似系方氏首创，其后仍有学者奉为圭臬，如郭沫若、于省吾等①，然其说并不可取，天子方得旅祭，诸侯、卿大夫皆不可行旅祭，军旅会盟之说亦不可信②。又释芮公壶（13·18）之"从壶"曰：

从与旅同意，《左·定公四年传》所谓"君行师从，卿行旅从"是也。

复释虢叔盨盖（9·13）之"行"曰：

---

① 郭沫若：《扶风齐家村器群铭文汇释》，陕西省博物馆、陕西省文物管理委员会《扶风齐家村青铜器群》，文物出版社1963年版；于省吾：《双剑誃吉金文选》，中华书局1998年版，第277页。

② 王讚源：《周金文释例》，文史哲出版社1980年版，第130—133页。

> 簠（当为盨）之为器，其铭多曰"旅簠（盨）"，此曰"行簠（盨）"，亦用之于行。旅者，会盟征伐之事是也，……行义并同。

以从、行与旅同意可从，然会盟之说似亦不可信。

2. 礼制研究

方氏金文礼制研究涉及吉礼（祭祀）、宾礼、军礼、嘉礼等诸多方面。其祭礼研究所论彝铭有虘钟（1·26）、剌鼎（4·18）、庚嬴卣（12·27）、鲁侯爵（26·28）。方氏论虘钟铭之"虘眔蔡姬永宝"云：

> 虘盖王朝大夫，以受天子锡命而为祖考作器。宗庙之事，古皆夫妇共之，《采蘋》诗序曰："大夫妻能循法度也。能循法度，则可以承先祖、共祭祀矣。"

由"虘眔蔡姬永宝"而论及夫妇一体共事宗庙，其说不可易。又论剌鼎之禘曰：

> "啻"即禘字，亦见盂鼎铭，卲王即昭王，……《尔雅·释天》："禘，大祭也。"栖霞郝兰皋户部（懿行）《尔雅义疏》谓："禘之名古多异说，有时祭之禘，则《王制》云春曰礿，夏曰禘。"濬益按：此文曰五月禘昭王与《王制》之言相合，是此禘为时禘审矣。

以"啻"为禘祭字，系从《西清续鉴（甲编）》之说。以西周彝铭所记历月与夏历直接对应，乃方氏首倡。然就目前西周历法研究所取得的成果而论，西周彝铭之五月与夏正五月不同，故夏禘之说不足取。同样，方氏以貉子卣（12·11）"王正月，王格于雍畂"与《穀梁传·桓公四年》"春曰田，夏曰苗"及《御览》引《韩诗内传》亦云"春曰田"相合，亦涉此而误。后世仍有蹈方氏，不别金文月份与夏历而论时祭者，如郭沫若论士上盉[①]曰：

> 龠，禴省，《周礼·大宗伯》："以禴夏享先王。"此"在五月"为时正合。

[①] 应称作史寅盉，详参冯时：《致事传家与燕私礼——叔趣父器铭文所见西周制度》，《华夏考古》2018年第1期。

郭沫若①、柯昌济②以段簋所记十一月行烝礼之事乃《左传》"闭蛰而烝。"(《注》："冬祭也。")但方氏却为相关研究提供了一个积极的提示,即如果西周历法相对清楚,那么就可藉以讨论《礼记·月令》、《大戴礼记·夏小正》、《吕氏春秋》等传统文献所记用事礼俗是否有古老的传统,此亦为本书重点研究的问题之一。

其论庚嬴卣之"王格于庚嬴宫"曰:

或有疑……庚嬴为夫人名氏矣。礼,君无适臣妻家之文,此云"王格于庚嬴宫"似于礼文未合。按:彝器铭凡王赐予皆命于庙中,此独云"格于庚嬴宫",……正以其妇人,故不于庙中命之。观齐庄公吊杞梁之妻于郊,辞以"有先人之弊庐在",齐侯吊诸其室以为有礼,此君可适臣妻家之证。吊既有之,则君念故臣存问其家室,就而赐之,似亦当时之通义。

案:庚嬴乃先王之遗妃,此时充当女史、女御③。以小臣传卣"王在囗京命师田父殷成周"之殷为殷祭而非殷聘,方氏论之曰:

盖成周亦有周先王庙,王在宗周(案:当为蒡京)故遣官致祭。《礼记·曾子问》:"除服而后殷祭。"《周礼·大宗伯》注则谓:"率五年而再殷祭。"而《牛人》注:"殷奠,遣奠也。"义犹明显,与此文正合,小臣传当是师田父之介。

案:此"殷"当为殷见之礼,西周金文中凡殷祀者,皆作"衣",如天亡簋等,殷见之事俱从殷,如保卣曰"殷东国五侯"。其说鲁侯爵曰:

"用尊槀盟"者,《白虎通·封禅篇》:"天以高为尊。"又与宗同义。……是此尊统天神、宗庙而言,言用于祭祀及会盟。

可备一说。

有说宾礼者,方氏论瞏卣(12·9)曰:

---

① 郭沫若:《两周金文辞大系考释》,科学出版社1957年版,第50页。
② 柯昌济:《韡华阁集古录跋尾》丙8,余园丛刻,1935年。
③ 冯时:《周廷的遗妃》(未刊稿)。

"畏安夷伯，夷伯宾畏贝、布。"……《尔雅·释诂》："安，定也，止也。"又《左·襄公七年传》："吾子其少安。"《注》："安，徐也。"……贝、布曰宾者，《周礼·乡大夫》："以礼礼宾之。"《注》："宾，敬也。"此文以王在庠，王姜摄行事册命夷伯，畏安夷伯犹他器云右某人即位之意。

案：以安为右不妥，此器孙诒让有说至为精当，详后。

方氏军礼研究所涉之器，有小盂鼎（3·27）、员鼎（4·7）、效卣（12·13），其说小盂鼎所记献俘饮至之礼云：

"三左三右、多君入服酉"者，《礼记·祭统》："有事于太庙，则群昭群穆咸在而不失其伦。""三左三右"即昭穆之在列者。……"邦宾"盖言列邦诸侯，《大宗伯》："以宾礼亲邦国。"诸侯来朝，天子以礼宾之。……按：前段为盂伐鬼方，献其所俘于庙，盖行饮至之礼。

其说可资参酌，其后仍有宗其说者，如郭沫若。

有论田猎之事者，读员鼎"执犬休善"为膳，谓此为王田猎而命员执犬以充庖厨，如晋厉公田郜至奉豕之事也。方说不若柯昌济[1]、杨树达[2]以"执犬"为供王执犬之役，且与"休善"为同意连文更接近作器本义。效卣有"王蕫于尝"之语，龚自珍以"蕫"为"灌"之省而"尝"为尝祭，方氏驳之曰：

按《周礼·大宗伯》注："祼之言灌也。"龚海峰观察释祼曰："祼、灌古今字之别，《周礼》、毛《诗》皆作祼，《礼记》、《论语》作灌，今以蕫为灌字之省。"说固可通，然秋祭曰尝，文言四月初吉则非尝祭之时明矣，又饮酒亦曰灌，《礼记·投壶》："当饮者皆跪奉觞曰赐灌。"《注》："灌，犹饮也。"《周礼》曰："以灌宾客。"与此情事亦不相合。

方氏以历月驳尝为尝祭之说，以今日西周历法研究而论固有未碻者，

---

[1] 柯昌济：《韡华阁集古录跋尾》乙11，余园丛刻，1935年。
[2] 杨树达：《积微居金文说》，上海古籍出版社2007年版，第24页。

然以蘁为灌与铭文所记不合则颇近情理。方氏又云：

> 窃疑"蘁"当释"观"，"尝"为地名，王以巡守游观于此，所适之诸侯因于东宫内饗王，王加以好货，锡贝五十朋。

方氏读蘁为"观"，柯昌济①等从之，是。然以铭文所记为巡狩游观之事，则又欠妥矣。案："观尝"，义同《易·颐》之"观颐"。铭言周王观颐养老于公，公因年迈不能亲饗王，以东宫世子效代其饗王，公将王所赐之五十朋贝转赐效②。

有论嘉礼者，方氏指出师遽方彝（18·24）之"𢎮"即侑字，通作宥，所记与《左传·庄公二十八年》"虢公、晋侯朝，王饗醴命之宥。"及《僖公二十八年传》王享醴命晋侯侑之事相合。此为后世说"饗醴"者之渊薮也，以"宥"为用币宥助之义，系袭旧说而误，王引之《经义述闻》已驳之，王国维③等皆从其说，信矣。说同卣（12·24）之"金车"曰：

> 金路也。《周礼·巾车》："金路，钩，樊缨九就，建大旂，以宾，同姓以封。"《注》："金路，以金饰诸末；以宾，以会宾客；同姓以封，谓王子母弟率以功德出封。虽为侯伯其车服犹如上公，若鲁卫之属。"《仪礼·觐礼》："天子赐侯氏以车服。"《注》："赐车者，同姓以金路，异姓以象路。"此作器者自是同姓诸侯，故有金车之赐。

其说是也。说史兽鼎（4·5）之献工云：

> 盖立功非一人之事，而史兽献工最先，迫诸人咸来献工，而后颁赏。《左·宣公十四年传》："朝而献功，于是有容貌采章，嘉淑而有加货。"是也。

此说亦可从。

有论丧礼者，论召仲鬲（27·17）之"生妣"云：

---

① 柯昌济：《韡华阁集古录跋尾》戊9，余园丛刻，1935年。
② 冯时：《蘁鼎铭文与召公养老》，《考古》2017年第1期。
③ 王国维：《释宥》，《观堂古金文考释五种》，《王忠悫公遗书二集》，1927年。

张孝达（之洞）尚书曰："生妣"犹后代言所生母，经谓之妾母，声子成风之属皆是。此作禺者，即礼所谓妾祔于妾祖姑，无则中一以上而祔者，盖其祔庙之祭时作。濬益按：《礼记·檀弓》："子上之母死而不丧，门人问诸子思，曰：昔者子之先君子丧出母乎？"《注》："礼为出母期，父卒为父后者不服耳。"出母即所谓从出者，此文之云生妣是。旧说以为被出之母，诬矣。

说不可信，生乃外甥之意①，与出母无涉。

《缀遗斋彝器考释》除礼制研究方面的创见之外，在铜器断代上亦有不少建树，如论小盂鼎之时代云：

"啻"即"禘"，《说文》："禘，祭也。"禘以谛为谊。……此行下有"□王、成王"三字，以剌鼎"王啻，用牲于太室，啻昭王"语证之，或为禘祭武王、成王之文，若然则徐籀庄定前器为成王二十三年者又当存疑矣。

又如论成王方鼎（4·1）之时代云：

此为成王庙鼎，《左·昭公四年传》："康王有酆宫之朝。"服虔曰："成王庙所在也。"是此鼎为康王所作矣。

再如论小臣单觯（24·15）之年代曰：

"王后叚克商"，谓成王克武庚之事，以武王先已克商，故此云后也。

所论至碻。郭沫若以小臣单觯为武王器，反不若方氏所论精当，故后世学者多舍郭论而从方说。以铭文内容及历史事件对铜器进行断代，为铜器年代研究之重要手段，此皆为郭沫若所继承，所异者方氏仅关注铭文内容一项而已，而彝器形制、纹饰、书体等均为郭老所重，故郭老可藉以建立两周彝器断代之体系，此为金石学与现代考古学分野之一端。再者，审谛方氏断代之文，方氏于周初已有谥法之事毫不疑惑。自民国学者辨古史

---

① 张亚初：《两周铭文所见某生考》，《考古与文物》1983 年第 5 期。

而后，三代诸种礼仪制度及人物、史实多遭质疑，王国维及郭沫若遂有谥法晚成之说，以目前研究进展而言①，王、郭之说不足信可知。文献记载不可轻信，亦未可轻疑，此一反覆足可为教训。

再者，《缀遗斋彝器考释》虽偶见伪器，如受尊（18·22）、元祀觯（24·20）等，但较乾隆四鉴及阮元《积古斋钟鼎彝器款识》所收伪器而言，可谓微不足道，亦可窥见同光之世学者辨识伪器水平已有很大提高。

（三）其他学者

同光之世，除了刘心源、方濬益外，尚有潘祖荫（《攀古楼彝器款识》②）、吴大澂（《愙斋集古录》、《愙斋集古录释文賸稿》），孙诒让（《古籀拾遗》、《古籀余论》③、《籀庼述林》）等亦于礼制研究颇有心得。

1. 潘祖荫

《攀古楼彝器款识》读史颂鼎（1·11）之宾为傧，并云：

> 《仪礼》："宾降授老币，出迎大夫。"《注》："欲傧之。"云云。宾以货赠主国使者曰傧，即主国赠宾宜得通称。马三匹、吉金与《礼》"乘马、束锦"略等。……《左传·僖公十七年》：郑伯始朝于楚，楚子赐之金，既而悔之，与之盟曰：勿以铸兵，故铸三钟云云。是以好货作器之例也。

可见，自徐同柏以降对于宾礼已经有了较为深入的认识。

论郑楚叔宾父壶（2·22）之"醴壶"曰：

> 《礼运》疏："后酌著尊醴齐以亚献，酌壶尊醍齐以献尸，则醴不尊于壶。"《春秋传》王飨礼命宥，《聘礼》公侧受醴，则非士大夫家所当用，故《特牲》、《少牢》无用醴之文，虽丧奠用醴，而永宝吉语似非居忧所宜。唯冠、昏皆侧尊一甒醴，为士人之通礼，此器宜即其具，盖以壶当甒，又以金代瓦，乃嘉礼器，非祭器也。

以醴壶非祭器，是也。然既曰"醴壶"，则壶可着醴明矣，此足补文

---

① 黄奇逸：《甲金文中王号生称与谥法问题的研究》，《中华文史论丛》1983年第1辑；盛冬玲：《西周铜器铭文中的人名及其对断代的意义》，《文史》第17辑；彭裕商：《西周青铜器年代综合研究》第二章，巴蜀书社2003年版。

② 潘祖荫：《攀古楼彝器款识》，清同治十一年滂喜斋木刻本。

③ 孙诒让：《古籀拾遗》、《古籀余论》，中华书局1989年版。

献之未备。

2. 吴大澂

《愙斋集古录》说郑井叔钟（1·17）云：

> （▨），霝龠二字合文，……"霝"古靈字，龠即龢之省，《礼记·明堂位》："垂之和钟，叔之离磬。"《注》："和、离谓次序，其声悬。"《周礼·大司乐》："靈鼓、靈鼗。"《注》："靈鼓、靈鼗，六面。鼓之小者曰靈鼓。"此云靈龢钟亦钟之小者。……用绥宾者，用以燕乐宾客，明非宗庙祭祀之器。

案：吴氏以"▨"为霝龠二字合文，说不足取。该字占一字位置，且无合文符号，应为一字。方濬益以为即靈之异文①，马承源等以为乃霝之繁体并训为善②。方说可从，马说不足据。首先，▨字当以龠为意符，霝为声符。龠即龠字③，《说文·龠部》："龠，乐之竹管，三孔，以和众声也。"钟为乐器，故从龠以见义。其次，从霝之字，大率皆以霝为声符，如䨓、靈、竉、靇、䴤、醽、䣝、鑐、櫺、蠕、矗诸字皆从霝声。从龠霝声之䶵，或为靈钟、靈鼓之本字。吴氏据《礼记》以靈钟为钟之小者，可从。马承源氏读为霝，训为善未达本恉。霝本雨零字，《说文·霝部》："霝，雨零也。"是也。霝与令、靈古音相同，故有善训，《广雅·释言》："霝，令也。"王念孙《疏证》："《盘庚》：'弔由靈。'《传》云：'靈，善也。'《鄘风·定之方中篇》：'靈雨既零。'郑玄《笺》：'靈，善也。'石鼓文作霝雨。霝、靈、令声义并同。"

《愙斋集古录释文賸稿》说大鼎（上册·11）"王在馈脤宫"云：

> 天子有馈脤之礼，因以名其宫也。

此说广为学者所接受，刘心源④、陶北溟⑤等皆从之，或然。

---

① 方濬益：《缀遗斋彝器款识考释》2·1。
② 上海博物馆商周青铜器铭文选编写组：《商周青铜器铭文选》（三），文物出版社 1988 年版，第 289 页。
③ 王国维说，见刘盼遂《说文练习笔记》，清华学校研究院《国学论丛》第二卷第二号，1930 年；郭沫若：《两周金文辞大系考释》，科学出版社 1957 年版。
④ 刘心源：《奇觚室吉金文述》16·15，清光绪二十八年自写刻本。
⑤ 陶北溟：《旧云盦金文释略》，《古学丛刊》第 6 期。

3. 孙诒让

《古籀拾遗》下·1 论罥卣所记宾礼云：

> 王姜命作册罥安卪（案：当为夷）伯者，安犹宁也，卪伯盖王姜之母党，故使罥安宁之。（《葛覃》孔疏云：诸侯夫人及王后父母既没，则使卿宁于兄弟。《襄十二年·左传》曰：楚司马子庚聘于秦，为夫人宁礼也。）卪伯宾罥贝、布者，宾即礼经之傧也。《觐礼》郊劳赐舍，侯氏皆用束帛、乘马傧使者；赐车服，侯氏傧使者、诸公赐服者帛束、四马，傧太史亦如之。……傧，古文或省为宾。《周礼·司仪》："诸公之臣相为国客，郊劳宾使者如初之仪。"郑《注》："宾，当为傧。"是也。凡傧之见于金文者，字皆作宾。……礼经之傧使皆以帛、锦及马，此安宁事轻，故傧使以贝、布，亦礼之杀也。

说极是，杨树达[①]、唐兰[②]等皆从之。

又《古籀拾遗》下·11 论师衰簋之"鼤尊簋"云：

> 鼤当为臘之省，鼤敦者，臘祭所用之敦，《礼记·月令》："孟冬之月，臘先祖五祀。"郑《注》："臘，谓以田猎所得禽祭也。"《左传·僖五年》"虞不臘矣"、《史记·秦本纪》惠文君十二年初臘，以《郊特牲》郑注考之，盖臘为蜡之小别。总言之，蜡、臘亦通称。周本有臘祭祖考之礼，后人或以臘为秦制，非也。

以臘为祭名可从，然臘祭之详情有待深究，详后。
《古籀余论》有说礼之事二条，说鲁侯爵（2·6）云：

> 此铭以义推之，当作两截读，上之"鲁侯作用尊"，下之"爵鬯粤祼盟"言用鬯鬯以待聘祼与盟之用。

孙氏所释粤、祼二字皆不确。爵铭分两截读之说既不合铭文行款，又支离文义，说不可取。又论琱生簋（3·24）云：

[①] 杨树达：《积微居金文说》，上海古籍出版社2007年版，第287—288页。
[②] 唐兰：《西周青铜器铭文分代史征》，中华书局1986年版，第293页。

"报妇氏帛束璜"者,犹后大鼎大及然瞑各宾章以帛马之事。《周礼·小行人》:"合六币,璧以帛、璜以黼。"此以束帛合璜,礼之变也。此亦礼经傧使之礼。因妇氏传君氏命,故傧以玉帛矣。

孙氏一生精研《周礼》,所著《周礼正义》凡两百余万言,被治《周礼》者奉为圭臬,其结合《周礼》说六币之事颇合周代礼制。治先秦礼制当效法孙氏,以传世礼制文献为基,结合出土文献,周加论释。

《籀庼述林》论麦方鼎(7·29)所记傧相之事云:

铭首云:"隹十又一月,井侯延鬲奸麦。"……鬲字金文罕见,右旁从禹作。禹、历古音同部,《说文》鬲,汉令作瓹,从瓦厤声。金文疑借禹为历,《说文》:"历,传也。"《尔雅·释诂》:"历,相也。"此禹亦取传告相导之义,故其字从口。云延鬲者,《觐礼》云:"摈者延之曰升。"郑《注》云:"从后诏曰延。延,进也。"……盂鼎残字云:"鬲宾,王乎鬲",又云:"王格庙,鬲王邦宾,延。……"云云,彼鼎曰延、曰鬲,即此鼎之延鬲之谊。

案:"畐",陈梦家读为"赞"①,是也;孙氏释为"鬲",虽不确,然其读为"历"训作"相",则得其大略矣。

孙氏论金文礼制之作虽不多,然不乏精辟之论。《古籀拾遗》亦有伪器如周莽史鼎、周申月望鼎等,此孙氏千虑一失也。

以上所述均撮其成就较突出者,清代金石学著作宏富,有不少著作也偶涉礼制研究,然其所得既少,又不得要旨,如陆心源《吴兴金石记》②1·5论周公方鼎云:

或疑鲁公不当祭文王,考鲁有文王庙,见《左·襄公二十年传》。《周礼·春官·都宗人》注:"王子弟则立其祖王之庙,其祭祀,王皆赐禽焉。"《夏官·祭仆》:"凡祭祀王之所不与,则赐之禽。"《注》:"王所不与同姓有先王之庙。"贾《疏》云:"鲁、卫之属。"据此当立文王庙而作祭器,礼也。

---

① 陈梦家:《西周铜器断代》,中华书局2004年版,第111页。
② 陆心源:《吴兴金石记》,清光绪十六年陆氏自刻本。

释字既误，说不可信矣。又如张之洞《广雅堂论金石札》①2·8论师遽簋云：

> 旧释作延正，非是。案：此乃延登也，《汉书·王莽传》引《周书》"延登策王"即此义。礼经所谓"君辞之，则升成拜"者也，登降之登、豆登之登，古止一字，通用。

其说附会礼书，不足取。诸如此类著作，本书不作专门评述。

道咸之后，西周金文礼制研究成果的大量涌现，固然与当时出土材料与日俱增密切相关，更为重要的是金石学本身的发展，以及乾嘉以来传统礼制文献研究的影响。再者，清代传统礼制文献研究已臻完善之境，《皇清经解》收录三礼类著作有35种，《续经解》共收录59种，此外还有胡培翚的《仪礼正义》、孙诒让的《周礼正义》、孙希旦的《礼记集解》、黄以周《礼书通故》等礼学著作亦价值不菲。金石学及传统礼制文献研究的进展，共同造就了晚清金文礼制研究的高峰。

第三节 民国时期的研究

在清代金石学研究的基础上，民国时期金文礼制研究已更上一层楼。尤其是郭沫若建立两周铜器断代体系之后，西周金文礼制研究进入了新的时期。民国以后的研究大体可以分为三个层次：其一，传统的金石学研究，如罗振玉、王国维等；其二，建立在铜器断代体系之上的研究，如郭沫若、陈梦家、唐兰等；其三，结合文献对某种礼制进行深入探讨的史论研究。

一 传统金石学研究

民国之后，以传统金石学研习金文礼制者，有罗振玉、王国维、于省吾、柯昌济、杨树达等。罗振玉不仅在铜器著录、资料刊布上厥功至伟，其说礼亦有独到见解。王国维将历代学者践行多年，并已臻成熟的研究方法理论化，提出"二重证据法"，并对部分礼制铭文进行深入探讨。容庚于铜器器影及铭文整理用力甚多，对铜器名称考订颇有卓见，如以"盨"

---

① 张之洞：《广雅堂论金石札》，南皮张氏刻本，1933年。

为单独器类①，盨、簠二类彝器自此各得其正。容氏之后，仍有学者致力于彝器正名，及彝器用途的研究，如唐兰、高明等学者对瑚、簠进行正名②，张亚初亦对鼎的用途作了较为全面的研究③。

（一）罗振玉、王国维

罗振玉《辽居乙稿》④对静簋射礼进行了系统梳理，彼文曰：

> 孔氏颖达谓天子、诸侯大射之礼有三：一为大射，是将祭择士之射；二为宾射，诸侯来朝天子与之射，或诸侯相朝与之射；三为燕射，谓息燕而与之射。天子、诸侯三射皆具，士无大射。……此三射之外有乡射，又有主皮之射。……又有习武之射。案：射礼之见于礼经者，惟《大射仪》、《乡射》，皆诸侯之礼。……今观此簋铭略可考见天子大射之礼。
>
> "王命静司射学宫"者，《大射仪》："司射适次。"《注》："司射，射人也。"又云："乃荐司正与射人一人。"《注》："天子射人，下大夫二人。"又曰："若射，则大射正为司射。"《注》："大射正，射人之长。"《周礼·夏官》有射人以射法治射仪。据此器知，天子大射亦以射人为司射也。
>
> "曰小子眔服"者，"小子"见《周礼·夏官》"祭祀赞羞受撤"；"服"亦官名，《夏官》有节服氏。……曰"眔小臣眔夷仆"者，《周礼·夏官·小臣》之职"小祭祀、宾客、飨食、宾射掌事如太仆。""夷仆"者，殆太仆也。"射于大池"者，"大池"亦见遹敦，云"乎渔于大池"殆即《射义》"习射于泽"之泽，……大池殆即镐池，即《诗》所谓"镐京辟雍"。《射义》言先习射于泽，而后射于射宫。
>
> 以理度之，则射宫为习射之地，泽为较射之地。古器载射事者，此器之外尚有二器，一器为驭方鼎，曰："王休宴乃射，驭方合王射。"此燕射也；二为令鼎，文曰："王大□农于諆田，锡，王射，有司眔师氏、小子合射。"此从王之田射也。

罗氏以彝铭考天子大射之礼，颇有创见。其考释也多有可取者，惟说

---

① 容庚：《殷周礼乐器考略》，《燕京学报》第1期，1927年。
② 唐兰：《略论西周微史家族窖藏铜器群的重要意义——陕西扶风新出墙盘铭文解释》，《文物》1978年第3期；高明：《簠、簋考辨》，《文物》1982年第6期。
③ 张亚初：《殷周青铜鼎器名、用途研究》，《古文字研究》第18辑，中华书局1992年版。
④ 罗振玉：《辽居乙稿》，石印本，1931年。

金文官制尚需谨慎，金文职官名称虽与礼书相仿佛，但二者是否对等，值得深入讨论。

王国维《观堂集林》[①]中说礼之作颇多，《洛诰解》以盂爵之"王命盂宁邓伯"乃上下相存问。《与林浩卿博士论〈洛诰〉书》有说宾字者，涉及宾礼，其文云：

> 古者宾客至，必有物以赠之，赠之事谓之宾，故其字从贝，其义即礼经之傧字。

案：王说颇有卓识。宾字从贝最早见于西周金文中，这是当时傧赠用贝的真实写照（见本书第四章第五节）。西周中期以后报傧之物被六币所所取代，但从贝之宾字却保留了下来。

《〈周书·顾命〉考》则云：

> 今以彝铭册命之制与《礼经》之例诠释之，其中仪文节目遂犂然可解。

文中论及西周册命之礼有颇多精辟发见。

《明堂庙寝通考》论及商周庙制，及西周金文中册命朝位，其文云：

> 凡上言"王格太室"者，下均言所命者"立中庭北向"。就所谓"中廷"之地，颇有寻绎者焉。案《礼经》中言庭皆谓自堂下至门之庭，其言中庭则此庭南北之中。然则上诸器系中廷于入门后，自当为内门之庭。又云"立中廷北向"，则又当为南向屋之廷也。……臣立中廷北向，而王即位于太室，则王必于太室之北设黼依几筵而立焉。……余谓此中廷当太室之廷，但器文以所命者入门之后，略去升堂、入室诸节耳。……诸器之中廷，即太室南北之中也。

案：王说甚是。

《殷周制度论》则指出宗法制为周制，在宗法制度基础上的丧服制亦为周制。王氏所论颇见卓识，此为商周制度制度最为重要之分野。

[①] 王国维：《观堂集林》，中华书局1959年版。

《观堂别集·释宥》① 接受方濬益读畬为宥（侑）之说，并认为"🔲"相当于祼，对该类铭文研究有决定性意义。

（二）于省吾、柯昌济

于省吾《双剑誃吉金文选》说礼者有三例。其一，论塑鼎铭"公归，🔲于周庙，戊辰，饮秦饮"之军礼，以🔲为祭名，然无说。其二，"翟"祭的问题，"翟"见于史喜鼎，其文曰："翟祭厥日唯乙。"于氏以翟祭为乐舞之祭，陈梦家从之②；杨树达读翟为禴，然禴字见于周金文与此字不同，两说各有信从者。案："翟"当读为"择"，"翟祭厥日唯乙"乃占卜选择祭日之意③，与祭祀无涉。其三，以剌鼎铭"剌肇作宝尊，其用明🔲魏媿日辛"之"明"为祭享之义，明乃敬义。

柯昌济《韡华阁集古录跋尾》说礼者涉及吉礼（祭祀）、军礼、嘉礼（学校）。读令鼎之"🔲"为饎，柯氏曰：

> 知古耤田礼，必有馈饎之事。……文纪王锡毕复射，而后有师氏、小子会射，据此知古耤田礼兼行射礼也。

此说近是，然不如杨树达所说确然，详后。柯氏以利鼎、七年趞曹鼎之般宫即泮宫，可信。至于读禽簋之"某"为祼之假字；以🔲为祝字，读为祢，并以铭文所记为王伐盖侯之时，适行高禖及祝礼，则不足取。

（三）杨树达

杨树达治史汉起家，浸淫古文献多年，精通经、史、小学，故其《积微居金文说》于礼制研究所得独多。其论令鼎之燕射，孟爵、眉仲瑚、燕侯旨、中几簋之宾礼，虢季子白盘之军礼多不易之说。

论令鼎之燕射曰：

> "王大耤农于諆田，锡，王射，有司眔师氏、小子射。"……按锡，当读为觞。《吕氏春秋·达鬱篇》注云："觞，饗也。"……鄂侯（驭方）鼎记王休宴而射，驭方与王会射。此铭记觞后王射，有司与师氏小子会射。两文情事相同，知此铭之觞即彼铭之宴。……古人

---

① 王国维：《观堂别集·释宥》，《海宁王忠悫公遗书初集》，1927年。
② 陈梦家：《古文字中之商周祭祀》，《燕京学报》第19期，1936年。
③ 冯时：《殷代史氏考——前掌大遗址出土青铜器铭文研究》，《古文字与古史新论》，台湾书房出版有限公司2007年版。

饗、射二事往往相因。……此射以乐宾，因燕而有射也。乡射、大射之射，皆于宾主献酬之后行之，射后乡射、大射并有坐燕，而大射坐燕时或复射，此因射而有燕，燕时复有射也。两铭所记，先觞宴而后射，与礼经次序符同，其事殆与《燕礼》射以为乐相近也。……此铭记王亲耕藉田，礼毕，饗其臣下。饗讫，王射，有司与师氏小子会射，及王归，王驭溓仲为王驭车，令与奋二人为王车先导。王欲试二人执足力，……及王至康宫，甚悦，殆以令能先至故也。①

论盂爵"宁邓伯"之事曰：

　　铭文"宁邓伯"，亦言问邓伯安否耳。《书·洛诰》："伻来毖殷，乃命宁予以秬鬯一卣，曰：'明禋！'"据此知宁人必有物以将意，非仅以言而已。此于金文虽无所见，然可据《洛诰》之文推概得之也。②

以彝铭文献互证并互相补苴。

论中几篇"使"、"宾"二字之用曰：

　　古礼：凡见使于人，主者必以物劳使者为敬，其事谓之宾。《周礼·秋官·司仪》："宾使者如初之仪。"字或作儐。……以金文言之，睘卣，……盂爵……，他如史颂簋、大簋、守簋、蒚簋、公貿鼎诸器，其铭文皆详记见使之处，见宾之物，及因见使见宾而制器之事。……至劳使者之物谓之宾，因而见劳之物亦谓之宾，名动同辞，此语言之通例也。③

以文献记载与金文史料综论"使"、"宾"相关铭文，实开综合研究西周宾礼之风。

释弭仲瑚之"用饗大正，歆王宾"云：

　　礼经，宾主人行礼既毕，必有礼宾及儐使者之礼，所以申主人之敬也。……儐使者之礼见于彝铭者，睘卣夷白宾睘贝布，盂爵登白宾

---

① 杨树达：《积微居金文说》，上海古籍出版社2007年版，第28、29页。
② 杨树达：《积微居金文说》，上海古籍出版社2007年版，第86页。
③ 杨树达：《积微居金文说》，上海古籍出版社2007年版，第159页。

孟贝，史颂簋穌宾章马四匹吉金，以及大簋、守簋、蒿簋、公貿鼎诸器所记是也。此器云歆王宾，与《士昏》、《聘礼》所以礼宾者，礼之隆杀，容有异同，然天子遣使至臣下之家，传达王命，既毕事，臣下以敬王宾之故，设具而饗宴之，固礼之宜也。矩伯鼎云："用歆王出入使人"，令簋云："用饗王逆造"与铭文异而事则一也。①

所说至碻。

以燕侯旨鼎之"见事于宗周"即《书·康诰》之"见士于周"，又以史寅盉所记禴祭为西周旧有，以静簋之"学宫"即天子之大学曰辟雍者，说皆可从。

说虢季子白盘所记饮至之礼云：

此铭首记虢季子白征玁狁之功劳，次记其先行来归献俘，次记王饗子白于周庙，赐以乘马弓矢及戊，而终以祝福之辞。以古书经传勘之，所记盖即饮至之礼也。知者，《左传·隐公五年》曰："三年而治兵，入而振旅，归而饮至，以数军实。"杜注饮至句云："饮于庙以数车徒器械及所获也。"铭文记子白来归献俘，王饗之于周庙，与传文相合，其证一也。

子白折首五百，执讯五十，则所献者即此五百之首，五十之讯，然则献俘之时，必当有计数之事，此杜注所谓数所获也，特铭文不记耳。又《僖公二十八年》记晋楚城濮之战曰："秋七月，丙申，振旅，恺以入于晋，献俘，授馘，饮至，大赏。"铭文记子白先行来归，次记献俘，次记王饗，末记赏赐与传文先后次第一一相符，而王饗一节与传文之饮至相当，其证二也。

《孔丛子·问军礼篇》："既至……设奠于帝学，以讯馘告，大享于群吏，用备乐，饗有功于祖庙，舍爵策勋焉，谓之饮至。"铭文记王享子白于周庙，与孔丛言饗有功于祖庙相合，其证三也。

"赐用弓，彤矢其央，赐用戊，用征蛮方。"……《礼记·王制篇》云："诸侯赐弓矢然后征，赐鈇钺然后杀。"虢季子白虽非诸侯，然足证铭文此四句之义也。②

---

① 杨树达：《积微居金文说》，上海古籍出版社2007年版，第195、196页。
② 杨树达：《积微居金文余说》，上海古籍出版社2007年版，第376页。

所论亦近是。然其以矢令彝之"裸"为《洛诰》"乃命宁予以秬鬯一卣，曰：'明禋！'"之禋祭，则又穿凿矣。

上述研究均属于传统金石学研究的范畴。传统金石学研究在文字释读、文义疏通等方面所作的扎实工作，为金文礼制研究奠定了坚实基础。真正意义上的西周金文礼制研究，应当从郭沫若《两周金文辞大系》建立两周彝器年代学框架开始。事实上，由于没有建立完备的铜器年代体系，本书此前所谓的"西周"金文礼制研究，只是依据今日断代研究之成果从众多著作中遴选而出，或非著者原意。其中虽有部分著作成书于郭沫若断代研究之后，如柯昌济的《韡华阁集古录跋尾》、杨树达的《积微居金文说》等，但是其治学之法仍一袭清人，从其著作中几乎看不到断代的痕迹，笔者仍将其归入金石学研究的范畴。

二 郭沫若的金文礼制研究

郭沫若建立两周铜器年代体系，开启了真正意义上的西周金文礼制研究。郭老首部金文研究力作《殷周青铜器铭文研究·序》，已论及两周铜器年代及标准器断代诸事项，《两周金文辞大系图录》则建立了较为完整的两周铜器分代体系。除以上两书外，郭老早年发表的《金文丛考》，以及后来成书的《金文丛考补录》在礼制研究上均有发明，其研究涉及吉礼（祭祀）、凶礼、宾礼、军礼等方面。

（一）《周礼》及礼俗研究

郭沫若所撰《周官质疑》一文对周代职官及《周礼》成书详为考述[①]，不少见解独到精辟。是文以周彝铭所记职官与《周礼》互相发明，对西周金文所见卿事寮、太史寮、三左三右、作册、宰、宗伯、太祝、司卜、冢司徒、司工、司寇、司马、司射、左右戏繁荆、左右司马、左右虎臣、师氏、善夫、小辅、钟鼓、里君、有司、诸侯诸监等职官详加研释。郭老将卿事寮、太史寮与《礼记·曲礼》"天子建天官先六大：曰大宰、大宗、大史、大祝、大士、大卜"相联系，以卿事含"六大"之大宰、大宗、大祝、大士、大卜，太史即"六大"之大史；以三左三右即"六大"天官，又据《尚书·顾命》以三左为大史、大祝、大卜，三右为大宰、大宗、大士；以作册为左右内史之兼称；以宰分大宰和内宰等说，凡此皆破旧说而立新论，对周彝铭周代职官制度的研究颇具启发。因《周礼》之天地四时与冢宰、司徒、宗伯、司马、司寇、司空六官相配伍的职官体系与

---

① 郭沫若：《金文丛考·周官质疑》，科学出版社2002年版。

周彝铭所记不类，郭老认为《周礼》六官体系或受周末五行说影响而成，故《周礼》成书必不早于战国，进而又以《周礼》乃荀子弟子"袭其师'爵名从周'之意，纂集遗闻佚志，参以己见而成一家言"。郭老对《周礼》的作者、成书年代的研究颇备参酌。

避讳是古代礼制的重要内容，然避讳始于何时史无明文。郭老所作《讳不始于周人辩》一文，据彝铭、史籍中每有周人称君、父之名而不讳之例，认为讳不始于周人，进而以为称讳始于秦①。案：其说似不足取。《礼记·曲礼上》："礼，不讳嫌名，二名不偏讳，逮事父母则讳王父母，不逮事父母则不讳王父母，君所无私讳，大夫之所有公讳，诗书不讳，临文不讳，庙中不讳。"彝铭不避君父之讳，即《曲礼》所谓"临文不讳"者，《周书》有讳而《史记》不避者，盖《周书》乃周人史官所记故避武王之讳，而《史记》系汉史官所作不避周讳者并无不当。此说虽系千虑之一失，然该文对研究周代避讳大有启益，郭老于文中驳《国语·晋语》"范献子聘于鲁，问具山、敖山，鲁人以其乡对，献子曰：不为具、敖乎？对曰：先君献、武之讳也"所记鲁人为避献公、武公之讳而不直言具、敖二山之名时，指出："具、敖二山之说，内、外传如声之应响，尤属可疑。盖古既嫌名不讳，则具、敖二山尽可用同音之字代之。况古者字每通假，地名尤多任意，何遽能因讳而废二山之名耶？"秦统一文字之前，文字之形、音、义并不固定，周彝铭中通假之字甚多，若人名皆无固定专字而仅系以音，那么周人如何避讳便成摆在学术界面前的一个具体而重要的问题。

（二）西周名物制度研究

册命金文西周习见，册命铭文所记乃周王对臣工分官授职，并赐命服、佩玉、旗帜、兵器等物之事，其中所赐命服、佩玉、旗帜等多涉周代名物制度。然所涉仪物究系何物，由于去古已远，稽考不易。郭老曾撰述多篇专文对册命金文所涉名物制度进行释论，如《释鞞鞛》、《释黄》、《释朱旂旜金芾二铃》、《释䪅》、《释干卤》、《释冪》、《释弌》、《释㝬》、《释亢黄》、《释非余》②等，于周代文物制度研究具有重要意义，其中不少研究成果至今仍为学者所承袭。古史研究的方法、视角较之是非更为本质和关键，郭沫若于西周名物制度的研究最为显著的贡献在将古文字、古文献与古代遗物及近代民族学材料相互印证，尽可能拓展研究视野，从而

---

① 郭沫若：《金文丛考·讳不始于周人辩》，科学出版社2002年版。
② 郭沫若：《金文丛考》，科学出版社2002年版。

得出较为客观公允的结论。其中尤以《释鞞韐》、《释黄》、《释干卤》、《释亢黄》等文值得称道,《释鞞韐》、《释黄》、《释亢黄》等文均以古文献为基,旁征古代遗物,故能摒旧论而迭出新见。《释干卤》一文,更征世界民族学材料来证成"干"即盾之象形,其说甚为新颖。

由于时代的局限,当郭老著述之时,田野考古工作刚刚起步,考古出土周代遗物十分罕见,郭老可资引征、参校的古代遗物较少且多系传世品,这在客观上限制了郭沫若的研究,故其部分研究成果或有重新讨论的余地。踵郭老之后,学术界时有关于西周册命金文所涉名物制度的新作,如黄然伟《殷周青铜器赏赐铭文研究》①、陈汉平《西周册命制度研究》②、何树环《西周锡命铭文新研》③ 等等,这些著作较之郭老的研究更为全面,在某些问题上有不少建树。然而均不同程度地摒弃了郭老结合古代遗物研讨名物制度这一重要的、科学的、更能触及本质的研究方法,重新回到从出土文献到传世文献的考据研究上。诚然,考据是史学研究的根本,但传世文献的记载有其缺憾、不足,并不能提供足够论据,每每使人有文献不足征之叹,而考古材料更能直观地展示古代社会的文化面貌,成为认识、研究古史的它山之石。时过境迁,经科学考古所发现的两周墓葬为数颇夥,出土遗物更是车载斗量,重视、沿袭郭老以古文字、古文献、古代遗物及其他可用之证据相结合的严谨的治学方法,或能在一些关键问题上取得突破性的进展,推动西周名物制度的研究。

(三) 传统五礼研究

传统的五礼包括吉礼、凶礼、宾礼、军礼、嘉礼④,周彝铭中不乏关涉传统五礼的记载。郭沫若之前金石学著作中也多有涉及,然而其金文礼制研究较旧说而言意义不同,其说是建立在两周铜器年代体系的基础之上,使金文的史料价值更为突出和明确。郭老首部金文研究力作《殷周青铜器铭文研究·序》⑤,已论及两周铜器年代及标准器断代诸事项,《两周金文辞大系》⑥ 及晚出的《图录》和《考释》⑦ 则建立了完整的两周铜器分代体系。除《殷周青铜器铭文研究》、《两周金文辞大系图录考释》等

---

① 黄然伟:《殷周青铜器赏赐铭文研究》,香港龙门书店1978年版。
② 陈汉平:《西周册命制度研究》,学林出版社1986年版。
③ 何树环:《西周锡命铭文新研》,文津出版社2007年版。
④ 见《周礼·春官·大宗伯》。
⑤ 郭沫若:《殷周青铜器铭文研究》,大东书局1931年版。
⑥ 文求堂书店1932年版。该书已为郭老所废弃。
⑦ 郭沫若:《两周金文辞大系图录》、《两周金文辞大系考释》,文求堂书店1935年版。

书外，郭老早年发表的《金文丛考》，以及后来成书的《金文丛考补录》在礼制研究上均有发明，其研究涉及吉礼（祭祀）、宾礼、军礼等方面。

有说祭祀者，以令簋"惟丁公报"为报祭义①；以庚嬴鼎所记关乎祼礼②，推动了祼礼及相关研究。以上两说为学者广泛接受。

有说宾礼者，以史寏盉、明公簋③、黹卣及小臣传卣之"殷"均为殷觐之意，此说为学者所宗④，为相关礼制研究打下了基础。

有论宾礼所用挚者，其说大簋云：

《周礼·小行人》："六币：圭以马、璋以皮、璧以帛、琮以锦、琥以绣、璜以黼。"所言圭币之制与彝铭全异，召伯虎簋之一有"束帛璜"之文，则帛一束又与璜为配矣，《周礼》所言要非古制也。

该说不若孙诒让论六币之说融通。有说军礼者，《盠器铭考释》已指出"执驹"为周代之典礼。

郭老所作《周彝中之传统思想考》一文⑤，对两周金文所见政治思想详加梳理，指出鬼神与生人无殊，祀之用牲、用鬯、用璧玉、鼎彝、钟鼓；通达鬼神之命者有卜；设立约辞以要信于鬼神之事有誓、有盟。离析出周代祀、衣祀、大禴、大烝、禘、尝、烝等七种祭祀；并对射礼、军事、学校等礼制铭文加以厘次，是文为全面研究周代礼制之雏形。

郭老的金文礼制研究每每能从关乎礼制的关键字词入手，对金文所载礼制进行清晰的梳理和释论，为金文礼制研究之范本。

（四）三年丧期研究

三年之丧是古代最为隆重的丧葬礼节，是丧礼的重要内容。三年之丧见于《尚书·无逸》、《仪礼·丧服》、《士丧礼》（包括《既夕礼》和《士虞礼》）、《礼记·丧服小记》、《杂记》、《丧大记》、《服问》、《间传》、《三年问》、《丧服四制》、《公羊传》、《论语》等经典文献的记载。但在《孟子·滕文公上》中出现了与传统三年丧相违的记载，这成为不少后世学者怀疑三年丧是否周制的重要依据。后世学者多有据滕之百官、父兄不

---

① 郭沫若：《两周金文辞大系考释》，科学出版社1957年版，第5页。
② 郭沫若：《两周金文辞大系考释》，科学出版社1957年版，第43页。
③ 郭沫若：《令彝令簋与其他诸器物之综合研究》，《殷周青铜器铭文研究》，人民出版社1954年版。
④ 蒋大沂：《保卣铭考释》，《中华文史论丛》第5辑，1964年版。
⑤ 郭沫若：《金文丛考·周彝中之传统思想考》，科学出版社2002年版。

欲行三年丧之谢辞为据，以疑周代三年之丧，进而推衍出三年丧为殷商旧制、东夷故俗等说。

近世，傅斯年①、胡适②、杨希枚③、杨朝军④、杨军⑤等均推阐、补苴、增成毛奇龄殷商旧制之说。又有学者因孔子乃鲁人、居东夷旧地而有三年之丧乃东夷故俗之说⑥。

另外，汉代以后的文献中又出现了三年丧制乃周人创制之说。《淮南子》以为三年丧始于周武王，《淮南子·齐俗训》许慎旧《注》："三年之丧，始于武王。"清儒王念孙以此为据，广征博引证成此说⑦。学者又有三年之丧乃周公所制之礼法，朱熹《四书集注章句》释上揭《孟子·滕文公上》文曰："滕与鲁俱文王之后，而鲁祖周公为长。兄弟宗之，故滕谓鲁为宗国也。然二国不行三年之丧者，乃其后世之失，非周公之法本然也。"顾颉刚、顾洪等复有三年之丧始于晋大夫叔向之说⑧。清末廖平、康有为⑨等更以三年丧制乃孔子所创，从者不绝⑩。

三年之丧究系殷礼抑或周制歧说纷繁，然就传世文献立说，终有未备。郭老另辟蹊径以殷卜辞、周彝铭为据，对三年丧展开了论说。郭老依殷卜辞中有商王于"二祀"、"三祀"举行祭祀的记载，认为若殷商王朝行三年丧制，就应"三年不为礼"、"三年不为乐"，进而否定了三年丧乃殷商旧制之说。郭老又以元年师㫃簋有"王元年"册命之事证西周无三年之丧制⑪。

虽然就今日对部分问题的认识而言，郭老之说有可斟酌之处，但是郭老将三年丧问题的最终解决引向了殷卜辞、周彝铭，这为三年丧研究的深

---

① 傅斯年：《周东封与殷遗民》，《历史语言研究所集刊》第四本第三分，1934年版。
② 胡适：《说儒》，见氏著《胡适学术文集》，中华书局1991年版。
③ 杨希枚：《〈孟子·滕文公〉篇三年丧故事的分析》，见氏著《先秦文化史论集》，中国社会科学出版社1995年版。
④ 杨朝明：《"三年之丧"应为殷代遗制论》，《史学月刊》1995年第2期。
⑤ 杨军：《论三年之丧》，《齐鲁学刊》1996年第6期。
⑥ 章景明：《先秦丧服制度考》，台北中华书局1971年版。
⑦ 王念孙：《读书杂志·淮南子内篇·齐俗·故不为三年之丧始》，江苏古籍出版社2000年版。
⑧ 顾洪：《试论"三年之丧"起源》，《齐鲁学刊》1989年第3期。
⑨ 廖平：《礼经补证凡例》，六译馆丛书本；康有为：《孔子改制考》卷八、卷九、卷十三等，中国人民大学出版社2010年版。
⑩ 胡适：《三年丧服的逐渐推行》，《胡适学术文集》，中华书局1991年版。
⑪ 郭沫若：《长安县张家坡铜器群铭文汇释》，中国科学院考古研究所《长安张家坡西周铜器群》，文物出版社1965年版。

入指明了方向。近年来又出土了不少有关三年丧的周代铜器，对这一问题的深入探讨提供了不可多得的珍贵史料。本书第三章于此有详论，兹不赘述。

总体而言，郭老的礼制研究有破有立，虽然郭老著文有向整理"国故"的学者宣战之意，但是郭老仍以客观的态度看待他人的研究，既不盲从文献记载，又不武断否定他人。郭老能取得这些重要的学术成就，一方面得益于其醇厚的旧学根底；另一方面则决定于郭老宽广的学术视野，郭老不仅善于从古文献中寻求依据，也注意旁求于古代文物、民族学材料等。郭老的治学精神和治学方法都是研究中必须秉持、效法的。

第四节　1949年以后的研究

郭沫若、杨树达等学者有部分著作也完成于1949年之后，但著述体系一仍从前，故将其划入前一时段。1949年以后的研究大体有两种趋势，第一种是在体系宏大的断代研究基础上的礼制研究，其代表学者是陈梦家和唐兰。另外一种趋势是，以金文作为史料进行的史学研究和专题的礼制研究。

一　断代体系之上的礼制研究

（一）陈梦家

陈梦家的《西周铜器断代》虽然名曰"断代"，但其学术价值远非"断代"可以囊括，其在金文礼制研究方面也有不少成就，在吉礼（用牲）、宾礼、军礼、嘉礼（射礼）等都有创见。

陈氏说保卣"锡宾"曰：

> 周王命其近臣使于（命于）侯伯，侯伯宾献诸臣。凡此侯伯多为异姓的侯伯，他们宾贡于王的使者之物为：（1）布、帛，（2）马匹，（3）璋，（4）贝、金。所谓的宾是宾贡，……《楚语》下曰："公货足以宾献。"《注》云："宾，饗赠也。献，贡也。"晚周《仪礼》尝记侯使之制。……凡此侯氏侯天子使者以束帛、乘马，和金文所宾多为布帛、乘马，极相符合。①

---

① 陈梦家：《西周铜器断代》，中华书局2004年版，第8页。

案：以宾为饗赠，不若读宾为"傧"更合礼制传统，因朝觐、聘问之时"傧"使者不止饗赠一项。

以小盂鼎所记与《逸周书·世俘篇》对读，证明了该篇所记武王克殷时献俘之礼真实可信；并对西周时期的门庙制度进行了探讨[1]。

其说鄂侯驭方鼎所记射礼最为精到，陈氏以"驭方休阑，王扬，咸饮"之"扬"即《仪礼·大射仪》"大射正立于公后，以矢行告于公：下曰留，上曰扬，左右曰方"，郑玄《注》："留，不至也；扬，过去也；方，旁出也。"以"咸饮"即《大射仪》"三耦及众射皆升，饮射爵于西阶上"，郑玄《注》："不胜之党无不饮。"[2] 然陈氏以"休阑"为中侯，不若刘雨释为射中边框更合文义。

通过函皇父器"自豕鼎降十又一"的记述，讨论了宗庙祭祀用牲，指出《礼记·曲礼》及《仪礼·公食大夫礼》有关用牲的记载，在西周时期已有雏形[3]。

(二) 唐兰

《西周青铜器铭文分代史征》虽系唐兰未竟遗作，然其中亦颇能窥见唐氏礼制研究之一斑。以德方鼎"祉武王祼自郊"所记为郊祀[4]；读作册麦方尊"巳月"为"祀月"，以其为祭月之礼[5]；以令簋之"文报"为报祭而有文采，认为其与《风俗通义》"王者报功，以次秩之，无有文也"及《书·洛诰》"祀于新邑，咸秩无文"所记王报祭有文不同[6]；以它簋"陟二公"即《公羊传·文公二年》"大事者何？大祫也。大祫者何？合祭也。其合祭奈何？毁庙之主，陈于太祖，未毁庙之主皆升，合食于太祖"。铭文所升二公即它之父罴祖[7]；墙盘"迁育子孙"即立新宗之意[8]。多不易之论。

尚有散见他处者，如段簋之"𠁩"，清代学者多释为"会"，如吴荣光、刘心源、吴式芬等，唐兰始读为赠，以为即《周礼·男巫》"冬堂赠"者[9]。

唐兰于西周金文礼制研究最大的贡献是关于"康宫"问题的讨论，

---

[1] 陈梦家：《西周铜器断代》，中华书局2004年版，第104—113页。
[2] 陈梦家：《西周铜器断代》，中华书局2004年版，第218、219页。
[3] 陈梦家：《西周铜器断代》，中华书局2004年版，第253、254页。
[4] 唐兰：《西周青铜器铭文分代史征》，中华书局1986年版，第70、71页。
[5] 唐兰：《西周青铜器铭文分代史征》，中华书局1986年版，第253页。
[6] 唐兰：《西周青铜器铭文分代史征》，中华书局1986年版，第278页。
[7] 唐兰：《西周青铜器铭文分代史征》，中华书局1986年版，第323页。
[8] 唐兰：《西周青铜器铭文分代史征》，中华书局1986年版，第457页。
[9] 于省吾：《双剑誃吉金文选》（中华书局1998年版）引。

"康宫"对于西周铜器断代及西周庙制研究都有重要意义。

《金文通释》①、《商周青铜器铭文选》② 可能是全面梳理铜器年代,并逐器、全面说解西周彝铭的终结者,前书收两周彝铭九百余例,后书共收商周九百二十五器(其中西周部分五百一十二器),二书撰就之前所出绝大部分长铭铜器均涵盖其中。两书收器众多,集众家之长而间下己意,创建亦颇多。尤其是《商周青铜器铭文选》每篇考释之后附有该器的重要著录、考释文献,颇便检视。

二 史论研究

1949年之后,中国考古学进入了新的时期。随着西周金文材料的不断积累,许多关乎礼制的彝铭被陆续发现。傅斯年曾言道"史学即史料学",新史料的发现无疑会推动相关研究。长由盉的出土,引起了学者一系列的讨论,如李亚农指出长由盉所记飨礼先燕后射,印证了《礼记·射义》"古者诸侯之射也,必先行燕礼"的记载③。扶风强家西周铜器群发现之后,学者纷纷撰文讨论,黄盛璋读师𩰬鼎"用作公上父尊于朕考庸季易父𦎫宗"之𦎫为新,其父庸季新死不久新作宗庙,新作之祭器即陈于新宗之内,一同向祖考致福④。陕西眉县东李村的盠驹尊出土后,学者对"执驹"典礼兴趣浓厚,罗福颐⑤、史树青⑥、杨向奎⑦、陈邦怀⑧、吴世昌⑨、沈文倬⑩等均有讨论。其中沈文倬《"执驹"补释》一文,对执驹礼的研究最为深入详尽,认为执驹即为马驹佩带笼头,正式编入王之六闲或十二闲,并指出《周礼》等文献所谓"春执驹",也未必西周定制,沈说为后来出土的达盨所证实。张政烺对新出周厉王䀅簋见解独到,读"再蠢先王宗室"之"蠢"为"调",谓所记为周厉王世毁迁祧袝之举⑪。柞伯簋的出

---

① 白川静:《金文通释》,白鹤美术馆1978年版。
② 上海博物馆商周青铜器铭文选编写组:《商周青铜器铭文选》,文物出版社1986—1990年版。
③ 李亚农:《"长由盉铭释文"注解》,《考古学报》第9册,1955年。
④ 黄盛璋:《扶风强家村新出西周铜器群与相关史实之研究》,《西周史研究》人文杂志丛刊第2辑,1984年版。
⑤ 罗福颐:《郿县铜器铭文试释》,《文物参考资料》1957年第5期。
⑥ 史树青:《盠尊、盠彝及骙驹罍释文》,《文物参考资料》1957年第6期。
⑦ 杨向奎:《释"执驹"》,《历史研究》1957年第10期。
⑧ 陈邦怀:《盠作骙尊跋》,《人文杂志》1957年第4期。
⑨ 吴世昌:《对"盠器铭考释"一文的几点意见》,《考古通讯》1958年第1期。
⑩ 沈文倬:《"执驹"补释》,《菿闇文存》,商务印书馆2006年版。
⑪ 张政烺:《周厉王胡簋释文》,《张政烺文集·甲骨金文与商周史研究》,中华书局2012年版。

土推动了射礼研究,学者陆续撰文对射礼及西周教育作深入研究①。袁俊杰《两周射礼研究》一书对两周的射礼进行全面的思考,并对两周射礼相关的古文字、考古材料、古文献作了汇集②,于射礼研究有重要参考价值。学者或认为,应国墓地出土匍盉所记为聘礼,并对聘礼进行了细密的阐述③。匍盉所记为何种礼制,还有讨论的空间,本书于此也有不同的看法。应国墓地所出旲鼎,有"不敢不择衣"之语,学者认为与丧服有关④,其说值得重视。琱生盨出土之后⑤,学者研讨颇多,冯时师的《琱生三器铭文研究》⑥ 是一篇令人耳目一新之作,是文从琱生盨铭中妇氏致送琱生之仪物,推定尊铭所记为乡饮酒礼,通过琱生盨铭与《仪礼·乡饮酒礼》的对读,证实了《仪礼》资料的来源不仅古老而且有据,对古文献的研究有重要意义。该文通过所用仪物来推断礼制的类别及内涵,这一研究方法对礼制研究具有重要的启示意义。

山西翼城县大河口霸国墓地 M1017 霸伯盂铭文的公布,引发了学者对于宾礼研究的热情,李学勤等纷纷陈说高见⑦,颇备参详。霸伯盂铭文关乎西周朝聘礼,详本见书第四章第四节。叶家山曾国墓地所出犺子鼎内容重要⑧,李学勤业已指出保卣与犺子鼎所记当为一事,"遘于四方会王大祀,祓于周",所记即成王岐阳之蒐⑨。其说甚碻。

1949 年以后,西周考古在全国各地陆续展开,发现了不少重要礼制彝

---

① 王龙正、袁俊杰、廖佳行:《柞伯簋与大射礼及西周教育制度》,《文物》1998 年第 8 期;胡新生:《西周时期三类不同性质的射礼及其演变》,《文史哲》2003 年第 3 期;袁俊杰:《再论柞伯簋与大射礼》,《华夏考古》2011 年第 2 期。

② 袁俊杰:《两周射礼研究》,科学出版社 2013 年版。

③ 王龙正、姜涛、娄金山:《匍盉铜盉与覜聘礼》,《文物》1998 年第 4 期;王龙正:《匍盉铭文补释并再论覜聘礼》,《考古学报》2007 年第 3 期。

④ 河南省文物考古研究所、平顶山市文物管理局:《平顶山应国墓地》第 I 卷,大象出版社 2012 年版,第 170 页。

⑤ 宝鸡市考古队、扶风县博物馆:《陕西扶风县新发现一批西周青铜器》,《考古与文物》2007 年底 4 期。

⑥ 冯时:《琱生三器铭文研究》,《考古》2010 年第 1 期。

⑦ 李学勤:《翼城大河口尚盂铭文试释》,《文物》2011 年第 9 期;曹建敦:《霸伯盂与西周时期的宾礼》,《古文字研究》第 29 辑,中华书局 2012 年版;孙庆伟:《尚盂铭文与周代的聘礼》,《考古学研究》(十),科学出版社 2012 年版。

⑧ 铭文资料参见湖北省文物考古研究、随州市博物馆:《湖北随州叶家山西周墓地发掘简报》,《文物》2011 年第 11 期;器物定名参冯时师说,见氏著:《叶家山曾国墓地札记三题》,《江汉考古》2014 年第 2 期。

⑨ 《湖北随州叶家山西周墓地笔谈》李学勤说,《文物》2011 年第 11 期;李学勤:《斗子鼎与成王岐阳之盟》,《中国国家博物馆馆刊》2012 年第 1 期。

铭，不仅为金文礼制研究提供了大量新鲜史料，也逐渐改变了疑古思潮下否定三礼等传世文献中包含有真实西周礼制的认识，虽然这一看法刚开始带有一定的政治色彩，但是客观看待三礼等传统文献的客观态度也因此而蹒跚起步。二十世纪五十年代之后长由盉、五年琱生簋等一批重要彝铭的出土，重新唤起了学术界对于传统文献所记礼制的信心，这也为三代礼制研究奠定了基础。

在对新出彝铭研究的同时，学者也很关注重要的传世礼制铭文，小盂鼎是西周早期一篇重要的军礼文献。陈梦家之后，唐兰①、李学勤②、刘雨③、高智群④、张怀通⑤、丁进⑥等学者又对陈说进行了补苴，并对小盂鼎献俘礼的仪注进行了讨论。李学勤、张怀通指出，"凡区以品"，区乃玉的计量单位，也指代玉，其说是也。其中高智群的讨论最为深入，钱玄评价道："以《周书·世俘解》及有关文献，与卜辞及金文，如小盂鼎、不嬰簋、虢季子白盘、敔簋等互相印证补充，详细叙述献俘的礼节及其起源、发展、衰亡。全文三四万字，补充了礼书的不备。"⑦ 相关研究对深入探讨小盂鼎的献俘礼有重要的学术价值。

谭戒甫论释塱方鼎所记饮至之礼最为精辟，谭氏云："臻，原作燊。……当假为臻。……'饮臻饮'，当和春秋时的'饮至'相同，可能西周初本叫'饮臻饮'，到春秋时便简化为'饮至'了。"⑧ 说甚精辟。李学勤进一步指出，饮至为周王的礼仪，周公东征归来能用此礼，或因周公当时的身份是王⑨。此说颇具启发性。周公时为东西二伯之一，主东方之伯⑩，身份虽不是王，但地位尊崇，可以用饮至之礼。

孙常叙说麦方尊之觐礼所得颇多，以见天子归而"告亡尤"，即《仪礼·觐礼》所记"天子辞于侯氏曰：'伯父无事，归宁乃邦'"之"无事"；《礼记·曾子问》"诸侯适天子必告于祖，奠于祢，冕而出视朝。命

---

① 唐兰：《西周青铜器铭文分代史征》，中华书局1986年版，第188页。
② 李学勤：《小盂鼎与西周制度》，《历史研究》1987年第5期；翟胜利：《西周金文与献俘礼》，《文物春秋》2010年第6期。
③ 刘雨：《西周金文中的军事》，张永山主编《胡厚宣先生纪念文集》，科学出版社1998年版。
④ 高智群：《献俘礼研究》，复旦大学历史系《切问集》下卷，复旦大学出版社2005年版。
⑤ 张怀通：《小盂鼎与〈世俘〉新证》，《中国史研究》2008年第1期。
⑥ 丁进：《从小盂鼎铭看西周的大献典礼》，《学术月刊》2014年第10期。
⑦ 钱玄：《三礼通论·前言》，南京师范大学出版社1996年版。
⑧ 谭戒甫：《西周〈塱鼎铭〉研究》，《考古》1963年第12期。
⑨ 李学勤：《小盂鼎与西周制度》，《历史研究》1987年第5期。
⑩ 冯时：《周初二伯考——兼论周代伯老制度》，《中原文化研究》2018年第2期。

祝史告于社稷、宗庙、山川，乃命国家五官而后行，道而出，告者五日而徧，过是非礼也，凡告用牲币，反亦如之"与麦尊"唯归……告亡尤"相合①。所论良是。

西周金文与传世礼制文献的对比研究，使学术界对于传统礼制文献有了更为深刻的认识。传统礼制文献的价值得到客观认识，对金文礼制研究的不断深入则有不可估量的意义。

三 全面、深入的研究

与此同时，以彝铭作为第一手材料来重新认识西周礼制的工作也方兴未艾。以彝铭作为史料的综合性史学研究，又有两种不同的路径：其一，以彝铭为基础重新认识西周礼制以及传世的礼制文献；其二，以传统文献为基础，以彝铭作为辅助材料来研究西周礼制。这两者有根本性的区别，传统文献固然是研究西周乃至三代礼制的基础，但是由于其所记内容的时代性目前还难以准确判断，所以要准确认识西周礼制，就必须从年代相对准确的彝铭材料入手，前文于此已有申述，不再赘论。

（一）总体性的研究

陈梦家之前的金文礼制研究，多随文疏义。这种随器说礼的研究，事实上是古代经典注疏形式的延续。突破随器说礼，有目的性、针对性研究西周礼制者，首推陈梦家。二十世纪三十年代，陈梦家所撰《古文字中之商周祭祀》一文②，对甲骨文所反映商代祭祀与两周金文所见周代祭礼进行整理，并对商周祭祀之异同进行比较，虽然陈氏所举西周祭名中有一些并非祭祀名称，但仍不失为一篇极富远见的论作。其后，陈梦家又有专文论周代礼制③，该研究实为礼制研究之扩大，似可看作是其继《殷虚卜辞综述》④全面研究殷墟甲骨文所见殷商制度之后，对金文所反映西周政治制度的系统探讨，亦为其早年商周制度研究的继续和深化。这种研究方法为学者继承，曹玮对西周祭礼之讨论⑤，亦系联系商代甲骨文而作，或是对陈梦家研究方法的发展。虽然陈梦家所列举的西周金文礼制的条目，有一些可能并不属于严格意义的礼制范畴，但这丝毫不能影响其在金文礼制

---

① 孙常叙：《麦尊铭文句读试解》，《孙常叙古文字学论集》，东北师范大学出版社1998年版。
② 陈梦家：《古文字中之商周祭祀》，《燕京学报》第19期，1936年。
③ 陈梦家：《西周铜器断代》下编《周礼部分》，中华书局2004年版。
④ 陈梦家：《殷虚卜辞综述》，中华书局1988年版。
⑤ 曹玮：《叔夨方鼎铭文中的祭祀礼》，见氏著《周原遗址与西周铜器研究》，科学出版社2004年版。

全面研究方面的首倡之功。

继陈梦家之后，以金文为史料而考西周礼制之作屡见不鲜，二十世纪八十年代之后长期致力于西周金文礼制研究的是刘雨。刘雨《西周金文中的射礼》一文①，全面收集了当时所见金文材料，并对西周射礼作了系统考察。后又作《西周金文中的祭祖礼》一文，对西周祭祖礼进行了系统梳理，在陈梦家早年研究的基础上进行了损益，刘文指出西周金文所见的祭祖礼二十种，分别为禘、衣、酻、禷、䈞、告、禦、叙、报、翟、禋、燎、出、牢、喜、禴、尝、烝、鱻、闠等，并对祭祖礼仪进行了考述。刘文所列祭礼与陈梦家有所不同，值得再做细论。其后，刘氏又成《西周金文中的相见礼》、《西周金文中的享与燕》、《西周金文中的大封小封和赐田里》、《西周金文中的军事》及《金文中的饔祭》诸文，分别对金文所见相见礼、燕享礼、大封赐田礼、军礼及饔礼作以整理、考论。后依前论编次而成《西周金文中的"周礼"》一文，将对礼制的思考归纳为祭祖、军、封建、相见、享燕、射六部分。张秀华的博士学位论文《西周金文六种礼制研究》②，所指六礼亦即刘雨氏《西周金文中的"周礼"》所论六种礼制，张文对刘说进行了丰富和深化。日本学者小南一郎所撰《论射的礼仪化过程——以辟雍礼仪为中心》一文③，对射礼及其礼仪化过程进行了思索。曹玮从散伯车父诸器论及西周婚礼④，对西周婚礼进行了有益探求。景红艳试图通过金文来研究西周的脤膰礼⑤，翟胜利以金文来研究西周的献俘礼⑥，都颇具启益。

（二）专题研究

对某一礼制进行纵向的、深入的专题讨论是礼制研究走向深入的必然趋势。进入二十一世纪之后，大量金文礼制研究的专题著作不断涌现。这些著作以博士学位论文居多，其中不少已经整理出版。

这些著作可以分为以下几类。第一类，在传统五礼的框架下，对某一类礼制进行研究，如刘源的《商周祭祖礼研究》侧重商周时期祭祖礼的研究，其中有不少以金文研讨西周礼制的精辟论述⑦。陈志高的《西周金文

---

① 刘雨：《金文论集》，紫禁城出版社2008年版，下举刘氏诸文均出是书，不赘引。
② 张秀华：《西周金文六种礼制研究》，博士学位论文，吉林大学，2010年。
③ 宋镇豪、郭引强、朱亮、蔡运章主编：《西周文明论集》，朝华出版社2004年版。
④ 曹玮：《散伯车父器与西周婚姻制度》，《文物》2000年第3期。
⑤ 景红艳：《从青铜器铭文看周代的赐"脤"礼》，《考古与文物》2010年第2期。
⑥ 翟胜利：《西周金文与献俘礼》，《文物春秋》2010年第6期。
⑦ 刘源：《商周祭祖礼研究》，商务印书馆2004年版。

所见军礼探微》①、金美京的《西周金文军礼初步研究》② 是以金文研究西周军礼的重要参考文献,任慧峰的《先秦军礼研究》③、商艳涛的《西周军事铭文研究》④ 也有不少以西周金文研究军礼之论。张亮的《周代聘礼研究》专论周代聘礼,其中第二章详论西周金文所见聘礼⑤,相关讨论于西周聘礼研究大有裨益。

刘源《商周祭祖礼研究》一书,结合甲骨、金文材料对商周时期祭祖礼作了系统梳理,是一部研究商周祭祖礼的综合性著作,其中论及西周礼制者有如下事项。

其一,认为"某为某祖先作祭器"乃周人对先祖之常祀,此问题颇为复杂,需要结合新材料再作深入讨论;论证后世文献以"祠禴烝尝"为四时享祭与周彝铭所见不符,此说值得重视。

其二,指出周彝铭所见"禘"祭与传统文献"圜丘祭天"、"不王不禘"、三年祫五年禘、禘祭始祖等记述不合,认为禘祭没有固定时间,刘氏能够认识到传统文献与出土文献的差异难能可贵,但传统文献的记载也非向壁虚造,相关问题似仍有研究的空间。

其三,通过彝铭证实周人有祭祖后同族燕饮之习;其对周代女性祖先祭祀的情况进行了讨论,指出周代很少单独祭祀女性先祖,女性先祖基本上从夫受祭;认为铜器铭文中颂词系周人对祖先功绩德行之崇拜,并藉以祈求祖先之福佑;认为祭祖礼有维护宗法制作用。凡此均平实之论。

陈志高《西周金文所见军礼探微》一文,从军礼思想萌芽、军事建制、军事律则、征伐礼仪等四个方面来探究西周军礼。该文对军事礼仪及相关祭典也进行了探讨。该文关于军队编制及兵力来源等问题的讨论颇有新意。

金美京《西周金文军礼初步研究》一文,主要讨论了西周金文中与军事相关的渔猎之礼、射礼、征伐礼仪等。

商艳涛《西周军事铭文研究》一书,从军事组织、军事训练、军事征伐、战争俘获、征伐对象、军事语词等方面对西周军事铭文进行系统梳理和研究。该书的指导教授张振林评价道:"他的论文,首次对西周铭文中的军事材料做了系统全面的梳理;对铭文反映的军事组织、军事训练、征

---

① 陈志高:《西周金文所见军礼探微》,博士学位论文,台湾大学,2002年。
② 金美京:《西周金文军礼初步研究》,博士学位论文,北京大学,2009年。
③ 任慧峰:《先秦军礼研究》,商务印书馆2015年版。
④ 商艳涛:《西周军事铭文研究》,华南理工大学出版社2013年版。
⑤ 张亮:《周代聘礼研究》,博士学位论文,吉林大学,2013年。

伐的对象、原因、过程和俘获做了深入的探讨；对许多军事用语，结合语言学、考古学、文献学等多学科进行探索，印证或补充了文献记载，也纠正了一些错误的说法。"① 评价中肯。该书第三章对征伐前后的礼仪进行了较为系统的讨论，于西周军礼研究颇有助益。

任慧峰《先秦军礼研究》一书，从战争前的军礼、战争中的军礼、战争后的军礼、军旗等方面对先秦军礼进行了讨论。多有利用金文材料研究西周军礼者，如认为史密簋之"蘁"应读为观，乃观兵之义，其说对西周军礼及兵法的探讨颇具启益。

张亮《周代聘礼研究》一文，将金文所见西周聘礼分作王聘诸侯、诸侯聘问及朝觐天子、诸侯自相朝、西周殷见之礼、周王朝与异邦之外交等类。又将周王聘问诸侯之礼细分为周王遣使于诸侯、王后遣使于诸侯、王朝大臣遣使于诸侯之礼，颇为详尽，更为难能者该文已注意利用铭文中关键字词来进行相关礼制的研究。

第二类，某一阶层的礼制研究。《仪礼》十七篇中以士大夫之礼居多，偶有如《大射仪》、《觐礼》等诸侯之礼，天子之礼已散佚殆尽。学者或通过西周金文复原周天子之礼，可补礼经之阙。李春艳的《西周金文中的天子礼仪研究》一文②，实开周代天子之礼综合研究之先河，该文从战争礼仪、祭祀礼仪、大飨礼仪、朝聘礼仪及册命礼仪等方面综合讨论了西周时期的天子礼仪。尤为难能可贵的是，作者结合西周金文和文献记载论述了具体仪节问题，如天子祭祀之仪节及大飨之仪节。

第三类，某一礼制的研究。如王绍之的《西周大射礼研究》一文③，专门研究西周时期的大射礼；高兵的《周代婚姻制度研究》一文④，则对西周婚媵制度进行了讨论。尤其是王绍之《西周大射礼研究》文不仅讨论了大射礼礼仪化的进程，而且结合文献对大射礼用乐的仪节和乐器进行了分析。凡礼多有乐，此文开了研究礼仪用乐之风气，视角颇为新颖。

（三）多维度的研究

又有脱离文字考释之窠臼，将两周金文视作新鲜史料以与传统文献做比较研究者，如贾海生《制服与作器——丧服与礼器饰群党、别亲疏相互对应的综合考察》一文，以金文作器与文献互相比照以考论别亲疏

---

① 张振林：《西周军事铭文研究·序》，商艳涛《西周军事铭文研究》，华南理工出版社2015年版。
② 李春艳：《西周金文中的天子礼仪研究》，博士学位论文，陕西师范大学，2016年。
③ 王绍之：《西周大射礼研究》，硕士学位论文，山东师范大学，2017年。
④ 高兵：《周代婚姻制度研究》，博士学位论文，吉林大学，2004年。

之法①，不失为一篇别开生面之研究。然其以"宗彝"之宗乃大宗之谓②，则失之，就目前所见材料而论，陈梦家以宗彝多指酒水器的看法，较宗法说更为接近事实③。

还有从制度、文化角度对商周礼制作深层次的探讨。冯时师《中国古代的天文与人文》第二章《礼天与祭祖》，利用甲骨、金文及其他古文字材料对上古及三代祭祀进行研究，以更广阔之视角揭示了商周祭祀根源及天人关系，事实上这已经触及到了商周乃至中国文化的核心问题——包括祭祀在内的一系列制度的起源，不但对于商周礼制研究有重要意义，乃至对于文明起源的探索都有重要启示。

另外尚有以考古材料基础，而论西周礼制者。田野考古学对西周礼制研究的重要意义日益凸显，其直观、实在为古文献及古文字材料所无法比拟。西周考古学的发展为西周礼制研究积累了丰富的素材，用考古材料来进行西周礼制研究取得许多新认识。俞伟超、高明所著《周代用鼎制度研究》④、曹玮的《从青铜器的演化试论西周前后之交的礼制变化》⑤均为以器论礼的佳作。张辛另辟蹊径，通过传统文献及古文字材料，对周代礼器之礼义进行探讨⑥。石岩通过青铜镞探索礼射用镞情况⑦，则是以考古材料来研究礼制的有益尝试。

（四）其他研究

辅以金文材料进行周代礼制的针对性研究，始于二十世纪六十年代，杨宽是其代表。杨氏在二十世纪六十年代前期，先后撰就7篇有关周代礼制的专文，其研究主要针对传世文献，然杨氏于第一手史料——西周金文材料十分关注，其中《"大蒐礼"新探》、《"乡饮酒礼"新探》等已经引金文材料为论据。《我国古代大学的特点及其起源》一文通过对读西周金文与《周礼》相关内容，杨氏言道："由此可见，许多礼书所谈的'周

---

① 贾海生：《制服与作器——丧服与礼器饰群党、别亲疏相互对应的综合考察》，《考古学报》2010年第3期；又见氏著《周代礼乐文明实证》，中华书局2010年版。
② 贾海生：《周代礼乐文明实证》，中华书局2010年版，第73页。
③ 冯时：《中国古文字学概论》，中国社会科学出版社2016年版，第441页。
④ 俞伟超、高明：《周代用鼎制度研究》（上）、（中）、（下），《北京大学学报（哲学社会科学版）》1978年第1、2期、1979年第1期。
⑤ 氏著：《周原遗址与青铜器研究》，科学出版社2004年版。
⑥ 张辛：《礼、礼器与玉帛之形上学考察》，《中国文物报》2000年12月24日第3版；《玉器礼仪要论》，《中国历史文物》2003年第6期；《中国古代青铜器的礼学观察》，《中国文物报》2004年7月30日第7版；《青铜器礼义论要》，《考古学研究》（六），科学出版社2006年版。
⑦ 石岩：《中国北方先秦时期青铜镞研究》第五章第三节，黑龙江大学出版社2008年版。

礼'其中部分确实保存了西周时代的真实情况，不能一概否定的。"所言甚是。上举诸文俱见氏著《古史新探》①，后又加以编次，成为《西周史》②的重要组成部分。虽然这些研究不能看作纯粹的金文礼制研究，但金文对探索西周礼制的重要性，已经为学者所公认。白川静踵杨氏于1977年所著的《西周史略》③，是一部以金文研究西周史的典范之作，如其在"辟雍礼仪"一节便以金文材料考索西周射礼。二十世纪八十年代之后，一些研究商周制度史的著作亦于金文材料颇为留心，陈戍国《先秦礼制研究》④一书便能窥见这种趋势，该书辟有《西周礼（周礼）》专章以论西周礼制，所涉西周祭祀天神地祇和祖先之礼、觐礼、贡巡、军礼、射礼、燕享礼、封建礼均有金文作为论据。金文研究者在著书立说、整理彝铭之时，亦留心对礼制铭文进行收集及甄别，如胡长春《新出殷周青铜器铭文整理与研究》（上篇）论及宗周铜器的史料价值之时，便单列礼制一节⑤。

民国以后的金文礼制研究，在传统金石学研究的基础上，开创了两周铜器分代体系。尤其是1949年以后，不唯积累了大量经科学考古发掘的金文史料，更取得了一系列重要的研究成果。

第五节　总体回顾及展望

任何学科进展哪怕是微小的进步都是在前人研究的基础上所取得的。鉴往者可以知来者，上面我们用了很大的篇幅对前人研究成果进行了述评，此举意在为今后的研究指明道路和方向。

一　既有研究成果述要

通过上文对前人研究的回顾可知，西周金文礼制研究已经取得的成果大致可以归纳为以下三个方面。

首先，对礼乐器名称前所缀区别字的含义及其与礼制的关系有了深入的研究。不少区别字的训释及其礼制意义已被揭示，如历代学者对"尊"、"旅"、"齍"、"䵼"、"媵"等区别字进行了很多有益的探讨，其礼制意义

---

① 杨宽：《古史新探》，中华书局1965年版。
② 杨宽：《西周史》，上海人民出版社1999年版。
③ 白川静著、袁林译：《西周史略》，三秦出版社1992年版。
④ 陈戍国：《先秦礼制研究》，湖南人民出版社1991年版。
⑤ 胡长春：《新出殷周青铜器铭文整理与研究》，线装书局2008年版，第11—13页。

已经基本明晰。另外，对"彝"字虽然未能得有确切认识，但也做了不少尝试，有关问题笔者已随文述评，兹不赘论。

其次，对于彝铭所涉西周礼制的种类及主要内容有了大致的认识。前人对《周礼·春官·大宗伯》所记吉、凶、宾、军、嘉等五种礼制，都进行了不同程度的研释。有说吉礼者，其中有关祭礼的研究最多，所得亦不少。亦有论及宗法及昭穆制度者。有习凶礼者，自宋代以降，学者对制服与作器的关系屡有研讨，值得注意。亦有研说丧服者。有论宾礼者，对于殷、覜、聘等宾礼均有涉及。有释军礼者，学者对振旅、饮至、归脤、祭道、出征、献俘等军事礼仪都有探研。有究嘉礼者，学者对婚礼、射礼、乡饮酒礼、饗燕之礼等都有讨论。

再次，探索出了以周彝铭研习礼制的重要方法。彝铭重叙事，一些重要的礼仪制度往往通过某些关键字词来记述，这就造成了西周彝铭所记礼制与传统文献的差别，因此这些字词也就成了通过周彝铭来研究真实西周礼制的关键。前人在某一礼制研究上取得突破性进展，均有赖于对某些关键字词的正确解读，譬如郭沫若以史寅盉等之"殷"为殷见之礼；杨树达读令鼎"饧"为"饬"，其义为饗，令鼎铭所记射礼方能解读；陈梦家将鄂侯驭方鼎之"扬"与射礼术语相联系，使鼎铭所述射礼得到正确认识。

最后，通过所用仪物来判别礼制的性质和内涵也是礼制研究的重要方法。冯时师通过琱生虘妇氏致琱生"蔑五、帅、壶两"推定琱生虘所记为乡饮酒礼，此文从理论和实践两方面建立了礼制的仪物研究之法。这一研究方法颇值得推广和借鉴。

透过彝铭之关键字来深入认识西周礼制，通过所用仪物来推定礼制的性质、内涵等都是进行西周礼制研究的重要研究方法，这也是前人所留的重要财富。另外，还要注意礼制相关的乐制的探索。需要说明的是，西周金文礼制研究已历时千余载，成果之丰富非区区数万言可以囊括。近年又有不少新作出版，部分著作未及拜读，故未敢轻易置评。加之笔者学识有限，对前人研究之评述恐有挂一漏万之虞，望识者不吝赐教。

二　进一步的研究设想

（一）对礼制研究的整体思考

《说文·示部》："礼，履也。所以事神致福也。"姑不论《说文》所记是否礼字本意，这一解释本身就包含了形而下的实践层面和形而上的思想层面两层涵义。

具体来说，形而上层面更多是礼义、礼旨等思想方面的研究。形而下层面至少包括礼程、礼物和礼仪这三个方面。礼仪至少涵盖了礼位和礼容这两大部分，礼位就是行礼时候参与者的站位。《周礼·夏官·司士》："正朝仪之位，辨其贵贱之等。王南向，三公北面东上，孤东面北上，卿大夫西面北上。"所记即是大朝时的朝位。

《说文·页部》："颂，皃也。从页公声。"段玉裁《注》："皃下曰：'颂仪也。'与此为转注。……六诗，一曰颂。《周礼》注云：'颂之言诵也，容也。'……《诗》并曰：'颂之言容。天子之德，光被四表，格于上下，无不覆焘，无不持载，此之谓容。于是和乐兴焉，颂声乃作。'此皆以容受释颂。似颂为容之假借字矣。'而《毛诗序》曰：'颂者，美盛德之形容。以其成功告于神明者也。'此与郑义无异而相成。郑谓德能包容故作颂，《序》谓颂以形容其德。……《汉书》曰徐生善为颂、曰颂礼甚严，其本义也。"是容（颂）不是人自然的容貌，而是修习道德礼仪之后的威仪①。礼容包含的内容非常广泛，《礼记·中庸》云："礼经三百，威仪三千。"《礼记·礼器》亦曰："经礼三百，曲礼三千。"足证礼容有几千种之多。扶风庄白出土癲钟云："武王命周公舍寓以五十颂处。"五十容，即五十种威仪②。三千威仪的具体容，已难以稽考。贾谊《新书·容经》所记礼容也只有十几种，与三千威仪相去甚远。从《容经》所保存的名目，大致可以看出礼容所包含的内容非常广泛，揖让周旋③、跪拜居处皆被囊括其中。

研究礼制，除了形而上的礼义、礼旨的研究之外，还要探讨形而下的礼程、礼物和礼仪。礼程即行礼之程序，礼程亦有其时代性，如霸伯盂所记聘享程序与《仪礼·聘礼》明显不同，足证《聘礼》所记并非西周制度。

另外，行礼所涉及的名物及辅助行礼的职官在整个礼仪活动中也必不可少。行礼所涉名物，如黄以周《礼书通故》所论宫室、衣服、车制、名物等，再如《周礼·春官·司尊彝》所掌六尊、六彝、六酌，《司几筵》所掌五几、五席，《典瑞》所掌玉瑞、玉器，《司服》所掌王之服饰，《巾车》所掌公车及其旗物，《司常》所掌九旗之物等等。行礼职官，不同礼仪场合有不同之职官参与，《周礼》三百六十余官即多与礼仪相关。

---

① 冯时：《中国古文字学概论》，中国社会科学出版社2016年版，第588、589页。
② 裘锡圭：《史墙盘铭文解释》，《文物》1978年第3期。
③ 《左传·昭公二十五年》子太叔见赵简子，"简子问揖让周旋之礼，对曰：'是仪也，非礼也。'"

(二) 笔者目前的研究进展

1. 西周礼制复原

前文已述,《仪礼》为礼之经。因此,笔者在《仪礼》的研究上用力最多。

笔者通过西周金文中与《仪礼》相关的个案研究,复原了部分西周礼制,如婚礼①、朝聘礼②、觐礼、丧服礼③、册命礼④等。另外对相关的礼仪进行深入讨论,比如周代的拜礼⑤、聘礼赠贿仪节⑥等,这些研究成果都已收入本书之中。下面简要介绍婚礼和朝聘礼的研究。

匍盉铭文记青公赠匍"麀币、韦两、赤金一钧",所赠仪物对于认识匍盉所记礼制性质具有决定性的意义。研究表明,麀币乃玄纁束帛,韦两即俪皮,《仪礼·士昏礼》:"纳徵,玄纁束帛、俪皮。"铭文所记应为纳徵礼无疑。赤金一钧为加礼,与青公身份相关。不仅铭文所用仪物与《仪礼·士昏礼》相合,而仪物的名称、器类及形制都与婚礼的礼旨相通。麀币者,乃用雌鹿之名形容币色,也有丰富的文化学意义。首先,鹿冬夏换毛、毛色分别与玄纁相近。其次,汉代之前的四象体系中北宫为象征生养的雌雄双鹿（麒麟）。最后,婚礼属阴礼,故用雌鹿来形容币色。另外,将器物作成盉与婚礼主和、主生养的礼旨相通。匍盉流部为雁形,亦与婚礼关系密切。古人认为大雁是随阳从夫,随时南北,乃妇德之象征。

匍盉铭文与纳徵礼关系的研究表明,在礼制研究之时不仅要关注铭文本身也要关注器物本身。大河口墓地 M1017 所出霸伯山簋,不唯自铭为"山簋",而且器盖作山形,器盖和器身都饰山纹（旧称波带纹）,这对于青铜器纹饰的定名和相关名物制度的研究都有决定性的意义⑦。

霸伯盂铭文所记为西周朝聘礼。笔者通过所赠仪物考定了聘和享两个核心礼程,霸伯盂铭文享则"用鱼皮两侧贿,用璋先马",即享用六币之"璋以皮",另以马为庭实;聘则"原贿用玉",即进献命圭。二者皆与

---

① 拙作:《匍盉铭文研究》,《考古》2013 年第 2 期;《略论昔鸡簋铭文》,《中国国家博物馆馆刊》2018 年第 3 期。
② 拙作:《霸伯盂铭文与西周朝聘礼——兼论穆王制礼》,《考古学报》2018 年第 1 期。
③ 拙作:《平顶山应国墓地出土"无"鼎铭文研究》,《考古》2015 年第 4 期。
④ 拙作:《西周册命礼的朝仪》,北京大学出土文献研究所《青铜器与金文》第二辑,上海古籍出版社 2018 年版。
⑤ 拙作:《金文所见拜礼与〈周礼〉九拜》,《南方文物》2016 年第 3 期。
⑥ 拙作:《霸伯盂铭文与西周朝聘礼——兼论穆王制礼》,《考古学报》2018 年第 1 期。
⑦ 黄益飞、谢尧亭:《霸伯簋铭文考》,《郑州大学学报（哲学社会科学版）》2018 年第 1 期。

《仪礼·聘礼》所记密合。此为霸伯盂铭文所记为朝聘礼之坚强证据。聘享之后又有饗宾和郊行赠贿之事，这些礼程都与《仪礼·聘礼》吻合。

霸伯盂铭文所记西周聘礼和《仪礼·聘礼》仍有差别，主要有二：其一，《聘礼》宾主在正式行聘之前不见面，但西周聘礼正式行聘之前宾主不但晤面，还互有馈赠。其二，聘享的顺序不同，霸伯盂铭文所记西周聘礼先享后聘，《仪礼》则先聘后享。对读霸伯盂铭文和《仪礼·聘礼》，可以究明两周礼制之变迁及《聘礼》所记礼制形成过程。

2. 穆王制礼与周礼的形成

笔者关于霸伯盂铭文与西周朝聘礼的研究涉及到了周礼的形成年代，触及到中国文明起源发展和中国传统文化的核心问题，在此略作介绍。

第一，享礼用六币始于周穆王时期。金文显示，晚商、早周宾礼傧赠多用通行货币贝，而西周中晚期则用玉瑞匹合皮、马、锦帛等，也就是说《周礼·秋官·小行人》所载的六币（"圭以马、璋以皮、璧以帛、琮以锦、琥以绣、璜以黼"）是西周中晚期的礼制，由霸伯盂铭文则可进一步确定其礼应成于周穆王之世。这与考古学对西周铜器风格变化的认识适相吻合。

享礼用六币其实质是以价值低廉的玉帛代替货贝来进行馈献，这与穆王肆心游玩而致周王朝财力匮乏有关，因此从本质上说这种礼制变革是不得已之举。穆王之后西周国力进一步衰退，穆王制定的衰世变礼逐渐成了后世正礼。

第二，《仪礼》大部分礼制形成于周穆王时期。考定六币的年代对认识《仪礼》部分篇章所记礼制的形成有积极的意义。大凡傧赠使用皮马玉帛者，如《士冠礼》、《士昏礼》、《士相见礼》、《聘礼》、《公食大夫礼》、《觐礼》和《士丧礼》（包括《既夕礼》）诸篇所记礼制，其礼皆不早于西周穆王时期。或者可以说，后世所谓的周礼大部分都是周穆王所定之礼。

（三）研究设想

1. 主要内容

推动西周金文礼制研究的深入，不仅要在具体礼制上进行的深入探索，还要作很多基础工作。就目前识见所及，这些工作应该大致包括以下几个方面。

第一，全面认识西周彝铭所涉礼制的种类及主要内容，初步构建金文礼制研究的体系。虽然学术界对于金文礼制有了持久且广泛的研究，但是迄今为止，对金文所见西周礼制的种类、具体数量及主要内容并没有很清晰的认识。应对今所存的西周彝铭进行梳理，力图对西周金文所记礼制有总体把握和认识，初步建立金文礼制研究的体系。

第二，通过更多的金文个案释读来丰富西周礼制的内涵，深化对西周礼制的认识。除了前述的琱生簋与西周乡饮酒礼、匍盉铭文与婚礼纳徵礼、霸伯盂铭文与朝聘礼等研究之外，还有很多涉及礼制的铭文需要进一步的礼学阐释，如它簋、大河口M1017所出霸伯鈇所记祭礼①，浚县辛村所出𨾊尊铭文也可能关乎西周的重要礼制。

第三，名物制度和西周官制的研究。西周册命铭文既关乎西周册命礼，更是研究西周官制和名物制度最为重要的第一手史料。近些年虽偶有著作发表，但仍大有可为。

第四，结合殷卜辞对商周祭礼进行深入的研究。《左传·成公十三年》："国之大事，唯祀与戎。"祭祀关乎商周时期的思想、制度，极为重要。西周早期的祭祀多因于殷商旧礼，因此对西周早期祭礼进行深入探究，必从殷卜辞入手作纵向的比较研究。

2. 主要研究方法

其一，以关键字词为线索，初步构建西周金文礼制研究的体系。这继承了前人以关键字词研究礼制的方法。礼制文献重在说明礼制的仪节、仪注以及礼义、礼旨等，而彝铭重叙事，一些重要的礼仪制度往往通过某些关键字词来记述，如西周晚期应公鼎铭文的"禫"字对研究周代禫祭的存在与否至关重要，更重要者，其不仅对探讨西周时期三年丧制，而且也对揭示包括禫祭在内的一系列文献所记载的丧祭、丧仪有重要价值。再如，西周早期的晏鼎铭文中"择衣"二字，不仅对探索西周早期五等丧服制度和宗法制度提供了依据，也对揭示影响中国数千年之久的丧服制度和宗法制度是否西周制度有重要意义。

彝铭和文献的差异造成了西周彝铭所记礼制不能像传统文献一样明朗，因此这些字词也就成了通过周彝铭来研究真实西周礼制的桥梁。本书即通过对不同关键字词所反映诸种礼制的整理，构建金文礼制研究的体制。

其二，注重礼仪中所用仪物、礼仪程序、礼位和乐制的研究，这对于礼制研究往往有重要乃至关键的意义。仪物、礼仪程序、礼位在礼制研究中的重要性，前文已有颇多论述，这里不再展开。关于周代的乐制，学者

---

① 山西省考古研究所、临汾市文物局、翼城县文物旅游局联合考古队、山西大学北方考古研究中心：《山西翼城大河口西周墓地1017号墓发掘》，《考古学报》2018年第1期。

通过考古材料做了大量的研究工作[①],成果显著。金文中相关的乐制问题也亟待展开。

其三,要重视器物类别、形制、纹饰与器铭所记礼制之间的关系。前文已论及匍盉的器类及特殊形制与婚礼的关系,而霸伯山簋的纹饰对山纹定名和名物制度研究也有重要的意义,这些研究方法对深入开展礼制研究都有一定的启示意义。

其四,以传统文献为基础,对相关礼制进行深入探讨。虽然周彝铭所记礼制与传统礼制文献有所差别,但不能否认周彝铭所记礼制与传统礼制文献之间的密切联系,二者在形而上的礼旨、礼义,形而下的礼程、礼物上必有着内在的联系。因此,只有将西周礼制彝铭与传统礼制文献所记有机结合,相互对证比观,才能考见礼制发展之脉络。

其五,参以考古资料和其他史料,扩大材料的适用范围,拓展西周礼制研究的视野,多角度地研究西周礼制。除了彝铭本身的关键字词、传统礼制文献之外,考古材料也包含了大量的礼制元素,有些考古资料可与金文所记礼制互相印证,对于西周礼制研究具有重要学术价值。

需要说明的是,上述的研究内容和研究方法的构想只是建立在现有研究基础之上,随着相关研究的进一步深入,西周金文礼制研究的畛域会不断拓宽,研究的方法和手段也会不断积累和丰富,这将在很大程度上推动西周金文和西周史的研究。西周金文礼制研究的不断深入也为下一步即将展开的以殷卜辞深入研讨殷礼的工作奠定了坚实的基础。

[①] 王世民:《西周暨春秋战国时代编钟铭文的排列形式》、《春秋战国葬制中乐器和礼器的组合情况》、《最近十多年来编钟的发现与研究》、《晋侯墓地编钟的再探讨》、《应侯见工钟的组合与年代》、《西周甬钟之南北比较分析》,见氏著《考古学史与商周铜器研究》,中国社会科学出版社2017年版;王清雷:《西周乐悬制度的音乐考古学研究》,文物出版社2007年版;方建军:《商周时期的礼乐组合与礼乐制度的物态化》,《音乐艺术(上海音乐学院学报)》2007年第1期;常怀颖:《论商周之际铙钟随葬》,《江汉考古》2014年第1期;张闻捷:《周代葬钟制度与乐悬制度》,《考古学报》2017年第1期。

第二章 吉礼研究

《说文·示部》："礼，履也。所以事神致福也。"段玉裁《注》："礼有五经，莫重于祭。"段说本于《礼记·祭统》，其文曰："凡治人之道，莫急于礼；礼有五经，莫重于祭。"郑玄《注》："礼有五经，谓吉礼、凶礼、宾礼、军礼、嘉礼也。莫重于祭，谓以吉礼为首也。《大宗伯》职曰：'以吉礼事邦国之鬼、神、祇。'"是五礼之中以吉礼为首，祭祀为最重。

《周礼·春官·大宗伯》："以吉礼事邦国之鬼、神、示。"郑玄《注》："事，谓祀之、祭之、享之。"知吉礼以祭祀为主，本章将全面梳理西周彝铭所涉吉礼，并在前人研究的基础之上对个别祭礼进行讨论。另外，本章还将结合西周彝铭，对周代宗法制度及用事习俗进行考述。宗法制度是西周的基本制度，对于祭祀有重要意义，直接关乎祭祀活动的举行，故而本章亦对西周金文所见宗法制度进行探讨。

俗与礼，有区别也有联系。礼俗常常并举，《周礼·天官·大宰》："以八则治都鄙，……六曰礼俗，以驭其民。"郑玄《注》："礼俗，昏姻丧纪旧所行也。"孙诒让《正义》："云'礼俗，昏姻丧纪旧所行也'者，《土均》注云：'礼俗，邦国都鄙民之所行，先王旧礼也。'《管子·立政篇》云："藏于官则为法，施于国则成俗。《曲礼》云：'君子行礼，不求变俗。祭祀之礼，哭泣之位，皆如其国之故，谨守其法而审行之。'……今案：礼俗当分为二事。礼谓吉凶之礼，即《大司徒》十二教，阳礼教让、阴礼教亲之等是也。俗谓土地所习，与礼不同，而不必变革者，即十二教之'以俗教安'，彼《注》云：'谓土地所生习'是也。"俗最重要的特点即为"旧"（不必变革），也即其稳定性和延续性，就此而论顺时施政的古老传统则是上古时期最重要的"俗"，虽然其未必全系邦国都鄙之民所习，但皆为先王旧典则无疑。顺时施政这一古老传统自商周时期一直延续至后世，这在《礼记·月令》等战国秦汉时期的文献中有集中、完整的记述，我们权且称其为用事习俗。本章第五节即拟结合古文字材料来考述《礼记·月令》等所记用事习俗的源流。

第一节 吉礼铭文整理

西周彝铭所见祭礼的数量，学者已有统计，二十世纪三十年代陈梦家撰写《古文字中之商周祭祀》一文[1]，共析出两周金文祭礼十八种，分别为：衣、喜、帝、寮（祡）、登、奉、禴、酌、禜、祝、告、先、牢、壹、岁、升、禅、翟。后来，刘雨作《西周金文中的祭祖礼》[2]，对西周祭祖礼进行全面系统整理，该文所整理的祭礼在陈梦家早年研究的基础上有所损益，增禴、禦、叙、报、尝、禘、屮、饎、閟等九种祭祖之礼，损禜、祝、先、岁、升、禅、壹等七种，共收祭礼二十种。张秀华的博士学位论文《西周金文六种礼制研究》一文[3]，共析出祭礼二十八种——报、叙、禦、襮（祷）、告、祡、郊、凡、禘、祼、酌、献、茜、饎、禜、燎、宜、奠、腊、赠、岁、饗、血、祠、禴、尝、烝、禘等。张文损刘氏所举衣、饎、牢、屮、閟五种（张文以翟为禴）。刘氏所收为祭祖礼，而张文所举为祭礼超出祭祖范畴，因此所列祭名较刘文多，共增益禜、岁、祡、郊、凡、祼、献、䡄、宜、奠、腊、赠、血、祠十四种，共计二十八种。

刘雨所列"屮"、"閟"在西周金文中并非祭名[4]；所损"祝"、"先"、"升"等亦非祭名。"升"见于睘簋，其铭曰："王蔑睘历，赐牛三，睘既拜稽首，升于厥文祖考。"由睘簋铭观之，"升"当为表示祭祀仪节的动词，并非祭名（详后）。先，见于中觯，也非祭名[5]。陈梦家以天亡簋之喜为祭名，实则喜乃奏乐以乐上帝之谓[6]，两者均非祭名。"翟"见于史喜鼎，陈、刘从于省吾说以为乃乐舞之祭[7]，张文从杨树达、唐兰说以"翟"为"禴"祭[8]，不若冯时师读"翟"为"择"，更合铭文本义。

---

[1] 陈梦家：《古文字中之商周祭祀》，《燕京学报》第 19 期，1936 年。
[2] 刘雨：《西周金文中的祭祖礼》，《考古学报》1989 年第 4 期。
[3] 张秀华：《西周金文六种礼制研究》，博士学位论文，吉林大学，2010 年。
[4] 刘源：《商周祭祖礼研究》，商务印书馆 2004，第 152 页；张秀华《西周金文六种礼制研究》，博士学位论文，吉林大学，2010 年，第 13 页。
[5] 郭沫若：《两周金文辞大系考释》，科学出版社 1957 年版，第 18—19 页。
[6] 冯时：《天亡簋铭文补论》，清华大学出土文献研究与保护中心编《出土文献》第 1 辑，2010 年版。
[7] 于省吾：《双剑誃吉金文选》上 2·5，中华书局 1998 年版。
[8] 杨树达：《积微居金文说》，上海古籍出版社 2007 年版，第 298 页；唐兰：《论周昭王时代的青铜器铭刻》，《古文字研究》第 2 辑，中华书局 1980 年版。

貉子卣之"牢"，陈梦家初以为祭礼，后又以"牢"为因山为牢之义①，刘雨从陈梦家前说，说可商。貉子卣铭（《集成》5409）云：

唯正月丁丑，王格于吕苑，王牢于阙。咸宜，王命士道归貉子鹿三，貉子对扬王休，用作宝尊彝。

王牢于阙，义即王于阙行牢礼。全铭所记乃纪侯貉子朝聘天子，天子在苑囿以牢礼飨之，飨后又命讶士司导者馈赠饩牵于貉子之事②。

"禅"见于虢姜簋，彼文云："用禅，追孝于皇考惠仲。"陈读"禅"为"禪"，值得商榷，详后。

张文所增有柴、郊、凡、祼、献、🈂、宜、奠、腊、赠、血、祠等，祼、献乃仪节并非祭名；🈂，乃枭字，非祭名；宜者，肴也，酒食之谓；奠为祭祀动词③；庚姬鼎之"帝司"乃官名非祭名；又从郭沫若以毛公鼎"用岁用政"之岁为祭名④，张政烺引徐同柏说，以"岁"为"钺"，与虢季子白盘"赐用钺，用政蛮方"所记为一事⑤。愚案：张说至碻。另，陈梦家后又增补"周"祭，"周"是否祭名值得深思。应公鼎又见"禪"祭。另有大盂鼎之"侑、祀"，叔矢方鼎之"袝"，保卣、犁子鼎之"祓"。

五祀卫鼎铭云"余执恭王邲功于昭大室东朔，荣二川。曰：余舍汝田五田。"唐兰读荣为禜，并谓：

《左传·昭公元年》说："山川之神，则水旱厉疫之灾于是乎禜之。"《说文》说是"设绵绝为营"，这是没有固定的祭祀场所，临时圈起一块地，把茅草捆扎起来竖立在那里，作为参与祭祀者的位置的标记。二川指临近宗周的泾水和渭水。因为这是临时性的祭祀，所以就在昭王太室的东北⑥。

然祭祀二川与舍田五田之间缺乏直接因果关系，难以令人信服。故学者另出新说，读"荣"为营，铭文所记乃治理二川需占用卫之田地，故以

---

① 陈梦家：《西周铜器断代》，中华书局2004年版，第123页。
② 冯时：《貉子卣铭文与西周聘礼》，《南方文物》2018年第3期。
③ 唐兰：《西周青铜器铭文分代史征》，中华书局1986年版，第45页。
④ 郭沫若：《两周金文辞大系考释》，科学出版社1957年版，第138、139页。
⑤ 张政烺：《张政烺批注〈两周金文辞大系考释〉》中册，中华书局2011年版，第306页。
⑥ 唐兰：《西周青铜器铭文分代史征》，中华书局1986年版，第463页。

五田与卫交换①。其说较唐说为优。按：五祀卫鼎之"二川"当即《周礼·考工记·匠人》所治沟洫之一种。川是田间最宽、最深的沟洫，《匠人》云："匠人为沟洫，耜广五寸，二耜为耦，一耦之伐，广尺、深尺谓之畎。田首倍之，广二尺、深二尺谓之遂。九夫为井，井间广四尺、深四尺谓之沟。方十里为成，成间广八尺、深八尺谓之洫。方百里为同，同间广二寻、深二仞谓之浍，专达于川。"是也。《周礼·地官·遂人》所掌畎、遂、沟、洫、浍、川则属郊野私田，与《匠人》所掌井田之沟洫不同。卫鼎之二川在昭王大室之东北，自非郊野私田。整治沟洫防止水患，此正"恤功"之义。因此，卫鼎之"营"非祭名可知。

综上所论，目前西周彝铭所见祭名有侑、祀、禘、酻、祓、禷、造、栅、禦、叙、尝、禋、燎、鬷、禬、烝、禜、祡、郊、凡、祓、腊、赠、血、禅、禫、报、衣二十八种。其中鬷祭材料较少暂不讨论。虽然传统的吉礼主要指祭祀礼仪，然而其中某些祭地祇之礼，如禜属军礼；而祀人鬼在始死至大祥者，如禫祭则属凶礼，凡此均不在本章讨论之列。另外，近出西周彝铭中又有与祭礼相关之材料，如大河口墓地 M1017 所出霸伯鈛铭文即关乎西周祭祀②，有关问题容另文讨论。

一 天神地祇之祭

彝铭显示，周人祭天神之礼有郊、祡、祓，祀地祇之礼有凡，祭祀多种神祇之礼有莽（禷）。

（一）郊

陈梦家最早以卜辞之"葬"为郊③，唐兰从之，读德方鼎之"葬"为郊，并以其为郊祭字④。其后，学者又指出，殷墟卜辞及西周甲骨文中均有"郊"祭之事，其字或作"高"及"蒿"⑤。西周金文中涉及郊祭之彝铭有二。

唯三月王在成周，延赋王祼自郊。咸。王赐德贝廿朋，用作宝尊

---

① 上海博物馆商周青铜器铭文选编写组：《商周青铜器铭文选》（三），文物出版社 1988 年版，第 132 页。
② 山西省考古研究所、临汾市文物局、翼城县文物旅游局联合考古队、山西大学北方考古研究中心：《山西翼城大河口西周墓地 1017 号墓发掘》，《考古学报》2018 年第 1 期。
③ 陈梦家：《古文字中之商周祭祀》，《燕京学报》第 19 期，1936 年。
④ 唐兰：《西周青铜器铭文分代史征》，中华书局 1986 年版，第 70、71 页。
⑤ 李学勤：《释"郊"》，《文史》第 36 辑，中华书局 1992 年版。

彝。　　　　　　　　　　　　　　　　德方鼎（《集成》2661；图2.1.1）
唯王初迁宅于成周，复禀武王礼祼自天。　何尊（《集成》6014）

图 2.1.1　德方鼎铭文

德方鼎与何尊所记为一事[1]，二铭所记为成王迁都成周之后，效法武王敬祀昊天上帝[2]，《礼记·表记》："粢盛、秬鬯以事上帝。"是祭天亦用祼，与周彝铭所记相合。祼旨在通阴[3]，郊天而祼其义在通达阴阳。这与早期郊天、祭地之坎坛同在一处的礼制传统相关，如牛河梁发现的圜丘与方丘即东西并列，与后世分置南北郊的做法不同[4]。

（二）祓

"祓"见于西周初年成王时期的保尊、保卣及犅子鼎铭文。

保卣铭（《集成》5415；图2.1.2）云：

乙卯，王命保及殷东国五侯，诞贶六品，蔑历于保，赐宾，用作

---

[1] 冯时：《中国古代的天文与人文》，中国社会科学出版社2006年版，第128页；《中国古文字学概论》，中国社会科学出版社2016年版，第561页。
[2] 冯时：《中国古代的天文与人文》，中国社会科学出版社2006年版，第128页。
[3] 冯时：《我方鼎铭文与西周丧奠礼》，《考古学报》2013年第2期。
[4] 冯时：《中国天文考古学》，中国社会科学出版社2007年版，第476—480页。

文父癸宗宝尊彝,遘于四方会王大祀,祓于周,在二月既望。

图 2.1.2 保卣铭文

犁子鼎铭①（图 2.1.3）云：

丁巳，王大祓。戊午，犁子蔑历，敞（上）白牡一。己未，王赏多邦伯，犁子逦，赏夭㠯卤、贝二朋，用作文母乙尊彝。

学者已经指出保卣与犁子鼎所记当为一事，"遘于四方会王大祀，祓于周"，所记即成王岐阳之蒐②。"祓"，学者或读为"侑"③。二铭所记关乎西周宾礼，有关问题容另文详述。

---

① 铭文资料参见湖北省文物考古研究、随州市博物馆：《湖北随州叶家山西周墓地发掘简报》，《文物》2011 年第 11 期；铭文释读多参考冯时师说，见氏著：《叶家山曾国墓地札记三题》，《江汉考古》2014 年第 2 期。犁子鼎铭文摹本由中国社会科学院研究生院考古系博士研究生王沛姬制作，特致谢忱。
② 《湖北随州叶家山西周墓地笔谈》李学勤说，《文物》2011 年第 11 期；李学勤：《斗子鼎与成王岐阳之盟》，《中国国家博物馆馆刊》2012 年第 1 期。
③ 《湖北随州叶家山西周墓地笔谈》李学勤说，《文物》2011 年第 11 期；李学勤：《斗子鼎与成王岐阳之盟》，《中国国家博物馆馆刊》2012 年第 1 期。

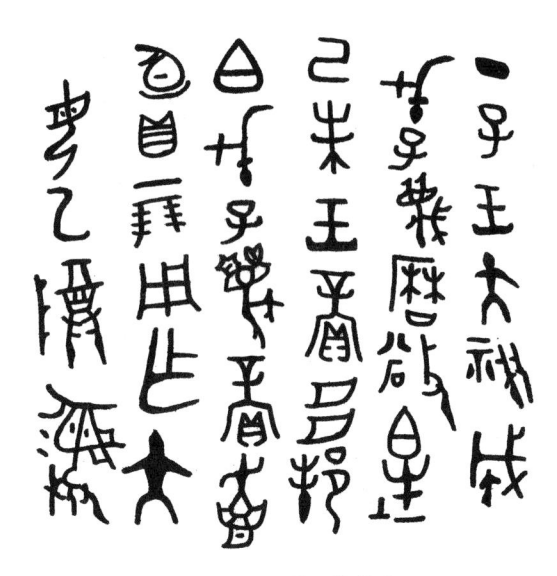

图 2.1.3 犁子鼎铭文

(三) 祡

祡祭见于大盂鼎(《集成》2837),其铭云:"侑、祡、烝、祀无敢扰。"祡,鼎铭作 𥙍,乃"顡"之本字①,从此得声,郭沫若读为"祡"②,乃祀天之礼,《说文·示部》:"祡,烧柴焚燎以祭天神。"许说当本《周礼》。

《周礼·春官·大宗伯》:"以禋祀祀昊天上帝,以实柴祀日月星辰,以槱燎祀司中、司命、飌师、雨师。"郑玄《注》:"禋之言煙,周人尚臭。煙,气之臭闻者。槱,积也。……三祀皆积柴实牲体焉。或有玉帛,燔燎而升煙,所以报阳也。"禋祀、实柴、槱燎皆有烧柴焚燎之事,依许说三者似皆可称祡。然三者实则有别,金鹗云:

《大宗伯》于昊天上帝言禋祀,日月星辰言实柴,司中、司命、风师、雨师言槱燎,皆类叙而别言之,其礼必各异。禋之言煙,又为精意以享,故知其但以币帛加柴上而燔之。不贵多品,又取其气之絜清也。实柴,谓以牲体加于柴上,祭日月非全烝,当取其体之贵者燔

---

① 裘锡圭:《读〈安阳新出土的牛胛骨及其刻辞〉》,《裘锡圭学术文集·甲骨文卷》,复旦大学出版社 2012 年版。
② 郭沫若:《两周金文辞大系考释》,科学出版社 1957 年版,第 34 页。

之。《尔雅·释天》云："祭星曰布。"谓以牲体分析而布于柴上，以象星辰之布列。此皆非全体烧之，自无臭秽。而要不若禋祀之气清也。日月星辰亦燔币，然所以异于禋祀者，在牲不在币也。槱燎则有柴有牲无币，而用柴独多，此祀天神之等杀也①。

孙诒让《周礼正义》则谓：

> 王氏《(周礼)订义》引崔灵恩云："三牲俱足，以禋为名称。若少其一则但云实柴。若少其三则以积薪为名。"此谓以牲牢多少异名。今攷昊天上帝本用特牲，而《小司徒》云："凡小祭祀奉牛牲。"则王国大小祭祀咸用大牢，崔氏所云正与礼反，其不足据明矣。
>
> 窃以意求之，禋祀者，盖以升烟为义。实柴者，盖以实牲体为义。槱燎者，盖以焚燎为义。礼各不同，而礼盛者得下兼，其燔柴则一，故郑《小子》注以此三祀通为积柴。又《觐礼》及《尔雅·释天》并云："祭天燔柴。"《大传》云："柴于上帝。"《祭法》云："燔柴于泰坛。"《说文·示部》云："祡，烧柴焚燎以祭天神。"又《火部》燎亦训为柴祭天。是禋祀亦可以言柴，亦可以言燎也。……升烟之节，盖无燔牲。但祭天升烟歆神之后，疑当复有实柴之礼。实柴则有燔牲。……《书·舜典》："至于岱宗，柴。"《释文》引马融云："柴祭时，积柴加牲其上而燔之。"是禋祀亦兼实柴之证也。
>
> 盖祭天升气之后有荐血，……荐血之时，盖杀牲而不解，是之谓全烝。既荐血，又荐腥，则牲已解为七体。……于是复有实柴之礼，于七体中取其贵者，加于柴上而燔之。……盖升烟之初，无燔牲。故荐血得有全烝，荐腥之后已豚解，故实柴得燔牲体。……至实柴主于实牲体，槱燎与实柴礼盖隆杀小异，然亦有燔牲。但二者既不用全烝，则无升烟之节。

金鹗、孙诒让二氏旁征博引，对禋祀、实柴、槱燎诸礼之仪节提出了不少有价值的见解，两说似皆可通。然是否真实殷周礼制尚需斟酌。殷卜辞中关于燔燎之祭典颇多，是探讨殷周祡燎诸祭的第一手史料，需藉以再做深入讨论。

---

① 金鹗：《求古录礼说·燔柴瘗埋考》，山东友谊书社1992年版。

（四）般

般祭见于天亡簋，簋铭作凡，其文曰："［乙］亥，王有大礼，王凡三方。"徐同柏以"三方"当为"四方"①。林沄读"凡"为《诗·周颂·般》之"般"②，可从。"般"，郑玄以为乐名，并非本义，"般"本望秩之义③。"般四方"即《尚书·尧典》："望秩于山川。"

（五）奉（祴）

甲骨文之"奉"，有祈求与祭祀二义。用于"奉禾"、"奉雨"、"奉年"等，皆为祈求丰年之事。但言"奉"而无具体内容者多为祭名④。西周彝铭之"奉"意义与甲骨文相类，有用为动词者，细分之有祈求之意，有用为祭祀动词者。另外，尚有用作形容词者，如"奉較"、"奉輅"等。本书仅讨论用作祭祀动词者，"奉"作祭名又有两种情况：其一为单纯之"奉"；其二，有用牲物或酒醴者。字或作"奉"，或从示作"祴"，二者意义相同。单纯之"奉"其义无法从彝铭之中寻找内证，本书先讨论有牲物或酒醴之"奉"祭。

1. 有牲物或酒醴者

"祴"而用牲物及酒醴者见于作册令方彝（《集成》9901），其铭云：

> 唯八月辰在甲申，王命周公子明保尹三事四方，授卿事寮。丁亥，命矢告于周公宫，公命诞同卿事寮。唯十月月吉癸未，明公朝至成周诞命，舍三事命，暨卿事寮，暨诸尹，暨里君，暨百工，暨诸侯侯、甸、男；舍四方命。既咸命，甲申，明公用牲于京宫。乙酉，用牲于康宫。咸既用牲，谕王。明公归自王，明公赐亢师邑、金、小牛，曰"用祴（祓）"；赐令邑、金、小牛，曰"用祴（祓）"。廼命曰："今我唯命汝二人亢暨矢，爽左右于乃寮以乃友事。"作册令敢扬明公尹人宝，用作父丁宝尊彝，敢追明公赏于父丁，用光父丁。

"爽左右于乃寮以乃友事"，言明公欲以师亢与矢为卿事寮及太史寮之

---

① 徐同柏：《从古堂款识学》卷十五，清光绪三十二年蒙学报馆影石校本。
② 林沄：《天亡簋"王祀于天室"新解》，《史学集刊》1993年第3期。
③ 冯时：《天亡簋铭文补论》，清华大学出土文献研究与保护中心编《出土文献》第1辑，2010年。
④ 姚孝遂、肖丁：《小屯南地甲骨考释》，中华书局1985年版，第10页。

长①，先命二人行除恶之祭，其事似与《吕氏春秋》所记汤得伊尹及齐桓公得管仲而行祓祭于庙之礼相同。《吕氏春秋·本味篇》曰："汤得伊尹，祓之于庙：熏以萑苇②，爓以爟火，衅以牺豭。"《周礼·春官·女巫》："女巫掌岁时祓除、衅浴。"孙诒让《正义》："《鬯人》贾《疏》引《王度记》云：'天子以鬯，诸侯以熏，大夫以兰芝。'则熏即鬯、兰之属。"是时伊尹地位较低，故用香草熏之。《吕氏春秋·赞能篇》云："（管仲）至齐境，桓公使人以朝车迎之，祓以爟火，衅以牺豭焉。"高诱《注》："火所以祓除不祥也。《周礼·司爟》'掌行火之政令'，故以爟火祓之也。杀牲以血涂之为衅。小事不以大牲，故以豭豚也。《传》曰：'郑伯使卒出豭，行出犬鸡。'此之谓也。"案：高《注》云"小事不以大牲，故以豭豚也"者，王利器《疏》："《穀梁·僖公九年》集解引郑君曰：'盟牲，诸侯用牛，大夫用豭。'豕即豭，牛则大牲，豭则小牲也。《史记·平原（君列）传》《索引》：'盟之所用牲，贵贱不同，天子用牛及马，诸侯用犬及豭，大夫以下用鸡。'"③ 伊尹、管仲地位较低，故用豭。高《注》引《左传·隐公十一年》事以说"衅以牺豭"者，当为除恶禳灾之意。《本味篇》所谓"祓之于庙：熏以萑苇，爓以爟火"，均为除恶而行，此"衅以牺豭"当与彼同。此铭之"禷"，当读为"祓"乃除恶之祭。饶宗颐以甲骨文"佑上甲，奉一牛"之"奉"，乃衅礼之鏧④，释字虽不准确，但其说极具启发性。本铭"奉"而用牛与卜辞所见相同。

周人尚臭，故"禷"又有用鬯者。《国语·齐语》说管仲事则曰："比至，三衅三浴之。"韦昭《注》："以香涂身为衅，亦或为熏。"《管子·小匡篇》又有不同，其文云："鲍叔祓而浴之三。"郭沫若《集校》引戴望云："浴者，谓以香熏草药沐浴之。""衅"者或以血涂之，或以香涂之，本或兼有之，如汤祓伊尹事，《国语》、《管子》及《赞能篇》均略举之耳。铭文显示，明公命亢及令行祓祭所用为鬯、小牛，乃以鬯沐浴，《周礼·春官·鬯人》："凡王之齐事，共其秬鬯。"郑玄《注》："给淬浴。"贾公彦《疏》："郑知王齐以鬯为洗浴，以其鬯酒非如三酒可饮之物，大丧以鬯浴尸，明此亦给王洗浴，使之香美也。"本铭即以鬯沐浴，与《本味篇》"熏以萑苇"相当，所以用鬯者，因亢及矢地位较高，受特赐之故。明公赐小牛即用以行"衅"也。

---

① 冯时：《中国古文字学概论》，中国社会科学出版社2016年版，第578页。
② 毕沅依《风俗通义·祀典》及《续汉书·礼仪志》注所引《吕氏春秋》补。
③ 王利器：《吕氏春秋注疏》，巴蜀书社2002年版，第2888、2889页。
④ 饶宗颐：《殷代贞卜人物通考》，香港大学出版社1959年版，第978页。

2. 单纯之"祓"

彝铭但言"祓"而不及牲物者，其例如下。

> 王祓于成周，王赐围贝，用作宝尊彝。　　围簋（《集成》3825）
> 唯王初祓于成周，王命孟宁邓伯，傧贝，用作父宝尊彝。
> 　　　　　　　　　　　　　　　　　　　　孟爵（《集成》9104）
> 唯王祓于宗周，王姜使叔使于大保，赏叔鬱鬯、白金、芻牛，叔对大保休，用作宝尊彝。　　叔簋（《集成》4132；图2.1.4）
> 唯成王大祓在宗周，赏献侯䭷贝，用作丁侯尊彝。天黽。
> 　　　　　　　　　　　　　　　　　　　　献侯鼎（《集成》2626；图2.1.5）

图 2.1.4　叔簋铭文　　　　图 2.1.5　献侯鼎铭文

以上诸器均属西周早期。叔簋铭记太保赏叔之"鬱鬯、白金、芻牛"，恰与明公赐亢及矢之"鬯、金、小牛"相当，叔簋所记颇值玩味。叔簋铭之"祓"似当读为"祓"。盖王在宗周"大祓"之后，王姜命叔前往太保处助其行祓祭，太保以祭余赏叔，其祓祭乃为臣下所行除恶之祭。王"祓"之"祓"亦当读为"祓"，然"祓"祭有五种之多[①]，未知所行为何

[①] 唐兰:《西周青铜器铭文分代史征》，中华书局1986年版，第86页。

种祓祭。

其他诸铭言"莽"者有如下诸例。

> 唯八月既望戊辰,王在上侯应莽、祼,不栺赐贝十朋。不栺拜稽首,敢扬王休,用作宝䵼彝。　　　　　不栺方鼎(《集成》2735)
> 乙卯,王饔荟京。□莽辟舟,临舟龙,咸莽,伯唐父告备。王格,乘辟舟,临莽白旂。用射鹔、弊虎、貉、白鹿、白狼于辟池,咸。
> 　　　　　　　　　　　　　　　　　伯唐父鼎(《新收》698)

以上两铭属西周中期。不栺方鼎记莽后而祼,则莽当亦有鬯,莽而后以鬯祼地降神。伯唐父鼎铭云"□莽辟舟,临舟龙,咸莽。""莽辟舟"者,《礼记·祭法》云:

> 王为群姓立七祀:曰司命,曰中霤,曰国门,曰国行,曰泰厉,曰户,曰灶;……诸侯为国立五祀:曰司命,曰中霤,曰国门,曰国行,曰公厉。……大夫立三祀:曰族厉,曰门,曰行。

郑玄《注》:

> 此非大神所祈报大事者也,小神居人之间,司察小过,作谴告者尔。……行,主道路、行作。……《春秋传》曰:"鬼有所归,乃不为厉。"

是行需祀道。《说文·示部》:"禡,师行所止,恐有慢其神,下而祀之曰禡。《周礼》曰:'禡于所征之地。'"师行需禡祭。凡此均为趋吉避凶之禳祭。下铭记王乘舟行射,故"莽辟舟"者,亦禳祭也。张政烺读为"祓"①,可从。《说文·示部》:"祓,除恶祭。""莽辟舟"之"莽"读为"贲"似亦通,《易·序卦》:"贲者,饰也。"《易·贲》:"贲,亨。"孔颖达《疏》:"贲,饰也。""贲辟舟"即装饰辟舟之意。"临舟龙",《尔雅·释诂下》:"临,视也。"郭璞《注》:"(临),谓察视也。""告备"者,张政烺以为即《礼记·月令》"(季春之月)命舟牧覆舟,五覆五反,

---

① 张政烺:《伯唐父鼎、孟员鼎、甗铭文释文》,《张政烺文集·甲骨金文与商周史研究》,中华书局2012年版。

乃告'舟备具'于天子焉"①。说极是。《月令》文又见《淮南子》，高诱《注》云："天子将乘舟而渔，故反覆而视之，恐有穿漏也。五覆五反，慎之至也。"所述即是"临"之意。所以赏伯唐父桇鬯者，盖系为沐浴而设。

二 人鬼之享祀

周彝铭所见享祀人鬼之礼颇多，如侑、祀、禘、酌、飨、造、祔、禦、叙、尝、禋、燎、禬、烝、腊、赠、血、禅、禫、报、衣等。其中禘祭涉及问题较多，下节专题讨论。

（一）侑、祀

"侑"、"祀"作为祭名均见于大盂鼎，"侑"本献食之祭，"祀"本祭祖之礼②。

（二）酌

"酌"祭见于商代甲骨文，其例如下。

  丙申卜，㱿贞：来乙巳酌下乙？
  丙午卜，争贞：来甲寅酌大甲？ 《合集》③ 11497

西周彝铭之"酌"祀见于下列诸铭。

  唯九月初吉癸丑，公酌祀。雩旬又一日辛亥，公禘酌辛公祀，卒事亡尤。公蔑繁历，赐宗彝一肆、车、马两。繁拜手稽首，对扬公休，用作文考辛公宝尊彝，其万年宝。[或]。 繁卣（《集成》5430）
  王命辟邢侯出坏，侯于邢。雩若二月，侯见于宗周，亡尤。会王飨荼京，酌祀。 麦方尊（《集成》6015）
  唯十又四月，王酌、大祔，搴在成周。 叔矢方鼎（《新收》915）

"酌"究系何字，学者有诸多争论④。就卜辞及周彝铭而言，乃祭祖之礼。

---

① 张政烺：《伯唐父鼎、孟员鼎、甗铭文释文》，《张政烺文集·甲骨文金文与商周史研究》，中华书局2012年版。
② 冯时：《中国古文字学概论》第七章第九节，中国社会科学出版社2016年版。
③ 郭沫若主编、胡厚宣总编辑：《甲骨文合集》，中华书局1978—1982年版。
④ 于省吾主编：《甲骨文字诂林》，中华书局1996年版，第2702—2706页。

殷卜辞中彡与酚有同见一辞之例①，二者有所区别。彡为殷商周祭祭名，酚虽不局限于周祭，但繁卣之酚祀似宜看作周祭祭名，辛亥日为"辛公"举行酚祀及"卒事亡尤"皆为明证。商王周祭之彡祭遍祭先王，不同王世历时不同，而且中间或因事间断②。酚祀始于九月癸丑至辛亥共六十九日，"雩旬又一日辛亥，公禘酚辛公祀"者，酚祭因故停滞十一日，又在辛亥日为辛公举行禘酚之祭③。繁卣铭所记关乎西周禘祭，说详本章第二节。

（三）饗

"饗"最早见于商代晚期的铜器铭文。

丙午，王赏戍嗣贝廿朋，在䦆宰，用作父癸宝䵼。唯王饗䦆大室，在九月。犬鱼。　　　　　　　　　　　　　戍嗣鼎（《集成》2708）

西周彝铭亦有言"饗"者，其例如下。

王命辟邢侯出坏，侯于邢。雩若二月，侯见于宗周，亡尤。会王饗莕京酚祀。　　　　　　　　　　　　　　　麦方尊（《集成》6015）
唯十又三月，王饗莕京，小臣静即事，王赐贝五十朋。扬天子休。用作父□宝尊彝。　　　　　　　　　　　　小臣静卣（《新收》1960）
唯五月既死霸，辰在壬戌，王饗□大室。吕延于大室。王赐吕秬鬯三卣、贝卅朋。对扬王休，用作宝齍，［其］子子孙孙永用。
　　　　　　　　　　　　　　　　　　　　　　　吕方鼎（《集成》2754）
唯十又二月，王初饗旁。　　　　　　　　　　　　展卣（《集成》5431）

其他如伯唐父鼎、史寅卣等。亦有从糸作者，如它簋。"饗"或即殷卜辞之"卻"，乃祭名，其详未知④。周彝铭从食当为馈食之祭。彝铭显示饗祭用鬯、贝。饗祭举行的时间不定，或二月、或五月、或九月、或十二月，亦有行于十三月者。

---

① 叶玉森：《殷墟书契前编集释》，大东书局1934年版，第47、48页。
② 陈梦家：《殷虚卜辞综述》第十一章第六至八节，中华书局1988年版；冯时：《中国古文字学概论》第六章第六节，中国社会科学出版社2016年版。
③ 陈佩芬：《繁卣、趞鼎及梁其钟铭文诠释》，《上海博物馆集刊》第2期，1982年。
④ 于省吾：《甲骨文字释林》，中华书局1979年版，第40—42页。

（四）告（造）

"告"根据所"告"对象不同，义亦有别。"告"于在世尊长者，为普通动词。

> 唯三月丁卯，师旅众仆不从王征盂方雷，使厥友引以告于伯懋父。在莽，伯懋父廼罚得显古三百锊，今弗克厥罚。懋父命曰："宜播，嚴厥不从厥右征，今毋播，其有纳于师旅。"引以告中史书，旅对厥谦于尊彝。　　　师旅鼎（《集成》2809）
>
> 唯十月用玁狁放兴，广伐京师，告追于王。
> 　　　　　　　　　　　　　　　　　　多友鼎（《集成》2835）
>
> 唯五年正月己丑，琱生有事，召来合事，余献，妇氏以壶告曰："以君氏命曰……。"　　　五年琱生簋（《集成》4292）
>
> 唯卅又一年三月初吉壬辰，王在周康宫徲大室，融从以攸卫牧告于王，曰："汝受我田，牧弗能许融从。"　融攸从鼎（《集成》2818）

另有受命以还而告命者。

> 唯王九年九月甲寅，王命益公征眉敖，益公至，告。
> 　　　　　　　　　　　　　　　　　　归夆簋（《集成》4331）

以上诸"告"非祭礼，归夆簋"益公至，告"犹静方鼎（《新收》1795）"唯十月甲子，王在宗周，命师中眔静省南国，相、䢅应，八月初吉庚申至，告于成周"，均系受命而还，以成功告王。《礼记·曲礼上》："为人子者，出必告，反必面。"郑玄《注》："告、面同耳。"是孝子出入均需告知父母。为人臣者，出入亦需告知其君。《仪礼·聘礼》："使者归，及郊，请反命。"郑玄《注》："郊，近郊也。告郊人，使请反命于君也。必请之者，以己久在外，嫌有罪恶，不可以入。春秋时郑伯恶其大夫高克，使之将兵，遂而不纳，此盖请而不得入。"即入而告君之谓。

西周金文中还有，以某事告于先祖考者。

> 唯五月乙亥，相侯休于厥臣殳，赐帛金，殳扬侯休，告于文考，用作尊簋，其万年奔走事□侯。　　　殳簋（《集成》4136）
>
> 它曰："拜稽首，敢昭告朕吾考，命乃鵩沈子作綂于周公宗，陟二公，不敢不綂。"　　　　　　　它簋（《集成》4330）

> 雩若二月，侯见于宗周，亡尤。……唯归，雁天子休，告亡尤。
>
> 　　　　　　　　　　　　　　　　　　麦方尊（《集成》6015）

此与《书·金縢》"为坛于南方，北面，周公立焉，植璧秉珪，乃告大王、王季、文王"同，伪孔《传》："告，谓祝辞。"伪孔《传》以告为祭祀祝辞之事。班簋亦有告事，其铭曰：

> 三年靖东国，亡不成尤，天威丕畀纯敕。公告厥事于上："唯民亡诞在彝，昧天命，故亡。允哉显，唯敬德，亡攸违。"

上，当即上天、上帝。"唯民亡诞在彝，昧天命，故亡"，即所祝之辞。它簋曰："用歆饗已公，用佫多公，其剧爱乃沈子它唯福，用永霝命，用绥公唯寿。"所记即《诗·小雅·楚茨》所谓"祀事孔明，先祖是皇，神保是饗，孝孙有庆，报以介福，万寿无疆。……神保是格，报以介福，万寿攸酢"。毛《传》："保，安也；格，来。"马瑞辰《通释》："格，古字作佫，《方言》：'佫，至。'又：'佫，来。'作格者假借字。"本铭正作"佫"，足证马说至确。

商代甲骨文之告，亦多为祝辞之事，其例如下。

> 庚寅贞，其告高祖，燎于上甲三牛？　　　　　　《合集》32313
> 辛亥卜，子告有口疾妣庚，亡曹……一二　　　　《花东》149

祝辞系祭礼仪程的重要环节，故上揭诸文之"告"虽非祭名，但与祭祀紧密相关。

告在殷卜辞中亦有用作告庙之礼者。如《合集》14829辞云："甲子卜，争贞，来乙亥告禽其西于入，元示。"告即谓告庙。此辞记禽征伐有功，归自西方，告于祖庙，将崇功而作元祀也。事可与《尚书·洛诰》"今王即命曰记功，宗以功，作元祀"对读。①

周彝铭有"告"庙之事：

> 唯八月辰在甲申，王命周公子明保尹三事四方，受卿事僚。丁亥，命矢告于周公官。公命诞同卿事僚。
>
> 　　　　　　　　　　　　　　　　　　　　作册令方彝

---

① 陈邦怀：《甲骨文零拾》，汲古书院1970年版。

彝铭之"告",当读为"造"。"公命诞同卿事寮",同即殷同之义①。殷同而造庙者,似与《周礼·春官·大祝》"大会同,造于庙"所记相类。贾公彦《疏》:"云'造'者,以其非时而祭,造次之意,即上文'造于祖',一也。"

另有"徣"字,唐兰亦读为"造"②,后学者或有补充唐说者③;学者亦有释为徂者④。以上两说值得商榷,《屯南》⑤4310辞云:

甲午卜:征亡𢆶印?
甲午卜:徣由𢆶印?十月。

二者为对贞之辞,故"征"与"徣"字形虽异,然二者音义必同,二字均从"征"得声。"征"即延字,"徣"当从口延声,古文字从口与从言无别,则"徣"应为诞字无疑。"出"字虽有作"𡳿"者,然并不常见。故"徣"或从口延声之字。

西周金文"造"均从告得声,如颂簋作"🖼"、"🖼";"告"与"徣"所从之"🖼"不同,"🖼"与"出"字构型相同,"🖼"当即"止"之讹变。叔尊(《新收》349)有"🖼"字,学者或释为造⑥,"🖼"似亦为诞之别体。郭伯取簋云"🖼伐淖黑","🖼"即读作诞。

(五)册

周彝铭有"册"亦与告神相关,"册"仅见于叔矢方鼎(《新收》915;图2.1.6):

唯十又四月,王酻、大册、奉在成周,咸奉。王呼殷厥士,斋叔矢以裳衣、车马、贝卅朋。敢对王休,用作宝尊彝,其万年扬王光厥士。

"册"字亦见于殷卜辞。

---

① 冯时:《中国古文字学概论》,中国社会科学出版社2016年版,第577页。
② 唐兰:《作册令尊及作册令彝铭考释》,《国立北京大学国学季刊》第4期,1934年。
③ 陈剑:《释造》,《甲骨金文考释论集》,线装书局2007年版。
④ 周法高:《金文诂林》,香港中文大学出版社1974年版,第1041—1046页。
⑤ 中国社会科学院考古研究所:《小屯南地甲骨》,中华书局1980—1983年版,下同。
⑥ 唐兰:《作册令尊及作册令彝铭文考释》,《唐兰先生金文论集》,紫禁城出版社1995年版。

图 2.1.6　叔夨方鼎铭文

惠丁祖㐭用，二牢，王受祐？	《合集》27324
岳燎惠舊㐭用，三牢，王受祐？	《合集》30414
惠兹㐭用，燎羊、卯一牛？	《合集》30675
惠父甲㐭用，王受祐？吉。	《屯南》2406

"㐭"，亦作"䰜"①。

癸卯卜，王，侑于祖乙，二牛？用。
癸卯卜，王，奉于大甲？
癸卯卜，殻，侑于河三羌，卯三牛，燎一牛？
癸卯卜，殻，燎河一牛，侑三羌，卯三牛？
☐？用。
丁巳卜，争贞：降䰜千牛？二告
不其降䰜千牛、千人？　　　　　　　　　　　　《合集》1027 正

---

① 商承祚：《殷虚文字类编》卷五，决定不移轩刻本，1923 年。

"冊"，读为"册"，告也①。饶宗颐云：

> 冊为尞祭时，以册记牲数祀神，此辞所记牲数至于千数，殊属仅见。②
> 按：冊与册为一字，亦作祔及澧。……冊即册字，《说文》："册，告也。"卜辞凡言冊若干牢，谓记牲数于册，献告于神也。③

（六）禴

"禴"有用为吉祭者，当属吉礼。禴祭见于殷卜辞。

> 壬申卜，大贞：王宾禴、叔（叙），亡尤？　　《合集》25749
> 己丑卜，大贞：王宾禴、叔（叙），[亡] 尤？　　《合集》25750

周初彝铭亦有"禴"。

> 唯王大禴于宗周延饔莽京年。在五月既望辛酉，王命士上眔史寅殷于成周，眚百姓豚，眔赏卣鬯、贝，用作父癸宝尊彝。
> 史寅盉（《集成》9454；图2.1.7）

盉铭记王先在宗周行禴祭，又于莽京行饔祭。
禴，书或作"瀹"，《汉书·郊祀志下》：

> 后成都侯王商为大司马卫将军辅政，杜邺说商曰："东邻杀牛，不如西邻之瀹祭。"言奉天之道，贵以诚质大得民心也。

颜师古《注》：

> 此《易·既济》九五爻辞也。东邻，谓商纣也。西邻，周文王也。瀹祭，谓瀹煮新菜以祭。言祭祀之道莫盛修德，故纣之牛牲，不如文王之苹藻也。

---

① 罗振玉：《增订殷虚书契考释》卷中，东方学会石印本，1927年，第58页。
② 饶宗颐：《殷代贞卜人物通考》，香港大学出版社1959年版，第393页。
③ 饶宗颐：《殷代贞卜人物通考》，香港大学出版社1959年版，第139页。

图 2.1.7　史寅盉铭文

郭老、唐兰诸家,皆因禴祭行于五月,故援文献"夏祭曰禴"为说。案:细审史寅盉全铭禴祭并非行于五月,且以彝铭所记历月为夏历,说不可取。殷卜辞显示,殷商之世禴祭多行于十月至十二月,约当夏至前后,故后世遂以为夏祭之名。周初我方鼎所记禴(鼎铭作礿)祭行于十一月,亦当夏至前后,故禴(礿)为夏祭之名无疑。①

(七) 禦

禦祭殷卜辞习见,西周彝铭亦有涉及禦祭者。

　　趞其万年䵼,实朕多禦,用奉寿,匄永命,畯在位,作憲在下。唯王十又二祀。　　　　　　　　　　　　　趞簋(《集成》4317)

　　作册嗌作父辛尊,厥名义。曰:子子孙宝。不禄嗌子子延先盡死,亡子,子䴏有孙,不敢弟扰兄。铸彝用作大禦于厥祖妣、父母、多神,毋念哉,弋勿剥嗌鰈寡遗佑,祐宗不剚。
　　　　　　　　　　　　　　　　　　　　作册嗌卣(《集成》5427)

---

① 冯时:《我方鼎铭文与西周丧奠礼》,《考古学报》2013 年第 2 期。

惠肇諆为禦,作父甲旅尊彝。　　　　　　惠尊(《集成》5952)
作禦父辛。　　　　　　　　　　　　作禦父辛觯(《集成》6472)

杨树达以为殷卜辞之"禦"乃禳除灾祸之义①,以作册嗌卣比观,其说较然可从。

禬、禦及叔、血诸祭均见于我方鼎(《集成》2763),其铭云:

唯十月又一月丁亥,我作禦,血祖乙妣乙、祖己妣癸;延祊、叔(叙)二母;咸,奠,遣祼,二䍙,贝五朋。用作父己宝尊彝。亚若。

鼎铭禬作祊,其实一也,所记为丧奠之礼,故禬、禦、叔及血诸祭祀于我方鼎铭均为丧祭,属凶礼②。禬、禦、叔、血诸祭名于殷卜辞亦有用为吉祭者,兹不详论。

(八) 燎

殷卜辞有燎祭,其献祭对象有自然神及祖神,与文献所记不同③。西周彝铭亦见燎祭。

王呼□□命盂以人、馘入门,献西旅,以□入燎周庙,盂入三门,即立中廷,北向,盂告。　　　　小盂鼎(《集成》2839)
唯王伐逨鱼,延伐淖黑,至,燎于宗周,赐郭伯馭贝十朋,敢对扬王休,用作朕文考宝尊簋,其万年子子孙孙其永宝用。
　　　　　　　　　　　　　　　　　　　　　　郭伯馭簋(《集成》4169)

此二铭所记之燎乃西周献俘礼的一个重要仪节④。

(九) 烝

烝祭除见于大盂鼎之外,尚见下列彝铭。

唯王十又四祀十又一月丁卯,王在毕烝。戊辰,赠,王蔑段历,念毕仲孙子,命恭妘食大则于段。敢对扬王休,用作簋,孙孙子子万年用享祀。　　　　　　　　　段簋(《集成》4208;图2.1.8)

---

① 杨树达:《积微居甲文说·释禦》,上海古籍出版社2007年版。
② 冯时:《我方鼎与西周丧奠礼》,《考古学报》2013年第2期。
③ 刘雨:《西周金文中的祭祖礼》,《金文论集》,紫禁城出版社2008年版。
④ 刘雨:《西周金文中的军事》,《金文论集》,紫禁城出版社2008年版。

图 2.1.8　段簋铭文

　　坯父作旅，烝。　　　　　　　　　　　　　坯父簋（《集成》3464）
　　芇侯作烝宝簋。　　　　　　　　　　　　　芇侯簋（《集成》3589）
　　康伯作烝用飤□，万年宝。　　　　　　　　康伯簋（《集成》3720）
　　大师虘作烝尊豆，用邵格朕文祖考，用祈多福，用匄永命，虘其永宝用享。　　　　　　　　　　　　　　　　　　　　　大师虘豆（《集成》4692）
　　姬䵼彝，用烝用尝，用孝用享，用匄眉寿无疆，其万年子子孙孙永宝用。　　　　　　　　　　　　　　　　　　　姬鼎（《集成》2681）

　　烝，刘心源所释①，祭名。毕乃文王墓所在，故学者以段簋"烝于毕"乃周王谒陵之祭②。烝，后世文献以为冬祭之名，《尔雅·释天》："冬祭

---

① 刘心源：《古文审》6·15。
② 吴荣光：《筠清馆金文》3·23、《古文审》6·15。

曰蒸。"郭璞《注》："进品物也。"《白虎通·宗庙》："冬曰烝者，烝之为言众也，冬之物成者众。"铭文显示，烝祭行于十一月正值岁终。据甲骨卜辞，烝祭有行于四月者，不定在岁末①。然殷历四月当夏历之十二月，虽非岁末亦在冬至之后，属"冬"祭无疑。事实上，所谓的冬祭乃秋收之后献品物之祭也，段簋之十一月相当于夏历七月前后，《礼记·月令》："孟秋之月，……农乃登谷。天子尝新，先荐寝庙。"孙希旦《集解》："方氏悫曰：谷，谓稷也。孟夏之麦，仲夏之黍，仲秋之麻，季秋之稻，皆谷也，独于稷言'谷'，以其为五谷之长也。稼穑之官，谓之后稷，土谷之神，谓之社稷，凡以此尔。"方说甚是。"烝"字从米从豆，正为献谷物之象，是烝之本义乃进谷物也②。故而，今所见两周彝器自铭为烝享之器者，皆为簋、豆类盛谷物之器，如圯父簋、苒侯簋、康伯簋、陈侯午簋、太师虘豆、陈侯因𬭚敦等。

姬鼎（《集成》2681）云："姬𬭚彝，用烝用尝，用孝用享，用匃眉寿无疆，其万年子子孙孙永宝用。"鼎而曰"用烝"者，鼎亦有用于烹煮粮食者③，故亦可用于烝祭。

学者或以眘簋（《集成》4194）所记乃四月烝祭之事，其铭曰：

> 唯四月初吉丁卯，王蔑眘历，赐牛三，眘既拜稽首，升于厥文祖考，眘对扬王休，用作厥文考尊簋，眘眔厥子子孙永宝。

陈梦家读升为烝④，引《尔雅·释天》"冬祭曰烝"为说。《公羊传·桓公八年》："八年春正月己卯，烝。烝者何？冬祭也。"何休《解诂》："荐尚稻雁，烝众也，气盛貌。冬，万物毕成，所荐众多，芬芳备具，故曰烝。无牲而祭谓之荐。"是烝祭不用牲。若谓"升"乃烝祭，则以所赐之牛牲烝也，于礼不合。愚案：升乃进献之意，《吕氏春秋·孟秋》："农乃升谷。"高诱《注》："升，进也。"《吕氏春秋·孟夏》："农乃升麦。"高诱《注》："升，献也。"是其证。《春秋繁露·祭义》："五谷，食物之性也，天之所以为人赐也。宗庙上四时所成，受赐而荐之宗庙，敬之性也，于祭之而宜矣。"此谓以天子所赐之牛献于宗庙，亦敬之性也，于祭亦宜。

---

① 赵诚：《甲骨文简明词典——卜辞分类读本》，中华书局1988年版，第247、248页。
② 赵诚：《甲骨文简明词典——卜辞分类读本》，中华书局1988年版，第247、248页。
③ 张亚初：《殷周青铜鼎器名、用途研究》，《古文字研究》第18辑，中华书局1992年版。
④ 陈梦家：《西周铜器断代》，中华书局2004年版，第134页。

（十）赠

赠祭见于上揭段簋，簋铭作“曾”，吴荣光、刘心源误释为“会”①，当读为“赠”，乃《周礼·春官·男巫》所谓“冬堂赠。”② 学者谓殷卜辞中即有赠祭③，然相关卜辞多系残辞，是否赠祭尚待进一步研究。

（十一）尝

今所见西周时期尝祭仅见于六年琱生簋。

琱生对扬朕宗君其休，用作朕烈祖召公尝簋，其万年子子孙宝用享于宗。　　六年琱生簋（《集成》4293）

《左传·桓公五年》：“始杀而尝。”孔颖达《正义》：“尝者，荐于宗庙，以尝新为名，知必待嘉谷熟乃为之也。”《白虎通·宗庙》：“秋曰尝者，新谷熟，尝之。”是尝本荐新之祭，因所荐者为谷物，故以簋行尝祭也。此系西周礼制。

至东周时期，尝祭的内容更加丰富了，春秋彝铭记尝祭者有蔡侯盘。

元年正月初吉辛亥，蔡侯绅虔恭大命，上下陟䛐。攖敬不易，肇佐天子。用作大孟姬媵彝盘，禋享是以。祗盟尝禘，祐受毋已。斋□整肃，□文王母。穆穆亹亹，冲蔼䜣扬。威仪优优，霝颂诧章。康谐穌好，敬配吴王。不讳考寿，子孙蕃昌。永保用之，终岁无疆。④

蔡侯盘（《集成》10171）

战国彝铭亦见尝祭。

唯正六月癸未，陈侯因資……用作孝武趠公祭器敦，以烝以尝，保有齐邦，世万子孙、永为典常。　　陈侯因資敦（《集成》4649）

楚王熊悍战获兵铜。正月吉日，室铸鐈鼎之盖，以供岁尝。

楚王熊悍鼎（《集成》2794）

① 吴荣光：《筠清馆金文》3·23；刘心源：《古文审》6·15。

② 郭沫若：《两周金文辞大系考释》，科学出版社1957年版，第50页；于省吾：《双剑誃吉金文选》上3·4引唐兰说。

③ 于省吾：《双剑誃殷契骈枝三编》，石印本，1944年，第12、13页。

④ 蔡侯盘释文参考冯时师的札记。

供尝祭之器，除盛稻粱之簠、敦之外，尚有鼎、尊、壶等，这也反映出尝祭内容之扩大，所荐献者有谷物、酒醴，亦有牲体，《国语·楚语下》："国于是乎烝尝。"韦昭《注》："尝，尝百物也。"所论即东周尝祭也。烝尝并举也见于东周时期，这也说明烝尝之祭在东周时期成为时享之祭。

（十二）报

"报"甲骨文多作"㐆"，西周彝铭字作"报"，周彝铭涉及报祭者见于作册令簋（《集成》4300）：

> 唯王于伐楚伯，在炎，唯九月既死霸丁丑，作册矢令尊宜于王姜，姜赏令贝十朋、臣十家、鬲百人，公尹伯丁父贶于戍，戍冀司气。令敢扬皇王宷，丁公文报，用稽后人享。唯丁公报，令用靖张于皇王，令敢张皇王宷，用作丁公宝簋，用尊事于皇宗，用饗王逆覆，用匓寮人、妇子，后人永宝。

唐兰以"文报"为报祭而有文采，认为其与《风俗通义》"王者报功，以次秩之，无有文也"及《书·洛诰》"祀于新邑，咸秩无文"所记王报祭有文不同①。

（十三）禋

禋祀见于西周恭王时期的墙盘（《集成》10175），其铭云：

> 粦明亚祖祖辛，遷毓子孙，繁祓多釐，齐角煴光，宜其禋祀。

"禋"有祭昊天上帝者，有宗庙祭祀者，有地祇之祭者。三者祭祀仪节不同，《周礼·春官·大宗伯》"以禋祀祀昊天上帝"乃禋祀昊天上帝之事，孙诒让《正义》：

> 《洛诰》："禋于文武。"是人鬼可称禋。《诗·小雅·大田》云："来方禋祀。"郑《笺》云："禋祀四方之神祈报。"是地示亦有禋祀矣。此皆散文通言，礼节实不同也。

是宗庙及地祇皆有禋祭。天神、地祇、人鬼皆有禋祀，其礼应源自殷

---

① 唐兰：《西周青铜器铭文分代史征》，中华书局1986年版，第278页。

商。有关问题容另文详陈。三者礼节有异，郑玄《注》：

> 禋之言烟，周人尚臭，烟，气之臭闻者。……皆积柴实牲体焉，或有玉帛，燔燎而升烟，所以报阳也。

是祭天神之禋乃积柴、实牲体、燔燎、升烟以闻于天也，相关讨论详见前文柴祭。

宗庙之禋见于《书·洛诰》，彼文曰：

> 予以秬鬯二卣曰："明禋。拜手稽首休享。予不敢宿，则禋于文王、武王。"

伪孔《传》：

> 以黑黍酒二器，明絜致敬，告文、武以美享。……言我见天下太平，则絜告文、武，不经宿。

以"明禋"为明絜致敬之意。伪孔之说或本诸许叔重，《说文·示部》："禋，絜祀也。一曰精意以享为禋。"王肃、袁准诸儒说亦相类，《诗·大雅·生民》："克禋克祀。"孔颖达《正义》引王肃云：

> 《外传》曰："精意以享曰禋。"禋非燔燎之谓也。

孔颖达又云：

> 袁准曰："禋者，烟气煴煴也。天之体远不可得就，圣人思尽其心而不知所由，故因烟气之上以致其诚，故《外传》曰：'精意以享，禋。'此之谓也。"准又称难者曰："禋于文王，何也?"曰："夫名有转相因者，《周礼》云'禋祀上帝'，辨其本言煴煴之礼也。《书》曰'禋于文武'者，取其辨精意以享也。先儒云'凡絜祀曰禋'，若祀为禋，不宜别六宗与山川也。凡祭祀无不絜，而不可谓皆精，然则精意以享宜施燔燎，精诚以假烟气之升，以达其诚故也。"

王肃、伪孔及袁准俱本许叔重，以宗庙禋祀乃精意享祭之意，诸说系出一脉。

孔颖达《尚书正义》引郑玄云：

> 禋，芬芳之祭。曰明禋者，六典成，祭于明堂，告五帝太昊之属。既告明堂，则复禋于文武之庙，告成洛邑。

孙星衍《疏》曰：

> 云"禋，芬芳之祭"，谓以秬黍酿鬱草，有芬芳也。云"明禋者，六典成，祭于明堂"，是明禋以明堂得名。

愚案：孔颖达《毛诗正义》云："《大宗伯》云'禋祀昊天上帝'……郑以禋者唯祭天之名，故《书》称'禋于六宗'郑皆以为天神。"郑氏以"明禋"为祀于明堂告五帝太昊之属，皆因此之故。禋不为祭天之专名，孔颖达于《毛诗正义》辨之甚详，兹不备引。故郑氏以明为明堂，且禋祭需告五帝者均不足据。郑氏以禋为芬芳之祭与王肃一系不同，贾公彦《大宗伯疏》调和两说，贾氏云："案：《尚书·洛诰》予以秬鬯二卣明禋，《注》云：'禋，芬芳之祭。'又案：《周语》云'精意以享谓之禋'，义并与烟得相叶也。但宗庙用烟，则《郊特牲》云：'臭阳达于屋墙。'是也。"秬鬯自为灌地降神之用，与禋祀无涉。郑以禋祀为"芬芳之祭"，与"精意以享"义本相通。贾疏又以"臭阳达于屋墙"释宗庙禋祀，"臭阳达于屋墙"乃周人祭祀的一个仪节。《礼记·郊特牲》："有虞氏之祭，尚用气。……殷人尚声，臭味未成，涤荡其声，乐三阕，然后出迎牲。……周人尚臭，灌用鬯臭，鬱合鬯臭，阴达于渊泉。灌以圭璋，用玉气也。既灌，然后迎牲，致阴气也。萧合黍稷，臭阳达于墙屋。故既奠，然后焫萧合膻芗。凡祭，慎诸此。"孔颖达《正义》："'萧合黍稷'者，周人后求阳也，取萧草及牲脂膋合黍稷烧之也，此谓馈食时也。'臭阳达于墙屋'者，谓以萧合黍稷之臭气求阳，达于墙屋也。"古人记祭祀取其初始之大节，而不及其后诸缛节，《论语·八佾》："禘自既灌而往者，吾不欲观之。"是也。故以祭祀求阳之小节说禋祀大祭，恐非。

盘铭曰"齐角煒光，宜其禋祀"，言禋祀需用牲。且本铭之禋从宀，与軝史展壶铭（《集成》9718）相同，彼铭云：

> 軝史展作宝壶，用禋祀于兹宗室，用追福禄，于兹先神、皇祖享，

叔用赐眉寿无疆,用赐百福,子子孙孙其万年永宝用享。

"用禋祀于兹宗室,用追福禄,于兹先神、皇祖享",则其为宗庙之禋明矣。壶铭宗庙之禋从宀,也明从宀之禋乃宗庙禋祀。则盘铭从宀之禋亦为宗庙之祭可知。对读盘铭及《洛诰》文可知,宗庙禋祀不但用秬鬯降神,而且有用牲之事,盘铭足补文献之不足。"齐角牺光,宜其禋祀"者,"齐角",意即牲角整齐;"牺光"乃言牲毛纯赤①。牲角整齐、毛色纯正与先儒所谓"精意以享曰禋"之义正合。

(十四)禫

禫祭仅见于应公鼎(图 2.1.9),其铭云:

应公作尊彝禫鼎,珷帝日丁子子孙孙永宝。

发掘简报认为,"禫"即除服之祭,禫鼎即除丧服之后所作祭祀用鼎②,其说可从。此铭关乎西周三年丧制,相见本书第三章第三节。

(十五)禅

"禅"祭见于虢姜簋(《集成》4182;图 2.1.10),其铭云:

图 2.1.9 应公鼎铭文

虢姜作宝尊簋,用禅,追孝于皇考惠仲,祈匄康龢纯佑通禄永命,虢姜其万年眉寿,受福无疆,子子孙孙永宝用享。

陈梦家读"禅"为"禫"③,然禫字已见上揭应公鼎铭,与禅字不同,故其说可商。《广雅·释天》:"禅,祭也。"郭沫若以为乃祭人鬼之义④。

---

① 连劭名:《史墙盘铭文研究》,《古文字研究》第 8 辑,中华书局 1983 年版。
② 河南省文物考古研究所、平顶山市文物管理局:《河南平顶山应国墓地八号墓发掘简报》,《华夏考古》2007 年第 1 期。
③ 陈梦家:《古文字中之商周祭祀》,《燕京学报》第 19 期,1936 年。
④ 郭沫若:《两周金文辞大系考释》,科学出版社 1957 年版,第 245 页。

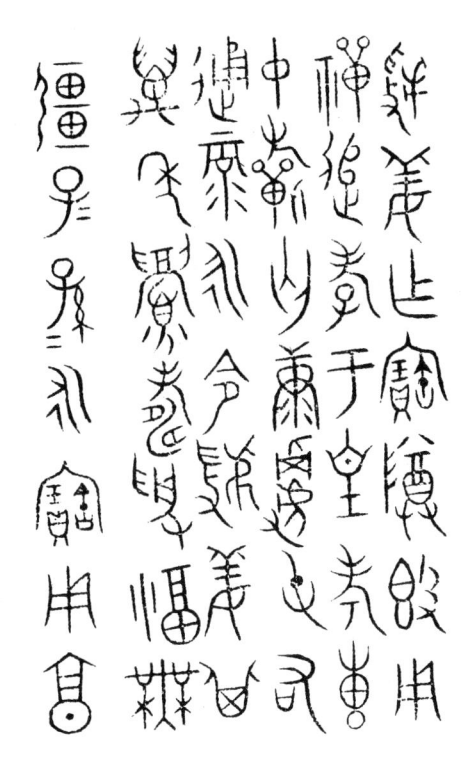

图 2.1.10　虢姜簋铭文

《商周青铜器铭文选》袭郭老之说①。

案：郭说可商。禅，本祭地之名。《广雅·释天》："禅，祭也。"王念孙《疏证》："禅之言墠。"亦用作祭天之名。《说文·示部》："禅，祭天也。"段玉裁《注》："凡封土为坛，除地为墠。古封禅字盖只作墠。项威曰：'除地为墠。后改墠曰禅。神之矣。'服虔曰：'封者，增天之高。归功于天。禅者，广土地。'……惟张晏云：'天高不可及，于泰山上立封，又禅而祭之，冀近神灵也。'元鼎二年纪云：'望见泰一，修天文禮。'禮即古禅字。是可证禅亦祭天之名。"传世文献未见用禅为祭祀人鬼之名。且虢姜簋铭最早见于《考古图》之著录，其器今已不存，铭文仅见摹本，或系宋人误摹亦未可知。

（十六）臘

臘祭见于师衰簋，其铭云："余用作朕后男齂尊簋。"杨树达以"后

---

① 上海博物馆商周青铜器铭文选编写组：《商周青铜器铭文选》（三），文物出版社 1988 年版，第 356 页。

男"为长子①，可从。臘祭之详，先儒有歧说，《礼记·月令》："（孟冬之月）臘先祖五祀。"郑玄《注》："臘，谓以田猎所得禽祭也。"此说与簋铭之臘不同，簋乃盛稻粱之器，与田猎所得之禽无涉。鼠，当读为蜡，《礼记·礼运》："昔者仲尼与于蜡宾。"郑玄《注》："蜡者，……亦祭宗庙。"孙希旦《集解》："与于蜡宾，言与于蜡祭饮酒之宾。"是蜡为宗庙之祭，且祭毕有合宗族饮酒之事。

另外，天亡簋尚见衣祭，其铭云："天亡佑王，衣祀于王，丕显考文王，事喜上帝。"衣，读为殷，"殷祀"即"大祀"②。乃用殷盛之乐荐祭上帝之谓。"丕显考文考，事喜上帝"者，即《孝经》、《礼记·祭法》、《史记·封禅书》等所记宗祀文王以配上帝③。

第二节 致祭对象——"神"

西周金文之祭祀对象"神"，需稍作讨论。神或与祖考对举，其例如下。

> 杜伯作宝簋，其用享孝于皇神、祖考与好朋友，用奉寿、匄永命，其万年永宝用。　　　　　　　　　　　　　　　杜伯簋（《集成》4448）

彝铭中祖考与神对举之例除杜伯簋外，尚有前揭鼖史展壶。传统文献中亦有其例，《诗·小雅·楚茨》："济济跄跄，絜尔牛羊，以往烝尝，或剥或亨，或肆或将，祝祭于祊，祀事孔明，先祖是皇，神保是飨，孝孙有庆，报以介福，万寿无疆。"郑《笺》："皇，暀也。先祖以孝子祀礼甚明之故，精气归暀之，其鬼神又安而享其祭祀。"孔颖达《正义》："先祖与神一也，本其生存谓之祖，言其精气谓之神，作者因是皇、是享异事，变其文耳。"所论甚析。彝铭中"皇神"与"祖考"对文，犹《楚茨》"先祖"与"神"对文，其实一也。事实上，除了先儒之说，周彝铭本身亦有明证。

周彝铭有言"文神"者，其例如下。

---

① 杨树达：《积微居金文说》，上海古籍出版社2007年版，第351—353页。
② 孙诒让：《古籀余论》卷三，中华书局1989年版。
③ 陈佩芬：《繁卣、趞鼎及梁其钟铭文诠释》，《上海博物馆集刊》第2期，1982年；冯时：《中国古文字学概论》，中国社会科学出版社2016年版，第554页。

此敢对扬天子丕显休命，用作朕皇考癸公尊簋，用享孝于文神，用匄眉寿，此其万年无疆，畯臣天子，霝终，子子孙孙永宝用。
此簋（《集成》4303）

井叔采作朕文祖穆公大钟，用喜乐文神人，用祈福賈多寿敏鲁，其子孙永日鼓乐，兹钟其永宝用。　　井叔采钟（《集成》356）

瘨起趉夙夕圣爽，追孝于高祖辛公、文祖乙公、皇考丁公，龢林钟，用邵格喜侃乐前文人，用祓寿，匄永命，绰绾，祓禄、纯鲁，弋皇祖考高对尔烈，严在上，丰丰槖槖，融绥厚多福，广启瘨身，勔于永命，裒受余尔楚福，瘨其万年。檐角炽光，宜文神，无疆覼福，用寓光瘨身，永余宝。
瘨钟（《集成》246）

瘨钟"檐角炽光，宜文神"，所记与墙盘"齐角熾光，宜其禋祀"系同事，盘铭"宜其禋祀"为宗庙祭祀，则"文神"必祖考也，此其一证。

又井叔采钟"用喜乐文神人"、瘨钟"邵格乐大神"犹梁其钟"喜侃前文人"，是"文神人"犹"文人"。彝铭所见"文人"之例如下。

用康惠朕皇文烈祖考，其格前文人，其濒在帝廷，陟降。
骰簋（《集成》4317）

文人陟降。
五祀骰钟（《集成》358）

《书·文侯之命》："追孝于前文人。"伪孔《传》："使追孝于前文德之人。"王先谦《孔传参正》："'追孝于前文人'者，以宗庙祭祀言。……俞樾云：'追孝'乃古人常语。古钟鼎款识每有'追孝'之文，追敦（当为簋）云'用追孝于前文人'，语与此同。……又都公敦（亦当为簋）云'用享孝于乃皇祖于乃皇考'，陈逆簠（当为瑚）云'以享以孝于大宗'，'享'、'孝'并言，可知所谓'追孝'者，以宗庙祭祀言也。《礼·祭统》云：'祭者，所以追养继孝也。''追孝'即'追养继孝'之谓。"俞说甚谛，此簋云："用享孝于文神。"克鼎曰："覼孝于神。"亦言"孝"，是"文神"与"前文人"同义，均为有大德之先祖，此其二证。

"大神"可陟降于施祭者之宗庙，其例如下。

用追孝鼀（升）祀，邵格乐大神，大神其陟降，严祜肇绥厚多福，其丰丰槖槖，受余纯鲁、通禄、永命、眉寿、霝终，瘨其万年永宝日鼓。
瘨钟（《集成》248）

癲曰："覜皇祖考司威仪，用辟先王，不敢弗帅用夙夕，王对癲
㭉，赐佩，作祖考簋，其𢍰（升）祀大神，大神绥多福，癲万年宝。"

癲簋（《集成》4170；图 2.2.1）

图 2.2.1　癲簋铭文

"𢍰"，从敦从皿，升声，读为升。癲钟所记与《诗·大雅·文王》
"文王在上，于昭于天，周虽旧邦，其命维新。有周不显，帝命不时，文
王陟降，在帝左右"相类，祖神可陟降于天地之间，亦明大神与文王一样
均为先祖考。且癲簋曰："作祖考簋，其𢍰祀大神。"则大神即祖考无疑。
此其三证。

彝铭有求"多神"庇佑者。

作册嗌作父辛尊，厥名义。曰：子子孙孙宝。不禄嗌子子延先盡
死，亡子，子㝹有孙，不敢弟扰兄。铸彝用作大禦于厥祖妣、父母、

多神，毋念哉，弋勿剥嗌鲧寡遗佑，祏宗不剌。

作册嗌卣（《集成》5427；图2.2.2）

图 2.2.2　作册嗌卣铭文

此铭之父母乃亡父、亡母。郜遣簋铭（《集成》4040）曰：

郜遣作宝簋，用追孝于其父母，用赐永寿，子子孙孙永宝用享。

郜遣簋铭言追孝，则"父母"为亡父亡母，与作册嗌卣"父母"同。石，于省吾读为祏[1]，"石宗"即"祏宗"[2]。《左传·庄公十四年》："命我先人典司宗祏。"杜预《注》："宗祏，宗庙中藏主石室。"孔颖达《正义》："虑有非常火灾，于庙之北壁内为石室以藏木主，有事则出而祭之。既祭，纳于石室。祏字从示。神之也。"祏宗应即《左传》之宗祏，簋铭

---

[1] 于省吾：《双剑誃吉金文选》下3·10，中华书局1998年版。
[2] 陈梦家：《西周铜器断代》，中华书局2004年版，第125页。

系指宗庙而言。刜,断也①。

嗌大禴于祖妣、父母、多神,以求宗祀不绝。古人祭必及于其族类,事见《左传·僖公十年》,其文曰:"臣闻之:神不歆非类,民不祀非族。"孔颖达《正义》:"《传》称:'非我族类,其心必异。'则类、族一也,皆谓非其子孙妄祀他人父祖,则鬼神不歆享之耳。《祭法》云:圣王之制祭祀也,法施于民则祀之,以死勤事则祀之,以劳定国则祀之,能御大灾则祀之,能捍大患则祀之。若农弃为稷、后土为社,社稷功被天下,乃令帅土报功,如此之徒,非独歆己之族。若功不被于下民,名不载于祀典,唯其子孙祀之。神亦不歆他族。"本铭多神与祖妣、父母对举,则"多神"或为祖考以远之先祖。

彝铭复有言"百神"者。

宁肇諆作乙考尊簋,其用格百神,用绥多福,世孙子宝。

宁簋盖(《集成》4021)

唯皇上帝、百神保余小子,朕猷有成亡竞,我唯司配皇天,王对作宗周宝钟,……用邵格丕显祖考先王,先王其严在上,橐橐數數,降余多福,福余冲孙,参寿唯利,𫖮其万年,畯保四国。

㝬钟(《集成》260)

宁簋之"百神"当指祖考而言,"百神"犹商代卜辞之"多先祖"、"多高妣",乃众先祖之合称,与后世文献所谓之"百神"不同。

㝬钟以上帝与百神相对,《礼记·祭法》:

祭法:……燔柴于泰坛,祭天也。瘗埋于泰折,祭地也。……埋少牢于泰昭,祭时也。相近于坎坛,祭寒暑也。王宫,祭日也。夜明,祭月也。幽宗,祭星也。雩宗,祭水旱也。四坎坛,祭四方也。山林、川谷、丘陵能出云,为风雨,见怪物,皆曰神。有天下者祭百神。诸侯在其地则祭之,亡其地则不祭。

郑玄《注》:

有天下,谓天子也。百者,假成数也。

---

① 陈梦家:《西周铜器断代》,中华书局2004年版,第125页。

孔颖达《疏》：

> 祭百神者，即谓祭山林、川谷，在天下而益民者也。天子祭天地四方，言"百神"，举全数也。

《祭法》天子祭百神之制度与㝬钟所记密合，可见至迟至西周晚期，《祭法》所记祭祀制度已经基本形成。

第三节　商周禘祭研究

禘祭是商周时期一种重要祭祀，文献可征。然而经典记载却远不如有关禘祭的争论多。近年，有学者藉甲骨、金文探究殷周之禘祭，取得不少成果，但仍有一些疑问尚待厘清。甲骨文所见殷商禘祭的问题较为复杂，本书暂不涉及。本节仅就周彝铭所见西周禘祭进行讨论。

一　□祭

殷墟第五期卜辞中存在以"□"祭祀商王武丁以来五位直系先王——武丁、祖甲、康祖丁、武乙、文武丁的卜辞。学者或以为"□"乃祊祭，裘锡圭非之[1]。岛邦男以"□"为禘祭字[2]，常玉芝又周加论证□即帝[3]，说可从。周彝铭禘祭字作"啻"，西周时期的禘祭乃对殷商"□"祭的继承，其致祭对象亦为先祖考，如，小盂鼎"用牲啻（禘）周王、武王、成王"、刺鼎"用牲于大室啻昭王"、大簋"用啻乃考"。

康王时期的小盂鼎所记西周禘祭曰："用牲禘周王、武王、成王。"康王禘祀而受祭祖考为"周王、武王、成王"，周王乃太王、王季、文王[4]，是为太庙合祭祖考。《春秋·文公二年》："八月丁卯，大事于大庙跻僖公。"《公羊传》："大事者何？大祫也。大祫者何？合祭也。其合祭奈何？

---

[1] 裘锡圭：《〈花东子卜辞〉和〈子组卜辞〉中指称武丁的"丁"可能应该读为"帝"》，《裘锡圭学术文集·甲骨文卷》，复旦大学出版社2012年版。
[2] 岛邦男：《禘祀》，《古文字研究》第1辑，中华书局1979年版。裘锡圭也认为，岛邦男之说值得重视，详见上注所引裘文。
[3] 常玉芝：《说文武帝兼论商末祭祀制度的变化》，《古文字研究》第4辑，中华书局1980年版。
[4] 唐兰：《西周青铜器铭文分代史征》，中华书局1986年版，第188页。

毁庙之主，陈于太祖。未毁庙之主，皆升，合食于太祖。五年而再殷祭。"小盂鼎所记康王时期的禘祭与《公羊传》所谓群庙主合食于太祖并无差别。康王以前，西周列王均享祭于以太王为始祖的京宫，王季为昭，文王为穆，武王为昭，成王为穆，禘祭除了合食之外，或亦有辨昭穆之意。《周礼·春官·大宗伯》："以肆献祼享先王。"郑玄《注》："一祫一禘。"《通典·吉礼》引崔灵恩之说云："禘，谛也，第也。"所谓第者，乃昭穆之次第。《论语·八佾》："禘自既灌而往者，吾不欲观之矣。"皇侃《疏》："禘者，谛也，谓审昭穆也。"《白虎通义·宗庙（佚文）》："禘之为言谛也，序昭穆禘父子也。"禘周王、武王、成王其序昭穆之意甚明。

鲜簋"禘于昭王"，昭字作从王，乃禘祭定昭穆之次①。大簋所记也与审谛昭穆有关，其铭（《集成》4165；图2.3.1）云：

图2.3.1 大簋铭文

---

① 冯时：《中国古文字学概论》，中国社会科学出版社2016年版，第471页。

唯六月初吉丁巳，王在郑蔑大历，赐刍骍犅曰："用禘于乃考。"大拜稽首，对扬王休，用作朕皇考大仲尊簋。

"禘于乃考"者，审禘其父考之昭穆。刍骍犅，即经传之刍豢。《大戴礼记·曾子天圆》："宗庙曰刍豢，山川曰牺牷。"

繁卣（《集成》5430；图2.3.2）所记亦关乎西周禘祭，其铭云：

唯九月初吉癸丑，公酻祀。雩旬又一日辛亥，公禘酻辛公祀，卒事亡尤。公蔑繁历，赐宗彝一肆、车、马两。繁拜手稽首，对扬公休，用作文考辛公宝尊彝，其万年宝。[或]。

图 2.3.2 繁卣铭文

繁卣铭记公于九月癸亥始举酻祀，中间间断句又一日，至六十九日之后的辛亥日不仅酻辛公，而且当日还进行了禘祭，审禘昭穆之意甚明。公与繁为兄弟，而公为宗子①，公禘酻辛公，繁亦参与祭祀。

二　禘祭仪节

西周禘祭的仪节，有彝铭可考。小盂鼎、鲜簋、大簋、剌鼎等，均以禘祭有祼。小盂鼎记有西周禘祭的详细仪节，铭辞虽有残泐，经过学者的努力，已经基本可以通读，鼎铭云：

> 唯八月既望辰在甲申，……大采，三周入服酉，王格庙，祝延□□□□邦宾，丕祼，□□用牲，禘周王、武王、成王，□□□将王祼，祼遂，赞王邦宾。王呼□□命盂以区入，凡区以品。

"祝延"，或与相尸有关。《周礼·春官·大祝》："相尸礼。"郑玄《注》："延其出入，诏其坐作。"孙诒让《正义》："注云'延其出入，诏其坐作'者，《士虞礼》、《特牲》、《少牢馈食礼》并云'祝延尸'，《注》云：'由后诏相之曰延。延，进也。'《乐记》云：'宗祝辨乎宗庙之礼，故后尸。'郑彼《注》云：'后尸，居后赞礼仪。'又《礼器》云：'周坐尸，诏侑无方。'注云：'告尸行节。'贾《疏》云：'尸出入者，谓祭初延之入，二灌讫，退出坐于堂上，南面朝践馈献讫，又延之入室。'"

"邦宾"似属上读。祭必先祼，"不祼"，不读为丕，《礼记·郊特牲》郑玄《注》："灌，谓以圭瓒酌鬯，始献神也。""丕祼"即以鬱鬯灌地以迎神也，"丕祼"为降神之祼，以区别于饗食之祼。"王祼"之"祼"，为燕享之祼。《周礼·春官·典瑞》："祼圭有瓒，以肆先王，以祼宾客。"是燕享宾客亦有祼。"将王祼，祼遂"，《诗·大雅·文王》："殷士肤敏，祼将于京，厥作祼将，常服黼冔。"郑玄《笺》："殷之臣壮美而敏，来助周祭，其助祭自服殷之服，明文王以德不以彊。"是"将"有助意。《孟子·离娄上》引"祼将于京"，赵岐《注》："将，助也。"《诗·商颂·烈祖》："我受命溥将。"郑玄《笺》："将，犹助也。"《周礼·春官·大宗伯》："大宾客，则摄而载果。"郑玄《注》："载，为也。果读为祼。代王祼宾客以鬯。君无酢臣之礼，言为者，摄酌献耳，拜送则王也。郑司农

---

① 陈佩芬：《繁卣、趞鼎及梁其钟铭文诠释》，《上海博物馆集刊》第 2 期，1982 年；《夏商周青铜器研究》西周篇上，上海古籍出版社 2007 年版，第 364 页。

云：'王不亲为主。'"是"将王祼，祼遂"者，乃代王祼宾客。
《周礼·春官·大宗伯》：

> 以肆献祼享先王，以馈食享先王，以祠春享先王，以禴夏享先王，以尝秋享先王，以烝冬享先王。

郑玄《注》：

> 宗庙之祭，有此六享。肆献祼、馈食，在四时之上，则是祫也，禘也。肆者，进所解牲体，谓荐孰时也。献，献醴，谓荐血腥也。祼之言灌，灌以鬱鬯，谓始献尸求神时也。《郊特牲》曰："魂气归于天，形魄归于地，故祭所以求诸阴阳之义也。殷人先求诸阳，周人先求诸阴。"灌是也。祭必先灌，乃后荐腥荐孰。于祫逆言之者，与下共文，明六享俱然。

贾公彦《疏》：

> 云"肆者，进所解牲体，谓荐孰时也"者，荐孰，当朝践后，爓祭时，故《礼运》云："腥其俎，孰其殽。"郑云："孰其殽，谓体解而爓之。"是其馈献，献以盎齐之节，故云荐孰时。但体解之时，必肆解以为二十一体，故云肆也。
>
> 云"献，献醴谓荐血腥也"者，此是朝践节，当二灌后，王出迎牲，祝延尸出户坐于堂上南面。迎牲入，豚解而腥之，荐于神坐，以玉爵酌醴齐以献尸，后亦以玉爵酌醴齐以献尸，故云谓荐腥也。
>
> 云"祼之言灌"者，……以鬱鬯灌地降神，取浇灌之义……言"灌以鬱鬯，谓始献尸求神时也"者，凡宗庙之祭，迎尸入户，坐于主北。先灌，谓王以圭瓒酌鬱鬯以献尸，尸得之，沥地祭讫，啐之，奠之，不饮。尸为神象，灌地所以求神，故云始献尸求神时也。言始献，对后朝践、馈献、酳尸等为终，故此称始也。
>
> 云"祭必先灌，乃后荐腥荐孰，于祫逆言之者，与下共文，明六享俱然"者，如向所说，具先灌讫，王始迎牲，次腥其俎。腥其俎讫，乃爓。爓祭讫，始迎尸入室，乃有黍稷，是其顺也。今此经先言肆，肆是馈献节，次言献是朝践节，后言灌，灌是最在先之事，是于祫逆言之也。言"与下共文，明六享俱然"者，既从下向上为文，即

于下五享与上袷祭，皆有灌献肆三事矣，故云六享俱然。

鼎铭所记禘祭，有祼、用牲及献宾客，与《大宗伯》"肆献祼"之事同，唯顺序稍异。

小盂鼎所记禘祭之仪节祼、用牲、享燕宾客，在其他彝铭中亦有所反映。《论语》云："禘自既灌以往，吾不欲观之。"可见灌是禘祭一个必不可少的环节，这在西周金文材料中已得到证实。臣工赞祼无过失，可得到嘉勉并有赏赐，事见鲜簋（《集成》10166；图2.3.3）：

> 唯王卅又四祀，唯五月既望戊午，王在菱京，禘于昭王，鲜蔑历祼，王赏祼玉三品、贝廿朋，对王休，用作，子孙其永宝。

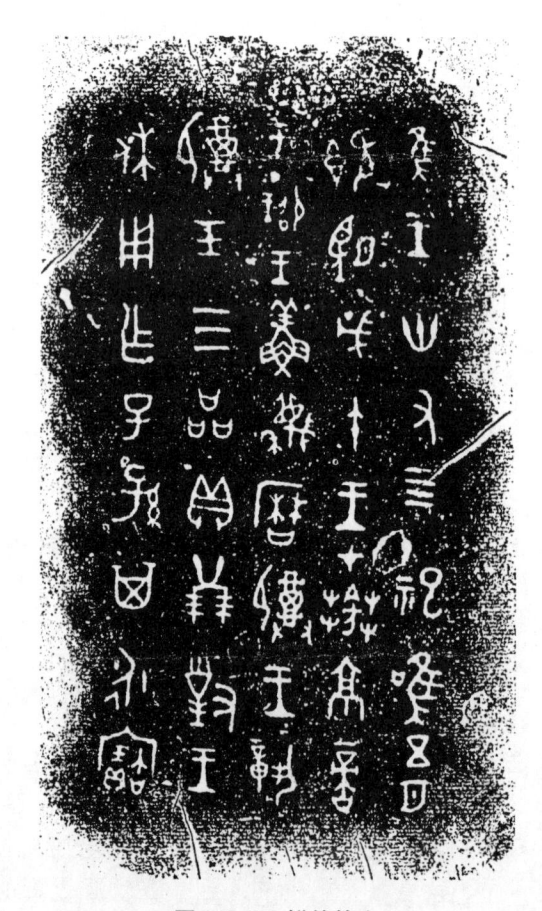

图 2.3.3　鲜簋铭文

鲜职责或相当于鬱人，《周礼·春官·鬱人》云："鬱人掌祼器。凡祭祀、宾客之祼事和鬱鬯以实彝而陈之，凡祼玉濯之、陈之以赞祼事。诏祼将之仪与其节，凡祼事，沃盥。"郑玄《注》："祼玉谓珪瓒、璋瓒。"

禘祭有用牲之事，小盂鼎曰"用牲禘周王、武王、成王"，仅记用牲，而不及所用之牲类。前揭大簋则详载禘祭用牲，由簋铭知禘祭所用之牲为"驿犅"。剌鼎（《集成》2776；图2.3.4）亦记禘祭用牲之事：

> 唯五月王在衣，辰在丁卯，王禘，用牡于太室禘昭王，剌御。王赐剌贝三十朋。天子万年，剌对扬王休，用作黄公尊齍彝，其孙子子永宝用。

图2.3.4 剌鼎铭文

所用之牲为"牡"。《诗·鲁颂·閟宫》："白牡驿刚。"马瑞辰《通释》云："《明堂位》：'夏后氏尚黑，殷白牡，周驿刚。'刚者，犅之假借。《说文》：'犅，特也。''特，牛父也。'是犅与牡名异而实同，驿犅犹云骍牡，特变文以与牡相对耳。"是"牡"与"骍犅"实即一物。上引剌鼎铭曰："王禘，用牡于太室禘昭王，剌御。"杨树达《剌鼎跋》训御为侍。以御为侍乃通训。本铭之御者，犹麦鼎、小盂鼎"延、赞"之事。

三 余论

上举剌鼎、小盂鼎、鲜簋、大簋、繁卣等所记西周禘祭，可行于五月、六月、八月及九月，举行时间不固定。东周彝铭显示，禘祭在春秋时期可能已经成为时祭，蔡侯盘铭曰：

> 元年正月，初吉辛亥，蔡侯绅虔恭大命，……用作大孟姬媵彝盘，禋享是以。祗盟尝禘，祐受毋已，斋□整肃，□文王母。

"祗盟尝禘"，祗，敬也；盟，信也[①]。《礼记·祭统》曰：

> 凡祭有四时：春祭曰礿，夏祭曰禘，秋祭曰尝，冬祭曰烝。礿、禘，阳义也；尝、烝，阴义也。禘者，阳之盛也；尝者，阴之盛也。故曰："莫重于禘尝。"古者于禘也，发爵赐服，顺阳义也；于尝也，出田邑，发秋政，顺阴义也。……故曰："禘尝之义大矣，治国之本也，不可不知也。"明其义者，君也。能其事者，臣也。不明其义，君人不全；不能其事，为臣不全。夫义者，所以济志也，诸德之发也。是故其德盛者其志厚，其志厚者其义章，其义章者其祭也敬，祭敬，则竟内之子孙莫敢不敬矣。是故君子之祭也，必身亲涖之，有故则使人可也。虽使人也，君不失其义者，君明其义故也。其德薄者其志轻，疑于其义而求祭，使之必敬也，弗可得已。祭而不敬，何以为民父母矣？

所陈之意与盘铭"祗盟尝禘"同。
《礼记·王制》：

> 天子诸侯宗庙之祭，春曰礿，夏曰禘，秋曰尝，冬曰烝。

[①] 参考冯时师蔡侯盘铭文考释札记。

郑玄《注》：

　　此盖夏殷之祭名，周则改之，春曰祠，夏曰礿，以禘为殷祭。《诗·小雅》曰："礿祠烝尝，于公先王。"此周四时祭宗庙之名。

《诗·小雅·天保》"礿祠烝尝，于公先王"所记可能是东周王室的四时享祭名称；而"礿禘尝烝"，可能是以蔡为代表的诸侯国四时享祭制度，这种制度可能不会早于春秋时期，这与蔡侯盘的年代适相呼应。

第四节　金文所见西周宗法研究

　　宗法制度是西周时期最基本也是最重要的制度之一，已是不争的事实。宗法制度渗透于社会生活的方方面面，然而周人的宗法制度是如何具体而微地体现出来，则需要深入研究。周彝铭直出周人手笔，是探讨西周宗法制度的不二选择。周彝铭中与宗法相关的词汇有"宗"、"兄弟"、"亚"及行字"伯仲叔季"等，本节分别进行讨论。

一　宗

　　与"宗"相关者，有"宗"、"大宗"、"多宗"、"万宗"、"宗老"、"宗室"、"宗彝"等。

（一）宗

"宗"有宗庙之意，殷卜辞习见[1]，其例亦见于周彝铭。

　　　　士父其罙□□万年，子子孙孙永宝，用享于宗。
　　　　　　　　　　　　　　　　　　士父钟（《集成》145）

其他如它簋盖（《集成》4330）、作册令簋（《集成》4300）。或直接称"宗庙"。

　　　　南公有司眢作尊鼎，其万年子子孙孙永宝用享于宗庙。
　　　　　　　　　　　　　　　　　　南公有司鼎（《集成》2631）

---

[1]　陈梦家：《殷虚卜辞综述》，中华书局1988年版，第468—473页。

亦有称"某宗"者。

  叔作懿宗盨。   叔方鼎《集成》2051

"懿"当系叔父祖之谥号，"懿宗"者，犹殷墟甲骨文之"大乙宗"、"中丁宗"、"祖乙宗"、"武乙宗"，均指宗庙而言①。

"宗"亦有"大宗"之义，如六年琱生簋"宗君"之"宗"。而黽尊之"宗"则值得玩味，其铭云：

  唯九月既生霸，公命黽从□友□□□，黽既告于公，休亡尤，敢对扬厥休，用作辛公宝尊彝，用夙夕配宗，子子孙孙其万年永宝。
                    黽尊（《集成》6005）

尊铭之"配宗"即配食于宗庙之意，《易·丰》："遇其配主。"《释文》引郑玄《注》云："配，配食也。"是其证。"配食"亦合食也，《礼记·少牢馈食礼》："以某妃配某氏。"郑玄《注》："合食曰配。""配宗"与他铭享孝于宗不类。"配"字尚见于南宫乎钟等，其例如下。

  天子其万年眉寿，畯永保四方，配皇天。乎拜手稽首，敢对扬天子丕显鲁休，用作朕皇祖南公、亚祖公仲。
                  南宫乎钟（《集成》181）
  匍有四方，余小子肇嗣先王，配上下，作厥王大宝，用喜侃前文人。   五祀𢐗钟（《集成》358）
  夹诏文王、武王达殷，膺受天鲁命，匍有四方，并宅厥勤疆土，用配上帝。   逨盘（《新收》757）

《礼记·大学》："克配上帝。"朱熹《章句》："配，对也。"天子可与皇天、上帝作匹作对，因天子乃天之嫡子也，故而黽尊言"配宗"，则其父辛公为嫡可知也。

另有以"宗"为氏者②。

---

① 陈梦家：《殷虚卜辞综述》，中华书局1988年版，第468—473页。
② 吴镇烽、朱捷元、尚志儒：《陕西永寿、蓝田出土西周青铜器》，《考古》1979年第2期。

季良父作宗妇滕瑚，其万年子子孙孙永宝用。

季良父瑚（《集成》4563）

（二）大宗

彝铭有言"大宗"者。

唯正月初吉丁亥，虘作宝钟，用追孝于己伯，用享大宗，用乐好宾，虘眔蔡姬永宝，用邵大宗。　　　　虘钟（《集成》88）

兮熬作尊壶，其万年子子孙孙永用享孝于大宗。

兮熬壶（《集成》9671）

□作厥穆穆文祖考宝尊彝，其用凤夜享于厥大宗，其用匃永福，万年子孙。

作厥尊（《集成》5993）

虘钟之"大宗"，即《礼记·大传》："别子为祖，继别为宗，继祢者为小宗。"其具有宗法意义[①]。钟铭"大宗"与"好宾"并举，故"大宗"为宗君、宗子，虘为小宗可明。"大宗"亦见于殷墟卜辞，陈梦家以为乃包含若干先王的集合宗庙之称[②]，周彝铭中似还未见以"大宗"指包含集合庙主之宗庙者。

（三）多宗、万宗

彝铭又见"多宗"，其例如下。

唯王正月初吉乙丑，鬏叔、信姬作宝鼎，其用享于文祖考，鬏叔眔信姬赐寿耇、多宗、永命，鬏叔、信姬其万年子子孙永宝。

鬏叔信姬鼎（《集成》2767）

《礼记·大传》："别子为祖，继别为宗，继祢者为小宗。有百世不迁之宗，有五世则迁之宗。百世不迁者，别子之后也。宗其继别子之所自出者，百世不迁者也。宗其继高祖者，五世则迁者也。"是宗有大宗、小宗之分，此"多宗"当兼大宗、小宗而言，赐"多宗"者当言子孙百世也，犹《诗·大雅·文王》："文王孙子，本支百世。"盠尊（《集成》6011）

[①] 贾海生：《周代礼乐文明实证》，中华书局2010年版，第73页。
[②] 陈梦家：《殷虚卜辞综述》，中华书局1988年版，第473页。

有言"万宗"者,其义与"多宗"相类,盠铭云:

> 唯王十又二月,辰在甲申,王初执驹于庑,王呼师豦召盠,王亲诣盠,驹赐两。拜稽首曰:"王弗忘厥旧宗小子,蛮皇盠身。"盠曰:"王倗下丕基,则万年保我万宗。"

(四)旧宗

周彝铭有称"旧宗"者,如上引盠尊铭。盠自称为周王之旧宗,则已迁宗可知,且其父称"大仲"系小宗无疑。

(五)宗老与宗子

彝铭有言"宗老"者。

> 辛仲姬皇母作尊鼎,其子子孙孙用享孝于宗老。
> 　　　　　　　　　　　　　辛仲姬皇母鼎(《集成》2582)

鼎铭之宗老与《国语·楚语》、《鲁语》家臣之称宗老者有别。宗老,犹王廷之伯老,乃宗族中地位最尊崇者的称谓。此处宗老应指大宗宗君而言。

彝铭又见"宗子"。

> 善敢拜稽首,对扬皇天子丕丕休,用作宗室宝尊,唯用绥福,……余其用格我宗子与百姓,余用匄纯鲁,于万年其永宝用之。
> 　　　　　　　　　　　　　　　　善鼎(《集成》2820)

《诗·大雅·板》:"宗子维城。"郑玄《笺》:"宗子,谓天子之嫡子。"《仪礼·丧服》齐衰三月章:"丈夫、妇人为宗子、宗子之母、妻。"郑玄《注》:"宗子,继别之后,百世不迁,谓之大宗也。"本铭之"宗子"乃大宗之谓,则善为小宗可知。

另有"宗彝"者,与宗法无涉,详见下节。

二 兄弟

(一)兄

"兄"在西周彝铭中,有用为"贶"者,如中方鼎(《集成》2785)令簋(《集成》4300)、保卣(《集成》5415)、作册折尊(《集成》6002)

及中觯（《集成》6514）、殷觥（《集成》9299）等。

"兄"用为亲属称谓者，亦见于殷卜辞。陈梦家认为，殷代由于存在兄终弟及的传位制度，则兄仅表示"长兄"，似无严格的宗法的意义，原因很简单，在宗法制度下一世仅一长，兄终弟及的传位制度下凡兄皆可为长[①]。西周时期尚有以兄为长的孑遗。

> 蔡姞作皇兄尹叔尊龢彝，尹叔用绥多福于皇考德尹、惠姬，用祈匄眉寿、绰绾、永命，弥厥生、霝终，其万年无疆，子子孙孙永宝用享。　　　　　　　　　　　　　蔡姞簋（《集成》4198）

蔡为姬姓，而尹叔之母亦姬姓，故尹叔为蔡姞母家兄长的可能性更大。尹叔"绥多福于皇考德尹、惠姬"，而不及祖妣，或即《礼记·丧服小记》所谓"庶子不祭祖，明其宗也"者，则尹叔应为小宗。另有"诸兄"、"多兄"之称，与殷卜辞相类，其例如下。

> 伯大师小子伯公父作瑚，择之金，……其金孔吉，亦玄亦黄……，我用召卿事、辟王，用召诸老、诸兄，用祈眉寿多福无疆，其子子孙孙永宝用享。　　　　　　　　　　　　　伯公父瑚（《集成》4628）
> 叔家父作仲姬瑚，用盛稻粱，用速先薦诸兄用祈眉考无疆。
> 　　　　　　　　　　　　　叔家父瑚（《集成》4615）

"多兄"之例如下。

> 盠父作旅宝鼎，诞命曰："佑汝多兄，毋佑达汝，唯汝率我友以事。"　　　　　　　　　　　　　盠父鼎（《集成》2671）

"诸兄"、"多兄"泛指年长于己者，并不特指宗子。若"兄"与行字并称，或有宗法意义。

> 兄仲作朕文考□公大林宝。　　　　　　　兄仲钟（《集成》36）

既名"兄仲"，则非嫡长子可知。

---

① 陈梦家：《殷虚卜辞综述》，中华书局1988年版，第459页。

（二）弟

西周彝铭有言"弟"者，其例如下。

> 冕侯赐弟□嗣戎，弟□作宝鼎，其万年子子孙孙永宝用。
> 　　　　　　　　　　　　　　　　　冕侯弟鼎（《集成》2638）
> 鄂侯弟厤季自作簋。　　　　　　　鄂侯弟厤季簋（《集成》3668）
> 牧师父弟叔㚸父御于君，作微姚宝簋，其万年子子孙孙永宝用享。
> 　　　　　　　　　　　　　　　　　叔㚸父簋（《集成》4068）
> 虡拜稽首，休朕宝君公伯，赐厥臣弟虡丼五量，……虡弗敢忘公伯休，对扬伯休，用作祖考宝尊彝。　　　　虡簋（《集成》4167）

既言"弟"则为幼、为小宗可知，虡簋言"臣弟"则其为小宗明矣。彝铭又有言"母弟"者。

> 唯戎大出于軝，邢侯搏戎，诞命臣谏以□亚旅处于軝，从王□。[臣]谏曰："拜手稽首。臣谏[既]亡母弟，矧擢有长子[倏]，余佾皇辟侯，命䮏服。"作朕皇文考宝尊，唯用□康命于皇辟侯，匄□□。①
> 　　　　　　　　　　　　　　　　　臣谏簋（《集成》4237）

"母弟"乃臣谏同母胞弟②，亦即小宗之谓③。臣谏称其子倏为"长子"则倏系宗子无疑。臣谏即叔趯父卣之叔趯父④，叔趯父卣铭（《集成》5428）云：

> 叔趯父曰："余老，不克御事，唯汝倏其敬乂乃身，毋尚为小子，余既为汝兹小鬱彝，汝其用饔（相）乃辟軝侯逆复出入使人。呜呼！倏敬哉！兹小彝妹（末）吹（炊）见（宴），余唯用其醻汝。"⑤

---

① 铭文考释见冯时：《致事传家与燕私礼——叔趯父器铭文所见西周制度》，《华夏考古》2018 年第 1 期。
② 李学勤、唐云明：《元氏铜器与西周的邢国》，《考古》1979 年第 1 期。
③ 冯时：《中国古文字学概论》第七章第七节，中国社会科学出版社 2016 年版。
④ 李学勤、唐云明：《元氏铜器与西周的邢国》，《考古》1979 年第 1 期。
⑤ 铭文考释见冯时：《致事传家与燕私礼——叔趯父器铭文所见西周制度》，《华夏考古》2018 年第 1 期。

由卣铭知叔趯父盖年逾七旬,致政事于君,传家于子倏[1]。倏既为宗子当承担收族、敬事之责,故命其"其敬乂乃身,毋尚为小子"。

彝铭复有言"多弟子"者。

> 作兹簋,用飤饗己公,用格多公,其劓爱乃沈子它唯福,用永需命,用绥公唯寿,它用怀柔我多弟子、我孙,……懿父匜是子。
>
> 它簋盖(《集成》4330)

"多弟子"犹盠尊之"万宗"。

西周时期又出现了"兄弟"合称的情况。

> 㝬季良父作□姒尊壶,用盛旨酒,用享孝于兄弟、婚媾、诸老,用祈匄眉寿,其万年需终难老,子子孙孙是永宝。
>
> 㝬季良父壶(《集成》9713)

此"兄弟"乃诸兄、诸弟的泛称,不具有宗法的意义。另有一些彝铭以"兄"、"弟"对举,其例如下。

> 旻拜稽首,皇兄孝于公,室厥事。弟不敢不择衣夙夜用啚肅公。
>
> 旻鼎[2]
>
> 作册嗌作父辛尊,厥名义。曰:子子孙宝。不禄嗌子子延先盡死,亡子,子钏有孙,不敢弟戁(扰)兄。铸彝,用作大禦于厥祖妣、父母、多神。毋念哉,弋勿剥嗌鳏寡,遗佑祐宗不刺。
>
> 作册嗌卣(《集成》5427)
>
> 唯五年九月初吉,召姜以琱生蔑五、帥、壺兩,以君氏命曰:"余老之,我仆庸土田多扰,式许,勿使散亡。余宕其叁,汝宕其贰。其兄公,其弟乃。"
>
> 五年琱生盨[3]

---

[1] 冯时:《致事传家与燕私礼——叔趯父器铭文所见西周制度》,《华夏考古》2018年第1期。

[2] 河南省文物考古研究所、平顶山市文物管理局:《平顶山应国墓地》第Ⅰ卷,第150、151页。

[3] 释文参考冯时:《琱生三器铭文研究》,《考古》2010年第1期。

作册嗌卣铭之"爂",学者读为"扰"①,可从。引,读为矧,卣铭言益之嫡子虽为兄而早夭,然尚有承重之孙,其弟则不得扰兄而作祭器②。扰,乱也。《左传·襄公四年》:"德用不扰。"《释文》:"扰,乱也。"《吕氏春秋·审分》:"若此则百官恫扰。"高诱《注》:"扰,乱也。"并是其证。"不敢弟扰兄",即不敢以小宗乱大宗而作祭器。

五年琱生簋之"其兄公,其弟乃",义即召伯虎为兄系大宗,琱生为弟是小宗③,更重视其宗法意义,或非实际年齿。

三　亚

西周金文中的"亚"字用于宗族则指小宗,"亚旅"亦指小宗而言④。既有小宗则必有迁宗之事,墙盘记史墙家族之世系如下。

　　青幽高祖
　　微史烈祖
　　通惠乙祖
　　㝬明亚祖祖辛
　　舒迟文考乙公
　　史墙

盘铭述其亚祖之事则曰:

　　㝬明亚祖祖辛,遷毓子孙,繁猎多釐,齐角熾光,宜其禋祀。

唐兰读"毈毓子孙"为迁育子孙,乃立新宗之意⑤,甚是。亚祖乃小宗可明。訇鼎记訇之家世如下。

　　皇高祖师娄

---

① 单育辰:《作册嗌卣初探》,中国文化遗产研究院《出土文献研究》(第十一辑),2012年,中西书局。
② 冯时:《致事传家与燕私礼——叔趯父器铭文所见西周制度》,《华夏考古》2018年第1期。
③ 冯时:《琱生三器铭文研究》,《考古》2010年第1期。
④ 冯时:《殷代史氏考——前掌大遗址出土青铜器铭文研究》,《古文字与古史新论》,台湾书房出版有限公司2007年版。
⑤ 唐兰:《略论西周微史家族窖藏铜器的重要意义》,《文物》1978年第3期。

亚祖师夆
亚祖师䍐
亚祖师仆
王父师彪
皇考师孝
譱①

鼎铭以王父（祖父）以上三世祖均为"亚祖"，则"亚祖"乃次一世、下一世之祖②。譱鼎、墙盘及癭钟之"高祖"均始祖之谓，然高祖亦非始祖之专称，逨盘记其世系如下。

皇高祖单公
皇高祖公叔
皇高祖新室仲
皇高祖惠仲盠父
皇高祖零伯
皇亚祖懿仲
皇考龚叔
逨

逨祖父而上的先祖均被冠以"皇高祖"的称谓，则"高祖"又为先祖之尊称，不必限于始祖。

《礼记·大传》："别子为祖，继别为宗，继祢者为小宗。有百世不迁之宗，有五世而迁之宗。"然而上揭诸铭显示，五世迁宗是否西周定制尚待进一步讨论，如墙盘之四世祖亚祖祖辛即已迁宗，逨盘之三世祖称"新室仲"则为迁宗之祖可知。但二铭追述世系仅至西周立国，立国之前的世系尚未可知，因此是否五世而迁宗不宜遽定。

四　行字与宗法

"伯"、"仲"、"叔"、"季"诸字，商代甲骨文均已出现，但商代甲骨文是否用为行字值得深究。

---

① 吴镇烽：《譱鼎铭文考释》，《文博》2007 年第 2 期。
② 吴镇烽：《譱鼎铭文考释》，《文博》2007 年第 2 期。

（一）伯、仲、叔、季

1. 伯

董作宾业已指出，"伯"在殷商甲骨文中假"白"为之，"白"在甲骨文中其义有三：一曰"色"，二曰"地"，三曰侯伯之"伯"[1]。事实上，商代甲骨文之"伯"，有言"方伯"、乃敌对边方之首领[2]，或亦为爵称；有言"邦伯"者，当即《书·酒诰》："侯、甸、男、卫、邦伯"，有言"多伯"者，其例如下。

> 丁卯王卜，贞：今囚巫九备，余其比多田（甸）与多伯征盂方伯炎。　　　　　　　　　　　　　　　　《合集》36511

> □戌，王卜，贞：今囚巫九备，余其比多田（甸）与多伯征盂方伯炎。　　　　　　　　　　　　　　　　《合集》36513

以上两辞之田，读为"甸"，及畿服之名[3]。多伯即《酒诰》之邦伯。殷卜辞亦有单言某"伯"者，如易伯、宋伯等均殷之侯伯[4]。然殷卜辞未有明确证据显示，用为行字之"伯"出现在商代。

2. 仲

吴大澂、罗振玉等学者早已指出，"伯仲"古文字多作"中"，与中正之"中"非一字[5]。这种分别在两周时期尤为严格，但在商代偶有通用的现象。

> ……雨，中日启，酚既。　　　　　　　　　　　《合集》13216 反

"中日"作"𠁥"。又有作"𦥑"者。

> 中日其雨……　　　　　　　　　　　　　　　《合集》29790

殷卜辞中"𠁥"多用为庙号之区别字，如中宗祖乙、中丁等。商代晚

---

[1] 董作宾：《五等爵在殷商》，《历史语言研究所集刊》第6本第3分。
[2] 冯时：《中国古代的天文与人文》，中国社会科学出版社2006年版，第36—37页。
[3] 冯时：《殷周畿服及相关问题》，《考古学集刊》第20集，2017年。
[4] 董作宾：《五等爵在殷商》，《历史语言研究所集刊》第6本第3分。
[5] 吴大澂：《说文古籀补》卷八，光绪二十四年增辑本；罗振玉：《殷墟书契考释》卷中，王国维手书永慕园石印本，1915年。

期之戈铭又有言"中父"者。

祖日乙、大父日癸、大父日癸、中父日癸、父日癸、父日辛、父日乙。　　　　　　　　　　　　　　　　　　祖日乙戈（《集成》11403）

戈铭之"中"似不能读为伯仲之"仲"，中相对于大、小而言，乃庙号区别字，如商王有大丁、中丁、小乙等，是否有宗法意义尚需斟酌。然"中"作"中"与伯仲之仲无别，西周具有宗法意义之"仲"亦有居中之义，其与商代"中"不无承袭关系。

3. 弔（叔）、季

"弔"在殷卜辞中或用为族氏之名①，或假作俅②，不用作行字。殷卜辞及西周彝铭另有作"𦦵"（《合集》22352）及"𢨈"（叔卣）者，可释为"叔"。周彝铭有以"叔"为氏者。

叔作尊彝。　　　　　　　　　　　　　　　　　　　　叔鼎（《集成》2052）

"季"与穉同音，乃幼禾之义，殷卜辞多用本义，在殷卜辞中亦不用为行字。

由于商代存在兄终弟及的即位方式，故而兄弟在宗法上的地位没有明显的差异③。庙号区别字"大"、"中"、"小"，其宗法意义亦不明显。换句话说，只有嫡长子继承制度完全确立之后，才会产生以行字"伯"、"仲"、"叔"、"季"，来区别同辈兄弟宗法地位的做法。虽然诸兄于幺弟而言同为"兄"，但是其宗法地位却不同，故而以伯、仲、叔、季的称谓代表不同身份，"伯"、"仲"、"叔"、"季"的出现也意味着宗法制度的核心——嫡长子继承制已经形成。这种习俗的最终形成应该在西周初年，因此"伯"、"仲"、"叔"、"季"作为行字在彝铭中出现当在西周早期，这也是区分商末周初铜器的一个重要标准。

（二）西周家族与宗法

西周家族与宗法研究成果颇为丰硕，已有专门的研究著作出版④，本

---

① 张亚初、刘雨：《商周族氏铭文考释举例》，《古文字研究》第7辑，中华书局1982年版。
② 于省吾主编：《甲骨文字诂林》，中华书局1996年版，第3232页。
③ 陈梦家：《殷虚卜辞综述》，中华书局1988年版，第459页。
④ 朱凤瀚：《商周家族形态研究》（增订本），天津古籍出版社2004年版。

节略作续貂之论。

有宗法必有迁宗、分族之事，故而行字与宗法的关系是相对的，并非一成不变，如周武王诸弟多称"叔"某显系小宗，然而分封为诸侯之后则成为大宗。因此只有世系明确的家族，行字的宗法意义才可能较为清楚地分辨出来。兹选取世系较为清楚的墙盘、逨盘等进行讨论。

墙盘所记微史家族世系如下。

> 青幽高祖
> 微史烈祖
> 通惠乙祖
> 𩁹明亚祖祖辛
> 舒迟文考乙公
> 史墙

墙盘诸先祖之庙号不用行字乃殷商旧制，亦可见微史家族乃殷商旧族。墙之子为㝬，㝬又称微伯。

> 微伯㝬作匕。 　　　　　　　　　　　微伯㝬匕（《集成》972）

㝬称微伯，则乙公、史墙、㝬为祖辛新宗之大宗可知。又有称微仲者。

> 微仲作旅尊。 　　　　　　　　　　　　微仲鬲（《集成》521）

当为微氏之小宗，然其属何支族，尚不可考。琱生鬲（《集成》744）则云："琱生作文考魏仲尊䵼，琱生其万年子子孙孙永宝用享。"由五年琱生簋、五年琱生盨及六年琱生簋三器可知，琱生为召氏之小宗，故其父称"仲"。

由前揭逨盘所记单氏家族世系知，逨之高祖单公当即单氏家族之始祖，单公之子曰公叔，其为小宗可知。公叔之子为新室仲，曰新室者，则已另立新宗，仲其行字也。新室仲之子曰惠仲盠父，惠仲之"仲"，或为行字或为以父之行字为氏者。若为行字，则惠仲盠父亦为所立新宗之小宗；若系以父之行字为氏者，则当系所立新宗之大宗。惠仲盠父之子曰零伯，应为盠父之长子，若惠仲为新宗之小宗，此时尚未分宗，则其子是否可称"伯"，则值得考虑。若惠仲为新宗之大宗，其长子称零伯，则无可疑。零伯之子乃遷之亚祖懿仲，上文已论，亚祖亦非迁宗之祖的专称，故而懿仲是否迁宗尚需深入研究。师寏钟及姬寏母豆所见略同。

> 师寏自作朕皇祖大公、庸公、封公鲁、仲馭、宫伯、孝公、朕烈考静□宝鯀钟，用喜侃前□□，[绾]绰永命，义孙子▢。
> 师寏钟（《新收》657）
> 姬寏母作大公、庸公、公鲁、仲馭、省伯、孝公、静公豆，用祈眉寿、永命、多福，永宝用。 姬寏母豆（《集成》4693）

二者所追述世系几乎相同，刘雨以为二者所记乃同一家族之事①，或然。两铭所记第四世先祖均为"仲馭"，行字为仲，非大宗可知，而第五世先祖一为"宫伯"、一为"省伯"，均以"伯"为行字，至省伯之世或已迁宗，然是否四世而迁宗仍难论断。

父子行字之变化，多与宗法地位的改变有关。具体来说，父若为伯，子为伯、仲、叔、季皆可；同理，父若为仲、叔、季，则子亦可为仲、叔、季。然若父不为伯，而子为伯者，需谨慎看待。

> 滕侯苏作厥文考滕仲旅簋。 滕侯苏簋（《集成》4428）

滕乃文之昭，始封君为叔绣。而滕侯苏之父为"滕仲"，则滕侯苏或由小宗而入大统。再看如下诸例。

> 伯誓作文考幽仲尊簋，誓其万年宝，用飨孝。
> 伯誓簋（《集成》3943）
> 唯十又六年七月既生霸乙未，伯大师赐伯克仆卅夫，伯克敢对扬天君王伯休，用作朕穆考后仲尊壶。 伯克壶（《集成》9725）
> 伯陶作厥文考宫叔宝䵼彝。 伯陶鼎（《集成》2630）
> 唯六年八月初吉己巳，史伯硕父追孝于朕皇考釐仲、王母泉母尊鼎。 史伯硕父鼎（《集成》2777）

另有既名伯、又称仲者，如班簋云：

---

① 刘雨：《师寏钟与姬寏母豆》，《古文字研究》第26辑，中华书局2006年版。

唯八月初吉，在宗周。甲戌，王命毛伯更虢成公服。……王命毛公以邦冢君徒驭、戜人伐东国㾓戎。……王命吴伯曰："以乃师左比毛父。"王命吕伯曰："以乃师右比毛父。"遣命曰："以乃族从父征，诞城卫父身。"三年靖东国，亡不成尤。

遣即"更虢成公服"之毛公乃班父，亦即孟簋之毛公遣仲，冯时师以为即今本《竹书纪年》之"毛伯迁"。班簋称"毛伯"，而孟簋称"毛公遣仲"者，伯为伯长，乃宗子之谓，遣仲其字。[①]

周彝铭有册命而使继承祖考之旧职者，彝铭或言"纂"[②]。

唯王二月既生霸，辰在戊寅，王格于师戏大室，邢伯入右豆闭，王呼内史册命豆闭，王曰："闭，赐汝戠衣、𢆶市、銮旂，用缵乃祖考事，司俞邦君，司马弓矢。"闭拜稽首，敢对扬天子丕显休命，用作朕文考釐叔宝簋。　　　　　　　豆闭簋（《集成》4276）

禹曰："丕显趩趩皇祖穆公，克夹诏先王，奠四方。肆武公亦弗暇忘朕圣祖考幽大叔、懿叔，命禹纂朕祖考，政于井邦。"
　　　　　　　　　　　　　　　　　　禹鼎（《集成》2833）

其他如害簋（《集成》4258）。彝铭亦有言"嗣"者。

唯王八月，辰在丙午，王命䣙侯伯晨曰："嗣乃祖考侯于䣙，赐汝秬鬯一卣、玄衮衣……，用夙夜事，勿废朕命。"晨拜稽首，敢对扬王休，用作朕文考㵋公宫尊鼎，子孙其万年永宝用。
　　　　　　　　　　　　　　　　　　伯晨鼎（《集成》2816）

唯元年三月丙寅，王格于大室，康公右卲曶，赐戠衣、赤𢆶市，曰："用嗣乃祖考事，作司土。"曶敢对扬王休，用作宝簋，子子孙孙其永宝。
　　　　　　　　　　　　　　　　　　卲曶簋（《集成》4197）

另有言"更"者。

[①] 冯时：《班簋铭文补释》，李学勤主编《出土文献》第1辑，中西书局2010年版。
[②] 字从李家浩释，转引自裘锡圭：《读逑器铭文札记三则》，《裘锡圭学术文集·金文及其他古文字卷》，复旦大学出版社2012年版。

唯王元年六月既望乙亥，王在周穆王大［室。王］若曰："智，命汝赓乃祖考司卜事。赐汝赤🔲［市舄］，用事。"王在遺应，井叔赐智赤金石。智受［命于］王。智用兹金作朕文考魏伯蕭牛鼎，智其万🔲用祀，子子孙孙其永宝。　　　　　　　　　　智鼎（《集成》2838）

唯正月初吉丁卯，王在周康宫，格大室，即位，益公入右申，中廷，王命尹册命申："赓乃祖考胥大祝，官司丰人眔九戏祝，赐汝赤市……，用事。"申敢对扬天子休命，用作朕皇考孝孟尊簋，申其万年用，子子孙孙其永宝。　　　　　　　　　申簋盖（《集成》4267）

唯十又一年九月初吉丁亥，王在周，格于大室，即位，宰琱生入右师嫠，王呼尹氏册命师嫠，王曰："师嫠，在先王小教汝，汝敏可使，既命汝赓乃祖考司，今余唯申就乃命，命汝司乃祖旧官小辅、鼓钟。"……师嫠拜手顗首，敢对扬天子休，用作朕皇考辅伯尊簋，嫠其万年子子孙孙永宝用。　　　　　　　　　　　师嫠簋（《集成》4324）

唯六年二月初吉甲戌，王在周师录宫。旦，王格大室，即位，司土荣伯右宰兽入门，立中廷，北向，王呼内史尹仲册命宰兽曰："昔先王既命汝，今余惟或申就乃命，赓乃祖考事，歔司康宫王家臣妾。"……兽拜稽首，敢对扬天子丕显鲁休命，用作朕烈祖幽仲、益姜宝瑚簋，兽其万年子子孙孙永宝用。　　　　　　　　　　宰兽簋（《新收》663）

其他如辅师嫠簋（《集成》4286）、师克盨（《集成》4467）、趩觯（《集成》6516）、虎簋盖（《新收》633）、殷簋（《新收》840）、智壶盖（《集成》9728）等。亦有言司"嫡官"者。

唯王元年正月，王在吴，格吴大庙，公族鸿釐入右师酉，立中廷，王呼史墙册命师酉："司乃祖嫡官邑人、虎臣、西门夷、彙夷、秦夷、京夷、𢈔身夷，新赐汝赤市、朱黄、中絅、鋚勒，敬夙夜，勿废朕命。"师酉拜顗首，对扬天子丕显休命，用作朕文考乙伯、魏姬尊簋，酉其万年子子孙孙永宝用。　　　　　　　师酉簋（《集成》4288）

唯元年六月既望甲戌，王在杜应，格于大室，井伯入右师虎，即立中廷，北向，王呼内史吴曰册命虎，王若曰："虎，载先王既命乃祖考事嫡官，司左右戏繁荆，今余唯帅型先王命，命汝赓乃祖考嫡官，司左右戏繁荆。敬夙夜，勿废朕命，赐汝赤舄，用事。"虎敢拜顗首，对扬天子丕丕鲁休，用作朕烈考日庚尊簋，子子孙孙其永宝用。

师虎簋（《集成》4316）

其他如询簋（《集成》4321）等。"纂"、"嗣"、"赓"均为踵继之义，则所司为世官可明。然而世官当由大宗宗子绍承，上揭伯晨嗣位为𫚉侯，其当为宗子。匋鼎、师毁簋显示，匋及师毁之父分别为魏伯、辅伯，其父当为大宗，而匋、师毁为宗子亦可推知。申之父为孝孟，当为庶长，《左传·隐公元年》："惠公元妃孟子。"孔颖达《正义》："孟、伯俱长也，《礼纬》云：'庶长称孟'，然则嫡妻之子长者称伯，妾子长于妻子则称为孟，所以别嫡庶也。故杜注《文十五年》及《释例》皆云庆父为长庶，故或称孟氏。沈氏亦然。"其事至春秋时已逐渐僭乱，孔氏《正义》论之甚详，兹不缀引。西周之世伯、孟之分应当甚为严格，申父为庶长而申亦得继祖考之业者，盖至申之世，或由庶而入为嫡也。叔向父禹簋与禹鼎系一人所作①，则禹又称叔向父。禹鼎显示其父祖分别为幽太叔、懿叔，则禹之宗族或以叔为氏。豆闭之父名𩰚叔、宰兽之父名幽仲可能亦为以行字为氏者。

宰兽簋显示，宰兽之父为"仲"，即不得袭祖考之旧职，与之相同者如师𤞷簋（《集成》4311），其铭云：

　　唯王元年正月初吉丁亥，伯龢父若曰："师𤞷，乃祖考有劳于我家，汝有唯小子，余命汝死我家，𤞷②司我西偏、东偏仆驭、百工、牧、臣妾。"……𤞷拜稽首，敢对扬皇君休，用作朕文考乙仲𦉢簋。

师𤞷之父或为小宗，故称仲。四十二年逨鼎与师𤞷簋行文相类，亦不言绍继祖考旧业之事，故逨亦为小宗无疑。与逨盘共出者有单叔（逨）器，其铭（《新收》758）云：

　　逨作朕皇高祖单公、圣考尊盉。

为高祖及圣考作祭器，则逨当为其父龚叔之嫡子。则逨称"叔"或系因父行字为氏者。

庶子不得祭祖，单叔可为皇高祖及圣考作祭器，则其当为大宗可知。如此则单叔五父已另立新宗，且自新室仲迁新宗至单叔五父已六世，与

---

① 陈梦家：《西周铜器断代》，中华书局2004年版，第220页。
② 𤞷字，西周金文作𩰚。说详李梦涵：《毛公鼎相关问题研究》第四章，中国社会科学院研究生院，硕士专业学位论文，2015年。

《礼记·大传》五世迁宗之说相合。则五世迁宗应为西周宗法制度。换句话说，五世迁宗的宗法制度至迟在西周晚期已经确立。

第五节　金文所见西周用事习俗

　　《礼记·月令》与《吕氏春秋》十二纪及《淮南子·时则训》内容大致相同，所记均为古代每月当行之政令，体现了古人顺时施政的思想。《吕氏春秋》及《淮南子》成书年代确切，然而《月令》的成书年代自汉以降就其说纷纭，或云作于周代，主其说者有马融、贾逵，详孔颖达《礼记正义》；或云出自《吕氏春秋》，持此说者有郑玄、高诱、卢植，详见郑玄《月令》注、《续汉书·百官志》卢植注、《吕氏春秋》高氏注；晋束晳又有成书夏代之说，详《隋书·牛弘传》等，牛弘又以《月令》杂有虞、夏、商、周历代之法，亦见《牛弘传》；方以智于《通雅·天文》又出新说，认为《吕氏春秋》之说袭自《月令》，《月令》之文又取自《夏小正》；今人杨宽于以上诸说均有驳正，并以《月令》为战国晋人所作[①]。

　　事实上，古文献的成书过程颇为复杂，大抵非一人一时所创，故而讨论其成书年代，不若探究其所记内容的形成年代更有意义。换言之，由于《月令》的历法体系为年分四时时分三月，这断然不是西周或更早的制度，因此《礼记·月令》的成书年代固然不会早于东周，但是其所用史料是否有早于东周者，则值得思考。本节拟以西周彝铭所记用事习俗与《月令》所载对观，藉以探寻《月令》以月行事之制，是否有西周制度之孑遗。

　　由于事涉古代历法，首先对月令之历法体系及西周之历法，作简单交代。《月令》所用乃夏正，学者多无异词；关于西周历法的研究，近年有所突破，学者以商代晚期至岁首在秋分后一月[②]，而西周晚期宣王前期，历法之岁首亦在秋分后一月，宣王后期改历以冬至后一月为岁首[③]。考虑到历法的延续性，商代晚期及宣王前期历法均以秋分后一月为岁首的事实，这无疑暗示了宣王之前的西周历法或亦以秋分后一月为岁首。此为本书所讨论历法的基点。

　　西周彝铭所见用事习俗，涵盖衣、食、住、行等生活习俗，渔、猎、

[①]　杨宽：《月令考》，见氏著《杨宽古史论文选集》，上海人民出版社2003年版。
[②]　冯时：《殷历岁首研究》，《古文字与古史新论》，台湾书房出版有限公司2007年版。
[③]　冯时：《西周金文月相与宣王纪年》，《考古学研究》（六），科学出版社2006年版。

耕作等生业及相关习俗,以及布德、纳贡、祭祀等政事习俗。

一 生活习俗

西周彝铭有赐毳、赐裘者,其事多行于正月。

> 唯正月既生霸乙未,王在周。周师光守宫事,祼周师,丕否,赐守宫丝束、……马匹、毳布三……。守宫对扬周师釐,用作祖乙尊,其百世子子孙孙永宝用,勿坠。　　守宫盘(《集成》10168)

《说文·糸部》:"纗,西胡毳布也。"段玉裁《注》:"毳者,兽细毛也。用织为布,是曰纗。"《广雅·释器下》王念孙《疏证》:"纗与罽通,《逸周书·王会篇》云:'以白旄纰罽为献。'《尔雅》:'氂,罽也。'《舍人》注云:'罽,戎人绩羊毛而作衣。'"是守宫受赐之毳布,或系以细羊毛所织之织物,御寒效果甚佳。守宫盘属西周中期,正月或当夏历九月,此铭所记或与《诗·豳风·七月》"九月授衣"有关。

正月尚有赐"虎裘"之事。

> 正月既望甲午,王在周师量宫,旦,王格大室,即位,王呼师晨召大师虘入门,立中廷,王呼宰智赐大师虘虎裘,虘拜稽首,敢对扬天子丕显休。　　大师虘簋(《集成》4251)

王赐大师虘虎裘者,《礼记·玉藻》:"君之右虎裘,厥左狼裘。"郑玄《注》:"卫尊者宜武猛。"此"师"当系武职,职司周王之护卫,孙希旦《集解》云:

> 愚谓右、左,虎贲氏、旅贲氏之属也。《虎贲氏》"掌先后王而趋,以卒伍",《旅贲氏》"掌执戈盾夹王车而趋,左八人,右八人"。虎裘、狼裘,象其威猛以卫君也。

则大师虘或兼司虎贲氏之职责。
大师虘簋系西周中期器,《周礼·天官·司裘》:

> 季秋,献功裘,以待颁赐。

郑玄《注》：

> 功裘，人功微粗，谓狐青麑裘之属。郑司农云："功裘，卿大夫所服。"

孙诒让《正义》：

> "季秋，献功裘"者，《国语·周语》云："单襄公曰：陨霜而冬裘具。"韦《注》云："孟冬天子始裘，故九月可以具。"……《大戴礼记·夏小正》云："九月王始裘。"则季秋天子已衣裘矣。贾《疏》云："按《诗》云'七月流火，九月授衣'，此季秋则是九月授衣之节。"
>
> 云"以待颁赐"者，颁谓常赐，若宫伯掌宫中士庶子云"以时颁其衣裘"是也。

本铭之正月当夏历之九月，与《夏小正》、《豳风·七月》所载密合。此"虎裘"或亦功裘之属。

正月天已转冷，二月寒气更甚，故赐裘之事亦可行于二月，其事见于归夸簋：

> 二月，眉敖至，见，献帛。己未，王命仲偯归夸伯貔裘。

不寿簋铭（《集成》4060）云："唯九月初吉戊戌，王在大宫，王姜赐不寿⿰⿱。对扬王休，用作宝。"学者多释"⿰⿱"为裘字①，卫鼎之裘作"⿰⿱"与不寿簋不同。且赐"⿰⿱"之事在九月当夏历五月或值盛夏，不宜有赐裘之事。《月令》："孟夏之月，……天子始絺。"郑玄《注》："初服细葛。"高诱《吕氏春秋》注则云："絺，细葛也。"则不寿簋之"⿰⿱"或即絺属。

彝铭另有献佩之事，其文曰：

> 唯十又二月丁丑，寓献佩于王姒，赐寓曼丝，对扬王姒休，用作父壬宝尊鼎。　　寓鼎（《集成》2718）

---

① 陈梦家：《西周铜器断代》，中华书局2004年版，第176页。

《淮南子·说林》:"贤者以为佩。"高诱《注》:"佩,服也。"《文选·鲍照〈拟古〉》:"解佩袭犀渠。"李周翰《注》:"佩,文服。"是"佩"有文服之义。十二月当仲秋之月,《月令》:"仲秋之月,……乃命司服具饬衣裳,文绣有恒,制有大小,度有长短,衣服有量,必循其故,冠带有常。"所记或与献佩有关。

二 政事习俗

彝铭有正月王遣使取贡赋之事。

> 唯王十又八年正月,南仲邦父命驹父殷南诸侯,率高父见南淮夷,厥取厥服,谨夷俗。遂不敢不敬畏王命,逆见我,厥献厥服,我乃至于淮小大邦,亡敢不□具逆王命。

驹父盨盖(《集成》4464;图2.5.1)

图2.5.1 驹父盨铭文

𢆶，唐兰读为纠（《说文·系部》："纠，绳三合。"段玉裁《注》："凡交合之谓之纠，引申为纠合诸侯之纠。"），以纠南诸侯即合南诸侯，极是。

　　正月当夏历九月，《礼记·月令》："季秋之月，……合诸侯。"与本铭相记密合。"厥取厥服"与下文"厥献厥服"之"服"，黄盛璋以为即"服贡"，并指出南淮夷之服贡为布帛①。《书·禹贡》："荆及衡阳惟荆州。……厥篚玄纁、玑组。"玄纁即言币帛，币帛为荆州一带的土宜。这也说明古荆州是淮夷（南淮夷）活动区域之一。

　　《月令》："季秋之月，……与诸侯所税于民轻重之法，贡职之数，以远近土地所宜为度，以给郊庙之事，无有所私。"孙希旦《集解》："诸侯、百县之税于民者，有轻重之法，贡于天子者，有远近土地所宜之度，于颁朔而并令受此法焉，则取民者有制，奉上者有准也。以给郊庙之事，无有所私者，言所以令诸侯入贡，凡以事天地祖宗，而非有所私于己也。诸侯之贡，非但给郊庙之用，特举其重者言之尔。张氏㟺曰：'远近所宜，若《周礼》男服贡器物，卫服贡财物之类。土地所宜，如《禹贡》徐州贡土五色，扬州贡金三品之类。'"所记与铭文相类。

　　有十月行祭之事者。

　　唯十月月吉癸未，……甲申，明公用牲于京宫。乙酉，用牲于康宫，咸既用牲，禘王。明公归自王，明公赐亢师鬯、金、小牛，曰："用祓。"赐令鬯、金、小牛，曰："用祓。"乃命曰："今我唯命汝二人亢眔矢，奭左右于乃寮以乃友事。"　　作册令尊（《集成》6016）

　　明公赐小牛即用以行"祓"也。明公行祓祭于十月，当夏历之六月，《礼记·月令》："季夏之月……命四监大合百县之秩刍，以养牺牲，令民无不咸出其力，以共皇天上帝、名山大川、四方之神，以祠宗庙社稷之灵，以为民祈福。"孙希旦《集解》："以出于民力者供牺牲，成民而后致力于神也。祭祀以为民祈福，先民后己也。"祓本禳灾祈福之祭，周人用事多与《月令》相合。

三　农事习俗

　　彝铭复有"渔"事，或有行于七月者。

----

① 黄盛璋：《驹父盨盖铭文研究》，《考古与文物》1983年第4期。

唯七月，王在葊京。辛卯，王渔于☐☐，呼井从渔。攸赐渔。

井鼎（《集成》2720）

井鼎属西周中期，七月当夏历三月。《礼记·月令》云：

季春之月，……天子始乘舟，荐鲔于寝庙，乃为麦祈实。

孙希旦《集解》：

天子乘舟，示亲渔也。鲔，王鲔也，似鳣而小。季冬尝鱼，先荐寝庙，是月又荐鲔者，鲔以是月始至而美，故又特荐之。麦将熟，故因荐鲔而为麦祈实。

铭记王于夏历三月渔与《月令》所记相合，王亲渔之事亦与荐寝庙及为麦祈实有关。
天子亲渔之事，亦有行于五月及六月者。

唯六月既生霸，穆穆王在葊京，呼渔于大池。

遹簋（《集成》4207）

古人用事，或依实际物候而行，六、七月渔大抵皆与渔而荐寝庙有关。又见十二月渔者。

唯十又二月既生霸，子仲渔☐池，天君蔑公姞历，使赐公姞鱼三百，拜稽首，对扬天君休，用作齌鼎。　　公姞鼎（《集成》753）

古有大寒降而渔之事，《国语·鲁语上》云：

古者大寒降，土蛰发，水虞于是乎讲罛罶，取名鱼，登川禽，而尝之庙，行诸国，助宣气也。

韦昭《注》：

降，下也。寒气初下，谓季冬建丑之月，大寒之后也。土蛰发，

第二章 吉礼研究　123

谓孟春建寅之月，蛰始震也。

是韦氏以大寒降乃天气寒凉趋冷之谓。
王引之《经义述闻》别出新说，王氏云：

> "大寒降、土蛰发"，乃有季冬、孟春之别，于文为不类矣。今案：大寒降，亦谓孟春也。降，犹减也，退也。……季冬大寒之气至，孟春而减矣退矣，故曰"大寒降"。

本铭之十二月当仲秋之月前后，若地处西北则寒凉早至，《月令》："季秋之月，……乃命有司曰：'寒气总至，民力不堪，其皆入室。'"郑玄《注》："总，犹卒也。"盖"大寒降"即寒气至之意，本铭所记寒气至而渔与《鲁语》所记相合。王引之所论虽精巧，却与事实不相符。
有涉藉田之事者。

> 唯正月乙巳，王格于大室，穆公入右載，立中廷，北向，王曰："載，命汝作司徒，官司藉田。"　　　　　　　　載簋（《集成》4255）

是藉田乃司徒所掌。铭文亦有记藉田之礼者。

> 王大藉农于諆田，觴。王射，有司眔师氏、小子会射。王归自諆田，王驭溓仲仆，令罙奋先马走，王曰："令罙奋乃克至，余其舍汝臣卅家。"王至于溓宫，婴，令拜稽首，曰："小子乃效。"令对扬王休。　　　　　　　　　　　令鼎（《集成》2803；图2.5.2）

吴式芬释出"藉"字①，渐为学者所公认，是"王大藉农于諆田"，乃王于諆行藉田之礼。觴，杨树达读为觴，引《吕氏春秋·恃君览·达郁》"管仲觴桓公"高诱《注》"觴，饗也"为说，以觴为饗，是藉田后有饗礼②。
鼎铭与《礼记·月令》所记天子藉田之礼相类，其文云：

> 孟春之月……天子……乃择元辰，天子亲载耒耜，措之于参保介

---

① 吴式芬：《攈古录金文》三之一·68。
② 杨树达：《积微居金文说》，上海古籍出版社2007年版，第28、29页。

之御间,帅三公、九卿、诸侯、大夫躬耕帝藉。天子三推,三公五推,卿、诸侯九推。反,执爵于大寝,三公、九卿、诸侯、大夫皆御,命曰劳酒。

郑玄《注》:

保介,车右也。置耒于车右与御者之间,明已劝农,非农者也。人君之车必使勇士衣甲居右而参乘,备非常也。保犹衣也,介,甲也。帝藉,为天神借民力所治之田也。既耕而宴饮以劳群臣也。

孔颖达《正义》:

按《国语》耕后"宰夫陈飨","膳夫赞王,王歆大牢"是耕后设飨,而此云"既耕而燕饮"者,飨礼在庙,燕礼在寝,此云"执爵于大寝"故知燕也。《国语》云"飨"者,盖用飨之馔具,而行燕礼以劳群臣。

图 2.5.2　令鼎铭文

所谓"觞"即既耕而宴群臣也。据郑《注》知天子亲耕所用之耒耜置于车右与御者之间，是藉田之礼有车右与御者参与，下文"王归自諆田，王驭溓仲仆，令冞奋先马走"，仆即御车者，令、奋殆即车右。

综上所论，《礼记·月令》成书虽晚，但是其所记用事制度却有着古老的传统。《礼记·月令》用事制度的核心乃顺时施政，这一理念在春秋时期已根深蒂固。春秋晚期，锺离君柏墓墓上封土及墓中填土以青、赤、白、黑、黄五色土混合封筑、填充，即顺时施政思想的反映①。根据本节的研究，这种理念至少可以被追溯到西周时期。

---

① 冯时：《上古宇宙观的考古学研究——安徽蚌埠双墩春秋锺离君柏墓解读》，《历史语言研究所集刊》第82本第3分。

第三章 凶礼研究

凶礼，顾名思义即凶丧之礼，《周礼·春官·大宗伯》："以凶礼哀邦国之忧。"郑玄《注》："哀，谓救患分灾。凶礼之别有五：以丧礼哀死亡，以荒礼哀凶札，以吊礼哀祸灾，以襘礼哀围败，以恤礼哀寇乱。"本章首先对西周金文所涉凶礼进行梳理，进而对丧礼的重要组成部分丧服制度和丧期进行考述。

第一节 凶礼铭文整理

与凶礼相关者有"丧"、"吊"、"哀"、"遣"等。下面分别进行讨论。

一 丧

"丧"有用作一般动词者，乃亡失之义，其例如下。

> 我闻殷坠命，唯殷边侯、甸与殷正百辟，率肄于酒，故丧师祀。
> 　　　　　　　　　　　　　　　　　　大盂鼎（《集成》2837）

> 王曰："父厝，雩之庶出入事于外，敷命敷政，蓺小大楚赋。无唯正昏，引其唯王智，乃唯是丧我国，历自今，出入敷命于外。"
> 　　　　　　　　　　　　　　　　　　毛公鼎（《集成》2841）

天子驾崩则称"大丧"。

> 乌乎哀哉，用天降大丧于下国，亦唯鄂侯驭方率南淮夷、东夷，广伐南国、东国，至于历内。　　　　禹鼎（《集成》2833）

《周礼·天官·小宰》："以官府之六联合邦治。……三曰丧荒之联事。"贾公彦《疏》："丧，王丧。"王丧又可称大丧，本铭"天降大丧于下国"，或指先王晏驾。

> 王曰："师询，哀哉，今日天疾威降丧，首德不克义，故亡承于先王，向汝彶，纯恤周邦。" 师询簋（《集成》4342）

马承源以为天"降丧"乃先王驾崩之隐语[1]，其说良是。"丧"亦有除丧服之义。

> 曾子仲宣□用其吉金，自作宝鼎。宣丧，用飨其诸父诸兄，其万年无疆，子子孙孙永宝用享。 曾子仲宣鼎（《集成》2737）

丧，读为本字，"宣丧"者，郭沫若谓宣子新立，其丧服将除[2]。

二 弔

"弔"在彝铭中多假为行字"叔"，亦有读本字用作吊丧之义者。

> 芮公弔作旂宫宝簋。 芮公簋（《新收》1101）
> 敦丕弔，訃乃邦，呜呼！哀嫡家，以寡子作永宝。子。
> 寡子卣（《集成》5392）

以上两"弔"均读本字，乃吊丧之义。寡子卣訃字，文献作赴。寡子铭记宗族有丧而赴于邦国[3]。

三 哀

哀，彝铭多从"衣"声。"衣"有读如本字者，锡命中常有"玄衣"之赐；另有用为"殷"者。

> 乙亥，王有大礼，王凡三方，王祀于天室，降，天亡又王，衣

---

[1] 上海博物馆商周青铜器铭文选编写组：《商周青铜器铭文选》（三），文物出版社1988年版，第175页。
[2] 郭沫若：《两周金文辞大系考释》，科学出版社1957年版，第188页。
[3] 芮公簋、寡子卣两铭释文及考释俱参冯时：《芮伯簋铭文研究》，《中国古代青铜器国际研讨会论文集》，上海博物馆、香港中文大学文物馆，2010年版。

（殷）祀于王。　　　　　　　　　　　　　　天亡簋（《集成》4261）

寡子卣之"哀"，从言衣声，郭老读哀①。哀，《仪礼·士虞礼记》："哀子某，哀显相。"郑玄《注》："丧祭称哀。"《周礼·春官·大宗伯》："以凶礼哀邦国之忧，以丧礼哀死亡。"郑玄《注》："哀，谓亲者服焉，疏者含襚。"其例亦见于郑臧公之孙鼎。

　　唯正六月吉日唯己，余郑臧公之孙，余刺之疣子，盧作铸籲彝，以为父母，其徙于下都，曰："乌乎哀哉，刺叔刺夫人，万世用之。"
　　　　　　　　　　　　　　　　　　　郑臧公之孙鼎（《新收》1237）

"下都"，犹言"黄泉"，"其徙下都"乃下葬的委婉说法。前呼"父母"而后称谥"刺叔、刺夫人"，则已死未葬仍称"父母"。

"哀"亦有读为"爱"者。

　　作兹簋，用穒饗己公，用格多公，其劇爱乃沈子。
　　　　　　　　　　　　　　　　　　　　　　它簋盖（《集成》4330）

哀，读为爱②。

四　安、宁

与丧礼相关者，另有"安"、"宁"类铭文。

　　唯十又九年，王在庠，王姜命作册睘安夷伯，夷伯宾睘贝、布，扬王姜休，用作文考癸宝尊器。作册睘卣（《集成》5407；图3.1.1）
　　唯王初奉于成周，王命孟宁邓伯，侯贝，用作父宝尊彝。
　　　　　　　　　　　　　　　　　　　孟爵（《集成》9104；图3.1.2）

孙诒让《古籀拾遗》云：

　　安，犹宁也。《诗·葛覃》："归宁父母。"毛《传》云："宁，安

---

① 郭沫若：《金文韵读补遗》，《金文丛考》，人民出版社1954年版。
② 唐兰：《西周青铜器铭文分代史征》，中华书局1986年版，第324页。

图 3.1.1　作册睘卣铭文　　　　　图 3.1.2　盂爵铭文

也。"尸（案：应为夷字）伯盖王姜之母党，故使睘安宁之。《葛覃》孔《疏》云："诸侯夫人及王后父母即没，则使卿宁于兄弟。"襄十二年《左传》曰：楚司马子庚聘于秦，为夫人宁，礼也。①

杨树达说同②，两说并是。盂爵，言"宁邓伯"与睘卣"安夷伯"同义。

五　遣

与丧礼相关之遣的铭文有如下数例。

唯十月又一月丁亥，我作禦，血祖乙妣乙、祖己妣癸；延衤ㄇ、叔二母；咸，舉，遣祼，二櫱，贝五朋。用作父己宝尊彝。亚若。

我方鼎（《集成》2763）

---

① 孙诒让：《古籀拾遗》，中华书局1989年版。
② 杨树达：《积微居金文说》，上海古籍出版社2007年版，第288页。

否吊（怒）献彝，疾不已，为母宗彝则备，用遣母晶（精）。

否尊、否卣（《新收》1950、1951）

否用遣母晶（精）。　　　　　　　　　　　　　　　否觚（《新收》1952）
用遣母晶（精）。　　　　　　　　　　　　　　　　否觚（《新收》1953）
用遣。　　　　　　　　　　　　　　　　　否爵（《新收》1954、1955）
遣。　　　　　　　　　　　　　　　　　　　　　　否觯（《新收》1956）

诸"遣"皆丧礼之大遣奠①。

第二节　殷周三年丧制研究

丧服是丧礼重要的内容，《仪礼·丧服》贾公彦《疏》引郑玄《目录》曰："（丧服者），天子以下，死而相丧，衣服、年月、亲疏、隆杀之礼。"丧服之中包含了衣服、年月、亲疏、隆杀等具体仪注，是丧礼的核心内容之一。据《仪礼·丧服》，丧服之中最隆重的当属服斩衰三年，《丧服》对三年斩衰的衣服、年月及亲疏等有详细记述，其文云：

斩衰裳，苴绖、杖、绞带，冠绳缨，菅屦者：……父，（《传》曰：）为父何以斩衰也？父至尊也。诸侯为天子，（《传》曰：）天子至尊也。君，（《传》曰：）君至尊也。父为长子，（《传》曰：）何以三年也？正体于上，又乃将所传重也。庶子不得为长子三年，不继祖也。为人后者，（《传》曰：）何以三年也？受重者必以尊服服之。……妻为夫，（《传》曰：）夫至尊也。妾为君。（《传》曰：）君至尊也。女子子在室为父，……子嫁，反在父之室，为父三年。

一　有关三年丧制的争论

三年斩衰之丧成于何时，或者说《丧服》所记的完备的丧礼制度是否殷周礼制，战国时期的学者已经提出了质疑。《孟子·滕文公上》中就有战国时期诸侯国不行三年丧的记载，这成了后世学者讨论三年丧是否周代制度及三年丧起于何时等问题的渊薮。《滕文公上》云：

---

① 冯时：《我方鼎铭文与西周丧奠礼》，《考古学报》2013年第2期。

滕定公薨，世子谓然友曰："昔者孟子尝与我言于宋，于心终不忘。今也不幸至于大故，吾欲使子问于孟子，然后行事。"

　　然友之邹问于孟子。孟子曰："不亦善乎！亲丧，固所自尽也。曾子曰：'生，事之以礼；死，葬之以礼，祭之以礼，可谓孝矣。'诸侯之礼，吾未之学也；虽然，吾尝闻之矣。三年之丧，齐疏之服，飦粥之食，自天子达于庶人，三代共之。"

　　然友反命，定为三年之丧。父兄百官皆不欲，曰："吾宗国鲁先君莫之行，吾先君亦莫之行也，至于子之身而反之，不可。且《志》曰：'丧祭从先祖。'曰：'吾有所受之也。'"

　　谓然友曰："吾他日未尝学问，好驰马试剑。今也父兄百官不我足也，恐其不能尽于大事，子为我问孟子！"

　　然友复之邹问于孟子。孟子曰："然，不可以他求者也。……是在世子。"然友反命。世子曰："然，是诚在我。"

　　五月居庐，未有命戒。百官族人可，谓曰知。及至葬，四方来观之，颜色之戚，哭泣之哀，吊者大悦。

后世学者多有据滕之百官、父兄不欲行三年丧之谢辞为据，以疑三年丧是否古代礼制。进而推衍出三年丧为殷商旧制、东夷故俗等说，如毛奇龄《四书賸言》曰：

　　滕文公问孟子始定为三年之丧，岂战国诸侯皆不行三年之丧乎？……曰：吾宗国鲁先君不行，吾先君亦不行。则是鲁周公、伯禽、滕叔绣并无一行三年之丧者。往读《论语》子张问高宗三年不言，夫子曰："何必高宗，古之人皆然。"遂疑子张此问，夫子此答，其在周制当必无此事可知。……皆是商以前之制，并非周制。

清代学者焦循《孟子正义》宗毛说。近世，傅斯年[1]、胡适[2]、杨希枚[3]、杨朝明[4]、杨军[5]等均推阐、补苴、增成毛奇龄殷商旧制之说。又有

---

[1] 傅斯年：《周东封与殷遗民》，《历史语言研究所集刊》第四本第三分，1934年。
[2] 胡适：《说儒》，见氏著《胡适学术文集》，中华书局1991年版。
[3] 杨希枚：《〈孟子·滕文公〉篇三年丧故事的分析》，见氏著《先秦文化史论集》，中国社会科学出版社1995年版。
[4] 杨朝明：《"三年之丧"应为殷代遗制论》，《史学月刊》1995年第2期。
[5] 杨军：《论三年之丧》，《齐鲁学刊》1996年第6期。

学者因孔子乃鲁人、居东夷旧地而有三年之丧乃东夷故俗之说①。

另外，在汉代以后的文献中又出现了三年丧制乃周人创制之说。《淮南子》以为三年丧始于周武王，《淮南子·齐俗训》许慎旧《注》："三年之丧，始于武王。"清儒王念孙以此为据，广征博引证成此说②。学者又有三年之丧乃周公所制之礼法，朱熹《四书章句集注》释上揭《孟子·滕文公上》文曰："滕与鲁俱文王之后，而鲁祖周公为长。兄弟宗之，故滕谓鲁为宗国也。然谓二国不行三年之丧者，乃其后世之失，非周公之法本然也。"顾颉刚、顾洪等复有三年之丧始于晋大夫叔向之说③。清末今文经学家廖平、康有为④等更以三年丧制乃孔子所创，从者不绝⑤。

二 郭沫若论三年丧

三年之丧究系殷礼抑或周制，又或是孔子创制，歧说纷繁，然就传世文献立说，终有未备。郭沫若另辟蹊径以殷卜辞、周彝铭为据，对三年丧展开了论说。郭老依殷卜辞中有商王于"二祀"、"三祀"举行祭祀的记载，认为若殷商王朝行三年丧制，就应"三年不为礼"、"三年不为乐"，进而否定了三年丧乃殷商旧制之说。郭老又以元年师旋簋有"王元年"册命之事证西周无三年之丧制，其文曰：

> "王元年"之器在金文中所见不多，但即使仅此一器，已足证明西周并无三年之丧的制度。盖王在即位之年已在临朝听政，并非"君薨，百官总已以听于冢宰三年。"三年丧制，在孟轲时的滕国，都还是"鲁先君莫之行，吾先君亦莫之行也。"这断然是孔子的创制。⑥

郭老将三年丧问题的最终解决引向了殷卜辞、周彝铭，这为三年丧研究的深入指明了方向。近年来又出土了不少有关三年丧的周代铜器，对这一问题的深入探讨提供了不可多得的珍贵史料。

---

① 章景明：《先秦丧服制度考》，台北中华书局1971年版。
② 王念孙：《读书杂志·淮南子内篇第十一·齐俗·故不为三年之丧始》，江苏古籍出版社2000年版。
③ 顾洪：《试论"三年之丧"起源》，《齐鲁学刊》1989年第3期。
④ 廖平：《礼经补证凡例》，六译馆丛书本；康有为：《孔子改制考》卷八、卷九、卷十三等，中国人民大学出版社2010年版。
⑤ 胡适：《三年丧服的逐渐推行》，《胡适学术文集》，中华书局1991年版。
⑥ 郭沫若：《长安县张家坡铜器群铭文汇释》，中国科学院考古研究所《长安张家坡西周铜器群》，文物出版社1965年版。

三　彝铭所见西周丧制

西周彝铭有涉及禫祭者，亦有关乎西周丧服制度者。禫祭见于西周晚期应公鼎，其铭云：

应公作尊彝禫鼎，珷帝日丁子子孙孙永宝。①

《仪礼·士虞礼·记》曰：

期而小祥，……又期而大祥，……中月而禫。

郑玄《注》：

中犹间也。禫，祭名也，与大祥间一月。自丧至此凡二十七月。禫之言澹，澹然平安意也。

胡培翚《正义》：

禫，大祥后除服祭名。三年之丧，二十五月而大祥，二十七月而禫。……故云"自丧至此凡二十七月"也。

云"禫之言澹，澹然平安意也"者，澹与淡通，谓哀痛惨切之念至此渐平，向之夙夜不安者至此稍安也。

金氏榜云："《三年问》曰：三年之丧，二十五月而毕，谓至亲以期断，加隆焉，使倍之，故再期也。明丧三年者为再期。《丧服小记》亦云再期之丧，三年也。据再期言之为二十五月，通数禫月为二十七月，义本相通。……明所云丧以期断者，禫不在期中也。《礼记》二十五月毕者，则禫不在祥月。三年之丧，二十五月而毕者论其正，二十七月而禫者明其加。……谓二十五月终而大祥，受以祥服，素缟麻衣。二十六月终而禫，受以禫服，二十七月终而吉，吉而除。……祥祭，朝服始即吉，正祭服也。《丧服小记》曰：除成丧者，其祭也朝服缟冠。是也。祭犹缟冠未纯吉也。既祭乃服大祥，素缟麻衣。释

---

① 河南省文物考古研究所、平顶山市文物管理局：《河南平顶山应国墓地八号墓发掘简报》，《华夏考古》2007 年第 1 期。

禫之礼云：玄衣黄裳，则是禫祭玄冠矣。黄裳者，未大吉也。既祭乃服禫服，朝服縓冠，踰月吉祭，乃玄冠朝服，既祭玄端而居，复平常也。"

故所谓禫祭者，乃二十七月除大祥服之祭，禫祭后服禫服，月终吉祭后除禫服，复平常也。至亲之丧本应期，加隆至再期，再期之丧又至二十七月者，为至亲又加隆也。由此，应公鼎铭所记乃应公行三年丧之明证。

四 天子与诸侯丧制

（一）文献所见天子、诸侯丧制

天子如何服三年丧是三年丧最为重要也是争论最多的内容。孔子以《尚书·高宗肜日》为据，认为殷商时期天子三年丧期间，天子总百官以听于冢宰，其说见于《礼记·檀弓下》及《礼记·丧服四制》。《檀弓下》云：

子张问曰："书云：'高宗三年不言，言乃讙。'有诸？"仲尼曰："胡为其不然也。古者天子崩，王世子听于冢宰三年。"

《丧服四制》记之更详，其文曰：

《书》曰："高宗谅闇，三年不言。"善之也。王者莫不行此礼，何以独善之也？曰：高宗者，武丁。武丁者，殷之贤王也。继世即位，而慈良于丧。当此之时，殷衰而复兴，礼废而复起，故善之。善之，故载之《书》中而高之，故谓之高宗。三年之丧，君不言。《书》云："高宗谅闇，三年不言。"此之谓也。

孙希旦《集解》曰：

谅闇，《书》作"谅阴"，朱子以为天子居丧之名。孔氏曰："谅，信也。阴，默也。"郑氏曰："谅，古作梁。楣谓之梁。闇，读如'鹑鷃'之鷃。闇，谓庐也。庐有梁者，所谓柱楣也。"未知孰是。百官备百物具者，不言而事行，此天子居丧之礼也。后世礼废，王者或不能行，高宗复行古礼，而殷道以兴。故《书》纪其事而善之。

《丧服四制》已经一语道破殷王武丁行三年丧之因由，即"当此之时，殷衰而复兴，礼废而复起，故善之"。其说与《史记·殷本纪》相同，《殷本纪》云："帝阳甲之时殷衰。……帝阳甲崩，弟盘庚立，是为帝盘庚。……（盘庚之世），殷道复兴。……帝小辛立，殷复衰。……帝小乙崩，子帝武丁立。帝武丁即位，思复兴殷。"古有三年丧之礼，自天子达于庶人皆然。武丁之世亟需复兴殷道，因此身体力行倡导礼制。然而，天子、诸侯居丧期间，百官听命于冢宰之制毕竟有害于国家政治生活，甚至危及政权稳定，天子、诸侯在守丧之时须变通行礼。

《礼记·杂记下》即云：

> 三年之丧，祥而从政；期之丧，卒哭而从政；九月之丧，既葬而从政；小功、缌之丧，既殡而从政。

郑玄《注》：

> 以《王制》言之，此谓庶人也。

孔颖达《正义》：

> 此庶人，依士礼，卒哭与既葬同三月，故《王制》省文，总云"三月"也。若大夫、士三年之丧期不从政，是正礼也；卒哭，金革之事无辟，是权礼也。

事实上，不但大夫、士，天子、诸侯在守三年丧之时也必有权礼。这也是由礼顺人情、权于事的本质所决定的，《礼记·丧服四制》云：

> 凡礼之大体，体天地，法四时，则阴阳，顺人情，故谓之礼。訾之者，是不知礼之所由生也。……丧有四制，变而从宜，取之四时也；有恩，有理，有节，有权，取之人情也。恩者，仁也；理者，义也；节者，礼也；权者，知也。仁义礼知，人之道具矣。

孔颖达《正义》：

> 门内主恩，若于门外则变而行义。尊卑有定，礼制有恒，以节为

限。或有事故，不能备礼，则变而行权。……恩属于仁，理属于义，节属于礼，……量事权宜，非知不可。

《史记·礼书》开篇即曰：

> 太史公曰："洋洋美德乎！宰制万物，役使群众，其人力也哉？余至大行礼官，观三代损益，乃知缘人情而制礼，依人性而作仪，其所由来尚矣。"

凡此皆是礼顺人情、依人性、节于义理、权宜于事的直观表述。《左传》所记春秋时期，诸侯在居丧期内从政者比比皆是，《左传·僖公三十三年》即记有晋文公薨而未葬，晋襄公率师败秦师于崤函之事，其文曰：

> 子墨缞绖，梁弘御戎，莱驹为右。夏四月辛巳，败秦师于殽，获百里孟明视、西乞术、白乙丙以归，遂墨以葬文公，晋于是始墨。

杜预《注》："晋文公未葬，故襄公称'子'。以凶服从戎，故墨之。"《左传·文公元年》则有襄公既祥从事之载："晋襄公既祥，使告于诸侯而伐卫，及南阳。"乃晋襄公小祥之后①，行征伐之事。由此可见，天子、诸侯居丧期间依旧从政，并不代表天子、诸侯无三年丧礼，只不过其守丧从权，在起居、饮食、服饰等方面依丧礼仪注行事。

《礼记·杂记下》：

> 士三月而葬，是月也卒哭。大夫三月而葬，五月而卒哭。诸侯五月而葬，七月而卒哭。士三虞，大夫五，诸侯七。

郑玄《注》：

> 尊卑恩之差也。天子至士，葬即反虞。

知诸侯、大夫、士尊卑不等，葬月及卒哭之月亦有差异，位尊者念亲

---

① 竹添光鸿：《左氏会笺》，巴蜀书社2008年版，第672页。

哀情，于时长远。《杂记》未及天子葬月及卒哭之月，天子葬月文献可征，《左传·隐公元年》云：

> 天子七月而葬，同轨毕至；诸侯五月，同盟至。

《礼记·王制》则云：

> 天子七日而殡，七月而葬；诸侯五日而殡，五月而葬。

由天子、诸侯、大夫之差等推之，天子七月而葬，或九月卒哭，九虞。卒哭而祔，《仪礼·士虞礼》：

> 死三日而殡，三月而葬，遂卒哭。将旦而祔，则荐。……明日以其班祔。

郑玄《注》：

> 荐，谓卒哭之祭。……（明日），卒哭之明日也。

《士虞礼》又云：

> 期而小祥。

贾公彦《疏》：

> 自祔以后，至十三月小祥。

是天子之丧，七日而殡，七月而葬，九月卒哭，卒哭明日祔，祔后十三月而小祥，二十五月而大祥，二十七月而禫。自始死至卒哭实有九月，至小祥则二十四月，至大祥则三十六月。由于西周诸王卒月史籍阙如，从先王卒至时王次年改元短则一月，长则十二、十三月。如果西周诸王都严格遵守七月而葬之礼，则新君元年卒哭之礼大率已行毕。由于西周时期存在十四月（见于叔矢方鼎），则新君元年小祥之祭或已行。大祥及禫祭则在新君之二年或三年。然而，春秋时期周王及诸侯罕有严格遵守七月、五月之丧月者①，这些未严格遵守丧制的葬月，或为权礼。这也可以解释《孟子·滕文公上》所记滕文公丧而臣工抵制严格依照三年丧的仪注来进行守丧。

（二）彝铭所见周天子丧礼之权变

事实上，这种未严格遵守丧月的权礼在西周诸王及诸侯的丧礼中当也不鲜见，故而西周天子丧月的具体情形会更加复杂。无论如何，新君元年必在三年丧期之内。西周金文常见周王于其"元年"册命臣工之事，实属权礼。曶鼎（《集成》2838）云：

唯王元年六月既望乙亥，王在周穆王大［室。王］若曰："曶，命汝赓乃祖考司卜事。……赐汝赤㫃［市鸟］，用事。"

曶鼎属周孝王时②，鼎铭所记即周孝王元年册命曶之事。据《史记·周本纪》孝王乃懿王叔父，《仪礼·丧服》齐衰不杖期章："昆弟之子。"则依礼孝王为懿王仅服齐衰，丧期一年，故孝王元年六月或已除服，不在三年丧之例。卲曶簋（《集成》4197）云：

唯元年三月丙寅，王格于大室，康公右卲曶，赐𢧢衣、赤㫃市。

卲曶簋属西周中期，簋铭所记即周王于元年三月册命卲曶之事。师虎簋（《集成》4316）曰：

唯元年六月既望甲戌，王在杜应，格于大室，井伯入右师虎，即立中廷，北向。王呼内史吴曰："册命虎。"

师虎簋属西周中期，簋铭所记即周王在元年六月册命师虎之事。师酉簋（《集成》4288）云：

唯王元年正月，王在吴，格吴大庙，公族鸿釐入右师酉，立中廷，王呼史墙册命师酉。

---

① 万丽华：《〈左传〉中的先秦丧礼研究》第三章，中央民族大学出版社2011年版。
② 郭沫若：《两周金文辞大系考释》，科学出版社1957年版，第96页。

史墙当即墙盘之史墙，墙盘属恭王时期，师𢍰簋年代亦属西周中期晚段。簋铭所记乃周王于元年正月册命师𢍰之事。蔡簋（《集成》4340）有云：

> 唯元年既望丁亥，王在𢓊应，旦，王格庙，即位，宰𤔲入右蔡，立中廷，王呼史失册命蔡。

蔡簋属西周中期偏晚，簋铭所记亦为周王于元年册命蔡之事。
西周晚期册命铭文中，亦不乏其例。

> 王曰："师询，哀哉，今日天疾威降丧，首德不克义，故亡承于先王，向汝㥛，纯恤周邦，绥立余小子，惇乃事。……今余唯申就乃命，命汝惠雝我邦小大猷，邦有𤆼辞，敬明乃心，率以乃友扞敔王身，欲汝弗以乃辟陷于艰，赐汝秬鬯一卣、圭瓒、……三百人。"……唯元年二月既望庚寅，王格于大室，荣入右询。　师询簋（《集成》4342）

师询簋属西周晚期厉王时期[①]，簋铭所记乃周厉王元年二月册命师询之事。

> 唯王元年四月既生霸，王在𢓊应。甲寅，王格庙，即位，遅公入右师旋，即立中廷，王呼作册尹册命师旋。
> 　　　　　　　　　　　　　　　　元年师旋簋（《集成》4279）
> 唯元年五月，初吉甲寅，王在周，格康庙，即位，同仲右师兑，入门，立中廷，王呼内史尹册命师兑："胥师龢父，司左右走马、五邑走马。"
> 　　　　　　　　　　　　　　　　元年师兑簋（《集成》4274）

元年师兑簋乃宣王元年器[②]，元年师旋簋之作册尹克与伯克壶、克钟之克系同人，二者亦宣王时人[③]，故元年师旋簋亦属宣王时器。两铭所记均宣王元年行册命之事。

---

① 冯时：《晋侯稣钟与西周历法》，《考古学报》1997 年第 4 期。
② 冯时：《西周金文月相与宣王纪年》，北京大学考古文博学院编《考古学研究》（六），科学出版社 2006 年版。
③ 冯时：《西周金文月相与宣王纪年》，北京大学考古文博学院编《考古学研究》（六），科学出版社 2006 年版。

然而无论如何，在时王四年之时丧期基本已经结束，天子于其二年、三年所行册命之事或正礼或权礼，难以一一详论。郭老依周彝铭中习见周王于其元年、二年、三年行册命诸事以否定周代有三年丧之礼，恐系千虑一失。再者，殷卜辞所见"一祀"、"二祀"、"三祀"之祀乃祭祀周期与纪年无涉①，据以认为殷代无三年丧亦难以令人信服。

五 小结

丧期和丧服的形成是一个历史的过程，贾公彦在《丧服》疏中对丧服形成的历史进程作了勾勒，贾氏云：

> 黄帝之时，朴略尚质，行心丧之礼终身不变。……唐虞之日，淳朴渐亏，虽行心丧，更以三年为限。……三王以降，浇伪渐起，故制丧服以表哀情。

以三年之丧出现在三代之前，三代之时与三年丧相应的丧服制度逐渐形成。这与文献及周彝铭所反映的殷周时期已经存在包含三年丧在内的丧服制度适相吻合。虽然殷周时期自天子、诸侯至于庶人均须守三年之丧，但是出于实际情况的考虑，天子、诸侯在实际守丧之中有诸多权礼，天子三年丧期间总百官以听于冢宰的理想丧礼，难以在实际的政治生活中得到贯彻。孔子所提倡的"克己复礼"由于不符合历史发展潮流，最终难以彻底实现。

最后需要说明的是，周代的丧服制度是建立在完备的宗法制度的基础之上，这在《仪礼·丧服》中明确的体现，这或许是周监于二代又加以损益的结果，也是周礼与殷礼最为明显的区别。周公旦在制定周代丧礼的过程中或许起了决定性的作用。

第三节 晏鼎铭文与西周丧服制度

通过上节三年丧的讨论，我们知道三年丧制是殷周时期通行的丧制。三年丧的重要表现之一即五等丧服制度。五等丧服制度在应国墓地出土晏鼎铭文得到了具体体现，这不仅是五等丧服制度是西周制度的坚强证据，而且为讨论与之相关的宗法制度提供了绝佳史料。这一研究具有重要学术

---

① 冯时：《百年来甲骨文天文历法研究》第五章第四节，中国社会科学出版社2011年版。

价值，兹就相关问题略作释证。

晏①鼎出于应国墓地 M242，年代属西周早期晚段②。鼎铭共 5 行 24 字（图 3.3.1③）：

> 晏拜稽首。皇兄孝于公，宝厥事。弟不敢不择衣，夙夜用占䕺（将）公。

图 3.3.1　晏鼎铭文

一　晏鼎铭文简释

皇兄孝于公，宝厥事

"公"，乃亲称，与后文"用夙夜占将公"之"公"系同人，均指

---

① 冯胜君：《试说东周文字中部分"婴"及从"婴"之字的声符——兼释甲骨文中的"瘿"和"颈"》，复旦大学出土文献与古文字研究中心编《出土文献与传世典籍的诠释》，上海古籍出版社 2010 年版；黄锦前：《晏鼎铭文试释》，《中国国家博物馆馆刊》2015 年第 3 期。
② 河南省文物考古研究所、平顶山市文物管理局：《平顶山应国墓地》第 I 卷，大象出版社 2012 年版，第 172、173 页。
③ 河南省文物考古研究所、平顶山市文物管理局：《平顶山应国墓地》第 I 卷，大象出版社 2012 年版，第 151 页。

"皇兄"之父，《广雅·释亲》："公，父也。"王念孙《疏证》："《魏策》云：陈轸将行，其子陈应止其公之行。"是其证。晏称"皇兄"之父为"公"，与他铭称亡父曰"父"、曰"考"不类，这是由晏和"公"之间的亲缘关系所决定，详后。

"皇兄孝于公，宔厥事"一语，颇令人费解。古人尽孝无止境，《论语·为政》有云：

> 孟懿子问孝。子曰："无违。"樊迟御，子告之曰："孟孙问孝于我，我对曰：'无违。'"樊迟曰："何谓也？"子曰："生，事之以礼；死，葬之以礼，祭之以礼。"

《礼记·祭统》则曰：

> 是故孝子之事亲也有三道焉：生则养，没则丧，丧毕则祭。养则观其顺也，丧则观其哀也，祭则观其敬而时也。尽此三道者，孝子之行也。

两文所记大致相同。这种生养、死葬、葬毕而祭的孝道观，在周彝铭及传世文献中有清晰的反映。周彝铭于父母在世而尽孝者，多言"乐"、"喜"，其例如下。

> 唯正九月初吉丁亥，曾孙儵儿，余迭斯于之孙，余兹佫之元子，曰：……以铸龢钟，以追孝先祖，乐我父兄，饮饮歌舞，子孙用之，后民是语。　　　　　　　　　　　　　　　儵儿钟（《集成》183）
> 唯正月初吉丁亥，王孙遗者择其吉金，自作龢钟……用享以孝，于我皇祖文考。……用宴以喜，用乐嘉宾父兄，及我朋友。
> 　　　　　　　　　　　　　　　　　　　王孙遗者钟（《集成》261）
> 黝择吉金，铸其反钟，……歌乐自喜，凡及君子父兄，千岁鼓之。
> 　　　　　　　　　　　　　　　　　　　　　　　黝镈（《新收》491）

有事在世父母而言"孝"者，有如下数例。

> 妹土嗣尔股肱，纯其艺黍稷，奔走事厥考厥长。肇牵车牛，远服贾用，孝养厥父母。　　　　　　　　　　　　　　　　　　　《书·酒诰》

第三章 凶礼研究

> 鈇叔、鈇姬作伯媿𠟭簋，用享孝于其姑公，子孙孙，其万年永宝用。
> 鈇叔鈇姬簋（《集成》4062）
> 遅作姜洱盨，用享孝于姑公，用祈眉寿纯鲁，子子孙永宝用。
> 遅盨（《集成》4436）

鈇叔鈇姬簋及遅盨所记均为某家之妇孝于姑舅之谓。《礼记·昏义》："是以古者妇人先嫁三月，祖庙未毁，教于公宫，祖庙既毁，教于宗室，教以妇德、妇言、妇容、妇功，教成，祭之，牲用鱼，芼之以蘋藻，所以成妇顺也。"郑玄《注》："妇德，贞顺也。""顺"即包含顺父母之义。事实上，鈇叔鈇姬簋、遅盨所谓"享孝"于"姑公"，不唯生时，亦兼言父母亡故之后。鈇叔鈇姬簋与遅盨铭与《昏义》所记相合，皆父母作媵器而希冀其女用"享孝"者，即教其顺也。

周彝铭于亡故父祖，多言"追孝"、"享孝"。

> 兮仲作大林钟，其用追孝于皇考己伯。　兮仲钟（《集成》65）
> 瘨起趩凤夕圣丧，追孝于高祖辛公、文祖乙公、皇考丁公。
> 瘨钟（《集成》246）
> 用享用孝于皇祖圣叔、皇妣圣姜，于皇祖有成惠叔、皇妣有成惠姜，皇考遵仲、皇母，用祈寿老毋死。
> 黏镈（《集成》271）

另有"追享孝"连言者。

> 膳夫梁其作朕皇考惠仲、皇母惠姒尊簋，用追享孝，用匄眉寿，寿无疆，百子千孙，孙子子孙孙永宝用享。
> 膳夫梁其簋（《集成》4147）

亦有言"饗孝"者。

> 唯六月初吉，师汤父有司仲柟父作宝鬲，用敢饗孝于皇祖考，用祈眉寿，其万年子子孙孙其永宝用。　仲柟父鬲（《集成》746）

于已故祖考复有曰"喜"（"喜侃"）者，其例如下。

> 师臾肇作朕烈祖虢季、宄公、幽叔、朕皇考德叔大林钟，用喜侃

前文人，用祈纯鲁永命，用匄眉寿无疆，师㝨其万年永宝用享。

师㝨钟（《集成》141）

作朕皇考叔氏宝林钟，用喜侃皇考。　　士父钟（《集成》146）

于生人、亡人均用"喜"（"乐"）、"享孝"而不别者，当有事死如事生的思想，《左传·哀公十五年》："事死如事生，礼也"。《礼记·中庸》："事死如事生，事亡如事存，孝之至也。"均是。

"宦厥事"，犹史颂鼎（《集成》2787）之"休有成事"、师害簋（《集成》4116）之"休厥成事"，彝铭中言尽孝而"宦厥事"者，此系首见。前文已述，尽孝无分父母生前或者身后。而于孝子而言尽孝则为终身之事，《礼记·祭义》：

君子生则敬养，死则敬享，思终身弗辱也。

朱彬《训纂》引方性夫云：

生事之以礼，所谓"敬养"也。死祭之以礼，所谓"敬享"也。然犹未也。父母既没，慎行其身，不遗父母恶名，可谓能终矣，故曰"思终身弗辱也。"然则终身者，非终父母之身，终其身也。

方氏乃据《祭义》文为说，《祭义》文云：

曾子曰："身也者，父母之遗体也。行父母之遗体，敢不敬乎？居处不庄，非孝也。事君不忠，非孝也。莅官不敬，非孝也。朋友不信，非孝也。战阵无勇，非孝也。五者不遂，灾及于亲，敢不敬乎？……父母既没，慎行其身，不遗父母恶名，可谓能终矣。"

因此，所谓尽孝乃终身之事，父母在时需敬养，丧则致哀，葬毕敬享，且时刻慎厥身修，不遗父母恶名。

《孝经·开宗明义章第一》所记孔子之语与《祭义》文可互相发明，其文云：

身体发肤，受之父母，不敢毁伤，孝之始也；立身行道，扬名后世，以显父母，孝之终也。夫孝，始于事亲，中于事君，终于立身。

李隆基《注》：

> 言行孝以事亲为始，事君为中，忠孝道著，乃能扬名荣亲，故曰"终于立身"也。

要之，终孝子一生永无永无"宜厥事"之时。

文献中亦罕有言当世之人有孝行者，被誉为孝者多系古人，《礼记·中庸》："子曰：'舜其大孝也与！'……子曰：'武王、周公，其达孝矣！'"况依鼎铭，"皇兄"之父死，正当"皇兄"葬以礼、祭以礼之时，何以事未遂而"宜厥事"。因此，"皇兄孝于公，宜厥事"者，当为"皇兄"已死之隐语，这既与古人讳言死的文化传统密不可分①，又是这一文化传统的生动体现。乃"皇兄"生前事公甚孝之谓。此与后文"弟不敢不择衣，夙夜用占将公"所述亦密合，甚或为后文张本。

弟不敢不择衣，夙夜用占鬵公

"夙夜用占鬵公"者，乃恭敬占卜、祭祀之谓。丧礼之"占"主要包括筮宅、卜葬日及卜选日名。《仪礼·士丧礼》记士死将葬需筮宅、卜葬日，《礼记·杂记》则曰："大夫卜宅与葬日。"是大夫以上葬所及葬日均需占卜。除卜宅与葬日外，尚需卜选日名以供享祭。西周晚期应公鼎铭有"珷帝日丁"之语，此为周人用日名之明证②。殷卜辞显示，商代日名通过占卜选定③。事实上，不唯殷卜辞，西周彝铭亦有明证，史喜鼎（《集成》2473）云："史喜作朕文考，翟（择）祭厥日唯乙。"学者已经指出，鼎铭所记即通过占卜而选定乙作为其父之日名④。在商代，占卜中"占"基本上被商王所垄断，在非王卜辞中，其事则由宗子承担，此当为商周通制。故可为"公""占"者，必为"公"之嫡子，如"皇兄"在世，"弟"无由为公"占"。《诗·小雅·四牡》："王事靡盬，不遑将父。"毛《传》："将，养也。"《诗》所言乃生养，而鼎铭"鬵公"乃孝养、祭祀公之谓。

---

① 冯时：《"咸池"考》，中国社会科学院考古研究所《新世纪的中国考古学（续）——王仲殊先生九十华诞纪念文集》，科学出版社2015年版。
② 河南省文物考古研究所、平顶山市文物管理局：《河南平顶山应国墓地八号墓发掘简报》，《华夏考古》2007年第1期。
③ 李学勤：《论殷代亲族制度》，《文史哲》1957年第11期。
④ 冯时：《殷代史氏考——前掌大遗址出土青铜器铭文研究》，见氏著《古文字与古史新论》，台湾书房出版有限公司2007年版。

享祭祖祢亦为宗子之特权，庶子、小宗不得僭越，《礼记·丧服小记》："庶子不祭祖者，明其宗也。……庶子不祭祢者，明其宗也。"故若"皇兄"尚在，"弟"亦不能祭祀公，只能为宗子助祭。因此，可"夙夜用占将公"者，必为宗子。此又为宗子（即"皇兄"）早死，而"弟"入继为宗子之明证。

因此，铭文所记史实乃"公"之嫡子、晏之"皇兄"早亡，而晏继为宗子，并为"公"操办丧仪、占卜祭祀之事。然而晏为"公"之庶子，抑或小宗而入继为大宗宗子，尚需详论。

二 择衰与丧服制度

"弟不敢不择衣"，学者或读"衣"如本字，以为丧服之义①，近是。《仪礼·丧服》："为父何以斩衰也？父至尊也。"贾公彦《疏》："父至尊者，天无二日，家无二尊，父是一家至尊，尊中至极，故为之斩也。"子需为父服斩衰三年，而不别嫡庶，甚至女子子在室者亦需为父服斩衰三年。故若晏为"公"之庶子，亦需为"公"服斩衰三年，无由"择衣"。既言"择衣"，则晏非公之亲子明矣。从而亦可知，"皇兄"既无子嗣亦无胞弟。

若嫡子有子嗣，应择以立为后，《礼记·檀弓上》云：

> 公仪仲子之丧，檀弓免焉。仲子舍其孙而立其子，檀弓曰："何居？我未之前闻也。"……子游问诸孔子，孔子曰："否！立孙。"

郑玄《注》：

> 其所立非礼也。……周礼，適子死，立適孙为后。

孙希旦《集解》：

> 舍其孙而立其子者，仲子適子死，舍適孙而立庶子也。礼，適子死，立適孙为后，所以重正统也。

---

① 河南省文物考古研究所、平顶山市文物管理局：《平顶山应国墓地》第Ⅰ卷，大象出版社2012年版，第170页。

故若"皇兄"有子，当择立为"公"后。若"皇兄"无后，而"公"有庶子，则宗子"皇兄"死，当由公之庶子入继，《左传·襄公三十一年》："大子死，有母弟则立之，无则立长，年钧择贤，义钧则卜，古之道也。"杜预《注》："立庶子则以年长。"是宗子死，或立庶子，古有成法，天子立嗣亦不例外，《左传·昭公二十六年》云："昔先王之命曰：'王后无適，则择立长，年钧以德，德钧以卜。'"是也。若"皇兄"既无子嗣又无胞弟，则须由小宗入继以使大宗不绝。本铭所记正系此种情形。

如"公"之嫡子、晏之"皇兄"尚在，晏为"公"所服之丧服，则视其与"公"之亲疏而定。若"公"为晏之世父母、叔父母，则需服齐衰不杖期，《丧服》齐衰不杖期章："世父母、叔父母。"《传》曰："世父、叔父，何以期也？与尊者一体也。"若"公"为晏之从祖父母，则服小功，《丧服》成人小功章云："从祖父母，报。"贾公彦《疏》："云'报'者，恩轻欲见两相为服。"若"公"为晏之族父母，则服缌麻三月，亦见《丧服》缌麻章。故若"皇兄"在，无论晏为"公"所服为何种丧服，均较斩衰三年为轻。今"皇兄"已亡故，晏入继为宗子，须为"公"服斩衰三年，《丧服》斩衰章云："为人后者。"《传》曰："何以三年？受重者，必以尊服服之。"是其证。

为人后者为所后者服斩衰三年，乃尊宗而加服，《礼记·三年问》：

> 然则何以至期也？曰：至亲以期断。是何也？曰：天地则已易矣，四时则已变矣，其在天地之中者，莫不更始焉，以是象之也。然则何以三年也？曰：加隆焉尔也。焉使倍之，故再期也。

郑玄《注》：

> 期者，谓为人后者，父在为母也。言于父母加隆其恩，使倍期也。

孔颖达《正义》：

> 此一节释因期及三年之义，故设问云："然则何以三年也？曰：加隆焉尔也。"本实应期，但子加恩隆重，故三年。

故鼎铭云"弟不敢不择衣"，即言其不敢不择斩衰之服，而为"公"

服丧三年。

"衣"或当读为"哀",《说文·口部》:"哀,闵也。从口,衣声。"是哀、衣可通用不别。若读"衣"为"哀",与丧礼致哀的本质更为契合。《周礼·春官·大宗伯》云:"以丧礼哀死亡。"郑玄《注》:"哀,谓亲者服焉,疏者含襚。"前揭《礼记·祭统》文则曰:"是故孝子之事亲也,……丧则观其哀也。"均以丧礼主哀。丧礼哀情之发,表现在诸多方面。《礼记·间传》论之甚详。《间传》云:

> 斩衰何以服苴?苴,恶貌也,所以首其内而见诸外也。斩衰貌若苴,齐衰貌若枲,大功貌若止,小功、缌麻容貌可也。此哀之发于容体者也。(郑玄《注》:"有大忧者,面必深黑。止,谓不动于喜乐之事。")

《间传》又曰:

> 斩衰之哭若往而不反,齐衰之哭若往而反,大功之哭三曲而偯,小功、缌麻哀容可也。此哀之发于声音者也。(孙希旦《集解》云:"吴氏澄曰:'往而不反,谓气绝而不继。往而反,谓气绝而微继。三曲而偯,谓声不质直而稍文也。哀容,则弥文也。'愚谓哀容者,言虽致哀而稍为容饰,丧弥轻也。")

又曰:

> 斩衰唯而不对,齐衰对而不言,大功言而不议,小功、缌麻议而不及乐。此哀之发于言语者也。(孙希旦《集解》:"愚谓唯者,应人而已,对则有言辞矣。对者,对其所问而已,言则及于他事矣。至于议,则又有论说之详焉。")

又曰:

> 斩衰三日不食,齐衰二日不食,大功三不食,小功、缌麻再不食,士与敛焉则壹不食。故父母之丧,既殡食粥,朝一溢米,莫一溢米;齐衰之丧,疏食水饮,不食菜果;大功之丧,不食醯、酱;小功、缌麻不饮醴酒。此哀之发于饮食者也。

第三章 凶礼研究

又曰：

> 父母之丧，居倚庐，寝苫枕块，不说绖、带；齐衰之丧，居垩室，芐翦不纳；大功之丧，寝有席；小功、缌麻，床可也。此哀之发于居处者也。（郑玄《注》："芐，今之蒲萍也。"孔颖达《正义》云："蒲萍为席，翦头为之，不编纳其头而藏于内也。"敖继公《仪礼集说》云："丧莫重于绖、带，非变除之时及有故，虽寝犹不敢说，明其顷刻不忘哀也。"）

又曰：

> 斩衰三升，齐衰四升、五升、六升，大功七升、八升、九升，小功十升、十一升、十二升，缌麻十五升去其半。有事其缕，无事其布，曰缌。此哀之发于衣服者也。

是丧礼之哀痛，通过容体、声音、言语、饮食、居处、衣服等多个方面来反映，非止丧服之一端也。"择哀"即谓择合适之容体、声音、言语、饮食、居处、丧服，以表达其哀痛。于晏而言，即择斩衰之服，服三升之布，居倚庐、寝苫枕块，三日不食、既殡食粥，哭之极哀，而为公送丧。

晏既为"公"之后者，则必为小宗支子，《丧服》斩衰章云："为人后者。"《传》曰：何如而可为之后？同宗则可为之后。何如而可以为人后？支子可也。"是晏当为"公"同宗，且为小宗之"支子"。而且，西周金文中"兄"、"弟"对举，亦有指同宗兄弟而言者。

> 唯五年九月初吉，召姜以琱生蔑五、帅、壶两，以君氏命曰："余老之，我仆庸土田多扰，弋许，勿使散亡。余宕其参，汝宕其贰。其兄公，其弟乃。"
>
> 　　　　　　　　　　　　　　　　　　　　五年琱生尊①

五年琱生尊中召伯虎为兄系大宗，琱生为弟是小宗②，"兄"、"弟"或更重视其宗法意义，而非实际年齿。与晏鼎铭文中"兄"、"弟"关系相类。

---

① 宝鸡市考古研究所、扶风县博物馆：《陕西扶风五郡西村西周青铜器窖藏发掘简报》，《文物》2007年第8期。

② 王辉：《琱生三器考释》，《考古学报》2008年第1期。

至此，晏称"皇兄"之父为"公"，而不称"父"、"考"者，乃因"公"非其生父，仅系其所后者，晏入继为公后而不使大宗绝也。其时，晏之生身父母或仍在世，故仅称其所继之大宗为"公"。

传世文献及周彝铭都显示周代尽孝乃孝子终身之事，故而晏鼎铭文所谓"皇兄孝于公，宫厥事"者，乃"皇兄"生前事父甚孝、先于其父"公"夭亡之隐语。在此基础上，本节对彝铭"择衣"二字的内涵进行了文献学阐释。衣，可解作丧服，欲"择衣"则须有不同等级的丧服可供采择；再者，若晏系"公"之亲子，服斩衰即可，亦无由"择衣"，既须"择衣"，那么晏非公亲子、所服丧服较"斩衰"为轻。由此可知，斩衰、齐衰、大功、小功、缌麻等五等丧服制度在周初业已存在。据传世礼制文献知，周代已经确立嫡子死立嫡孙、嫡子早夭无后者可立庶子、大宗无后小宗支子可入继为大宗宗子等详备的宗法制度，这在周彝铭中有清晰的反映。晏鼎铭文所记即"皇兄"系"公"之独子且早夭、无后，为使大宗不绝，小宗庶子晏入继大宗宗子，并为大宗宗君"公"操办丧仪之事。通过本节的研究可知，影响中国数千年之久的丧服制度和宗法制度在西周早期已经十分完备。

第四章　宾礼研究

《说文·贝部》："賓，所敬也。"宾客之礼主敬，故名宾礼。《周礼·春官·大宗伯》云："以宾礼亲邦国：春见曰朝，夏见曰宗，秋见曰觐，冬见曰遇，时见曰会，殷见曰同，时聘曰问，殷覜曰视。"郑玄《注》："亲，谓使之相亲附。"孙诒让《正义》："谓制朝聘之礼，使诸侯亲附，王亦使诸侯自相亲附也。"是宾礼之设乃使邦国相亲附。

《大宗伯》所记与西周金文有相合者，亦又不同者，本章对宾礼铭文进行了整理、考辨；对"宾"字、商周时期"宾"、"客"进行了讨论；山西翼城县大河口墓地所出霸伯盂铭文关乎西周觐礼，内容十分重要，本章对其进行了深入释论，就其反映的西周朝聘礼作了分析；结合周彝铭和考古材料对《仪礼》相关礼制的形成年代进行了思考。

第一节　宾礼铭文整理

与宾礼相关者有"使"、"命"、"宾"、"赏"、"赐"、"见"、"视"、"觐"、"遇"、"殷"等。

一　使（命）、宾（赏、赐）

（一）使

"使"作为命令动词则与宾礼无关，如"使××以告于××"（师旂鼎《集成》2809）、"××使××誓"（融攸比鼎《集成》2818、卫鼎《集成》2832）、"×用肇使×……御淮戎"（威方鼎《集成》2824）、"使××讼于××"（曶鼎《集成》2838）、"使××授贲××△△"（敔簋《集成》4323）、"勿使暴虐从狱"（塱盨《集成》4469）、"××使××赠"（匍盂《新收》62）等。

（二）使、赐（赏）并用

1. "使"、"赐（赏）"为连动结构

"使"、"赐（赏）"有连动结构者。

　　唯十又二月既生霸，子仲渔□池，天君蔑公姞历，使赐公姞鱼三百，拜稽首，对扬天君休，用作齍鼎。　　　公姞鬲（《集成》753）
　　唯二月既生霸丁丑，王在莾京真□。戊寅，王蔑寓历，使谆大人，赐作册寓歝□，寓拜稽首，对王休，用作尊彝。寓鼎（《集成》2756）
　　唯九月既望乙丑，在壐师。王俎姜使内史友员赐或玄衣……。或拜稽首，对扬王俎姜休，用作宝籩尊鼎。　　或方鼎（《集成》2789）

"使"、"赐"若为连动结构，亦与宾礼无关。

2. "使"、"赐（赏）"为因果关系

"使"与"赐（赏）"有为因果关系者。

　　唯六月既死霸丙寅，师雍父戍，在古师，遇从。师雍父肩使遇使于胡侯，侯蔑遇历，赐遇金，用作旅甗。　　遇甗（《集成》948）
　　唯十月使于曾，密伯于成周，休赐小臣金，……扬，用作宝旅鼎。　　　　　　　　　　　　　　　　　　小臣鼎（《集成》2678）
　　召伯命生史使于楚，伯赐赏，用作宝簋，用事厥祖日丁，用事厥考日戊。　　　　　　　　　　　生史簋（《集成》4100）
　　唯王奉于宗周，王姜使叔使于大保，赏叔鬱鬯、白金、芻牛，叔对大保休，用作宝尊彝。　　　　　叔簋（《集成》4132）

以上均因"使"而受"赐（赏）"，《礼记·曲礼下》："使者自称曰某。"郑玄《注》："使，谓使人于诸侯也。"遇甗首"使"字为命令动词，其他诸"使"字乃出使之义，与宾礼有关。

（三）使、宾（傧）并用

"使"、"宾"并用者，其例如下。

　　仲几父使几使于诸侯、诸监，用厥傧，作丁宝簋。
　　　　　　　　　　　　　　　　　　　几簋（《集成》3954）
　　唯五月既死霸辛未，王使小臣守使于夷，傧马两、金十钧。
　　　　　　　　　　　　　　　　　　　小臣守簋（《集成》4179）

王命中先省南国贯行，𩁹应在曾，史兇至，以王命曰：余命汝使小大邦……。中省自方、邓、洀□邦，在□师次。

中甗（《集成》949）

以上几篇及小臣守簋均有两"使"字，后"使"乃出使之意，与《曲礼下》郑玄《注》合。"宾"，当读为傧，《仪礼·觐礼》："侯氏用束帛、乘马傧使者。"郑玄《注》："傧使者，所以致尊敬也。"诸侯或卿大夫回敬使者仪物，可言"傧"可言"赐（赏）"，但于王使则必曰"傧"以示敬意。

（四）命、宾（傧）连言

但言"命"者多与宾礼无涉，此不赘论。"宾"有宾客之义，或与宾礼相关，但与仪节无涉，如"用绥宾"（郑邢叔钟《集成》21）、"用乐好宾"（虢钟《集成》88、鲜钟《集成》143）、"赞宾"（小盂鼎《集成》2839）、"用飨宾"（义叔闻簋《集成》3695、欨簋《集成》3745）、"歆王宾"（弭仲瑚《集成》4627）、"嘉宾"（兽叔奂父盨《新收》41）、"用日飤宾"（谏簋《新收》391）、"事宾"（矩鼎《新收》1664）等。

1. 与宾礼相关者

有"命"、"宾（傧）"连言之例。

唯六月既生霸辛巳，王命蔿眔叔螒父归虞姬饴器，师黄傧蔿璋一、马两，虞姬傧帛束，蔿对扬天子休，用作尊簋季姜。

蔿簋（《集成》4195）

唯十又一月初吉辛亥，公命鲦伐于𧊒伯，伯蔑鲦历，傧鲦披廿、贝十朋。

鲦簋（《集成》4146）

唯十又二年三月既生霸丁亥，王在归脹宫，王呼吴师召大，赐趞睽里，王命膳夫豕曰趞睽曰："余既赐大乃里。"……睽傧豕璋、帛束，……大傧豕𩁹璋、马两，傧睽𩁹璋、帛束。

大簋盖（《集成》4298）

乙卯，王命保及殷东国五侯，诞叽六品，蔑历于保，赐傧，用作文父癸宗宝尊彝，……在二月既望。 保卣（《集成》5415）

王命膳夫丰生、司空雍毅，申厉王命，取吴许旧疆付吴虎，……吴虎拜稽首天子休，傧膳夫丰生璋、马匹，傧内司土寺奉璧、瑗。书：尹友守史，由傧史贲帟两。

吴虎鼎（《新收》709）

乙未，公大保买大班于亚，……公命亢归亚□贝五十朋，……亚

侯亢驲、金二钧。亢对亚宝，用作父己。夫册。　亢鼎（《新收》1439）

师黄及虞姬傧王使以束帛及马，大簋睽傧王使豕璋、帛束；大宾王使璋、马；大亦傧睽璋、束帛诸事与《仪礼·觐礼》可对读，详本章第四节。

2. 与宾礼无关者

亦有"命"、"宾"连言者，其主旨在于"安"、"宁"，当归于凶礼，然亦言"宾（傧）"者，则用宾礼之仪节。

唯十又九年，王在斥，王姜命作册睘安夷伯，夷伯傧睘贝、布，扬王姜休，用作文考癸宝尊器。　作册睘卣（《集成》5407）

唯王初奉于成周，王命孟宁邓伯，傧贝，用作父宝尊彝。

孟爵（《集成》9104）

今所见册命铭文，王赐官爵、赐服多言"赐"而不言"傧"，以王于臣子无宾敬之事。

（五）使与宾礼

"使"义是否为出使，是判断彝铭所记是否为宾礼的重要标准之一。选命使者是聘礼成功与否的一个重要因素，因此《仪礼·聘礼》开篇便交代国君选命使者之事。《聘礼》云："君与卿图事，遂命使者。使者再拜稽首，辞，君不许，乃退。既图事，戒上介，亦如之。"郑玄《注》："图，谋也；谋聘故及可使者。"使者选派的标准之一当即为贤，与《仪礼·士冠礼》、《乡饮酒礼》之宾大率相同，《士冠礼》："主人戒宾，宾礼辞，许。"郑玄《注》："宾，主人之僚友。古者有吉事，则乐与贤者欢成之；有凶事，则欲与贤者哀戚之。"是宾须为贤者。《乡饮酒礼》："主人就先生而谋宾、介。"郑玄《注》："宾、介，处士贤者。……贤者为宾，其次为介，又其次为众宾。"是乡饮酒礼之宾亦须为贤者。这在《春秋经》及《左传》中亦有明证，《春秋·襄公二十四年》："叔孙豹如京师。"《左传》则云："穆叔如周聘，且贺城。王嘉其有礼也，赐之大路。"亦是其证。

换句话说，于臣子而言，受命出使既为了突出使命的光荣，更重要的是表明其与诸侯国君主交接的合法性、合理性，这在文献中有明确的记载。《春秋·庄公二十三年》云：

祭叔来聘。

范宁《注》：

祭叔，天子寰内诸侯。

杨士勋《疏》：

今祭叔见是天子大夫，而恣意任情，欲外接诸侯，虽请王命，非王本心，故不称使，见其擅命。……或以为祭叔亦无王命，以是天子大夫假王命而来，鲁受其聘，故得书聘；以本非王命，故不称使也，祭伯虽是天子卿大夫，欲同诸侯之例而来朝鲁，以不奉王命，故不得称聘；寰内诸侯不合外交，故亦不得云朝，是亦得通一家也。

《穀梁传》：

其不言使，何也？天子之内臣也，不正其外交，故不与使也。

范宁《注》：

何休曰："南季、宰渠伯纠、家父、宰周公来聘，皆称使，独于此夺之，何也？"郑君释之曰："诸称使者是奉王命，其人无自来之意。今祭叔不一心于王，而欲外交，不得王命来，故去使以见之。"

可见不奉王命或者不与王同心同德而去聘问，皆于礼不合。即使作为使者，在聘问的过程中也要非常注意人臣之节，这在《仪礼·聘礼》经文中也有明确记载。今所见受命出使的铭文，一开始就交代"使"是受命而行，如前揭小臣守簋所记"唯五月既死霸辛未，王使小臣守使于夷"等等，彝铭与《穀梁传》所记若合符节。

西周彝铭动辄便称"王使"、"王命"、"王若曰"者，即《论语·季氏》孔子所谓的"天下有道，礼乐征伐自天子出"。

学者有以匍盉铭文（详见本书第七章第一节）所记为西周頫聘礼者①，这一论点与今所见聘礼不同。

---

① 王龙正、姜涛、娄金山：《匍鸭铜盉与頫聘礼》，《文物》1998年第4期；王龙正：《匍盉铭文补释并再论頫聘礼》，《考古学报》2007年第4期。

首先，如果盂铭所记为聘礼，那么匍应该是受命出使，金文通例受命出使需在铭文中明确指出，比如前揭小臣守簋、颂鼎、盂爵等。因为出使是一项光荣使命，也是作器的主要动因之一。然而匍盂铭文并未言及匍是受命出使，那么其作为使者的合法性问题就值得怀疑。

第二，上举小臣守簋、颂鼎、盂爵等，动词多为"宾（摈）"或"赐"，而不用"赠"，"摈"或"赐"与聘义契合，而"赠"则不然，似为地位对等两人之间的互致礼物。

最后，《仪礼·聘礼》中使者出访的前因、后果非常明确，匍盂则不然，仅言匍即于氏，没有明确的前因后果。

有鉴于此，认为匍盂所记属于聘礼或聘礼中的某个环节似乎存在困难。

二　见

"见"、"视"类铭文多与觐礼相关，包括"见"、"见事"、"见服"等。

（一）见

"见"类又包括"昭"和"见"两种。

1. 昭

"昭"仅一见。

王肇遹省文武勤疆土南国，𢓊子敢陷处我土，王敦伐其至，扑伐厥都，𢓊子廼遣间来逆昭王。南夷、东夷具见，廿又六邦，唯皇上帝、百神保余小子，朕猷有成亡竞，我唯司配皇天，王对作宗周宝钟。……用邵格丕显祖考先王，先王其严在上，……降余多福，福余沈孙，参寿唯利，䥽其万年，畯保四国。

䥽钟（《集成》260；图4.1.1）

孙诒让以"昭"为见，逆昭者，迎见也，此为朝见之礼。

2. 见

裘锡圭以 𦣞 为"见"、以 𥃭 为"视"①，二者在甲骨文中分别较为明显，

---

① 裘锡圭：《甲骨文中的见与视》，《裘锡圭学术文集·甲骨文卷》，复旦大学出版社2012年版。

图 4.1.1 㝬钟铭文

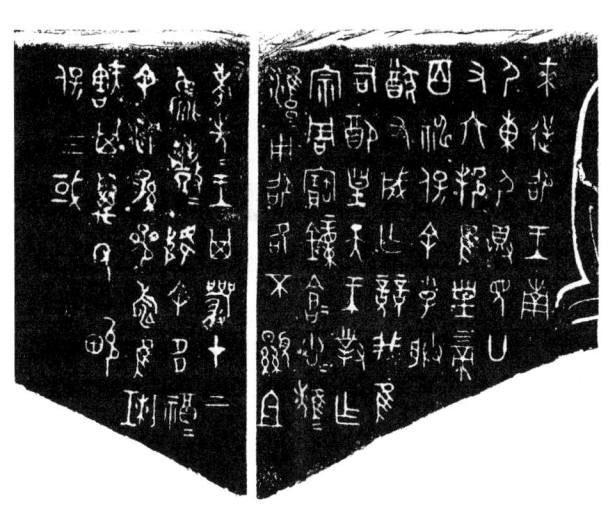

在西周金文中是否均用本义尚需探讨。西周彝铭中与"見"相关者有如下辞例。

上帝思柔，尤保授天子宽命、厚福、丰年，方蛮亡不覞（踝）見。青幽高祖，在微灵处。雩武王既戡殷，微史烈祖廼来见武王。
墙盘（《集成》10175）

南夷东夷具見，廿又六邦。㝬钟

唯王九年九月甲寅，王命益公征眉敖，益公至，告。二月，眉敖至，見，献帛。己未，王命仲侄归乖伯貔裘，……乖伯拜手稽首，天子休弗忘小裔邦，归乌敢对扬天子丕丕鲁休，用作朕皇考武乖几王尊簋。
归乌簋（《集成》4331）

眉敖者肤卓使見于王，王大黹。九年卫鼎（《集成》2831）

《周礼·春官·大宗伯》："殷覜曰视。"《说文·见部》："覜，诸侯三年大相聘曰覜。覜，视也。"《周礼·考工记·玉人》郑玄《注》："众来曰觐，特来曰聘。"归夅簋记眉敖特来，故不宜训为"视"。且上举三铭均前来朝觐周王之谓，与《礼记·曲礼》"见父之执"孔颖达《疏》"自下朝上曰见"所述全同，故上举诸铭之"✡"应释作"见"。墙盘"微史烈祖廼来见武王"亦即朝见之义。

其中归夅簋铭涉及三个人名——眉敖、乖伯、归夅，杨树达以为三名实为一人，其中眉敖为爵名，乖伯是其字，归夅乃其名①。然杨氏又因乖伯父谥为"武乖几"，故以乖伯乃因父谥为氏也②，此说不可信。甘肃灵台姚家河西周墓出土有"乖叔作"鼎，其时代不晚于西周康王时期③，可见乖氏早在西周康王时期已经存在，而非乖伯归夅所属之西周中期偏晚。姚家河墓地"乖叔作"鼎的发现，也暗示了乖氏封地当在甘肃灵台，因而郭沫若、陈梦家以"归乖伯"连读，以为即今湖北秭归境内归国之乖伯④，同样难以令人信服。这也证实了于省吾以"归"为动词，训为"馈"之说不可易⑤，如此则"仲侄"为人名无疑⑥。"征"，杨树达读为"征"，训为往，此说可商。若王遣使征召聘问诸侯不言"征"，其例如下。

  唯王初奉于成周，王命盂宁邓伯，傧贝。 盂爵（《集成》9104）
  王使小臣守使于夷，夷傧马两、金十钧。
                    小臣守簋（《集成》4180）
  唯六月既生霸辛巳，王命芮眾叔鯳父归吴姬饴器，师黄傧芮璋一、马两，吴姬傧帛束。   芮簋（《集成》4195）

出使、聘问多言"使"不言"征"，若为征召、聘问则诸侯于使者多有傧献，上揭盂爵、小臣守簋等即其例。归夅簋之"征"，或读为"政"。虢季子白盘有"用政蛮方"之语，政乃赋敛徭役，"政蛮方"乃以武力取得赋税徭役之义⑦。"见"乃朝见之谓。

---

① 杨树达：《积微居金文说》，上海古籍出版社2007年版，第320—324页。
② 杨树达：《积微居金文说》，上海古籍出版社2007年版，第146页。
③ 甘肃省博物馆文物队、灵台县文化馆：《甘肃灵台县两周墓葬》，《考古》1976年第1期；张政烺：《张政烺批注〈两周金文辞大系考释〉》（中册），中华书局2011年版，第325页。
④ 郭沫若：《两周金文辞大系考释》，科学出版社1957年版，第147页；陈梦家：《西周铜器断代》，中华书局2004年版，第287页。
⑤ 于省吾：《双剑誃吉金文选》上3·7，中华书局1998年版。
⑥ 于省吾：《双剑誃吉金文选》上3·7，中华书局1998年版。
⑦ 冯时：《中国古文字学概论》，中国社会科学出版社2016年版，第605页。

再如驹父盨盖铭（《集成》4464）云：

> 唯王十又八年正月，南仲邦父命驹父殷（纠）南诸侯，率高父**見**南淮夷，厥取厥服，谨夷俗。遂不敢不敬畏王命，逆**見**我，厥献厥服。

此铭"**見**"均应释为"见"，两"见"一谓自上诣下，一谓自下朝上，均可谓之"见"。

归夆簋铭言"献帛"，师袁簋曰"淮夷旧我帛畮臣"，兮甲盘云"淮夷旧我帛畮臣"，均淮夷向周王朝纳帛称臣之事，驹父盨言献帛亦纳帛称臣之意。觐礼完毕，王有赠赐车服之事。《仪礼·觐礼》："天子赐侯氏以车服，……诸公奉箧服，加命书于其上，升自西阶，东面，大史是右。侯氏升，西面立。大史述命。侯氏降两阶之间，北面再拜稽首，升成拜。大史加书于服上，侯氏受。"所记与本铭相类。乖伯朝王已毕，王命仲佺归乖伯貔裘，并宣读王之命书，则仲佺职司相当于太史。铭文所记为朝觐之礼。

九年卫鼎铭记九年正月眉敖之使来见王。彼铭则谓，九年九月王命益公征伐眉敖，十年二月眉敖方自来朝王，其中缘由不详。

麦方尊（《集成》6015，图4.1.2）有"**見**"，其铭云：

> 王命辟邢侯出坏，侯于邢。雩若二月，侯**見**于宗周，亡尤。会王䉷荐京，酌祀。雩若翌日，在辟雍，王乘于舟，为大礼，王射大鸿，擒。侯乘于赤旂舟，从，死咸。之日，王以侯入于寝，侯赐玄琱戈。雩王在㱃，已夕，侯赐赭韨臣二百家。剂（齋）用王乘车马、金勒、冂衣、市、舄。唯归，睉天子休，告亡尤。

本铭之"**見**"当如裘先生说释作"见"，乃觐见之义，尊铭所记关乎觐礼之详细仪节，内容重要，兹略作考述。

"亡尤"即《仪礼·觐礼》之"无事"，言"无所为得罪之事"[①]。"侯乘于赤旂舟"者，《周礼·春官·司常》："及国之大阅，赞司马颁旗物：王建大常，诸侯建旂。"郑玄《注》："诸侯画交龙，一象其升朝，一象其下复

---

① 孙常叙：《麦尊铭文句读试解》，《孙常叙古文字学论集》，东北师范大学出版社1998年版。

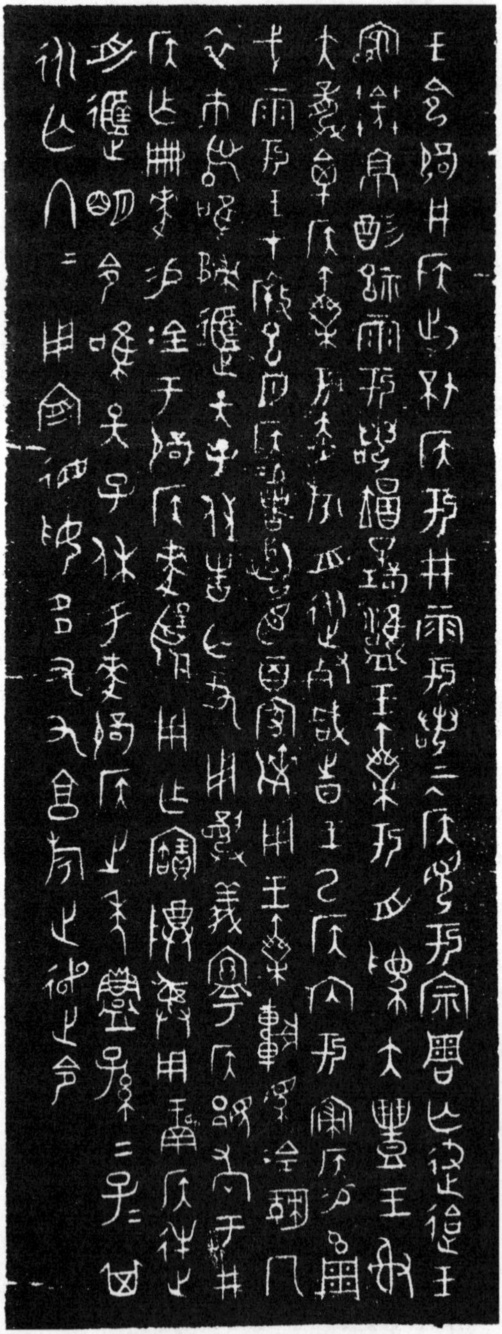

也。"贾公彦《疏》:"龙有升龙、降龙,则诸侯不得与天子同,故直有升龙也。至于天子,旌旂有日月星辰,故诸侯旌旂无日月星,故龙有升降也,象升朝天子,象下复还国也。"邢侯为诸侯,故舟用赤旂。

《周礼·天官·宫人》:"宫人掌王之六寝之修。"郑玄《注》:"六寝者,路寝一,小寝五。《玉藻》曰:'朝,辨色始入。君日出而视朝。退适路寝听政。使人视大夫,大夫退,然后适小寝,释服。'是路寝以治事,小寝以时燕息焉。"孙诒让《正义》:"云'是路寝以治事,小寝以时燕息焉'者,《玉藻》听政在路寝,是路寝以治事。听政毕,则适燕寝,是燕寝以时燕息,故《女御》云:'掌御叙于王之燕寝。'"本铭之"寝"当即路寝。两周金文又见中寝、下寝。

王作莽京中寝归盂。

　　王盂《新收》668

听所献为下寝盂。

　　听盂《新收》1072

"燕寝"又称"下室",《礼记·文王世子》:"公若有出疆之政,庶子以公族之无事者守于公宫:正室守大庙,诸父守贵宫、贵室,诸子、诸孙

图4.1.2　麦方尊铭文

守下宫、下室。"郑玄《注》："下室，燕寝。"是也。下室（燕寝）即相对贵室（路寝）而言，则下寝亦燕寝之谓，燕寝与路寝相对则又为小寝、为下寝矣。寝小室盂又见"寝小室"之称，亦燕寝也。

又有"康寝"者。

> 唯正月既生霸丁酉，王在周康寝，饗醴。
>
> 师遽方彝（《集成》9897）

"康寝"即康宫之寝，犹鲁国之高寝。《说苑·修文》：

> 《春秋》（定公十五年）曰："壬申，公薨于高寝。"《传》曰："高寝者何？正寝也。曷为或言高寝，或言路寝？曰：诸侯正寝三：一曰高寝，二曰左路寝，三曰右路寝。高寝者，始封君之寝也。二路寝者，继体之君寝也。其二何？曰：子不居父之寝，故二寝。继体君世世不可居高祖之寝，故有高寝。"

高寝为始封君之寝，或位于宗庙之内。而康王为康宫之始祖，其宗庙之寝得名康寝。

射毕，王召邢侯于路寝，并赐邢侯玄琱戈。尊铭先言王在辟雍举行射，邢侯从王射，职事无亏，故赐玄琱戈。

"剂"，唐兰读为"齍"①，郑玄《聘礼》注："齍，犹付也。""剂（齍）用王乘车马、金□、冂衣、市、舄"者，冯时师以为乃邢侯以车马等物贡献于王。

贤簋亦有"见"，彼文曰："唯九月初吉庚午，公叔初见于卫，贤从，公命吏赗贤百晦糧，用作宝彝。"见者，上诣下之谓也。方濬益以"从"即介。此铭与朝聘礼相关。

（二）见服与见事

"见服"见于作册魖卣（《集成》5432），其铭曰：

> 唯公大史见服于宗周年，在二月既望乙亥，公大史咸见服于辟王，辨于多正。零四月既生霸庚午，王遣公大史。公大史在丰，赏作册魖马，扬公休，用作日己旅尊彝。

---

① 唐兰：《西周青铜器铭文分代史征》，中华书局1986年版，第253页。

"见事"见于燕侯旨鼎(《集成》2628),其铭云:

燕侯旨初见事于宗周,王赏旨贝廿朋,用作姒宝尊彝。

见事乃述职之义①。"见服"与"见事"同义,所异者见服与见事有内外服之别②。

三 遘

与"遘"字相关的彝铭,可以分作三类:其一,遇见之义,如保卣:"遘于四方会王大祀";其二,假作婚媾之"媾",如归夨簋(《集成》4331)、膳夫克盨(《集成》4465)、壴卣(《集成》5401)、幽公盨(《新收》1607)等;其三,与宾礼相关,其例如下。

唯九月既望庚寅,楷伯于遘王,休,亡尤。朕辟天子,楷伯命厥臣献金车,对朕辟休,作朕皇考光父乙,十世不忘献身在毕公家,受天子休。 　　楷伯簋(《集成》4205)

楷伯簋又被称作献簋,实则两献均为动词③,宜名楷伯簋。遘,遇也。学者或读为"觐",《尔雅·释诂下》:"遘,遇也。"郝懿行《义疏》:"遘,通作觐。"均训为遇。《周礼·春官·大宗伯》:"以宾礼亲邦国。春见曰朝,夏见曰宗,秋见曰觐,冬见曰遇,时见曰会,殷见曰同。"郑玄《注》:"此六礼者,以诸侯见王为文。……遇,偶也,欲其若不期而俱至。""亡尤"与麦方尊之"亡尤"同,均《仪礼·觐礼》"无事"之意,则"遘"似即朝觐宗遇之"遇",其仪节或与觐礼相类。金车,即金路。《周礼·春官·巾车》:"金路,……建大旂,以宾。""以宾"与前文"遘于王"正相协。

再如螨鼎,其铭(《集成》2765)曰:

唯三月初吉,螨来遘于妊氏,妊氏命螨:"使保厥家。"因付厥祖仆二家,螨拜稽首曰:"休朕皇君,弗忘厥宝臣。"对扬,用作宝尊。

---

① 杨树达:《积微居小学述林》卷六,中华书局1983年版。
② 冯时:《周初二伯考——兼论周代伯老制度》,《中原文化研究》2018年第2期。
③ 张政烺:《张政烺批注〈两周金文辞大系考释〉》上册,中华书局2011年版,第114页。

"遘"亦遇也,乃臣下会同主妇之谓。"使保厥家","使",助词无实意①。"使保厥家"犹《诗·颂·桓》"克定厥家"。

四 殷

西周彝铭所见之"殷",其义随文各异:其一,国名,即殷商之"殷",见于癫钟(《集成》251)、大盂鼎(《集成》2837)、墙盘(《集成》10175)、逑盘(《新收》757);其二,人名,如"殷"(见于殷作宝彝簋《集成》3379、殷簋《新收》840)、"仲殷父"(见于仲殷父鼎《集成》2463、2464,仲殷父簋《集成》3964—3870,诸器仲殷父乃一人,均属西周晚期②)、"伯殷父"(见于史要鼎《集成》2575)、"仲殷"(见于仲殷盨《新收》375)"叔殷毂"(见于虢叔鬲《集成》603、虢叔尊《集成》5914)、"殷毂"(见于虢叔瑚《集成》4498、殷毂盘《集成》10127—10128,其与叔殷毂系一人,或即虢叔之夫人③)、"子殷"(见于子殷卣《集成》5274、子殷尊《集成》5872)、"殷句"(见于殷句壶《集成》9676);其三,地名,如"殷八师"(见于禹鼎《集成》2833、2834,小臣謎簋《集成》4238—4239);其四,动词与宾礼相关,其字或作"殷"(见于叔矢方鼎《新收》915、小臣传簋《集成》4206、作册申卣《集成》5400、作册申尊《集成》5991、保卣《集成》5415、保尊《集成》6003),或作"寴"(见于丰卣《集成》5403、丰尊《集成》5996、史寅卣《集成》5421—5422、史寅尊《集成》5999、史寅盉《集成》9454等)。

与宾礼相关的"殷"类铭文大率可分为两类,一类为殷国之礼,一类为殷见之礼。

1. 殷国之礼

殷国者有王巡守至侯国,而行殷国之礼者,如商代二祀邲其卣(《集成》5412):

丙辰,王命邲其眡饎,殷于逢,田潏。侯贝五朋。

卣铭其所记即为商代殷国之礼④。

---

① 裴学海:《古书虚字集释》,中华书局1954年版,第795页。
② 吴镇烽:《金文人名汇编(修订本)》,中华书局2006年版,第122页。
③ 吴镇烽:《金文人名汇编(修订本)》,中华书局2006年版,第267页。
④ 冯时:《中国古文字学概论》第七章第九节,中国社会科学出版社2016年版。

2. 殷见之礼

今所见西周彝铭所记殷见之礼多行于成周，其例如下。

唯五月既望甲子，王［在莽］京，命师田父殷成周［年］。师田父命小臣传非余，传□朕考㼌，师田父命余□□官，伯俎父赏小臣传□，扬伯休，用作朕考日甲宝。　　小臣传簋（《集成》4206）

唯明保殷成周年，公赐作册䰙鬯、贝，䰙扬公休，用作父乙宝尊彝。　　作册䰙卣（《集成》5400）

唯六月既生霸乙卯，王在成周，命丰殷大、矩，大、矩赐丰金、贝，用作父辛宝尊彝。木羊册。　　丰卣（《集成》5403）

王命士上眔史寅殷于成周，菁百姓豚，眔赏卣鬯、贝，用作父癸宝尊彝。　　史寅盉（《集成》9454）

唯十又四月，王酌、大禘、莽在成周，咸莽。王呼殷厥士，齌叔矢以裳衣、车马、贝卅朋。敢对王休，用作宝尊彝，其万年扬王光厥士。　　叔矢方鼎（《新收》915）

传世礼制文献所谓"殷见"、"殷同"、"殷頫"，彝铭均作"殷"，《周礼·秋官·大行人》："殷同以施天下之政。"郑玄《注》："殷同即殷见也。……殷同者，六服尽朝。"郭老则以为："殷见之礼，据彝文乃大合内外臣工而会见之，《书》所谓'四方民大合会，侯甸男邦采卫百工播民和，见士于周'者也。"① 学者又有申郭说者②。由于周彝铭所记殷见之礼皆行于成周，故郭老之说更接近史实。丰卣、史寅盉之殷字，叠加义符宀作"窔"，则殷见之礼或行于宗庙。

周彝铭所载殷见之礼，除叔矢方鼎所记"王呼殷厥士"者，上揭其他彝铭皆周王遣使殷见诸侯、臣工，较文献记载更为丰富。不但大合内外臣工而见之为殷见，诸侯行殷见之礼时，周王遣使单独见某君亦可称作"殷"，如丰卣所记即是其例。

五　会、同

（一）会

"会"仅见于㥅方彝（《集成》9892），其铭曰：

---

① 郭沫若：《金文丛考》，科学出版社2002年版，第328页。
② 蒋大沂：《保卣铭考释》，《中华文史论丛》第5辑，1964年版。

㊁肇会宁（柠）百姓，扬，用作高文考父癸宝尊彝。

宁，柠之本字①，商代卜辞及彝铭习见，系氏族名称，乃戈族分支②，大禹之后。

《周礼·春官·大宗伯》：

> 时见曰会，殷见曰同。

郑玄《注》：

> 时见者，言无常期，诸侯有不顺服者，王将有征讨之事，则既朝觐，王为坛于国外，合诸侯而命事焉。《春秋传》曰："有事而会，不协而盟。"是也。

贾公彦《疏》：

> 此昭（公）三年，郑子太叔曰："文襄之霸也，其务不烦诸侯，令诸侯三岁而聘，五岁而朝，有事而会，不协而盟。"引之者，证时会之意。

会不必主于天子会诸侯，由本铭观之，宗子会百姓亦可云会。

（二）同

"同"有用为族氏及人名者，有关材料学者学者已经详作梳理③，此无关本书宏旨，暂不赘论。"同"作为动词者凡两见。其一，见于不嬰簋（《集成》4329），其铭曰：

> 唯九月初吉戊申，伯氏曰："不嬰，驭方玁狁广伐西俞，王命我羞追于西，余来归献禽，余命汝御追于䚄，汝以我车宕伐玁狁于高堕，汝多折首、执讯，戎大同，从追汝，汝彶戎，大敦搏。"

---

① 丁山：《殷商氏族方国志》，科学出版社1956年版，第119页。
② 曹定云：《殷墟妇好墓铭文研究》，云南人民出版社2007年版，第72页。
③ 韩巍：《西周金文氏族研究》，博士学位论文，北京大学，2007年，第42—46页。

"戎大同",徐同柏训为"大合众"①,说是。

其二:见于令方彝(《集成》6016),其铭曰:

唯八月,辰在甲申,王命周公子明保,尹三事四方,受卿事寮。丁亥,命矢告于周公宫,公命诞同卿事寮。

铭文所记与上揭作册翩卣之"唯明保殷成周年"乃一事②。"诞同",即《周礼·春官·大宗伯》"殷见曰同"。

第二节 古文字所见宾、客

宾礼之中受礼者称宾客。商周古文字材料所见宾、客内涵丰富,兹就相关问题略作考述。

一 释宾

《说文·贝部》:"賓,所敬也。从贝,宀声。寶,古文。"《说文》所收"宾"字正篆与殷卜辞及古文字材料所见不合。梳理相关材料,对"宾"字本义的解读或有赞益。

甲骨文中"宾"字异构较多,有"◻"、"◻"、"◻"、"◻"、"◻"、"◻"、"◻"、"◻"、"◻"、"◻"、"◻"、"◻"、"◻"、"◻"("◻")。商代金文作"◻"、"◻",两周金文宾则作"◻"、"◻"、"◻"、"◻"。诸宾字之中,甲骨文之"◻"与西周时期宾作"◻"(虞钟《集成》88)构型全同,孙诒让云:

有云"完贝"者……,"完"即"完"字,然此"完贝",疑当读为"宾贞",盖宾敬之义,《说文·贝部》:"宾,所敬也,从贝,宀声。古文作寶,从完。"此疑即"完"之省,金文宾字如史颂敦、裛卣、叔宾父簋、郑井叔钟并从贝从◻,虞钟则直省作◻,此与彼正同。

---

① 徐同柏:《从古堂款识学》10·36。
② 冯时:《中国古文字学概论》第七章第九节,中国社会科学出版社2016年版。

囧虽本完字，而宾义较近也。①

孙氏以"囧"本为完字而与宾义较近，王筠《说文句读》更以古文寶从完声。罗振玉、马叙伦则以寶为囧为讹②。然而宾字所从之"丂"与元字作"丆"、"兀"、"гі"笔势不同，当非一字。林义光以为"囧"字所从之"囧"即"丏"字：

《说文》云："丏（丏），不见也，象雍（按：当为壅）蔽之形。"按古作万，象人头上有物蔽之之形。丏双声旁转为万，故隶或以万为萬字，篆书作丏者，从𠂆，即人之变，匚象有物在其上及前拥蔽之也。③

案：林说是。故而，甲骨文、金文之"囧"、"囧"当即"宆"字，《五音集韵》即以"宆"为古文宾字。囧为形声字，从宀，丏声，宀即宗庙，宾、祭之礼多行于宗庙也。

宾字由于造字的着重点不同，形体也各异，大致说来可分为以下几类。其一，从卩（男宾、男尸）④会意，"囧"（囧、囧）、"囧"、"囧"，乃宾（尸）在庙中之义。其二，从止，从卩（女），从人会意，如"囧"、"囧"，从止者，摈导也，《说文·人部》："傧，导也。"其三，从人，从止会意，如"囧"，以见赞引宾（尸）之义，《管子·小问》："桓公令傧者延而上。"贺知章《注》："傧，谓赞引宾客者也。"其四，从卩（女），从口会意，如"囧"、"囧"、"囧"，从口以见传辞之义，《礼记·曲礼下》："其擯于天子也。"郑玄《注》："擯者，辞也。"《礼记·礼器》："故礼有擯诏。"郑玄《注》："擯诏，告道宾主者也。"其五，上述诸中义符叠加会意，有从人、从卩、从止者，如"囧"；有从女、从卩、从口，从止会意者，如"囧"。

亦有在形声字上添加义符者，如"囧"、"囧"、"囧"、"囧"。

---

① 孙诒让：《契文举例》卷上，齐鲁书社1993年版。
② 马叙伦：《说文解字六书疏证》卷十二，科学出版社1956年版。
③ 林义光：《文源》卷五，中西书局2012年版。
④ 冯时：《敖汉旗兴隆沟红山文化陶塑人像的初步研究》，河南大学历史文化学院编《孙作云百年诞辰纪念文集》，河南大学出版社2014年版。

前文已述西周金文中宾字多作"🔲",从贝,"🔲"(丏)声;亦有作🔲(丏)者,这种形体是对商代文字的继承。春秋金文中,除了延续西周金文"🔲"、"🔲"之外,又出现了"万"上添加饰笔者,如"🔲"、"🔲"两种形体。战国文字中,宾字形体更加多样化,除了西周、春秋时期流行的"🔲"、"🔲"、"🔲"、"🔲"等形体外,又新见从宀元声之"🔲"。《说文》所录宾字古文"🔲",或即东周古文字"🔲"的讹体。由于东周时期存在从宀元声之宾,因此也不排除从贝完声的"🔲"为宾异构。东周文字又见賓字别体"🔲"或即"寶"字。

前文已述,宾字在商代甲骨文及金文中均不从贝,而且殷卜辞中贞人"宾"字恒作"🔲",不从止(报宾之"宾"亦不从止,作🔲),与祭祀相关之"宾"则多作"🔲",偶有作"🔲"者①。商代古文字所见之"🔲"与虘钟嘉宾字作"🔲"同,而且西周金文中嘉宾之宾及报宾之傧皆作🔲,故而西周金文之"🔲"即商代古文字之"🔲",由此亦明贞人宾除服务于王室占卜活动外,其职司与《周礼·秋官·大行人》、《典客》相关。甲骨文中从止之"🔲"多用于祭祀,或与摈尸相关。

二 古文字中的客

古文献及古文字材料中宾与客每每连言。罗振玉曾以甲骨文之"🔲"、"🔲"为客字②。由前文分析知,罗氏所举"🔲"当为宾字。西周金文中客字作"🔲"、"🔲"。《说文·宀部》:"客,寄也。从宀各声。"🔲,当为客之本字,林义光《文源》卷六:"(客),从人在屋下,各声。"③ 西周金文中"客",多假作格。

> 唯王九月丁亥,王客(格)于般宫,井伯入右利,立中廷,北向,王呼作命内史册命利。　　利鼎(《集成》2804)

客在春秋金文中多与宾连言。

---

① 吴其昌:《殷虚书契解诂》,武汉大学出版社2008年版。
② 罗振玉:《增订殷虚书契考释·文字》,见《殷虚书契考释三种》,中华书局2006年版。
③ 林义光:《文源》,中西书局2012年版。

唯曾伯陭乃用吉金鐈鋚，用自作醴壶，用饗宾客，为德无瑕，用孝用享，用赐眉寿。　　　　　　　　　　曾伯陭壶（《集成》9712）

徐王糧用其良金，铸其□鼎，……用饗宾客，子子孙孙，世世是若。　　　　　　　　　　　　　　　　徐王糧鼎（《集成》2675）

唯正月初吉辛亥，都仲之孙筥大史申，作其造鼎十，……以御宾客，子孙是若。　　　　　　　　　　　筥大史申鼎（《集成》2732）

战国彝铭中，亦不乏其例。

唯王正月初吉丁亥，姑冯昏同之子择厥吉金，自作商句鑃，以乐宾客，及我父兄，子子孙孙永保用之。
　　　　　　　　　　　　　　　姑冯昏同之子句鑃（《集成》424）

□□□初吉庚午，吴王□□□□□子配儿曰：余孰臧于戎功且武，……余择厥吉金，……自作钩鑃，以宴宾客，以乐我诸父，子孙用之。　　　　　　　　　　　　　　配儿钩鑃（《集成》427）

《诗经》中客亦多与宾连举，如《诗·小雅·吉日》："以御宾客，且以酌醴。"周彝铭及《诗经》中宾客连言，乃客人的总称。

宾与客，对文则异，散文则通。《周礼·秋官·大行人》：

大行人掌大宾之礼及大客之仪，以亲诸侯。

贾公彦《疏》：

此大宾大客尊卑异，故言"及"以殊之。此宾客相对则别，散文则通。是以《大司徒》云："大宾客，则令野修道委积。"宾亦名客。《小司徒》："小宾客，则令野修道委积。"则客亦名宾。是宾客通也。

段玉裁《说文解字注》云：

客，寄也。……故自此托彼曰客，引伸之曰宾客。宾，所敬也。客，寄也。故《周礼·大行人》大宾、大客别其辞，诸侯谓之大宾，其孤卿谓之大客。《司仪》曰："诸公、诸侯、诸伯、诸子、诸男相为宾，诸公之臣，侯、伯、子、男之臣相为客。"是也。统言则不别耳。

《论语》:"寝不尸,居不客。"谓生不可似死,主不可似客也。

古文字所见之客与《周礼·秋官·大行人》之"客"并不完全相同,但宾客散文意义相通则无可疑。

战国简牍中亦有宾、客互作之例,如清华简《耆夜》记周武王行饮至之礼云:

> 武王八年征伐耆,大戡之。还,乃饮至于文大室。毕公高为客,召公保奭为夹,周公叔旦为宝,辛公姬甲为位,作策逸为东堂之客,邵尚甫命为司正,监饮酒。①

客即为宾,东堂之客即众宾。战国金文及玺印中每见"某客",如"铸客"、"郢粟客"等,其义即外来之百工②。

学者或认为本国人士称"客"不称"宾",与西汉以后文献用词习惯接近,并据之以论清华简《耆夜》乃伪作③。前文已论,东周文献中宾客多连言,且宾、客散文则通,对文则异,故《耆夜》称宾为客,并无不妥。

第三节 西周册命礼的朝仪

册命礼是金文中最为常见、也是西周时期最为重要的礼仪之一,在西周政治生活中占有重要的地位。关于册命礼的研究,成果累累。最早系统研究册命礼的是陈梦家,陈先生在《西周铜器断代》(三)④ 中对册命地点、右者、史官进行了系统地梳理。陈先生之后,较为系统的研究有黄然伟的《殷周青铜器赏赐铭文研究》⑤、陈汉平的《西周册命制度研究》⑥、何树环的《西周锡命铭文新研》⑦ 等。册命礼涉及册命朝仪及天子的赏赐、

---

① 李学勤主编:《清华大学藏战国竹简》(壹),中西书局2010年版。
② 石志廉:《战国古玺考释十种》,《中国历史博物馆馆刊》1980年第2期。
③ 丁进:《清华简〈耆夜〉篇礼制问题述惑》,《学术月刊》2011年第6期。
④ 陈梦家:《西周铜器断代》(三),《考古学报》1956年第1期。
⑤ 黄然伟:《殷周青铜器赏赐铭文研究》,龙门书店1979年版。
⑥ 陈汉平:《西周册命制度研究》,学林出版社1986年版。
⑦ 何树环:《西周锡命铭文新研》,文津出版社2007年版。

任命和告诫等内容。本节在学者研究的基础上，对册命朝仪略作考论。

朝仪包括王及群臣之位及相揖之仪，《周礼·夏官·司士》：

> 正朝仪之位，辨其贵贱之等。王南向。三公北面东上，孤东面北上，卿大夫西面北上。王族故士、虎士在路门之右，南面东上。大仆、大右、大仆从者，在路门之左，南面西上。司士摈，孤、卿特揖，大夫以其等旅揖，士旁三揖，王还揖门左，揖门右。

孙诒让《正义》：

> 此亦天子治朝之朝位也，与射人所掌朝位同。

《司士》所记乃周天子治朝（正朝）之朝仪。《周礼·秋官·小司寇》及《朝士》又有外朝之朝仪，《小司寇》云："王南向，三公及州长、百姓北面，群臣西面，群吏东面。"王燕朝之朝位由夏官之属太仆所掌，其位不详。

西周金文中关于朝位的记载较多，且集中于册命铭文中，相揖之仪则较罕见。因此，本文主要讨论册命的朝位。

一　君臣朝位

册命铭文所记册命礼比较程序化，我们以颂鼎（《集成》2827）为例。

> 唯三年五月既死霸甲戌，王在周康卲宫。旦，王格大室，即位。宰引右颂，入门，立中廷（庭），尹氏受王命书，王呼史虢生册命颂。

册命礼铭文所涉及的有天子、右者、受命者、秉策史官和宣命史官等五人的朝位，但是实际册命之时参与的百官有司必不在少数，其朝位由于数据缺乏，暂付阙如。

关于册命朝位，陈梦家先生曾结合西周金文和文献记载，有过深入的讨论，并拟有朝位图（图4.3.1）[1]，学者或从之[2]。陈先生对于此项研究

---

[1] 陈梦家：《西周铜器断代（三）》，《考古学报》1956年第1期；《西周铜器断代》，中华书局2004年版，第411页。
[2] 陈汉平：《西周册命制度研究》，学林出版社1986年版，第115页。

有开创之功，其说值得重视。陈先生亦曾言道："孙诒让一生精治《周礼》，他的考证金文亦多援引《（周）礼》、《仪（礼）》，是我们所应取法的。"① 陈先生所言极是，孙氏的治学门径诚为治斯学的不二法门。我们在陈先生研究的基础上，以《周礼》、《仪礼》尤其是《仪礼》中有关朝位的记载，来讨论册命朝位。

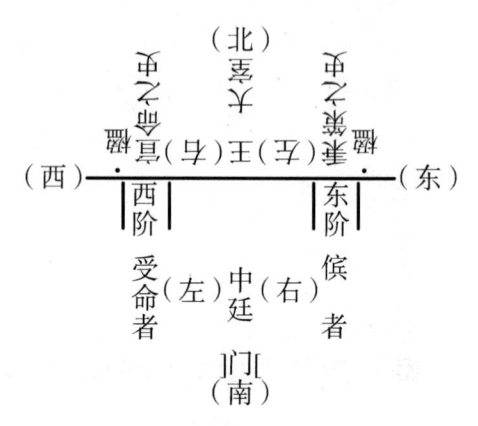

图 4.3.1　陈梦家所拟册命朝位图

（一）天子朝位

从图上看，陈先生认为天子的朝位在阼阶上、两楹之间。陈先生所拟天子阼阶上、两楹的朝位既与《聘礼》所记朝聘之时主国君主之位不同，也与《觐礼》所记天子受朝觐时的朝位不合，未知何据。册命与聘礼无涉，暂且不论。《觐礼》乃诸侯觐见天子之仪，所记与册命礼之朝仪最为接近。

学者已经指出，西周时期的册命多行于宗庙之大室，亦有在宗庙之图室者，而且在册命时，周王立于堂上户牖之间，南向②。其说可从。《仪礼·觐礼》天子接受诸侯朝觐之时，"天子设斧依于户牖之间"，胡培翚《正义》："古人宫室之制，前为堂，后为室，室之左右为东房、西房。房有户而无牖，室则户牖俱有。户在东，牖在西，皆在室之南壁，向堂开之。故堂上以室为中，而室户之西，室牖之东，又为室外正中之地。堂上

---

① 陈梦家：《西周铜器断代》，中华书局 2004 年版，第 411 页。
② 陈汉平：《西周册命制度研究》，学林出版社 1986 年版，第 95—100、101—103 页。《觐礼》的记载与陈梦家先生所说差别较大，陈汉平既引《觐礼》为说，又同意陈梦家先生之论，自相矛盾，亦未审何故。

以此为尊位，故设斧依于此。……《士昏礼》：'主人筵于户西。'郑《注》：'户西者，尊者处。'是户西亦即此户牖之间也。"所谓"即位"者，意即在太室南壁户牖之间负斧依而立。《觐礼》云："天子衮冕负斧依。"郑玄《注》："南向而立，以俟诸侯见。"胡培翚《正义》："《曲礼》：'天子当依而立，诸侯北面而见天子曰觐。'《明堂位》：'天子负斧依南向而立。'故知立以见诸侯也。"此天子之朝位也。

《礼记·祭统》又有君降立于阼阶之南册命之事，其文云："故祭之日一献，君降，立于阼阶之南，南向，所命北面。史由君右执策命之。再拜稽首，受书以归，而舍奠于其庙。"此文与上引《仪礼》诸文不合，孔颖达《疏》以为诸侯册命卿大夫之事，与天子册命群臣不同。陈梦家先生所拟朝位图，或与这段记载有直接关系。

（二）册命地点

陈先生认为，册命地点"中廷"位于堂下廷中。这应该是陈先生所拟朝位图的基础。

前文已论天子的朝位在堂上太室屋南壁的户牖之间，那么，"中廷"一定在堂上，而非堂下。廷与庭，常互用不别，然其本意却分别明显。《说文·广部》："庭，宫中。"段玉裁《注》："《廴部》曰：'廷，中朝也。'朝不屋，故不从广。宫者，室也。室之中曰庭。……凡经有谓堂下为庭者，如三分庭一在南，正当作廷。"段说甚塙。故，凡册命铭文"立中廷"，均须读作"立中庭"。一则因为"中廷"在堂上，非不屋之朝。再者，宗庙堂下之廷有碑，其位在堂下廷中北部三分之一处、东西之中。《仪礼·士昏礼》贾公彦《疏》："碑在堂下，三分庭之一，在北。"是也。若在堂下中廷册命，不便之处颇多，廷中之碑矗立天子面前，君臣颇有阻隔，不便行礼。

（三）右者朝位

右者在西周册命礼中的角色和朝位都颇耐寻味。

首先，右者在此充当摈，准确地说应为上摈。

其次，右者与受册命者之间有一定的统属关系，右者为受命者之官长[1]。地道尊右，故而摈导受命者入门之时，位于其右，故称右者[2]。由于右者身份较高，进门之时，右者应在右前方，受命者跟随。

再次，右者不升堂。《周礼·春官·大宗伯》："王命诸侯，则傧。"郑

---

[1] 李学勤：《大盂鼎新论》，《郑州大学学报（哲学社会科学版）》1985年第3期。
[2] 陈汉平：《西周册命制度研究》，学林出版社1986年版，第110、111页。

玄《注》："傧者，进之也。……傧者进当命者，延之，命使登。"郑玄此注约《仪礼·觐礼》而成，《觐礼》诸侯觐见之时，"侯氏坐取圭，升，致命。王受之玉。侯氏降，阶东北面再拜稽首，傧者延之曰：'升！'升成拜，乃出。"郑玄《注》："从后诏礼曰延。延，进也。"贾公彦《疏》："云'从后诏礼曰延。延，进也'者，以其宾升堂，傧者不升。若《特牲》、《少牢》祝延尸，使升，尸升，祝从升。与此文同，皆是从后诏礼之事。"是也。西周制度应该相同。

册命在西周时期尤其是西周中后期有重要地位，大小臣工受官、受职大抵都要通过册命。因此，一天之内有数人同时接受册命也在情理之中。师晨鼎和师俞簋所记即为同日册命之事①，现将两铭节录于下。

唯三年三月初吉甲戌，王在周师录宫。旦，王格大室，即位，司马共右师晨入门，立中庭，王呼作册尹册命师晨。

师晨鼎（《集成》2817）

唯三年三月初吉甲戌，在周师录宫，旦，王格大室，即位，司马共右师俞入门，立中庭，王呼作册内史册命师俞。

师俞簋盖（《集成》4277）

铭文显示，司马共在甲戌日分别右师晨和师俞接受册命，师晨、师俞二人官爵之尊卑及接受册命的先后顺序还需要进一步的讨论，但二人应该如诸侯觐见天子一样，分别登堂接受册命则无可疑。受命者接受册命之后，还有出门，再返入答谢的过程。这一过程中右者的朝位尚难确定。也就是说，右者司马共在把第一位受命者延进堂上之后到去右第二位受命者接受册命这段时间其礼位尚需深更多的材料进行探讨。

（四）受命者朝位

受命者的朝位处在一个动态的变化过程中，我们从入门开始讨论。

首先，入门之前。在入门之前，受命者应该位于庙门外的次舍中。《仪礼·觐礼》："诸侯前朝，皆受舍于朝。同姓西面北上，异姓东面北上。"郑玄《注》："言诸侯者，明日来朝者众矣。顾其入觐，不得并耳。受舍于朝，受次于文王庙门之外。《聘礼·记》曰：'宗人授次，次以帷。'……分别同姓、异姓受之将有先后也。"受命者的次舍之位或与《觐礼》所记相类。

---

① 郭沫若：《两周金文辞大系考释》，科学出版社1957年版，第115页；陈梦家：《西周铜器断代》（六），《考古学报》1956年第4期。

其次，入门。《仪礼·聘礼》受命者应该与右者一起从庙门右侧入门。《仪礼·觐礼》记诸侯朝觐天子"侯氏入门右，坐奠圭，再拜稽首"，郑玄《注》："入门而右，执臣道不敢由宾客位也。"胡培翚《正义》："《曲礼》曰：'主人入门而右，客入门而左。'是门左为宾客位也。又曰：'大夫士出入君门由闑右。'注云：'臣统于君。'是门右为臣道也。《礼经释例》曰：'凡以臣礼见者则入门右。'……此侯氏入门右，故云执臣道，不敢由宾客位也。"是也。

再次，入门进入堂下廷中，从台阶登堂。《仪礼·觐礼》诸侯朝觐之时从西阶（宾阶）升，其文曰："侯氏坐取圭，升致命。"郑玄《注》："侯氏坐取圭，则遂左。"贾公彦《疏》："以经侯氏得摈者之告，坐取圭即言升致命，无出门之文，明知遂向门左，从左堂涂，升自西阶致命也。"西周时期臣工受王册命也应从宾阶升堂。

再次，受命者在堂上廷中的位置。受册命者所立之"中庭"究系东西之中或南北之中，尚需讨论。王国维认为太室乃明堂中央大室，又以"中廷"指太室之中，南北之中①。宗庙大室与明堂大室固然不同，清儒孙诒让《周礼正义》、胡培翚《仪礼正义》等论之甚详，"中廷"亦不是太室之中，但王氏以"中"为南北之中则可从。礼经中多有关于不屋中廷的记载，可以比况。礼经之中廷者，多为廷南北之中。《仪礼·聘礼》记归饔饩于宾之时"米百筥，筥半斛，设于中庭。"郑玄《注》："庭实，固当庭中。言当中庭者，南北之中也。"胡培翚《正义》："褚氏（寅亮）云：经凡言中庭者，南北之中也。言阶间者，东西之中也。《燕礼》、《大射》司正立位及《士丧礼》置重之中庭则在东西之中，又在南北之中，与此中庭同也。"接受册命的臣工的立处"中廷"，当为南北之中。

最后，受命者出门。受命者出门之后的相关仪节，本章第四节有详论。

受命者在中庭接受册命时的朝位应与宣命之史相对。秉策之史与宣命之史所处的位置，涉及的问题比较复杂，下面专门讨论。

二　宣命仪注与左右二史

（一）宣命仪注

陈先生又认为，册命之时"或由王授书于尹氏，或由一史授书于王，而王使别一史读之。"② 此说需要深入讨论。

---

① 王国维：《明堂寝庙通考》，《观堂集林》，中华书局1959年版。
② 陈梦家：《西周铜器断代》（三），《考古学报》1956年第1期。

第一种情况见于免簋（《集成》4240），其铭曰：

唯十又二月初吉，王在周，昧爽，王格于大庙，井叔右免，即命，王授作册尹书，俾册命免，曰："命汝胥周师司廪。"

第二种情况，也仅有数例，移录于下。

唯三年五月既死霸甲戌，王在周康昭宫。旦，王格大室，即位。宰引右颂，入门，立中庭，尹氏受王命书，王呼史虢生册命颂。
颂鼎（《集成》2827）

唯十又九年四月既望辛卯，王在周康昭宫，格于大室，即位，宰讯右趞入门，立中庭，北向，史留（籀）受王命书，王呼内史䚄册赐趞。
趞鼎（《集成》2815）

唯廿又八年五月既望庚寅，王在周康穆宫。旦，王格大室，即位，宰頵右寰入门，立中庭，北向，史𣅈受王命书，王呼史减册赐寰。
寰鼎（《集成》2819）

唯卌又二年五月既生霸乙卯，王在周康穆宫，旦，王格大室，即位，司工散右虞逨，入门，立中庭，北向。尹氏受王赉书，王呼史减册赉逨。
四十二年逨鼎①

唯卌又三年六月既生霸丁亥，王在周康宫穆宫，旦，王格周庙，即位，司马寿右虞逨，入门，立中庭，北向。史减受王命书，王呼尹氏册命逨。
四十三年逨鼎②

大量的册命铭文则仅记"王呼某某"册命。册命在西周政治生活中是非常重要而且常见的典礼，其仪注应该是固定的，但是铭文所记互有详略，陈先生所说的第二种情况应该是册命仪程最为完整的记录。

那么，册命之时王之左右有二史，陈梦家先生称之为秉策之史和宣命之史③。宣命的完整仪程应该是秉策之史将命书呈于天子，天子再将命书

---

① 陕西省考古研究院、宝鸡市考古研究所、眉县文化馆：《吉金铸华章——宝鸡眉县杨家村单氏青铜器窖藏》，文物出版社2008年版。
② 陕西省考古研究院、宝鸡市考古研究所、眉县文化馆：《吉金铸华章——宝鸡眉县杨家村单氏青铜器窖藏》，文物出版社2008年版。
③ 陈梦家：《西周铜器断代》（三），《考古学报》1956年第1期；《西周铜器断代》，中华书局2004年版，第408页。

授给宣命之史。"王呼某某"册命，其实就是王将秉策之史呈上的命书授予宣命之史，命其宣读命辞。

（二）册命史官与左右二史

我们将上举第二种情况参与册命的秉策之史和宣命之史列为下表，以便讨论左右二史及相关问题。

器名	秉策史官	宣命史官	备注
颂鼎	尹氏	史虢生	厉王三年
趞鼎	史籀	史篍	宣王十九年
裘鼎	史斿	史减	宣王二十八年
四十二年逨鼎	尹氏	史减	宣王四十二年
四十三年逨鼎	史减	尹氏	宣王四十三年

秉策之史有尹氏、史某，宣命之史也有史某和尹氏。而且值得注意的是秉策之史和宣命之史可以同时由史某承担。

尹氏，彝铭又作作册尹氏，乃内史之长。史某，应为太史。趞鼎之史留即周宣王太史籀①，可为明证。《说文解字·序》："及宣王大史籀著大篆十五篇，与古文或异。"是也。大史参与册命，有经可考。《书·顾命》：

大史秉书，由宾阶隮，御王册命。

《周礼·春官·大史》：

大会同朝觐，以书协礼事。

孙诒让《正义》：

《觐礼》赐侯氏车服云："诸公奉箧服，加命书于其上，升自西阶，东面，大史是右。侯氏升，西面立，大史述命。"《注》云："读王命书也。"又云："大史加书于服上，侯氏受。"盖亦协礼事之类。……《聘礼》云"史读书展币"，亦其类也。

---

① 陈佩芬：《繁卣、趞鼎及梁其钟铭文诠释》，《上海博物馆集刊》第2期，1982年。

是也。

内史参与册命之事，于经有据。《周礼·春官·内史》："凡册命诸侯及孤卿大夫，则策命之。"

也就是说，秉策之史有大史也有内史，宣命之史也有大史和内史。由裘鼎知，大史甚至可以同时担任策之史和宣命之史。

由彝铭知，至少在册命时左史、右史应该和太史、内史关系密切，《大戴礼记·盛德篇》："德法者，御民之衔也，吏者辔也，刑者策也，天子御者，内史太史左右手也。"所记近是。此秉策之史与宣命之史，分立王之左右，故应即册命的左史、右史。但需要指出的是，所谓左史、右史仅与站位有关，并不能简单等同于太史或内史。上揭四十二年逨鼎秉策之史和宣命之史又分别充任了四十三年逨鼎的宣命史官和秉策史官，可为明证。

《春秋左传序》：

> 《周礼》有史官，掌邦国四方之事，达四方之志。

孔颖达《正义》：

> 《（汉书·）艺文志》云："古之王者，世有史官，君举必书，所以慎言行昭法式也。左史记言，右史记事，事为《春秋》，言为《尚书》，帝王靡不同之。"《礼记·玉藻》云："动则左史书之，言则右史书之。"虽左右所记二文相反，要此二者皆言左史、右史。《周礼》无左右之名，得称左右者，直是时君之意，处之左右，则史掌之事因为立名，故《传》有"左史倚相"。掌记左事，谓之左史，左右非史官之名也。

孔氏以左右非史官之名，左右之得名与所处位置有关，甚有见地。由于左右史不是官名，因此不能机械地与某种史官对应。具体到册命礼，左右史则可与秉策之史与宣命之史互相对应。宣命之史位于天子之右。

《周礼·春官·大宗伯》：

> 王命诸侯，则傧。

郑玄《注》：

内史由王右以策命之。

贾公彦《疏》：

案《觐礼》天子使公与史就馆赐侯氏命服时，史由公右执策命之。又案：《祭统》云："祭之日，一献，君降立于阼阶之南，南向，所命北面，史由君右执策命之，再拜稽首，受书以归。"天子无降立之事，其余则同，命诸侯之史，当王右以策命之。

那么，册命的右史应该就是宣命之史，左史就是秉策之史。执册主动，宣命主言，因此至少在册命之时左史与右史的职司分别为主动和主言。

既然宣命之史在天子之右，那么受命者应在中廷偏西，与宣命之史位置相应。

三 结论

陈先生关于册命朝位的认识，可能与《书·顾命》所记成王崩康王受命之事有关，《顾命》云："大史秉书，由宾阶隮，御王册命。"然而康王受命与金文常见的册命之事不同，王国维《顾命考》即云：

以礼言之，则大保当在阼阶上，西面，大宗居左，大史居右。王在宾阶上，东面，大史迎而命之。……古彝器纪王命诸臣事，皆王即位，受命者立中廷北向。……此册命用宾主礼者，大保虽摄先王，身本是臣，故于堂上以宾主之礼行之。摄主者礼不全于君，受册若礼不全于臣、不全于子，此宾礼之至精极微而不可拟议者矣。[①]

将《顾命》所记康王受册命之事与天子册命诸侯之礼相比附，尚需慎重。

根据上文的讨论，我们也绘制一帧册命之时的君臣朝位图[②]，聊供识者批评。

[①] 王国维：《顾命考》，《观堂集林》，中华书局1959年版。
[②] 此图根据黄以周《礼书通故》第四十九卷天子诸侯庙制图、天子燕寝图改绘。

180 西周金文礼制研究

附：册命朝位图

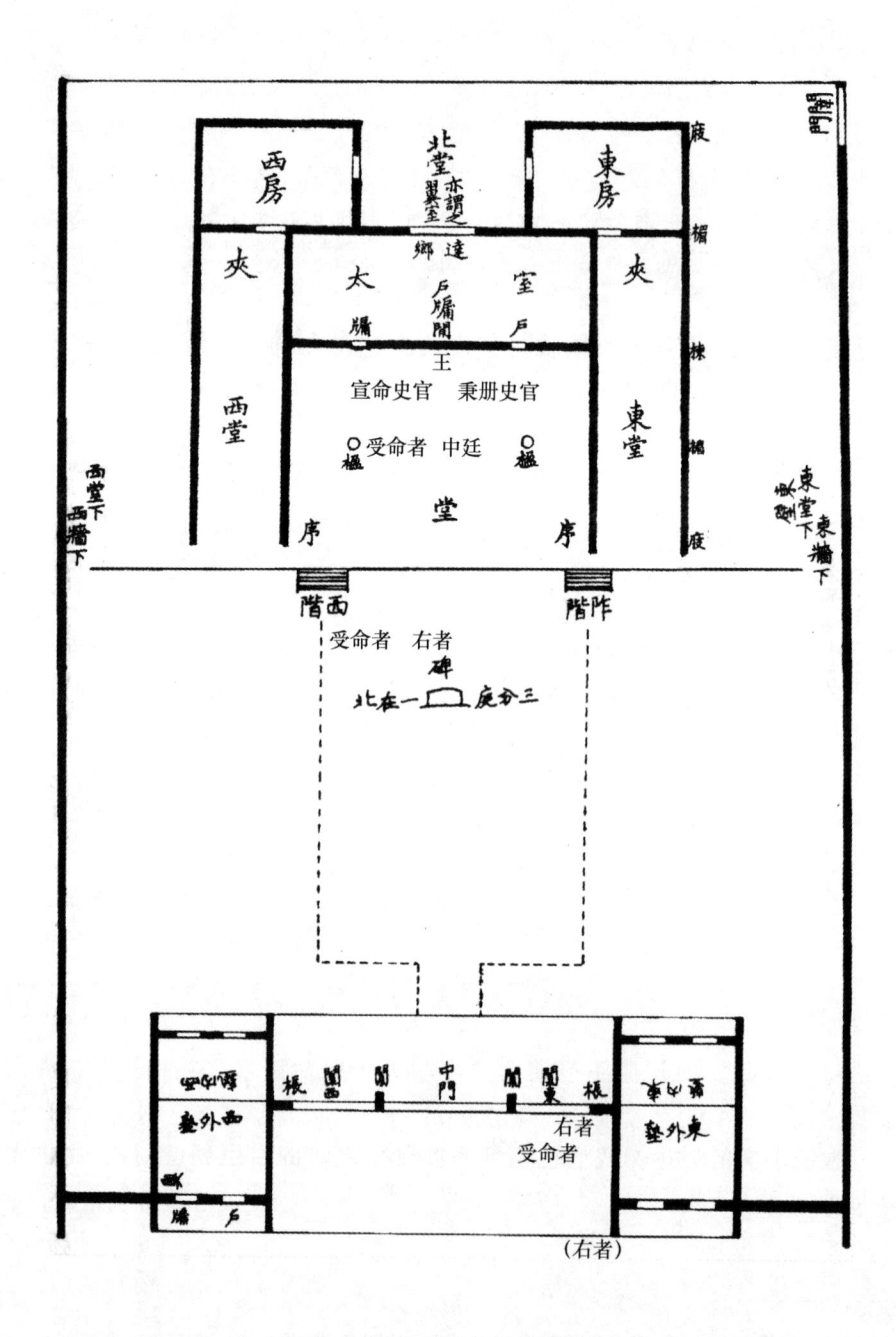

第四节 霸伯盂铭文与西周朝聘礼

霸伯盂出土于山西翼城大河口墓地 M1017（图 4.4.1）①，属西周中期穆王前后②。霸伯盂铭文是目前所见最为完整的关于西周朝聘礼的第一手史料，内容重要，学术价值突出。

图 4.4.1　霸伯盂

霸伯盂铭文 10 行，凡 116 字（图 4.4.2③）：

> 佳（唯）三月，王事（使）白（伯）考（老）蔑尚厤（历），归柔芬（鬱）、旁（芳）鬯，戚（臧）。尚拜稽首，既稽首，延（延）宾，嘼（赞）宾，用虎皮再毁（贿），用章（璋）奉。翌（翌）日，

---

① 谢尧亭：《山西翼城大河口西周霸国墓地》，国家文物局主编《2010 中国重要考古发现》，文物出版社 2011 年版；山西省考古研究所大河口墓地联合考古队：《山西翼城县大河口西周墓地》，《考古》2011 年第 7 期；山西省考古研究所、临汾市文物局、翼城县文物旅游局联合考古队、山西大学北方考古研究中心：《山西翼城大河口西周墓地 1017 号墓发掘》，《考古学报》2018 年第 1 期。
② 李学勤：《翼城大河口尚盂铭文试释》，《文物》2011 年第 9 期。
③ 澳门民政总署、山西省文物局、山西省考古研究所：《正经补史——西周霸国文物特展》，澳门民政总署 2014 年版，第 45 页。

命宾曰:"拜稽首,天子蔑其臣厤(历),敢敏。"用章(璋)。遣宾,嚣(赞),用鱼皮两侧毁(贿),用章(璋)先马,邊(原)毁(贿)用玉。宾出,以俎或延。白(伯)或邊(原)毁(贿)用玉先车。宾出,白(伯)遗宾于蓳(郊),或舍宾马。霸白(伯)拜稽首,对𢇚(扬)王休,用乍(作)宝盂,孙子子其迈(万)年永宝。

图 4.4.2　霸伯盂铭文

铭文刊布后，学者研释不绝。然部分重要文字之释读仍存分歧，铭文所反映之朝聘礼及其仪节也有待深入探讨。兹不揣谫陋，就相关问题详为释证。

一 宾主身份

宾主身份的确定不仅是通读铭文之前提，也是研究铭文所记礼制的关键。

首先，铭文首言"唯三月，王使伯老蔑尚历"，后文复言"翌日，命宾曰：'拜稽首，天子蔑其臣历，敢敏'"。可知"宾"及"臣"均指霸伯尚。

其次，天子无客礼。《礼记·郊特牲》：

> 天子无客礼，莫敢为主焉。君适其臣，升自阼阶，不敢有其室也。

卫湜《集说》引马氏曰：

> "普天之下，莫非王土。率土之滨，莫非王臣。"故天子无客礼，莫敢为主焉。天子燕礼则以膳夫为主，诸侯燕礼则以宰夫为主，示其君之尊而莫敢与之抗礼也。

《春秋经·僖公二十四年》：

> 冬，天王出居于郑。

《穀梁传》：

> 天子无出。出，失天下也。居者，居其所也，虽失天下，莫敢有也。

是天子虽出居于郑，犹为天下共主。

伯考，读为伯老，其制由周初东西二伯演变而来，昭王以后成为周王廷固有制度。伯老以上公充任，主职四方，总理百官，屏王位辅周室，地位尊崇仅次于天子[①]。天子命伯老蔑历霸伯，伯老代天行事，霸伯自不得为主而以客礼待之。

---

① 冯时：《周初二伯考——兼论周代伯老制度》，《中原文化研究》2018年第2期。

事实上，宾主关系在命宾之辞和馈赠动词中也有清晰反映。

（一）命宾之辞

盂铭所记命宾之辞与《仪礼》宾主对答之辞颇相类似。

《仪礼·士冠礼·记》记主人戒宾之辞云：

（主人）戒宾，曰："某有子某，将加布于其首，愿吾子之教之也。"宾对曰："某不敏，恐不能共事，以病吾子，敢辞。"主人曰："某犹愿吾子之终教之也。"宾对曰："吾子重有命，某敢不从。"

主人请事，宾常作否定回答，以示谦敬。宾应主人之请，也常作反问否定之回答，此处宾之答词"敢不从"，敢当训为"不敢"。《国语·晋语八》："臣敢忘死而叛其君。"韦昭《注》："敢，不敢也。"是其证。

下文所举数例对霸伯盂铭宾主身份的认识颇有助益。《士冠礼·记》载主人宿宾之时，主、宾对答之辞曰：

（主人）宿（宾）曰："某将加布于某之首，吾子将莅之，敢宿。"宾对曰："某敢不夙兴。"

《仪礼·燕礼》主宾献酬之后，立司正安宾节云：

司正洗角觯，……西阶上北面命卿大夫："君曰：'以我安卿大夫。'"皆对曰："诺，敢不安。"……司正升受命，皆命："君曰：'无不醉。'"宾及卿大夫皆兴，对曰："诺，敢不醉。"

《仪礼·特牲馈食礼》记宗人摈者释主人宿尸之辞云：

筮子为某尸，占曰吉，敢宿。

《特牲馈食礼》载主人宿宾之事云：

宾如主人服，……西面再拜。主人东面答再拜。宗人摈曰："某荐岁事，吾子将莅之，敢宿。"宾曰："某敢不敬从。"

上揭诸例主人命宾曰："敢×。"宾则对曰："敢不××。"霸伯盂铭云:"命宾曰:'拜稽首,天子蔑其臣历,敢敏。'""敢敏"与《仪礼·士冠礼》、《特牲馈食礼》"敢宿"语境相同,因此命辞者为伯老而霸伯为宾,霸伯答辞应为"臣敢不敏"之类。盂铭不记答辞者,或如《仪礼·特牲馈食礼》主人宿尸而尸许诺无答辞,霸伯仅拜谢而无辞。

《仪礼·士冠礼》、《特牲馈食礼》宾主地位相当,而伯老乃代天子行事,故命宾之辞"敢敏"似有较强的命令语气,玄应《一切经音义》卷十六:"敢,相敢。"《注》引《三苍》云:"敢,必行也。"是也。

君淑臣敏方为君臣正道,《左传·襄公十四年》云:

> (鲁襄)公使厚成叔吊于卫,曰:"寡君使瘠,闻君不抚社稷,而越在他竟,若之何不吊?以同盟之故,使瘠敢私于执事,曰:'有君不吊,有臣不敏,君不赦宥,臣亦不帅职,增淫发泄,其若之何?'"

所记即此。大盂鼎(《集成》2837)记周康王命盂之事曰:

> 王若曰:"……今余唯命汝盂,诏荣敬擁德经。敏朝夕入谏,享奔走,畏天威。"……王曰:"盂,廼诏夹死司戎,敏谏罚讼,夙夕诏我一人烝四方。"

周王命盂"敏朝夕入谏"、"敏谏罚讼"者,是为人臣子须敏于王事。霸伯作为臣子,自然要勤勉、敏疾。

金文常见"敢拜稽首"、"敢对扬王休"之语,"敢"则为冒昧之词。《仪礼·士虞礼·记》:"始虞用柔日,曰:'……敢用絜牲刚鬣,……哀荐祫事,适尔皇祖某甫。'"郑玄《注》:"敢,冒昧之词。"贾公彦《疏》:"凡言敢者,皆是以卑触尊,不自明之意。"

(二)馈赠动词

霸伯盂铭文较为独特的馈赠动词为"毁",学者读为贿[①],说可从。盂铭言"贿"也与作器者的身份有关。彝铭显示,如果作器者为天子使者,则授受动词多为"宾(傧)",其例如下。

> 唯五月既死霸辛未,王使小臣守使于夷,傧马两、金十钧。
> 　　　　　　　　　　　　　　　　　小臣守簋(《集成》4179)

[①] 曹建墩:《霸伯盂与西周时期的宾礼》,《古文字研究》第29辑,中华书局2012年版。

唯六月既生霸辛巳，王命芮罙叔韦父归虞姬饴器，师黄傧芮璋一、马两，虞姬傧帛束，芮对扬天子休，用作尊簋季姜。

芮簋（《集成》4195）

唯十又九年，王在序，王姜命作册睘安夷伯，夷伯傧睘贝、布，扬王姜休，用作文考癸宝尊器。

作册睘卣（《集成》5407）

唯王初奉于成周，王命盂宁邓伯，傧贝，用作父宝尊彝。

盂爵（《集成》9104）

如果天子使者非作器者，而作为第三者出现，作器者于其有所馈赠授受动词也用宾（傧）。

唯十又二年三月既生霸丁亥，王在归脤宫，王呼吴师召大，赐趞曋里，王命膳夫豕曰趞曋曰："余既赐大乃里。"曋傧豕璋、帛束，曋命豕曰天子："余弗敢啬。"……大傧豕觑璋、马两，傧曋觑璋、帛束。

大簋盖铭（《集成》4299）

唯十又八年十又三月既生霸丙戌，王在周康宫夷宫，道入右吴虎。王命膳夫丰生、司空雍毅申厉王命，取吴许旧疆付吴虎。……吴虎拜稽首天子休，傧膳夫丰生璋、马匹，傧内司土寺奉璧、瑷。书：……傧史奉韦两。

吴虎鼎（《新收》709）

霸伯盂铭显示，伯老为主人、作器者霸伯为宾，故馈赠动词用"贿"而不用"宾（傧）"。

朝聘言"贿"者，经有明文。《左传·宣公十四年》："孟献子言于公曰：'臣闻小国之免于大国也，聘而献物，于是有庭实旅百；朝而献功，于是有容貌采章，嘉淑而有加货，谋其不免也。诛而荐贿，则无及也。'"①是其明证。

二　盂铭所记朝聘礼

霸伯盂铭所记朝聘礼有三大仪程，即首日伯老赐物于霸伯，翌日命宾、聘享、飨礼、还玉和郊行赠贿。

---

① 《仪礼》、《左传》以郊行赠贿为聘礼之终。《左传·僖公三十三年》："齐庄子来聘，自郊劳至于赠贿，礼成而加之以敏。"杨伯峻《注》："郊劳为聘礼之始，赠贿为聘礼之终，句犹言自始至终。……赠贿者，聘事已毕，宾行，舍于郊，国君又使卿赠以礼物。"《左传·昭公五年》："公如晋，自郊劳至于赠贿无失礼。"皆是其例。

(一) 首日之礼

自"唯三月"至"用璋奉"为首日伯老赐物及霸伯行礼之事。

1. 铭文释义

我们先对铭文进行考释。

唯三月，王使伯老蔑尚历，归柔鬱、芳鬯，臧

"归柔鬱、芳鬯"与貉子卣"王命士道归貉子鹿三"同例，方濬益《缀遗斋彝器考释》曰："《广雅·释诂》：'归，遗也。'《国语·晋语》：'敢归之下执政。'《注》：'归，馈也。'《书序》：'王命唐叔归周公于东，作《归禾》。'《史记·鲁周公世家》作'馈'。《论语》：'归孔子豚。'《孟子注》亦引作'馈'。"是"归"、"馈"音义俱同，互作不别。

《诗·小雅·采薇》："采薇采薇，薇亦柔止。"毛《传》："柔，始生也。"郑玄《笺》："柔，谓脆腝之时。"朱熹《集传》："始生而弱也。"《周礼·春官·鬱人》："凡祭祀、宾客之祼事，和鬱鬯，以实彝而陈之。"郑玄《注》引郑司农云："鬱，草名，十叶为贯。"黄以周《礼书通故》云："李时珍《本草纲目》，……鬱金香用叶。……古所称香草皆用叶。先郑云'十叶为贯'，则所用者叶，非华亦非根也。"是鬱乃香草，其香来自叶。"柔鬱"即始生之嫩鬱叶。

"旁"，读为芳，芳鬯与柔鬱对举，知芳鬯即气味芳香之鬯酒[1]。

《国语·周语中》："晋侯使随会聘于周，定王享之，肴烝，原公相礼。范子私于原公曰：'吾闻王室之礼无毁折，今此何礼也?'……王召士季曰：'子弗闻乎，禘郊之事，则有全烝。王公立饫，则有房烝。亲戚宴饗，则有肴烝。……女，今我王室之一二兄弟，以时相见，将和协典礼，以示民训则。无亦择其柔嘉，选其馨香，洁其酒醴，品其百笾，……体解节折而共饮食之。'"韦昭《注》："柔，脆也。嘉，美也。""择其柔嘉，选其馨香"，或即本铭之"柔鬱、芳鬯"。

臧，即臧字[2]。《说文·臣部》："臧，善也。"段玉裁《注》："凡物善者必隐于内。以从艸之藏为臧匿字，始于汉末，改易经典不可从也。"段说甚是。《汉书·郊祀志》记汉宣帝美阳得鼎，张敞读奏之云：

今鼎出于岐东，中有刻书曰："王命尸臣：'官此栒邑，赐尔旂鸾黼黻琱戈。'尸臣拜手稽首曰：'敢对扬天子丕显休命。'"臣愚不足以

---

[1] 李学勤：《翼城大河口尚盂铭文试释》，《文物》2011年第9期。
[2] 曹建墩：《霸伯盂与西周时期的宾礼》，《古文字研究》第29辑，中华书局2012年版。

迹古文，窃以传记言之，此鼎殆周之所以褒赐大臣，大臣子孙刻铭其先功，臧之于宫庙也。

臧即用正字。盂铭之臧亦训为臧匿。伯老以王命赐霸伯"柔鬱、芳鬯"，霸伯必亲受，然后转授有司，再与伯老行礼。《仪礼·聘礼》主国之君接受宾之聘圭后，"公侧授宰玉"，郑玄《注》："使藏之，授于序端。"盂铭言"臧"，犹《聘礼》之"公侧授宰玉"，此为礼仪中一个重要仪节。

尚拜稽首，既稽首

"尚拜稽首，既稽首"充分说明"拜稽首"为真实仪节，而非套话。故而，金文所见"拜稽首"与《仪礼》"拜稽首"、"再拜稽首"皆为真实仪节（详见本书第八章第一节）。由此也明，《仪礼》经文所记渊源有自。

类似例子还见于䈞簋（《集成》4194），其铭云：

唯四月初吉丁卯，王蔑䈞历，赐牛三，䈞既拜稽首，升于厥文祖考。䈞对扬王休，用作厥文考尊簋，䈞眔厥子子孙永宝。

细玩䈞簋铭文，簋铭包含两个仪节。其一，"䈞既拜稽首"，而后"升（牛）于厥文祖考"，那么王蔑历之礼当行于䈞之宗庙，簋铭所记乃王遣使来蔑历䈞。其二，对扬王休。对扬与拜稽首一样，均为真实、重要的仪节，本书第八章第二节有详论，兹不赘述。

延宾，赞宾

延宾，接宾也。延，或于前引导，或自后相礼。《礼记·曲礼上》："主人延客祭。"郑玄《注》："延，道也。"即前导之义。《仪礼·觐礼》诸侯觐见之时，"侯氏坐取圭，升，致命。王受之玉。侯氏降阶，东北面再拜稽首，摈者延之曰：'升！'升成拜，乃出。"郑玄《注》："从后诏礼曰延；延，进也。"贾公彦《疏》："云'从后诏礼曰延，延，进也'者，以其宾升堂，摈者不升。若《特牲》、《少牢》祝延尸，使升，尸升，祝从升。与此文同，皆是从后诏礼之事。"前导宾客之延乃摈者引导宾入门至中廷。自后相礼之延乃诏宾升堂，无论摈者升堂与否，皆自后相礼。盂铭延宾或即诏宾升堂之谓，如此则馈赠鬱鬯之事当在廷中。

延宾、赞宾之仪，小盂鼎（《集成》2839）记之较详，其铭云：

唯八月既望，辰在甲申，昧爽，三左三右多君入服酒。明，王格周庙，□□□□宾。延邦宾，尊其旅服，东向。

旅服者，周王室之子弟，《诗·周颂·载芟》："侯主侯伯，侯亚侯旅，侯强侯以。"毛《传》："亚，仲叔也。旅，子弟也。""尊其旅服"，以旅服为尊。"东向"，即东面。此为堂下、廷中之位。故，此延乃前导之谓。

赞，佐赞。宾即位后，有司赞礼。小盂鼎又云：

> 盂以□入三门，即立中廷，北向，……即位。……宾即位、赞宾。

故彝铭皆先延宾而后赞宾。

前导之延，其礼行于廷，与后文"遣宾"有所不同。《玉篇·辵韵》："遣，送也。"送者，自后相礼，《书·尧典》："寅宾出日，寅饯纳日。"伪孔《传》："饯，送也。"孔颖达《疏》："导者，引前之言。送者，从后之称。"从后相礼，则当于堂上行礼。学者或以铭文之"遣宾"即《仪礼·聘礼》之"纳宾"①，说近是。

浑言之，前导、后相皆可称延。吕鼎（《集成》2754）曰：

> 唯五月既死霸，辰在壬戌，王饔□大室，吕延于大室。王赐吕秬鬯三卣、贝卅朋。

此"延"包含了前导、后相。《仪礼》亦不别前导、后相，俱称为延。

用虎皮再贿，用璋奉

"用虎皮再贿，用璋奉"，所记为霸伯馈赠伯老之事。

再，举也②。赠皮之事，礼经有说。凡皮多为庭实，行礼之前，前后两足皆相向折叠以掩饰毛色花纹，《仪礼·士昏礼·记》：

> 纳徵，执皮摄之，内文。

敖继公《集说》：

> 先儒读摄为摺，则训叠也。今人屈物而叠之谓之摺，古之遗言与？执皮摄之者，中屈其皮，叠而执之也。内文，兼执足摄之之法

---

① 曹建墩：《霸伯盂与西周时期的宾礼》，《古文字研究》第29辑，中华书局2012年版。
② 李学勤：《翼城大河口尚盂铭文试释》，《文物》2011年第9期。

也。文，兽毛之文也。内文者，事未至也。

敖氏所谓"事未至"乃宾未致命、赠贿之谓。
聘礼设庭实之法与婚礼相类，《仪礼·聘礼》宾享主国之君"庭实，皮则摄之，毛在内，入设也"。郑玄《注》：

> 皮，虎豹之皮。摄之者，右手并举前足，左手并执后足，毛在内不欲文之豫见也。内摄之者，两手相向也。

贾公彦《疏》：

> 云"摄之者，右手并举前足，左手并执后足"者，下云皮"右首"，故云右手执前两足。必以一手执两足者，取两足相向，得掩毛在内，俱放，又得毛向外，故郑云"内摄之者，两手相向也"。

及宾入致命，执皮者张皮以见花纹。
《仪礼·士昏礼·记》云：

> 宾致命，释外足见文。

贾公彦《疏》：

> 云"释外足"者，据人北面以足向上执之，足远身为外，释之以见文。

敖继公《集说》：

> "释外足见文"，所谓张皮也。见文者，事已至也。皮以文为美，故当授受之节宜释之，他时则否。

贾、敖两说甚晰。《仪礼·聘礼》则云："宾……升致命，张皮。"张尔岐《句读》："当宾于堂上致命之时，庭实则张之见文，相应为节也。"张、敖所论互为补充，皆是。
继而主人受币、有司受皮，受皮后又将其折叠。《士昏礼·记》："主人受币，士受皮者自东出于后，自左受，遂坐摄皮。"《聘礼》仪节较《士昏礼》繁缛，其文曰："公再拜受币，士受皮者，自后右客。宾出，当之坐，摄之。"郑玄《注》："象受于宾。"张尔岐《句读》："士初受皮仍如前张之，及宾降出至庭，乃对宾坐而摄之。"由此可知，聘礼主人之士受皮后始张之，待宾降出乃面向宾坐敛皮，对宾而坐一如宾亲馈。

以上即《仪礼》赠皮之大凡。盂铭"用虎皮再赗"者，乃宾（霸伯）有司张皮待赠。赠皮之法与《聘礼》相类，即皮右首，左手执后足、右手执前足，放两外足，使毛色、花纹露出。伯老之有司自执皮者东方来，从其身后绕至行左侧，然后受皮。宾出，受皮者向宾而坐敛皮。

学者或以礼经"有司二人举皮"当盂铭"用虎皮再赗"[①]，此说可商。《聘礼》"有司二人举皮"乃上介私觌赠皮事。私觌，宾、上介皆先以臣礼见，故宾觌"北面奠币"，上介觌亦奠币与皮，经文云："上介奉束锦，……请觌，……上介奉币，俪皮二人赞。皆入门右，东上，奠币，皆再拜稽首。"郑玄《注》："皆者，皆众介也。赞者奠皮出。"摈者奉命辞谢上介以臣礼相见，并将上介等人所献之物拿出庙门，《聘礼》经文记其事云："摈者执上币，士执众币，有司二人举皮从其币，出请受。"则"有司二人举皮"乃主国有司送还上介之赠皮。上介以客礼私觌之时，仍奠皮于地，经文曰："上介奉币，先入门左，奠皮。"私觌较享礼为杀，而上介较宾亦卑，故上介私觌礼杀更甚。最终，"介出，宰自公左受币，有司二人坐举皮以东。"胡培翚《正义》："执皮者奠皮于地，故此坐举之也。"故《聘礼》"有司二人举皮"皆上介私觌主国有司执皮事，盂铭"用虎皮再赗"乃宾主馈献之事，二者不宜混为一谈。

用璋奉

  ，当为奉字。《古文四声韵》所录华岳碑奉字作" "，与霸伯盂铭相同。奉者，进献之谓。《广雅·释言》："奉，献也。"《周礼·地官·大司徒》："祀五帝，奉牛牲，羞其肆。"郑玄《注》："奉，犹进也。"并是其证。

盂铭赠皮、献璋之仪可与《聘礼》享礼相比况，《聘礼》以束帛加璧享、皮为庭实，故公受币、有司受皮，待宾出，公侧授宰币而有司敛皮。宾礼，主君受玉、有司受皮乃礼经通例，征之彝铭，亦不爽毫厘。此处赠虎皮者必为霸伯有司，后文霸伯亲馈鱼皮而曰"侧赗"，此不言者适可说明此献皮者乃有司。霸伯进璋，伯老当亲受。

[①] 李学勤：《翼城大河口尚盂铭文试释》，《文物》2011年第9期。

礼尚往来，伯老馈赠霸伯柔鬯、芳圈，故霸伯报之以虎皮、璋，此与下文霸伯赠贿所用鱼皮、璋皆《周礼·秋官·小行人》所合六币之"璋以皮"①，前揭萠簋师黄傧用璋马亦同于璋以皮。《仪礼·聘礼·记》："皮马相间可。"郑玄《注》："间，犹代也。物土有宜，君子不以所无为礼。畜兽同类，可以相代。"是皮马皆可合于璋。

2. 仪节分析

伯老与霸伯相互馈赠之仪对认识册命铭文相关仪节大有助益。

伯老"归柔鬯、芳圈"于霸伯，霸伯出门藏之，又入门拜稽首，并馈伯老虎皮及璋。其事与西周册命铭文相关仪节颇相类似。西周册命显示，天子册命之后，受命者携命书、赐物出门，又入门拜谢天子并晋璋（圭）。例其如下。

> 唯卅又七年正月初吉庚戌，王在周，……王呼史奉册命山。王若曰："山，……赐汝玄衣黹屯、赤市、朱黄、銮旂。"山拜稽首，受册、佩以出，返入，觐璋。　　膳夫山鼎（《集成》2825）
> 唯三年五月既死霸甲戌，王在周康邵宫。……王呼史虢生册命颂。王曰："颂，……赐汝玄衣黹纯、赤市、朱黄、銮旂、鋚勒，用事。"颂拜稽首，受命册、佩以出，返入，觐璋。
> 　　颂鼎（《集成》2827）
> 唯卅又二年五月既生霸乙卯，王在周康穆宫。……王呼史减册赉遽。王若曰："……朕亲命，赉汝秬鬯一卣，田于龏卅田，于遅廿田。"遽拜稽首，受册、赉以出。　　四十二年遽鼎（《新收》746）
> 唯卅又三年六月既生霸丁亥，王在周康宫穆宫。……王呼尹氏册命遽。……王曰："遽，赐汝秬鬯一卣、玄衮衣、赤舄、驹车，……马四匹，攸勒。敬夙夕勿废朕命。"遽拜稽首，受册、佩以出，返入，觐圭。　　四十三年遽鼎（《新收》747）

霸伯盂铭"臧"即上揭册命铭文"受册、佩以出"、"受册、赉以出"。"尚拜稽首，既稽首，延傧，赞傧，用虎皮再贿，用璋奉"则与册命铭文"返入，觐璋（圭）"仪节相同。只是两者表述方式及详略有所不同。这或许说明，西周晚期册命仪程、仪节已完全定型，因此铭文叙述也

---

① 李学勤：《翼城大河口尚盂铭文试释》，《文物》2011年第9期；曹建墩：《霸伯盂与西周时期的宾礼》，《古文字研究》第29辑，中华书局2012年版。

更加程式化。

这里对册命铭文"受册、佩以出,返入,觐璋"所涉仪节再略做讨论。

首先,受"册、佩(赉)"之仪。四十二年逨鼎逨"受册、赉以出","册、赉"即前文"王呼史虢生册、赉逨"之"册、赉"。册,即命册;赉,即赏赐,亦即"秬鬯一卣"。王赏赐逨之土田,应按程序交付。册命之时,天子赐物品类丰盛,大约有鬯(瓒)、命服、车及车饰、马及马饰、旂旗、兵器、土田、臣民[①]等。赐物不同,授受方式理应有别。由霸伯盂铭及四十二年逨鼎知,当场所赐之物若仅有鬯,则需受赐者亲受并出门藏之。

若赐物中有命服,受赐者亦亲受而后出门藏之,此即册命铭文中"受册、佩以出"。册为命书,佩即命服,《说文·巾部》:"大带佩也。从人,从凡,从巾。"段玉裁《注》:"从人、凡、巾。从人者,人所以利用也。从凡者,所谓无所不佩也。从巾者,其一耑也。"引申之衣服也可称作佩,《文选·鲍明远〈拟古〉》:"解佩袭犀渠,卷袠奉卢弓。"李周翰《注》:"佩,文服。"是其证。瘨钟(《集成》247)及瘨簋(《集成》4170)皆记周王赐瘨佩之事,佩即命服。

受赐者亲受命书及命服之事,文献可征。《仪礼·觐礼》记诸侯觐毕、天子赏赐之事云:

> 天子赐侯氏以车服。迎于外门外,再拜。路先设,西上,路下四,亚之。重赐无数,在车南。诸公奉箧服,加命书于其上,升自西阶东面,大史是右。侯氏升,西面立,大史述命。侯氏降两阶之间,北面再拜稽首,升成拜。大史加书于服上,侯氏受。

《觐礼》所记虽与册命铭文周王当面赏赐有所差异,然赐物之仪则颇相一致。由《觐礼》知,诸侯亲受者唯命书及命服,其他赏赐则陈于庭。册命铭文显示,册书及命服由受命者亲受,其他诸赐物如车及车饰、马及马饰、兵器等则陈于庭,由有司收受;土地、臣民等则按照程序交付。

其次,"返入"、"觐圭(璋)"之仪。册命铭文"返入"、"觐圭(璋)"应为两个不同仪节。晋侯稣钟(《新收》870—885)云:

[①] 陈汉平:《西周册命制度研究》第五章第一节,学林出版社1986年版。

六月初吉戊寅，旦，王格大室，即位。王呼膳夫曰："召晋侯。"稣入门，立中廷。王亲赐驹四匹，稣拜稽首，受驹以出，返入，拜稽首。

诸铭所记多有省文，四十二年逨鼎或省略了返入行礼之事，而颂鼎则省略入门拜稽首之仪。由晋侯稣钟知，臣子返入，也需行拜稽首礼。四十二年逨鼎记逨受赏赐后"受册、赍以出"，而周宣王赏赐稣驹后，晋侯稣"受驹以出"。此两例也可助证册命铭文中"受册、佩以出"之册、佩皆为赐物。

以上诸铭觐当读为晋[1]，霸伯盂铭之"用璋奉"即"觐（晋）璋"。裘卫盉（《集成》9456）云：

唯三年三月既生霸壬寅，王爯旂于丰，矩伯庶人取觐（晋）璋于裘卫。

此觐亦读为晋。晋璋者，晋献天子之璋。

《左传·僖公二十八年》晋楚城濮之战后，晋文公献楚俘于周襄王，"王命尹氏及王子虎、内史叔兴父策命晋侯为侯伯，赐之大辂之服、戎辂之服，彤弓一、彤矢百、玈弓十、矢千，秬鬯一卣，虎贲三百人。……晋侯敢再拜稽首，奉扬天子丕显休命。受策以出，出入三觐。"策即命书，觐读为晋。"受策以出，出入三觐"，以周彝铭况之，"出入三觐"之"出"字或为衍文或"反（返）"之讹，"受册以出，[返]入三觐"即入门之后于周王有三次进献。霸伯盂铭则显示，霸伯于伯老进献虎皮和璋，似为两觐（晋），其礼杀于晋侯亲献周王之礼。

（二）翌日正礼

自"翌日"至"先车"为蔑历正礼。具体来说，自"翌日"至"用璋"乃命宾之礼；自"遣宾"至"用玉"为聘享之事；自"宾出"至"或延"为主人行饗礼以饗宾；自"伯或"至"先车"为主人还玉之事。

1. 命宾之礼

此记伯老代传天命之事。

翌日，命宾曰："拜稽首，天子蔑其臣历，敢敏。"用璋

言拜手稽首者，亦见于它簋（《集成》4330）：

---

[1] 冯时：《琱生三器铭文研究》，《考古》2010年第1期。

它曰："拜稽首，敢敃昭告。"

《书·立政》："周公若曰：拜手稽首，告嗣天子王矣。"孔颖达《正义》：

> 周公既拜手稽首，而后发言还自言拜手稽首，示己重其事，欲令受其言，故尽礼致敬以告王也。《召诰》云："拜手稽首，旅王若公。"亦是召公自言己拜手稽首，与此同也。

依孔说自言拜手稽首者，皆先拜手稽首而后发言。若然，盂铭所记蔑历之事亦宾先拜，而后伯老答拜，并命宾。此乃宾礼之通例，凌廷堪《礼经释例·宾客之例》言之甚详，兹不备引。

上文伯老馈赠霸伯柔鬱、芳𩰨，霸伯回赠虎皮及璋者，乃答谢之义。此伯老只传命无馈赠，而霸伯仍报璋者，乃尊王及伯老之义。《仪礼·觐礼》记天子遣使赐侯氏舍之事云："天子赐舍，曰：'伯父，女顺命于王所，赐伯父舍。'侯氏再拜稽首，傧之束帛、乘马。"郑玄《注》："王使人以命致馆，无礼，犹傧之者，尊王使也。"贾公彦《疏》："决《聘礼》卿无礼致馆，宾无束帛傧卿。此王使犹无礼致馆，其宾犹傧使者用束帛、乘马，故云尊王使也。"礼义与霸伯盂相同。其礼亦见于琱生诸器①。

> 唯五年正月己丑，琱生有事，召来合事。余献，妇氏以壶，告曰："以君氏命曰：余老止，公仆庸土田多扰，弋伯氏从许，公宕其参，汝则宕其贰，公宕其贰，汝则宕其一。"余惠于君氏大璋，报妇氏帛束、璜。召伯虎曰："余既讯厌我考我母命，余弗敢乱，余或致我考我母命。"琱生则觐圭。　　五年琱生簋（《集成》4292）
>
> 唯五年九月初吉，召姜以琱生蔑五、帅、壶两，以君氏命曰："余老止，我仆庸土田多扰。弋许，勿使散亡。余宕其参，汝宕其贰。其兄公，其弟乃。"余惠大璋，报妇氏帛束、璜一。……琱生对扬朕宗君休，用作召公尊盨。　　五年琱生盨②

---

① 琱生三器考释参见冯时：《琱生三器铭文研究》，《考古》2010年第1期。
② 宝鸡市考古研究所、扶风县博物馆：《陕西扶风五郡西村西周青铜器窖藏发掘简报》，《文物》2007年第8期。

五年琱生簋召姜传君氏命、召伯虎转陈召公召姜命毕，琱生皆有馈献，此亦无礼而傧之事，乃尊宗君召公之义。五年琱生盨召姜传君氏命毕，亦惠君氏大璋，报妇氏帛束、璜一，其尊宗之义一也。惠有忧恤之义，《礼记·月令》："行庆施惠。"郑玄《注》："惠，谓恤其不足。"召公昏聩失德得罪于附庸，继而引发附庸的狱讼纷扰，致使附庸有散亡之虞，故而琱生两度惠于召公大璋，以致忧恤之义。

2. 享礼

此为全铭之核心。

遣宾，赞

此言遣宾，则行礼在堂上①。聘礼，聘、享皆在堂上。《仪礼·聘礼》记宾聘主国之君云：

> 宾袭，执圭。摈者入告，出辞玉，纳宾。宾入门左。……三揖，至于阶，三让。公升二等，宾升，西楹西，东面。摈者退中庭。宾致命。公左还，北向。摈者进，公当楣再拜。宾三退，负序。公侧袭，受玉于中堂与东楹之间。摈者退，负东塾而立。宾降，介逆出，宾出。

是接受聘圭在堂上。《聘礼》记享礼则云：

> 摈者出请，宾裼，奉束帛加璧享。摈者入告，出许。……宾入门左，揖让如初，升，致命，张皮。公再拜，受币。

敖继公《集说》："其仪亦如初，惟不袭耳。"故享礼亦在堂上。《仪礼·觐礼》诸侯觐见天子云：

> 侯氏入门右，坐奠圭，再拜稽首。摈者谒。侯氏坐取圭，升，致命。王受之玉。侯氏降，阶东北面再拜稽首。摈者延之曰："升！"升，成拜，乃出。

---

① 《仪礼·特牲馈食礼》亦有"遣宾"之事，其文云："主人朝服即位于阼阶东，西面。……宗人遣宾就主人。"此宾乃主人之臣、赞执事者，详参敖继公《集说》及胡培翚《正义》。礼经所记与霸伯盂铭"遣宾"不同。

诸侯享天子：

　　侯氏升，致命。王抚玉。侯氏降自西阶，东面授宰币，西阶前再拜稽首，以马出，授人，九马随之。

诸侯觐见，觐礼及三享亦皆行于堂上。

"用鱼皮两侧贿，用璋先马，原贿用玉"为聘享之礼。其中"用鱼皮两侧贿，用璋先马"乃享礼，鱼皮、马、璋皆为庭实（说详后文）。"原贿用玉"则系聘礼。

用鱼皮两侧贿

鱼皮在商周时期用途颇广，可制服饰，如包山楚简遣册（259）记送葬之物有"一鱼皮之屦"、望山2号墓遣册（23）则有"鱼皮之冢"。鱼皮亦可做车饰及矢箙等①。鱼皮与前文虎皮、《仪礼·士昏礼》之俪皮均为庭实。朝聘之时，庭实献国所有。霸国境内有汾、浍二水，上古时期应川泽广布，盛产鱼鳖，故以鱼皮为庭实。据下文，庭实除鱼皮还有马，霸国地在晋南，春秋属晋，《左传·僖公二年》记："晋荀息请以屈产之乘与垂棘之璧假道于虞，以伐虢。"屈地在山西吉县东北②。可见晋南也盛产良马，霸国或亦有之，故以马为庭实。

侧者，独也。《仪礼·聘礼》主国之君（公）受宾之瑞玉时"侧袭"，郑玄《注》云："侧，犹独也。言独，见其尊宾也。他日公有事，必有赞为之者。"知"侧"乃公不用赞者而亲受玉之谓。文献罕有以鱼皮馈赠者，足知鱼皮珍贵，故霸伯亲馈鱼皮，甚合于礼。

馈赠鱼皮及前文馈赠虎皮之时，授皮者所处位置需加以讨论。前已论及，纳徵所用俪皮左首而聘礼所用虎皮右首。纳徵之时，赞俪皮者应有两人，两人前后相次、立于庭西西上，《仪礼·士昏礼·记》："纳徵，执皮摄之。……随入，西上，三分庭一在南。"郑玄《注》："西上，中庭位并。"贾公彦《疏》："俱北面西上。"敖继公《集说》："以其并设，嫌亦并行也。西上统于宾也。三分庭一在南者，三分庭深而所立之处当其三分之一，故二分在北，一分在南也。此设皮之位当在西方。"

霸伯盂鱼皮言两而虎皮不言者，其数似为四，与《聘礼》享用乘皮相

---

① 曹建敦：《霸伯盂与西周时期的宾礼》，《古文字研究》第29辑，中华书局2012年版；黄锦前：《霸伯盂铭文考释》，《中国国家博物馆馆刊》2012年第5期。
② 杨伯峻：《春秋左传注》，中华书局1990年版，第240页。

同，鱼皮聘享不常用，故特言其数耳。《聘礼》经文、郑《注》贾《疏》皆未言及赞虎皮者之仪位。《士昏礼》宾位在西，而俪皮适左（西）首，故执皮者西上统于宾。此宾位在西，而虎皮右（东）首，与《士昏礼》不同，若赞皮者东上则不统于宾，故不得东上。若西上，皮首东而尾西，与宾位近则亵渎尊者，与宾位远（越过堂东西中线）则亦不统于宾。以礼义推之，虎皮禽贿之位当在堂东西之中且三分庭一在南。

鞣制鱼皮者多为体型较大之鱼，使用之时按需将数张鱼皮拼缝。而数百公斤的大鱼，一鱼之皮无需拼缝即可使用，此类鱼皮尤为上品，其面积不亚于虎豹皮①。数百公斤的大鱼捕获不易，其皮更弥足珍贵，因此霸伯馈献伯老的鱼皮应为此类大鱼皮。大鱼皮在剥取时虽已去掉头、尾和鳍，但仍能辨别首尾。故而，鱼皮贿赠应与《聘礼》馈赠虎皮之法相同，赠贿鱼皮之仪也与俪皮、虎皮相似。鱼皮亦有花纹，以彼法例之，宾行礼之前，赞皮者需将花纹折叠在内。然鱼皮无足，故而无需举足。

"用鱼皮两侧贿"者，或两皮皆霸伯亲贿，或霸伯张一皮于前、有司张一皮于后，两说似皆可通。然以礼程论之，《聘礼》众有司一同献皮，是为一献。若霸伯两度亲献，则为两献。如此则应以霸伯张一皮、有司张一皮为是。

用璋先马

马、鱼皮均为庭实，马不言数，亦当为四，与《聘礼》相同。

"用璋先马"与《左传·襄公十九年》"公享晋六卿于蒲圃，……贿荀偃束锦加璧、乘马，先吴寿梦之鼎"所记相似，杜预《注》云：

> 古之献物必有以先，今以璧、马为鼎之先。

孔颖达《疏》：

> 古之献物，必有以先之。《老子》云："虽有拱抱之璧，以先驷马。"谓以璧为马先也。僖（公）三十三年，郑商人弦高以乘韦先牛十二犒师，谓以韦为牛先也。二十六年，郑伯赐子展先路、三命之服先八邑，谓以车、服为邑之先也。皆以轻物先重物。此锦、璧可执，

---

① 徐万邦：《赫哲族鱼皮工艺简论》，《内蒙古大学艺术学院学报》2004 年第 1 期。我们曾就鱼皮制作等问题专门请教了中央民族大学徐万邦教授，蒙其赐教，颇有启发，在此对徐万邦教授表示感谢。

马可牵行，皆轻于鼎，故以璧马为鼎之先。以轻先重，非以贱先贵，鼎价未必贵于璧、马也。

杨伯峻亦宗孔疏①。
然清儒颇不以孔疏为宜，沈钦韩《春秋左氏传补注》曰：

> 杜预云："以璧、马为鼎之先。"案：锦与璧、马赠贿之常礼也，故以吴鼎先将其意。惠（栋）云："马为庭实，未闻以马为先。马不先上堂，安得先之。"

黄以周《礼书通故·聘礼通故一》云：

> 又案：圭以马，璋以皮，马、皮皆陈于庭不上堂，而先之以圭、璋将礼，故老子曰"拱璧先驷马"。杜注《左传》谓鲁贿荀偃，以璧马先鼎，非。

案：清儒之说不足取。鲁公所贿乘马、吴寿梦之鼎及霸伯所致鱼皮、璋、马皆为庭实。霸伯享伯老用"鱼皮两侧贿、用璋先马"与《左传·襄公十九年》鲁襄公享晋六卿，而"贿荀偃束锦加璧、乘马，先吴寿梦之鼎"所记基本相同。不但馈赠动词皆用"贿"，而且诸赠物皆遵循先轻后重的顺序，即霸伯享伯老以鱼皮、璋、马为序，而鲁公赠贿则以束帛加璧、乘马、吴寿梦之鼎为序，首日之礼中霸伯贿伯老以虎皮、璋也遵循先轻后重的次序。

"用鱼皮两侧贿，用璋先马"者，乃记霸伯用币、马享伯老之事。《周礼·秋官·小行人》：

> 合六币：圭以马，璋以皮，璧以帛，琮以锦，琥以绣，璜以黼。此六物者，以和诸侯之好故。

郑玄《注》：

> 合，同也。六币所以享也。……用圭璋者，二王之后也。二王后

---

① 杨伯峻：《春秋左传注》，中华书局1990年版，第1045、1046页。

尊，故享用圭璋而特之。《礼器》曰："圭璋特。"义亦通于此。

享用璋和皮马，即圭璋特达。圭璋特达者，贾公彦《疏》云：

> 言而特之者，惟有皮马无束帛可加，故云特。如是，皮马不上堂，陈于庭，则皮马之外别有庭实可知。

以特者无束帛，除皮马之外别有庭实。孙诒让《正义》则曰：

> 郑知用圭璋而特之者，以经云"璧以帛，琮以锦，琥以绣，璜以黼"，帛、锦、绣、黼以外，仍有庭实之皮马，此圭璋直云皮马，不云帛锦绣黼，明惟有皮马，更无他币，故知其特也。

知孙氏以特者乃仅有皮马而无束帛及其他庭实之谓。证之盂铭，孙说甚覈！

郑康成又以享用圭璋而特乃二王后享天子之事，此说并非西周制度。西周时期圭璋特达之事比比皆是，不独二王之后。霸伯首日行礼，进献伯老虎皮和璋，亦圭璋特达。皮马可相代，前揭茀簋之璋一、马两，吴虎鼎之璋、马匹，大簋之介璋、马两皆可谓圭璋特达。

《礼记·聘义》云：

> 圭璋特达，德也。

郑玄《注》：

> 特达，谓以朝聘也。璧琮则有币，惟有德者无所不达，不有须而成也。

孔颖达《疏》：

> 德者，得也。万物皆得，故无所不通达，不更须待外物而自成也。以聘享之礼，有圭璋璧琮，璧琮则有束帛加之乃得达，圭、璋则不用束帛，故云"特达"。然璧琮亦玉，所以璧琮则加于他物，圭璋得特达者，但玉既比德，于礼重处则特达，于礼轻处则加物。以玉可

重可轻，美其重处言之，故云"特达"。

是其义。郑玄说亦见于《仪礼·聘礼》注，彼《注》云：

> 圭璋特达，瑞也；璧琮有加，往德也。

贾公彦《疏》：

> 云"璧琮有加，往德也"者，谓加于束帛之上。言往德者，《郊特牲》云："束帛加璧，往德也。"谓以束帛加璧，致厚往。为主君有德，故以玉致之。

皆是朝聘圭璋特达之义。

需要说明的是，圭璋可特，亦可与璧琮一样加束帛，如上揭大簋铭。圭璋加束帛与璧琮加束帛礼义相同，皆厚贿之义。圭璋还可加庭实。

> 唯三年五月丁巳，王在宗周，命史颂省苏……，苏僕璋、马四匹、吉金，用作𪔅彝。　　　　　　史颂鼎（《集成》2787）

璋合马四匹为币，吉金则为庭实。《仪礼·觐礼》觐享庭实马十匹，《仪礼·聘礼》不言享实用马之数，以史颂鼎况之，当为四匹。

亦有享玉单独使用不加皮马者，如霸伯盂铭霸伯答伯考蔑历用璋，琱生三器琱生两度惠君氏大璋，琱生晋献召伯虎圭、报璧，及册命铭文中常见的"返入，晋璋（圭）"，皆用以答谢，此为西周常礼，非圭璋特达之谓也。

另外，聘享享实与觐享享实尚有差别，《仪礼·聘礼》记聘享之礼云："宾裼，奉束帛加璧享。……庭实，皮则摄之。"《聘礼·记》云："凡庭实，皮马相间可也。"知享实除璧帛之外，皮、马皆可。《聘礼》用璧以帛，而霸伯享伯老用璋以皮，别以马为庭实，颇合礼制。由此益明，"用鱼皮两侧贿，用璋先马"为享礼无疑。

觐礼享实不止皮马，《仪礼·觐礼》云：

> 四享皆束帛加璧，庭实唯国所有。

郑玄《注》云：

  初享或用马，或用虎豹之皮。其次享，三牲鱼腊，笾豆之实，龟也，金也，丹漆丝纩竹箭也，其余无常货。此物非一国所能有，唯国所有分为三享，皆以璧帛致之。

贾公彦《疏》：

  案《聘礼》束帛加璧享君，束锦加琮享夫人。《小行人》亦云："璧以帛，琮以锦。"是五等诸侯享天子与后。此云璧帛致之者，据享天子而言，若享后即用琮锦。但三享在庭分为三段一度致之，据三享而言，非谓三度致之为皆也。

是觐礼享实，以六币为挚，皮马等在廷分三段一度致之。所谓一度致之，乃献币一次而三享陆续晋献，非一同献上。由上揭史颂鼎知，苏享王使史颂庭实可用金，那么觐礼庭实当如郑贾所论。凌廷堪《礼经释例》以聘礼享实决觐礼，以为觐礼享实只有皮马，其说疏矣。

3. 聘礼

此为全铭所记礼制最重要的仪程。

原赗用玉

此及下文两言"用玉"，玉即玉瑞，圭、璧之属①。《仪礼·聘礼》所用圭瑞，聘时则称玉，其文云：

  宾袭，执圭。摈者入告，出辞玉。……公侧袭，受玉于中堂与东楹之间。……公侧授宰玉。

此玉即指聘圭而言。聘享之后，主国之君命卿还圭则称"还玉"，《聘礼》云："君使卿皮弁还玉于馆。"礼罢归国，宾璧还聘璋之时，亦称其为"玉"，《聘礼》云：

  使者执圭垂缫，北面。上介执璋屈缫，立于其左。……宰自公左

---

① 学者认为前一"遘毁"所用之玉即聘圭，说近是。详见黄锦前：《霸伯盂铭文考释》，《中国国家博物馆馆刊》2012 年第 5 期。

受玉。受上介璋、致命，亦如之。

此处圭、璋并举，仅称聘圭为玉，与盂铭以玉称聘圭（璧）而不及璋绝同。

遵与原为古今字，学者训再①，可从。原贿用玉，即再次用玉，对"用璋先马"为首次用玉而言。"原贿用玉"，即霸伯向伯老行聘礼。

礼，诸侯聘享享玉下聘玉一等。诸侯朝觐及自相朝皆执命圭，享则用璩玉，其数降命圭一寸。诸侯之臣朝聘，其礼下诸侯一等，聘玉、享玉皆杀于诸侯一寸。郑玄注《小行人》云：

> 凡二王后、诸侯相享之玉，大小各降其瑞一等。及使卿大夫頫聘，亦如之。

贾公彦《疏》：

> 五等诸侯自相朝，圭璋亦如其命数，其相享璧琮等，则降一寸。……直言頫聘亦如之，不分别享与聘，则聘享皆降一寸，同。故《玉人》云："璩圭璋八寸，璧琮八寸以頫聘。"此据上公之臣圭璋璧琮皆降一寸，其余侯伯子男降一寸明矣。其子男之臣享诸侯不得过君，用琥璜可知。

贾说又见于《仪礼·觐礼》疏。此霸伯亲来，聘用"玉"，享则用璋。玉即命圭，享璋杀于命圭一寸可知。

霸伯盂铭所记聘享之礼与礼经所载颇不相同。

首先，聘、享仪程。《仪礼·聘礼》先行聘礼，然后宾出，再摈入行享礼，因此聘礼、享礼为两个仪程。而霸伯享后无"宾出"之节即行聘礼，与《仪礼》所记不同。

其次，聘、享顺序。《仪礼·聘礼》先聘后享。而霸伯则先享后聘。尊者之礼尚多仪，为突出聘礼的地位，在后来的礼制改革中又调整了聘享的次序。

将享礼置于聘礼之后，或与周初以来重视享礼有关。《书·洛诰》周

---

① 李学勤：《翼城大河口尚盂铭文试释》，《文物》2011 年第 9 期；黄锦前：《霸伯盂铭文考释》，《中国国家博物馆馆刊》2012 年第 5 期。

公教诲成王曰：

> 汝其敬识百辟享，亦识其有不享。享多仪，仪不及物，惟曰不享。

朱骏声《便读》：

> 识，记也。辟，诸侯也。享，献也，朝贡之礼也。仪，义也，礼意也。物，币也。……言御诸侯之道，当察其诚与不诚，轻财而重礼也，币美则没礼。若礼意简略不诚，犹之不享。

其说近是，惟仪当读本字，赵岐注《孟子·告子下》、伪孔《传》皆训为威仪，当为故训必有所本，未可轻疑。礼义通过礼仪来传达，正是古人制礼之精要，因此不必破读为义。

周初以来素重享礼的传统，因而将献聘玉一节置于享礼之后，以突出轻财重礼之义。而轻财而重礼的礼义，最后完全由献聘玉和还玉两个仪程来体现，享礼逐渐成为纯粹的财物贡纳。因此，后世调整聘享的顺序也势在必行。

对读霸伯盂铭文，两周聘礼之演进过程清晰可见。真正意义上的周礼已基本成型。

4. 饗宾之礼

霸伯聘享后，伯老饗宾。

宾出，以俎或延

此为聘享之后，伯老饗霸伯之事。礼，覲（聘）后有饗宾之事。《仪礼·覲礼》："饗礼，乃归。"郑玄《注》："礼，谓食、燕也。王或不亲以其礼币致之，略言饗礼，互文也。《掌客职》曰：上公三饗、三食、三燕，侯伯再饗、再食、再燕，子男一饗、一食、一燕。'"《聘礼》则云："公于宾，壹食，再饗。燕与羞，俶献无常数。"

西周饗礼用俎，三年癲壶（《集成》9726）铭文云：

> 唯三年九月丁巳，王在郑，饗醴，呼虢叔召癲，赐羔俎。己丑，王在句陵，饗逆酒，呼师寿召癲，赐彘俎。

即是明证。

铭言"宾出，以俎或延"者，延宾行饗礼者自为傧相。彝铭所记关乎周代迎宾之法，在此略作讨论。

《周礼·秋官·大行人》："上公之礼，……其朝位宾主之间九十步。"郑玄《注》："朝位，谓大门外宾下车及王车出迎所立处也。王始立大门内，交摈三辞乃乘车而迎之，齐仆为之节。"郑氏以朝无迎法，而享礼王则有迎宾之事，贾公彦此疏、孔颖达《礼记·曲礼》正义俱申郑说。清儒金鹗、孙诒让皆谓朝享无迎法，而朝享之后礼宾及行饗礼天子始有迎宾之事，说详《求古录礼说·天子迎宾考》、《周礼正义》，二说甚合经意。

然由霸伯盂铭观之，《大行人》所记天子迎宾之事似非西周定制。盂铭言伯老饗霸伯而迎宾者为傧相，则伯老不亲迎宾可明。伯老尚不亲迎，天子岂有自迎宾客之礼乎？盂铭所记应为穆王以前的礼制。然而这一制度在西周中晚期发生了变化，前揭瘐壶言："己丑，王在旬陵，饗逆酒。"《说文·辵部》："逆，迎也。"是逆即迎宾之义，此乃天子行饗礼而迎宾之明证。瘐器属厉王世[1]，这说明至迟在厉王时期已有天子亲迎宾客之礼。

这种变化或许始于夷王之世，《礼记·郊特牲》："觐礼，天子不下堂而见诸侯。下堂而见诸侯，天子之失礼也，由夷王以下。"郑玄《注》："不下堂而见诸侯，正君臣也。夷王……时微弱，不敢自尊于诸侯。"诸侯行朝觐大礼以正君臣之分，天子微弱尚下堂见诸侯，礼制废弛可见一斑。接宾主之情的饗礼，天子有迎宾之事，亦在情理之中。盖诸侯行觐礼而天子下堂见之者，终有悖君臣大义，其事不常有。而饗礼天子迎宾之事却逐渐变为正礼。

5. 还玉赠币

此为霸伯行前，伯老返还聘圭（璋）之事。

伯或原赗用玉先车

伯者，伯老也。霸伯为作器者，又在礼仪过程中充当宾，因此盂铭叙事若无明确主语，皆指霸伯而言。否则，为不产生歧义，铭文一定有明朗的表述，若此处省略主语"伯"则极易产生混乱。

或者，又也。"伯或原赗用玉先车"，所记即还玉、赠币之事，且二者为同一仪程。《仪礼·聘礼》则分还玉、赠贿币为两个仪程。《聘礼》记还玉之事云：

---

[1] 李学勤：《论应侯视工诸器的时代》，《文物中的古文明》，商务印书馆2008年版；彭裕商：《西周青铜器年代综合研究》，巴蜀书社2003年版。

> 君使卿皮弁还玉于馆。宾皮弁，袭，迎于外门外，不拜，帅大夫以入。大夫升自西阶，鉤楹。宾自碑内听命，升自西阶，自左，南面受圭，退，负右房而立。大夫降中庭，宾降，自碑内东面授上介于阼阶东。上介出请，宾迎。大夫还璋，如初入。

《聘礼》记赠贿币之事则云：

> 宾裼，迎。大夫贿用束纺，礼玉、束帛、乘皮，皆如还玉礼。大夫出，宾送，不拜。

伯老为天子之使，所赠贿币则为车。诸侯觐见，天子有赐车之事。《仪礼·觐礼》："天子赐侯氏以车服。……路先设，西上，路下四，亚之。重赐无数，在车南。"郑玄《注》："路，谓车也。凡君所乘车曰路。路下四，谓乘马也。亚之，次车而东也。《诗》云：'君子来朝，何锡予之？虽无予之，路车乘马。又何予之，玄衮及黼。'"《左传·襄公二十四年》："齐人城郑。穆叔如周聘且贺城，王嘉其有礼也，赐之大路。"杜预《注》："大路，天子所赐车之总名。"

（三）郊送赠贿

自"宾出"至"稽首"为郊行赠贿之事。郊行赠贿乃朝聘礼之终。

宾出，伯遗宾于郊

"宾出"者，霸伯辞出返国。

遗，赠物也。《诗·大雅·云汉》："昊天上帝，则不我遗。"马瑞辰《传笺通释》："与人以物谓之问，亦谓之遗。""伯遗宾于郊"，即郊行赠贿之事。《仪礼·聘礼》乃遣臣聘问，故宾于主国之君及卿大夫有私觌之事。此系霸伯亲朝天子，而天子命伯老蒇历并礼宾，铭末亦有"对扬王休"之语，则馈赠皆来自天子可知。故霸伯于伯老无私觌，此虽为赠币，但与《聘礼》"公使卿赠如觌币"不同。盂铭省略贿赠仪物，其详暂不可考。

《仪礼·聘礼》及《觐礼》均有郊劳（郊迎）、郊送之事，郊劳（郊迎）礼备而郊送礼简。郊劳五等诸侯爵位不同，礼亦各异。《周礼·秋官·大行人》：

> 上公之礼，三问、三劳。……诸侯（伯）之礼，……再问、再劳。诸子（男），……壹问、壹劳。

三劳即远郊劳、近郊劳及畿劳。孙诒让《正义》引胡培翚云：

> 窃谓近郊之劳，五等诸侯皆有之，侯伯加以远郊劳，上公加以畿劳。爵尊者其劳远，爵卑者其劳近，礼宜然也。

说是。

郊送礼简，若遣臣往他国聘问，则主国之君亦遣卿在近郊赠币，而命士送至境。《仪礼·聘礼》云："遂行舍于郊，公使卿赠如觌币。……士送至于竟。"郑玄《注》："郊，近郊。"若国君亲朝，则主国之君亦亲送至郊。《周礼·秋官·司仪》："致饔饩，还圭，饗、食，致赠，郊送，皆如将币之仪。"郑玄《注》："此六礼者，惟饗食速宾耳。其余主君亲往。亲往者，宾为主人，主人为宾。……赠，送以财，既赠又送至于郊。"朝礼郊送所赠，经无明文，盂铭亦不载，暂付阙如。霸伯盂还玉、饗食、郊送皆伯老亲为，与《司仪》所记吻合。

或舍宾马

或，又也。舍，予也。《墨子·耕柱》："曰舍余食。"孙诒让《间诂》："舍，予之叚字。古赐予字或作舍。"《墨子·非攻》："施舍群萌。"孙诒让《间诂》："舍、予声近字通。""或舍宾马"，对前"遗宾于郊"而言。

伯老在例行贿赠之后又"舍宾马"，此系厚贿，乃礼之加隆者。《左传·宣公九年》："春，王使来征聘。夏孟献子聘于周。王以为有礼，厚贿之。"《左传·昭公元年》："晋侯有疾，郑伯使公孙侨如如晋聘，且问疾。……晋侯闻子产之言，曰：'博物君子也。'重贿之。"《左传·襄公二十年》："冬，季武子如宋，报向戌之聘也。褚师段逆之以受享，赋《常棣》之七章以卒。宋人重贿之。"皆是厚贿之例。

《仪礼·觐礼》不记郊送之事，《诗·大雅·韩奕》则记韩侯觐毕天子命人赐饮食及乘马之事，其文云："韩侯出祖，出宿于屠。显父饯之，清酒百壶。……其赠维何？乘马路车。"郑玄《笺》："既觐而返国，必祖者，尊其所往，去则如始行焉。祖于国外，毕乃出宿。……赠，送也。王既使显父饯之，又使送以车马，所以赠厚意也。"所记虽非郊送，而与霸伯盂铭所记相类。

（四）宾礼之仪

"仪"是礼仪的重要组成部分，目前所见两周金文涉礼者众多，而记仪者寥寥。霸伯盂的重要价值即在于此。盂铭详录朝聘之"仪"，涉及西周朝聘礼的诸多仪节。这不仅极大地提高了霸伯盂的学术价值，也增加了铭文释读的难度。本文对盂铭所记仪节的探索，或对相关研究有所启示。

霸伯盂铭文所涉之"仪"主要包括七个方面。

第一，赐物之仪。伯老馈赠霸伯"柔鬱、芳鬯"之后，霸伯出门藏物，后又入门答谢，并于伯老有所进献。这与西周晚期册命彝铭之"受册、佩（賷）以出，返入，晋璋（圭）"的程式化仪节内容完全相同，霸伯盂铭是这一仪节的最早记录。这一仪节或与穆王时期礼制改革有关。

第二，拜仪。盂铭言拜仪有三。其一，霸伯受伯老馈赠而"拜稽首"，霸伯"既稽首"，伯老命人延宾行礼。其二，伯老蔑历霸伯之时，宾先拜，而后伯老答拜。其三，霸伯郊行之时，受天子馈赠，而"拜稽首"。这些都证明拜仪在礼仪中是最基本也是最重要的仪节之一，与《仪礼》经文所记密合。

第三，宾主对答。霸伯盂铭文所记命宾之辞，与《仪礼》经文基本一致，可见两周时期宾主对答之辞应大致相同，这也证明《仪礼》所记宾主对答之辞至少可上溯至西周时期。

第四，摈相之仪。行礼地点不同，摈者导宾的方式也不相同。在后相礼诏宾升堂，则曰延宾。从后送宾，则言遣宾。

第五，宾出与延宾。依盂铭，每个重要仪程结束之后，都有"宾出"之语，与《仪礼》经文颇相一致。而且"宾出"之后，主人有延宾之礼，盂铭"宾出，以俎或延"即是。仪节与礼经相同。

第六，迎宾之仪。盂铭显示，至少在穆王之前，聘（覲）享之后的饗礼天子无迎宾之事。大约夷王之后，聘享后的饗礼，天子始有迎宾之仪。

第七，赠物之仪。行礼之时，馈赠方式因物而异，如虎皮言禹贿、鱼皮言侧贿。禹贿者，于中庭张皮而馈赠；侧贿者，霸伯亲馈。其他如用璋先马、用玉先车等，皆系赠物之仪。赠物不同，仪注各异，或可印证《仪礼》的记载，或补充礼经之阙。

三 相关问题讨论

下面就与盂铭相关的蔑历、赐鬯等相关问题进行讨论。

（一）蔑历

蔑历之礼，西周金文常见，霸伯盂铭及同墓所出霸伯簋铭（图4.4.3）均涉及蔑历之事，尤其霸伯簋铭为蔑历含义的研究提供了新材料。

霸伯簋共三件，铭文基本相同，兹先将三簋铭文释写于下。

霸伯簋一（M1017∶8），盖铭、器铭略有不同。盖铭6行50字（含合文1字、重文1字；图4.4.3），其铭曰：

惟十又一月，井叔来奉盐，蔑霸伯历，使伐用弔（畴）二百、井二糧、虎皮一，霸伯拜稽首对扬井叔休，用作宝簋，其万年，子子孙其永宝用。

器铭铭6行51字（含合文1字、重文2字），其铭曰：

惟十又一月，井叔来奉盐，蔑霸伯历，使伐用弔（畴）二百、丹二糧、虎皮一，霸伯拜稽首对扬井叔休，用作宝簋，其万年，子子孙孙其永宝用。

霸伯簋二（M1017：40），盖铭、器铭略有差异。盖铭6行50字（含合文1字、重文1字），其铭曰：

惟十又一月，井叔来奉盐，蔑霸伯历，使伐用弔（畴）二百、丹二糧、虎皮二，霸伯拜稽首对扬井叔休，用作宝簋，其万年，子子孙其永宝用。

器铭6行50字（含合文1字、重文1字），其铭曰：

惟十又一月，井叔来奉盐，蔑霸伯历，使伐用弔（畴）二百、井二糧、虎皮一，霸伯拜稽首对扬井叔休，用作宝簋，其万年，子子孙其永宝用。

霸伯山簋（M1017：35），盖铭、器铭也略有差异。盖铭6行50字（含合文1字、重文1字），其铭曰：

惟十又一月，井叔来奉盐，蔑霸伯历，使伐用弔（畴）二百、丹二糧、虎皮一，霸伯拜稽首对扬井叔休，用作宝山簋，其万年，子子孙其永宝用。

器铭6行50字（含合文1字、重文1字；图4.4.4），其铭曰：

惟十又一月，井叔来奉盐，蔑霸伯历，使伐用弔（畴）二百、丹二糧、虎皮二，霸伯拜稽首对扬井叔休，用作宝山簋，其万年，子子孙其永宝用。

奉盐，犹殷卜辞习见之"奉禾"、"奉年"，乃祈求盐卤丰产①。

簋铭所赐之物为"畴二百、丼二糧、虎皮二"，其中虎皮之数，或作一、或作二，似应以二为是，即《仪礼》之俪皮。《仪礼·聘礼》享时所献有俪皮，郑玄以为即虎豹皮。

图 4.4.3　霸伯簋铭文　　　　　图 4.4.4　霸伯山簋铭文

畴、丼、虎皮三者均与征伐无涉，故簋铭之"伐"非征伐之意。《论语·雍也》："孟之反不伐。"朱熹《集注》："伐，夸功也。"《小尔雅·广诂》："伐，美也。""伐"者，夸伐之谓。簋铭"蔑霸伯历，使伐用畴二百、丼二糧、虎皮二"即谓使霸伯以"畴二百、丼二粮、虎皮二"称美己功。《周礼·考工记·玉人》："（公之孤）继子男执皮帛。"郑玄《注》："谓公之孤也。见礼次子男，贽用束帛，而以豹皮表之为饰。天子之孤，

---

① 黄益飞、谢尧亭：《霸伯簋铭文考》，《郑州大学学报（哲学社会科学版）》2018 年第 1 期。

表帛以虎皮。"皮帛表挚并非西周礼制，西周时期虎皮多单独馈赠，如霸伯盂记霸伯进献伯考"用虎皮称贿"。《礼记·郊特牲》云："虎豹之皮，示服猛也。"同墓所出霸伯盘（M1017∶41）即记霸伯搏戎之事，其铭云："唯正月既死霸丙午，戎［大］捷于霸伯，搏戎获讯一，霸伯对扬，用作宜姬宝盘，孙子子其万年永宝用。"① 与此铭正相呼应。霸伯有战功，故天子赐虎皮以尊崇之，与"伐"义正相协。繇簋（《集成》4146）则曰：

> 唯十又一月初吉辛亥，公命繇伐于眉伯。伯蔑繇历，傧繇柀廿、贝十朋。繇对扬公休，用作祖癸宝尊彝。

"公命繇伐于眉伯"者，乃公命繇接受眉伯的夸伐、蔑历之谓。

唐兰读"蔑历"为"伐历"，以"伐"为称美之意②。上揭霸伯簋、繇簋等，均为唐说之佳证。

唐兰又引《左传·襄公十九年》文为据，以蔑历仅及大夫，而不及诸侯③。此说可商。《左传·襄公十九年》曰："臧武仲谓季孙曰：'……夫铭，天子令德，诸侯言时计功，大夫称伐。'"杜预《注》："天子铭德不铭功，（诸侯）举得时动有功则可铭也。"趩簋曰："其格前文人，其濒在帝廷，陟降。""文"即文德之谓④，是天子之令德也。事实上，天子不但铭德亦记功，默钟乃周厉王自作器，所记乃周王征伐氐子而东夷、南夷俱来朝见之事，是天子亦记功证。诸侯、大夫亦铭德，其例如下。

追簋：用享孝于前文人
伯鲜鼎：用享孝于文祖
晋侯稣钟：前文人其严在上，翼在下

且由霸伯簋及霸伯盂铭观之，称伐（"蔑历"）不仅施之于大夫，而且亦可用于诸侯，故《左传》所谓"天子令德，诸侯言时计功，大夫称伐"，实互文耳。

---

① 山西省考古研究所、临汾市文物局、翼城县文物旅游局联合考古队、山西大学北方考古研究中心：《山西翼城大河口西周墓地 M1017 号墓发掘》，《考古学报》2018 年第 1 期。
② 唐兰：《"蔑历"新诂》，《文物》1979 年第 5 期。
③ 唐兰：《"蔑历"新诂》，《文物》1979 年第 5 期。
④ 冯时：《儒家道德思想渊源考》，《古文字与古史新论》，台湾书房出版有限公司 2007 年版。

（二）鬯

盂铭记天子命伯考蔑历霸伯并赐柔鬱、芳鬯。周彝铭显示，天子赐臣子有仅赐鬯者，也有仅赐灌鬯之圭（璋）瓒者，亦有两者并赐者。赐物的不同，关乎周代礼制。

1. 仅赐鬯者

天子仅赏赐鬯者，除了霸伯盂之外，还有吕鼎、伯晨鼎等。

> 唯五月既死霸，辰在壬戌，王饔□大室，吕延于大室。王赐吕秬鬯三卣、贝卅朋。　　　　　吕鼎（《集成》2754）

> 唯王八月，辰在丙午，王命䵼侯伯晨曰："嗣乃祖考侯于䵼，赐汝秬鬯一卣。"　　　　　伯晨鼎（《集成》2816）

> 乙卯，王京，王奉辟舟，临舟龙，咸奉。伯唐父告备。……王蔑历，赐矩鬯一卣、贝廿朋，对扬王休，作安公宝彝。
> 　　　　　伯唐父鼎（《新收》698）

伯唐父鼎记王蔑历伯唐父而赐矩鬯，事与霸伯盂所记正相类。《礼记·王制》："诸侯赐弓矢，然后征；赐鈇钺，然后杀；赐圭瓒，然后为鬯。未赐圭瓒，则资鬯于天子。"只赐鬯而不及圭瓒者，当即"未赐圭瓒，则资鬯于天子。"

2. 仅赐圭瓒者

周彝铭也有仅赐圭瓒者。

> 唯王十又一月，王格于成周大庙，武公入右敔，告擒：馘百、讯卌，王蔑敔历，使尹氏授釐敔圭瓒。　　　　　敔簋（《集成》4323）

敔即应国墓地 M95 的墓主人应侯敔①，应侯敔因战功显赫，得赐圭瓒。多友鼎（《集成》2835）云：

> 唯十月用玁狁放兴，广伐京师，告追于王。命武公遣乃元士，羞追于京师，武公命多友率公车羞追于京师。……丁酉，武公在献宫，廼命向父召多友，廼出于献宫，公亲曰多友曰："……汝靖京师，赐

---

① 王龙正：《平顶山应国墓地九十五号墓年代、墓主及相关问题》，《华夏考古》1995 年第 4 期。

汝圭瓒一、汤钟一肆。"

多友与应侯敔一样，因战功而有圭瓒之赐。孔颖达云："赐鈇钺、赐圭瓒，皆谓上公九命者。"伯晨为一方诸侯，仅赐秬鬯而不及圭瓒，其命数或不及同为诸侯而战功赫赫的应侯敔。

3. 鬯与瓒同赐

周彝铭亦有鬱鬯与瓒同赐者。有赐鬯及璋瓒者。

> 唯四月，辰在丁未，王省珷王、成王伐商图，诞省东国图，王卜于宜，入社南向。王命虞侯矢曰：迁侯于宜，赐𩰯鬯一卣、商（璋）瓒一。　　　　　　　宜侯矢簋（《集成》4320）

𩰯，即毁字①。《广韵·集韵》："毁，野生豆也。一曰幽豆。"幽豆即黑色的豆，毁鬯即用一种黑色豆所酿的鬯酒。商读为璋，商瓒即璋瓒。《周礼·春官·小宗伯》郑玄《注》："天子圭瓒，诸侯璋瓒。"若诸侯未赐圭瓒，则用璋瓒。此宜侯初封，周天子赐璋瓒。

另有赐鬯及圭瓒者，如：

> 王曰："父厝，巳曰及兹卿事寮、大史寮于父即尹。……赐汝秬鬯一卣、祼圭瓒宝。"　　　　　　　　　毛公鼎（《集成》2841）

毛公位列上公，故有圭瓒之赐。师询簋（《集成》4342）云：

> 王曰："师询，……今余唯申乃命，命汝雝我邦小大猷，……敬明乃心，率以乃友扞敔王身，欲汝弗以乃辟陷于艰，赐汝秬鬯一卣、圭瓒。"

师询亦赐圭瓒，其身份应与毛公同，位列上公。赐圭璋者多不赐鬯，鬯、瓒同赐者乃礼之加隆者，乃厚赐以将其意。

大凡有鬯之赐，则必先于其他赐物。其意与用挚相类，《礼记·曲礼下》："凡挚，天子鬯、诸侯圭、卿羔、大夫雁、士雉。"郑玄《注》："挚

---

① 上海博物馆商周青铜器铭文选编写组：《商周青铜器铭文选》（三），文物出版社1988年版，第34页。

之言至也。天子无客礼，以鬯为挚者，所以唯用告神为至也。"孙希旦《集解》："愚谓挚之言致也，见于尊者，亲致之以为敬也。天子无客礼，无所用挚，而祭祀之初，以鬱鬯降神，有似用挚之义，故以此配而言焉。"伯老代天子蔑历霸伯，先赐柔鬱、芳鬯，亦有以之为挚之意。

第五节　穆王制礼

霸伯盂铭文的释读为深入认识周礼的形成及《仪礼》的成书提供了契机。

礼乃六艺之一，为周代学子必修科目，《论语·季氏》即云："不学礼，无以立。"其礼即后世之《仪礼》，故三礼之中唯《仪礼》称经。载籍或以周礼乃周公创制，或以其为孔子所修作。然求诸考古材料及西周彝铭，真正意义上的周礼乃成于穆王时期。就青铜礼器而言，西周早期铜器更多延续殷商风格，具有西周特色的铜器至穆王时期方才确立[①]。就礼仪本身而言，《周礼·秋官·小行人》所合六币、《仪礼·聘礼》、《士昏礼》都见于穆王世彝铭，因此全新的周礼也应成于穆王时期。

一　六币的形成

商代金文事涉宾礼者，如帝辛时期的二祀邲其卣（《集成》5412），其铭云：

丙辰，王命邲其贶饎，殷于逢，田潃。宾贝五朋。

铭言帝辛命邲其赐诸侯酒食，并于逢国行殷见之礼，又于潃地兼行田猎之事，逢侯以贝五朋报邲其[②]。西周早期彝铭中，报宾亦多用贝，如孟爵（《集成》9104）、作册嬛尊（《集成》5989）、鯀簋（《集成》4146）等。西周中晚期，报宾基本不用贝，所用多为皮、马、礼玉（圭、璋、璧、璜、琥）、束帛等。如小臣守簋（《集成》4179）用马和金，萄簋用璋、马和束帛，吴虎鼎亦用璋、马和束帛，史颂鼎用璋、马和金。西周报宾之物，从早期沿用殷礼，到后来逐渐自成体制。西周中晚期礼宾所用之

[①] 张懋镕：《试论西周青铜器演变的非均衡性问题》，《考古学报》2008年第3期。
[②] 冯时：《中国古文字学概论》，中国社会科学出版社2016年版，第540—543页。

物已多与三礼所记吻合。

从霸伯盂看，《周礼·秋官·小行人》所合六币之璋以皮形成于穆王时期。六币之中圭璋合以皮马，璧琮琥璜则合以帛锦绣黼。孙诒让《周礼正义》以皮马可随宜而用，皆圭璋特达之义。上揭五年琱生簋和五年琱生盨皆以束帛合璜，是璧琮琥璜与帛锦绣黼亦可相宜而合。皮马可相互代替，而帛锦绣黼于礼则有高下之别。古人尚质，因此四品之中帛为贵。孔广森《礼学卮言·璧以帛琮以锦》即云：

> 六币，帛先于锦，考之礼典，皆大事用帛，小事用锦。如《聘礼》享以束帛，私觌以束锦。《公食大夫》侑以束帛，大夫相食以束锦。《冠礼》醴宾酬以束帛，《昏礼》飨从者，酬以束锦。大氐古人尚纯，于币亦然。锦有杂文，斯次帛之下矣。

琱生报召姜以帛合璜者，乃尊宗之义。亦有以琥合束帛者，其事见于裘卫盉（《集成》9456）：

> 唯三年三月既生霸壬寅，王禹旂于丰，矩伯庶人取瑾璋于裘卫，……矩或取赤琥两、麀币两、贲鞈一。

麀币即玄纁束帛[1]，此或即以赤琥合玄纁束帛也。如此，六币之中已有三币见于西周中晚期彝铭。锦亦见于西周中晚期彝铭，吴方彝（《集成》9898）之"叔金"，学者或读为素锦[2]，或读曰淑锦[3]，要之皆为锦。番生簋（《集成》4326）又有"膻金"即"膻锦"[4]，足证西周时期已有织锦。六瑞除琮外皆见于西周中晚期彝铭。故，六币应系穆王所制新礼。

需要说明的是，以价值低廉的六币代替贝、布等通行货币作为傧赠、享献之物，正是穆王繁游盗征而致财力匮乏、府库虚竭的鲜明反映[5]。傧赠之物价值低廉，故特别强调聘礼轻财重礼之义，此或亦《礼记·聘义》

---

[1] 拙作：《匍盉铭文研究》，《考古》2013年第2期。
[2] 郭沫若：《两周金文辞大系考释》，科学出版社1957年版，第75页。
[3] 冯时：《二里头文化"常膻"及相关诸问题》，《考古学集刊》第17辑，科学出版社2010年版。
[4] 冯时：《二里头文化"常膻"及相关诸问题》，《考古学集刊》第17辑，科学出版社2010年版。
[5] 冯时：《貉子卣铭文与西周聘礼》，《南方文物》2018年第3期。

之所由来矣。因此，穆王所制并非治世盛礼而是衰世变礼，故典籍不载穆王制礼之事。穆王之后，国力日渐衰退，衰世变礼遂成后世正礼，反对后世中国乃至东亚、东南亚地区的历史文化产生了深远而广泛的影响。

二 西周聘礼的形成

西周朝聘礼成于穆王时期，霸伯盂即是最直接的证据。霸伯盂铭文详录了西周朝聘礼的诸多仪程、仪节，对认识《仪礼·聘礼》所记礼制的形成颇有助益。

首先，霸伯盂所记朝聘礼的聘礼献玉和享礼享实都与《仪礼·聘礼》所记相合，而上已论定享用六币乃穆王以后的礼制，凡此足证周代聘礼是穆王所制之礼。

其次，聘礼与享礼的顺序。《聘礼》先聘后享，而霸伯盂铭由于享礼与聘礼之间无"宾出"之事，故西周聘、享二礼应系同一仪程。且朝聘礼乃先享后聘。《仪礼》为突出朝聘之礼，故将其与享礼分开，并调整了聘、享的顺序。这表明，礼经中朝聘礼的最终形成应在东周时期。

最后，还玉与赠送贿币的仪程。《聘礼》还玉与赠送贿币是两个仪程，而霸伯盂所记西周朝聘礼中二者为同一仪程。还玉是聘礼中一个非常关键的仪节，关乎聘礼的礼旨。《礼记·聘义》：

> 以圭、璋聘，重礼也。已聘而还圭、璋，此轻财而重礼之义也。诸侯相厉以轻财重礼，则民作让矣。

孔颖达《疏》：

> 既聘之后，宾将归时，致此圭、璋付与聘使，而还其聘君也。凡行聘礼之后，享君用璧，享夫人用琮。圭、璋玉之质，惟玉而已。璧、琮则重其华美，加于束帛。聘使既了，还以圭璋之玉，重其礼，故还之；留其璧琮之财，是轻其财，故留之。重者难可报覆，故用本物还之。轻者易可酬偿，故更以他物赠之，此是"轻财重礼"之义也。

《仪礼》为使还玉之礼更加隆重，故将其与赠送贿币的仪程分开。

故而，霸伯盂铭文是目前所见最成体系、最为完整的关于西周朝聘礼的第一手史料，由霸伯盂铭可知，《仪礼·聘礼》是由西周穆王所制聘礼发展而来。

三 西周婚礼的形成

匍盉出于平顶山应国墓地 M50，年代属穆王时期，学者或认为盉铭所记乃周代聘礼①。我们曾指出匍盉铭文所记乃西周婚礼中的纳徵之礼②。匍盉与霸伯盂皆属穆王时期，二者礼程、礼物及礼仪差异甚大，因此所记礼制必有差别。今既考定霸伯盂所记为朝聘礼，则匍盉与聘礼无涉更毋庸置疑。此处再就匍盉所记纳徵礼补论如下。

首先，匍盉与婚礼主生养之义相合。盉铭所记麀币、韦两即纳徵所用玄纁束帛及俪皮。三玄两纁之玄纁束帛及雌雄双鹿之俪皮，皆象征阴阳和合而主生养，与昏义相合。盉有自铭，其名称确切无疑。《说文·皿部》："盉，调味也。从皿禾声。"段玉裁《注》："调声曰龢，调味曰盉。……古器有名盉者，因其可以盉羹而名之盉也。"盉以调味而致和，与婚礼和两性而生养之理一致。

其次，俪皮与婚义。《仪礼·士昏礼》及《聘礼》贾公彦《疏》皆谓婚礼皮左首，聘礼皮右首，以婚礼象生之故。贾两疏殊不可解，左右若不与固定方位配伍，其阴阳属性便难以确定。婚礼皮左首向西属阴，乃指婚礼的属性而言，与象生无涉。《仪礼·士昏礼》郑玄《目录》云：

> 士娶妻之礼，以昏为期，因而名焉。必以昏者，阳往而阴来，日入三商为昏。

贾公彦《疏》：

> 商谓商量，是漏刻之名，故三光灵耀亦日入三刻为昏，不尽为明。案马氏云："日未出、日没后皆云二刻半，前后共五刻。"今云三商者，据整数而言，其实二刻半也。

婚礼因行于昏时而得名，故属阴礼，有幽阴之义。皮左首向西即指婚礼属阴礼而言，象生者乃雌雄双鹿之皮。

匍盉所记为婚礼纳徵礼，而且详细记述了礼物和礼程，是关于婚礼六

---

① 王龙正、姜涛、娄金山：《匍鸭铜盉与頫聘礼》，《文物》1998 年第 4 期；王龙正：《匍盉铭文补释并再论覜聘礼》，《考古学报》2007 年第 4 期。

② 拙作：《匍盉铭文研究》，《考古》2013 年第 2 期。

礼比较早的记载。从六币的形成年代来看，匍盉所用束帛和皮（庭币和韦两）应不会早于穆王时期，而匍盉又属穆王时期，因此《仪礼·士昏礼》所记婚礼很可能也是穆王时期形成的。

四 周礼的确立

礼主于修养身心、敬乂厥身，仪物、仪节较之内心诚慤端敬实系末节。《礼记·檀弓上》即云：

> 子路曰："吾闻诸夫子：'丧礼，与其哀不足而礼有余也，不若礼不足而哀有余也。祭礼，与其敬不足而礼有余也，不若礼不足而敬有余也。'"

郑玄《注》：

> 丧主哀，祭主敬。

孔颖达《正义》：

> （前）"礼有余"，明器、衣衾之属也。……（言居丧）若物多而哀少，则不如物少而哀多也。……（后）"而礼有余"，谓俎豆、牲牢之属多也，言敬少而牢多。……（谓祭祀之礼）若牲器多而敬少，则不如牲器少而敬多也。

然而内心之诚敬亦必藉由仪节、仪物等外在的、物化的表现形式来传达。《汉书·礼乐志》即云：

> 揖让而天下治者，礼乐之谓也。……畏敬之意难见，则著之于享献辞受、登降跪拜；和亲之说难形，则发之于诗歌詠言、钟石管弦。盖嘉其敬意而不及其财贿，美其欢心而不流其声音。故孔子曰："礼云礼云，玉帛云乎哉？乐云乐云，钟鼓云乎哉？"

对考古学研究而言，礼物对于认识礼制的性质、形成年代等有重要的价值。比如，六币形成年代的确定，对于认识《仪礼》部分篇章所记礼制的形成年代有积极的意义。

《仪礼·士冠礼》主人酬宾用皮帛，经文即云："乃醴宾以壹献之礼。主人酬宾，束帛、俪皮。"《士昏礼》纳徵用玄纁束帛、俪皮，舅姑礼送者则"舅饗送者以一献之礼，酬以束锦。姑饗妇人送者，酬以束锦。若异邦则赠丈夫送者以束锦。"馈赠不出皮帛。据西周早中期之交的昔鸡簋，韩侯赠送者昔鸡用贝、马，礼制迥别（详见本书第七章第三节）。《聘礼》郊劳之时，主国之君命卿以束帛劳，宾以乘皮（麋鹿皮）和束锦答劳者。主国夫人命大夫以枣栗劳宾，宾答以束锦。聘以命圭，享君以束帛加璧，皮马为庭实。享夫人以琮加束锦。私觌馈赠，饗宾侑币、酬币皆不过皮马锦帛之属。《公食大夫礼》则以束帛侑食，"公受宰夫束帛以侑"是也。《觐礼》郊劳、赐舍，诸侯皆傧王使束帛、乘马。诸侯享王用束帛加璧，亦六币之属。馈赠用皮帛、享用六币，其礼不早于穆王之世。故，上述诸篇所记礼制的形成年代不会早于穆王时期。

丧礼遣奠之祭见于西周早期的我方鼎①，其礼甚古。然，《士丧礼》之下篇《既夕礼》公赗用玄纁束帛、马两，卿大夫亦以玄纁束帛及马赗赠。柩行至于邦门，公则命宰夫以玄纁束帛赠。主人赠送死者于墓圹亦用玄纁束帛。则《士丧礼》所记礼制的形成亦不早于穆王之时。

西周婚礼纳徵不用雁而甸作雁形盉，无疑暗示了其他五礼用雁。换句话说，以雁为挚之礼至迟在穆王时期已经形成。因此，《士相见礼》"下大夫相见以雁"，其礼当不晚于穆王时期。《周礼·春官·大宗伯》："以禽作六挚，以等诸臣。孤执皮帛，卿执羔，大夫执雁，士执雉，庶人执鹜，工商执鸡。"郑玄《注》："皮帛者，束帛而表以皮为之饰。皮，虎豹皮。帛，如今璧色缯也。"孙诒让《正义》："郑云'束帛而表以皮为饰之'者，谓以皮包裹帛之表为饰也。"今知皮、帛之用于礼应在穆王之后，而执雁为挚不晚于穆王时期。那么，《大宗伯》所谓禽作六挚及《士相见礼》所记礼制的形成时间或在穆王时期。

综上可知，《仪礼》中《士冠礼》、《士昏礼》、《士相见礼》、《聘礼》、《公食大夫礼》、《觐礼》、《士丧礼》等篇所记礼制的形成年代不会早于穆王时期。《丧服》所记五等丧服制度则至少可以追溯到西周早期，应国墓地出土旻鼎铭文即是明证。需要说明的是，《仪礼·聘礼》诸篇所记礼制的最终形成年代不早于穆王时期，但相关礼制的起源发展则可以追溯到殷商时期或更早。

---

① 冯时：《我方鼎铭文与西周丧奠礼》，《考古学报》2013年第2期。

第五章　军礼研究

　　《周礼·春官·大宗伯》曰："以军礼同邦国。"孙诒让《正义》："《夏官·叙官》注云：'军，众名也。'军旅、田役皆兴起徒众，故谓之军礼。"是军礼包括军事及田役之事。郑玄《注》："同，谓威其不协僭差者。"贾公彦《疏》："既云'同邦国'，则使诸侯邦国和同，故郑云'同谓威其不协僭差者'，使之和谐不僭差。僭差，谓若《礼记·郊特牲》云宫悬、白牡、朱干、设钖之类，皆是诸侯之僭礼也。"军礼之设即为防诸侯僭越，使其和谐也。

　　军礼之别有五，《大宗伯》曰："大师之礼，用众也。"郑玄《注》："用其义勇。"大师即言军事。《大宗伯》又曰："大均之礼，恤众也。"郑玄《注》："均其地政、地守、地职之赋，所以忧民。"孙诒让《正义》："'大均之礼'者，校比户口，以均平征税之事。……《均人》云：'三年大比则大均。'注云：'有年无年，大平计之。'此主王国而言。盖欲均地政、地守、地职之等，须属聚众庶，大平计其事，故属军礼。……云'所以忧民'者，……地政、地守、地职等，不均则民病，故大均以忧恤之。"是大均之礼乃均平征税之事以忧恤王国。《大宗伯》复云："大田之礼，简众也。"孙诒让《正义》："案春蒐、夏苗、秋狝、冬狩，通谓之田礼。"郑玄《注》："古者因田习兵，阅其车徒之数。"孙诒让《正义》："习兵，谓春振旅、夏茇舍、秋治兵、冬大阅，皆因田而习之。"所记即四时田猎检阅师旅之事。《大宗伯》复云："大役之礼，任众也。"郑玄《注》："筑宫邑，所以事民力强弱。"《周礼·地官·乡师》："大役则帅民徒而至，治其政令。"贾公彦《疏》："大役者谓筑作堤防、城郭等。"皆是。《大宗伯》又云："大封之礼，合众也。"郑玄《注》："正封疆沟涂之固，所以合聚其民。"贾公彦《疏》："知大封为正封疆者，谓若诸侯相侵境界，民则随地迁移者，其民庶不得合聚，今以兵而正之，则其民合聚，故云大封之礼合众也。"大封之礼即谓诸侯相互侵越疆界，则天子以兵征定之。

　　《通典》与《礼书通故》二书所记军礼与《大宗伯》有所不同，而且

《通典》与《礼书通故》二书关于军礼的内容也差异较大。《通典·礼典》所谓"军礼"包括：天子诸侯将出征类、宜、造、祃并祭所过山川，軷祭，天子诸侯四时田猎，出师仪制，命将出征，天子诸侯大射、乡射，天子合朔伐鼓，冬夏至寝鼓兵，马政，时傩等。《礼书通故·军礼》的主要内容，除了部分《通典》条目所列内容外，还包括军队编制、战法、军赋等，军队编制等内容关乎军事制度，并非纯粹的礼制，这些问题本书暂不作讨论。《礼书通故》还将田礼独立于军礼之外，与《大宗伯》所记不同；《通典·礼典》依据《大唐开元礼》将大射、乡射亦归入军礼，与《大宗伯》相左，乃本书所不取。学者在研究军礼之时将封邦建国之事亦列入其中，封邦建国之事与《大宗伯》大封之礼不同，本书亦不论列。

本章首先对西周军礼铭文进行整理，并结合现代养马术对西周金文所记西周马政进行研究；进而结合金文资料和文献史料对西周的军事思想及刑德观略作讨论。

第一节 军礼铭文整理

本节所讨论的军礼包括巡狩及相关礼节（"省"类铭文）、献俘与饮至、田礼等军事礼仪。

一 省

"省"类铭文包括"遹省"、"违省"及"省"三类，现对此三类分别进行整理。

（一）遹省

"遹省"周彝铭数见。

王肇遹省文武勤疆土南国。　　　　　　　　　　𫻢钟（《集成》260）
王曰：……雩我其遹省先王受民受疆土。
　　　　　　　　　　　　　　　　　大盂鼎（《集成》2837）
唯王卅又三年，王亲遹省东国南国。　晋侯稣钟（《新收》870）

遹省，即天子巡守之谓。《公羊传·隐公八年》何休《注》："王者所以必巡守者，天下虽平，自不亲见，犹恐远方独有不得其所，故三年一使三公绌陟，五年亲自巡守。巡犹循也，守犹守也，循行守视之辞。"金文凡遹省事必由天子亲为，正所谓"溥天之下，莫非王土"。冯时师已有详论①，兹不备引。

另外，天子专门巡视一域一族，西周金文则名曰"大省"②，其事见于中觯。

（二）违省

"违省"见于臣卿鼎（《集成》2595），其铭云：

> 公违省自东，在新邑，臣卿赐金，用作父乙宝彝。

杨树达释"省"为相③，以为地名，释字既误，其说自不足信。唐兰以"公违"为人名，并认为是《逸周书·世俘解》之"百韦"④。马承源折中二说，接受杨树达训"违"为远之说，以"违省"即远道巡省⑤。

鼎铭所记乃周公作为东方伯远省东方之事，冯时师论之曰：

> 周公作为二伯固可违省远巡，尽管不及天子之遹省而遍达天下四国，但却可超越作为诸侯臣工唯专一国一域的省察，以及作为州牧唯限州域的省视，而分理王朝的东、西二方之地，故谓之"违省"⑥。

（三）省

天子命臣工前往巡视，则曰"省"⑦。其事见于中方鼎、静方鼎、小臣夌鼎等。诸铭关乎周昭王的南土经略，兹略论如下。

1. 省与南土经略

中甗（《集成》949；图5.1.1）记周王命中"贯行"、"埶应"之事。

> 王命中先，省南国，贯行，埶应在曾。史兒至，以王命曰："余命汝使小大邦，厥又舍汝㠱量至于汝庸，小多□。"中省自方、邓、洀、□邦，在鄂师次。

---

① 冯时：《周初二伯考——兼论周代伯老制度》，《中原文化研究》2018年第2期。
② 冯时：《周初二伯考——兼论周代伯老制度》，《中原文化研究》2018年第2期。
③ 杨树达：《积微居金文说》，上海古籍出版社2007年版，第124页。
④ 唐兰：《西周青铜器铭文分代史征》，中华书局1986年版，第69页。
⑤ 上海博物馆商周青铜器铭文选编写组：《商周青铜器铭文选》（三），文物出版社1988年版，第88页。
⑥ 冯时：《周初二伯考——兼论周代伯老制度》，《中原文化研究》2018年第2期。
⑦ 冯时：《周初二伯考——兼论周代伯老制度》，《中原文化研究》2018年第2期。

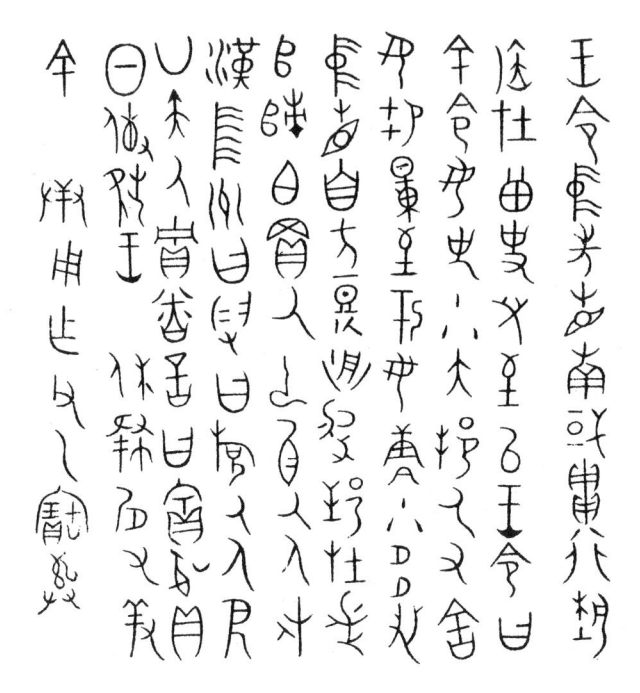

图 5.1.1 中甗铭文

先，导也①。"王命中先"亦见于中觯（《集成》6514；图 5.1.2）：

> 王大省公族，于庚振旅，王赐中马自厉侯四騽，南宫贶。王曰："用先。"中执王休，用作父乙宝尊彝。

中觯铭记王赐中马，而命其先，中甗则曰"王命中先"，中觯所记是因，中甗所载为果。

曾应，即曾地之应，李学勤以为其地在湖北随州②。湖北随州叶家山西周早期曾国墓地的发现③，印证了李说。方，即河南方城；邓，即河南邓州；洀即朝，在今河南邓州东南。④ 西周早期的鄂应在湖北随州安居镇

---

① 上海博物馆商周青铜器铭文选编写组：《商周青铜器铭文选》（三），文物出版社 1988 年版，第 75、76 页。
② 李学勤：《盘龙城与商朝南土》，见氏著《新出青铜器研究》，文物出版社 1990 年版。
③ 湖北省博物馆、湖北省考古研究所、随州市博物馆：《随州叶家山西周早期曾国墓地》，文物出版社 2013 年版。
④ 唐兰：《西周青铜器铭文分代史征》，中华书局 1986 年版，第 287 页。

羊子山附近①。铭言王命中为先导，巡省南国，贯通道路，并在曾地埶应。之后中又巡省了方、邓、洀等邦国，最后到达随州附近的鄂师次。

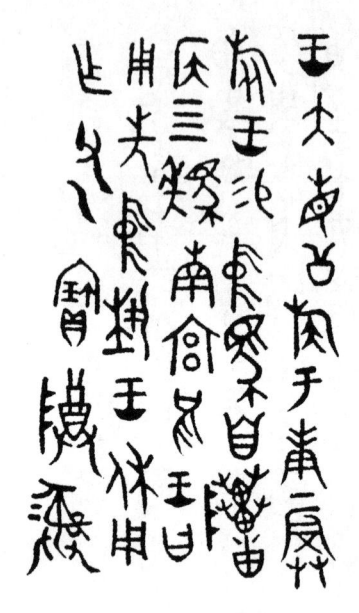

图 5.1.2　中觯铭文　　　　　图 5.1.3　中方鼎铭文

中方鼎（《集成》2751、《集成》2752；图 5.1.3）亦有"贯行"、"埶应"之事：

> 唯王命南官伐反虎方之年，王命中先，省南国，贯行，埶王应在夔、𨛫、负山，中乎归生凤于王。埶于宝彝。

夔，李学勤以为其地在湖北秭归东②，说是。夔即归子国之所在，《汉书·地理志》南郡："秭归，归乡，故归国。"王先谦《补注》："据《水经注》，国上夺子字。"《水经注·江水二》则云："（江水）又东过秭归县之南。县故归乡。《地理志》曰：归子国也。《乐纬》曰：昔归典声律。宋忠曰：归即夔。归乡盖夔乡矣。古楚之嫡嗣有熊挚者，以废疾不立，而居于夔，为楚附庸，后王命为夔子。《春秋·僖公二十六年》，楚以其不祀

---

① 张昌平：《论随州羊子山新出噩国青铜器》，《文物》2011 年第 11 期。
② 李学勤：《盘龙城与商朝的南土》，见氏著《新出青铜器研究》，文物出版社 1990 年版。

灭之者也。"《史记·楚世家》与《汉书·地理志》、《水经注·江水》所记不同，其文曰：

> 熊渠曰："我蛮夷也，不与中国之号谥。"乃立其长子康为句亶王，中子红为鄂王，少子执疵为越章王。皆在江上楚蛮之地。及周厉王之时，暴虐，熊渠畏其伐楚，亦去其王。后为熊毋康，毋康蚤死。熊渠卒，子熊挚红立。挚红卒，其弟弑而代立，曰熊延。

裴骃《正义》：

> （熊挚红），即上鄂王红也。谯周言挚有疾，此言弑，未详。宋均注《乐纬》云：熊渠嫡嗣曰熊挚，有恶疾，不得为后，别居于夔，为楚附庸，后王命曰夔子也。

梁玉绳《志疑》：

> 既云挚红卒，则非弑矣。而云弑者，盖弑其子，史有脱文耳。

泷川资言《会注考证》：

> 疑夺"子熊挚立"四字，《僖二十六年·左传》："夔子曰：'我先王熊挚有疾，而自窜于夔，是以失楚。'"《国语·郑语》孔晁注："熊绎玄孙挚有疾，楚人废之，立其弟延，挚自弃于夔，子孙有功，王命为夔子。"韦昭亦袭孔注。但改"绎玄孙"为"绎六世孙"。孔、韦必有所据。但《史》曰弑，《左传》及孔、韦《郑语》注曰窜、曰废，所传异耳。

按：中鼎属昭王时器，鼎铭所记夔应事在熊挚居夔前，《左传》及宋忠所谓夔子国者，皆指熊挚而言。在周初，以地言之则为夔，以国族言之则为归。

负山，李学勤释[1]。负山，或即文献之负尾，《史记·夏本纪》："熊耳、外方、桐柏至于负尾。"《索隐》："负尾山，在江夏安陆县东北，《地

---

[1] 李学勤：《盘龙城与商朝的南土》，见氏著《新出青铜器研究》，文物出版社1990年版。

理志》谓之横尾山，负音陪也。"负尾盖即负山之尾，由中方鼎铭观之，《史记》作负为正字，《汉书·地理志》作横为同音假借字，《史记集解》引郑玄曰："《地理志》陪尾在安陆县东北，若横尾者。"当为望文生训。《金石录》卷十三云："（安州所献六器），重和戊戌岁，安州孝感县民耕地得之，自言于州，州以献诸朝。凡方鼎三、甗鼎二、甗一。"是安州六器出宋安州孝感县，中方鼎即其一，而负山应适在孝感附近。

鄘，从䜌，虖声。从䜌与从昌无别，鄘可读作呼，《庄子·在宥》："鸿蒙仰而视云将曰：'吁'！"《释文》："吁亦作呼。"乎、于古同属匣纽鱼部字，古音相同，可互作不别。鄘，或即杨粤，《史记·楚世家》："熊渠生三子，当周夷王之时，王室微，诸侯或不朝相伐。熊渠甚得江、汉间民和。乃兴兵伐庸、杨粤，至于鄂。"《索隐》："有本作杨雩，音呼，地名也，今音越。谯周亦作杨越。"依《楚世家》杨粤似在庸、鄂之间，《史记正义》引《括地志》云："房州竹山县本汉上庸县，古之庸国。昔周武王伐纣，庸蛮在焉。"是庸在今湖北竹山县附近。《史记集解》："《九州记》曰：'鄂，今武昌。'"《史记正义》引《括地志》曰："武昌县，鄂王旧都。"是鄂在今武汉附近。则鄘应应在湖北竹山县和武汉之间。再进一步，中方鼎铭文以夔、鄘、负山为序，则鄘当在夔及负山之间，即湖北秭归及孝感县之间。

中因"贯行"、"埶应"诸事功勋卓著，故受王厚赐，事见中方鼎（《集成》2785）：

> 唯十又三月庚寅，王在寒次，王命大史贶襄土。王曰："中，兹襄人入事，赐于武王作臣，今贶畀汝襄土，作乃采。"中对王休命，将父乙尊，唯臣尚中臣。

中甗及中方鼎所记"省南国"、"贯行"之事，此即墙盘（《集成》10175）所谓"弘鲁昭王，广批楚荆，惟贯南行"。"广批楚荆、惟贯南行"，是昭王前期经营南土的烈烈功业。故而，中甗、中方鼎所记皆昭王前期之事。昭王"广批楚荆、惟贯南行"的重要成果，即周王朝于南土广泛置应。由中甗、中方鼎知，昭王于南土所置之应，皆在荆楚及其邻近地区，以镇抚楚荆。

中甗云中南省、贯行、埶应在湖北随州之曾，后又巡省南阳盆地诸邦国，最后又至鄂师次。而中方鼎铭文则显示，中已在曾国以西的夔（秭归）、负山（孝感）诸地埶应，以曾为据点进一步向西扩张，步步紧逼当时的楚国。以铭文内容而论,中甗所记当在中方鼎之前,两者并非一事。

静方鼎(《新收》1795)所记可与中甗、中方鼎对读,静方鼎铭云:

> 唯十月甲子,王在宗周,命师中眔静省南国,相、埶应。八月初吉庚申至,告于成周。月既望丁丑,王在成周大室,命静曰:"司汝采,司在曾鄂师。"

周王命师中与静"相、埶应",而前揭中甗、中方鼎仅言"埶应",盖略言其事。或者二人亦有分工,中器仅言王命中埶应,而不及相应之事,则静司相应,而中主埶应。事颇与《书·召诰》成王作雒邑分命召公、周公二人相宅、作雒相暗合。相应与《书·召诰》"惟太保先周公相宅"相当,《史记·鲁周公世家》则云:"使太保召公先之雒相土。"《集解》引郑玄云:"相,视也。"营居邑须先相宅,《诗·大雅·緜》:"绵绵瓜瓞。民之初生,自土沮漆。古公亶父,陶复陶穴,未有家室。古公亶父,来朝走马,率西水浒。爰及姜女,聿来胥宇。"毛《传》:"胥,相。宇,居也。"亦是其证。相宅乃营居邑的前期准备,由《召诰》知,召公相宅"卜宅,厥既得卜,则经营。越三日庚戌,太保乃以庶殷攻位于洛汭"。经营者,量度也。王先谦《孔传参正》云:"《诗·灵台》传:'经,度之也。'《士丧礼》郑注:'营,犹度也。'《楚辞·九叹》王逸注:'南北为经,东西为营。'"朱骏声《便读》:"经营,叠韵连语,犹量度也。"是其证。

作邑、埶应似皆以某师为据点,静方鼎言王命静司曾鄂师;中甗则云中埶应、省南国后,在鄂师次,次作𢽍,意即师之所止①;事亦见《书·洛诰》,其文云:"周公拜手稽首曰:'朕复子明辟,王如弗敢及天基命定命,予乃胤保,大相东土,其基作民明辟。予惟乙卯,朝至于洛师。'"(所记即《召诰》:"若翼日乙卯,周公朝至于洛,则达观于新邑营。")孙星衍《今古文注疏》引郑玄曰:"我以乙卯日至于洛邑之众,观召公所卜之处,皆可长久居民。"蔡沈《集传》则曰:"洛师,犹言京师也。"吴澄《纂言》亦云:"师,众也。言可以居众也。"蔡沈、吴澄皆宗郑说。案:由中甗、静方鼎知郑康成说不足取。

静方鼎所谓"八月初吉庚申至,告于成周"者,不必应成而告,或以所卜地图及吉兆相告。《洛诰》记周公观新邑营事云:"我卜河朔黎水,我

---

① 罗振玉:《增订殷虚书契考释》卷中,中华书局2006年版。

乃卜涧水东、瀍水西，惟洛食。我又卜瀍水东，亦惟洛食。伻来以图及献卜。"伪孔《传》："遣使以所卜地图及献所卜吉兆，来告成王。"省南国暨相、埶应，诸事繁杂，不必十数月即成。

事实上，中觯、安州六器所记昭王早期南土经营，系昭王遣臣子所为，直至中等在南土"贯行"、"埶应"毕，安定了南土，最终形成了对荆楚的镇服，并在楚地置立了楚应之后，昭王才巡省荆楚及附近地区。其事见于小臣夌鼎（《集成》2775）：

> 正月，王在成周，王达于楚麓，命小臣夌先省楚应。王至于迖应，无谴。

楚麓，殆即荆山之麓，周彝铭及古文献荆、楚每每连举，荆山位于楚地，故荆山之麓又名楚麓。《汉书·地理志》南郡临沮："《禹贡》南条荆山在东北，漳水所出。"《水经注·漳水》："漳水出临沮县东荆山。"是荆山在汉临沮县东北。荆山在楚都丹阳北。
《史记·楚世家》云：

> 熊绎当周成王之时，举文武勤劳之后嗣，而封熊绎于楚蛮，封以子男之田，姓芈氏，居丹阳。

《集解》引徐广曰："在南郡枝江县。"《正义》云：

> 颖容《左传例》云："楚居丹阳今枝江县故城是也。"《括地志》云："归州巴东县东南四里归故城，楚子熊绎之始国也。又熊绎墓在归州秭归县。《舆地志》云：秭归县东有丹阳城周回八里，熊绎始封也。"

是楚都丹阳似在秭归县附近。
《左传·昭公十二年》：

> 楚子狩于州来，……右尹子革夕，（楚灵）王见之，……与之语，曰："昔我先君熊绎与吕伋、王孙牟、燮父、禽父并事康王，四国皆有分，我独无有，今吾使人于周，求鼎以为分，王其与我乎？"对曰："与君王哉！昔我先王熊绎辟在荆山，筚路蓝缕以处草莽，跋涉山林以事天子，唯是桃弧、棘矢以共御王事。"

杨伯峻《注》："楚熊绎都于丹阳，即今秭归县东，荆山在其北。"①楚应即楚麓之应。鼎铭言周王去往荆山之麓，而命小臣夌先去省应。

周王至南土之楚应，而命小臣夌"省应"者，与后世天子行幸而臣子"清宫"之制相仿。《史记·孝文本纪》："（汉文帝）乃使太仆婴与东牟侯兴居清宫。"《集解》引应劭曰："旧典，天子行幸，所至必遣静宫令先案行清静殿中，以虞非常。"《索隐》云："《汉仪》云'皇帝起居，索室清宫而后行。'""清宫"又称"除宫"，《汉书·张陈王周传》："东牟侯兴居曰：'诛吕氏，臣无功，请得除宫。'"事又见《资治通鉴·汉纪五》，胡三省《注》："除宫，清宫也。"亦有称"清室"者，《后汉书·张禹传》："（永初）四年，新野君病，皇太后车驾幸其第。禹与司徒夏勤、司空张敏俱上表言：新野君不安，车驾连日宿止，臣等诚窃惶惧。臣闻王者动设先置，止则交戟，清道而后行，清室而后御，离宫不宿，所以重宿卫也。"李贤《注》："《前书》曰：旧典，天子行幸，所至必遣静室令先案行，清静殿中，以虞非常。"是也。

昭王经过早期"贯行"、"埶应"等战略举措，基本稳定了南土的局势。这在铜器铭文中有清晰的反映，唐兰于此曾有专论②。除了安州六器等少数铜器外，唐先生所举南征之器大率为昭王晚年南征楚荆的历史见证。与昭王南征相关之应，尚见于誨鼎（《集成》2615），其铭云：

唯叔从王南征，唯归。唯八月在䣄应，誨作宝鬲鼎。

《说文·䣄部》："䣄，……读若秘。"䣄在此当读为比。《周礼·考工记·轮人》："弓长六尺谓之庇轵。"郑玄《注》："故书庇作秘，杜子春云：秘当为庇。"是其证。《水经注·比水》："比水出比阳东北太胡山，东南流过其县南，泄水从南来注之，太胡山在比阳北。……应劭曰：比水出比阳县，东入蔡。"王念孙《读书杂志·汉书杂志·地理志·比阳》："作比者正字，作沘者或字，作泚者讹字。……又比水或谓之泌水，唐置泌阳县，即因水以立名。……比、泌一声之转，……《吕氏春秋·处分》篇，章子与荆人夹沘水而军。"《嘉庆重修大清一统志》云故城在泌阳县西。比应者，比阳、比水之应也。其地位于南征的咽喉之地，故章子伐楚与楚人夹比水而军。

---

① 杨伯峻：《春秋左传注》，中华书局2016年版，第1485页。
② 唐兰：《论周昭王时代的青铜器铭刻》，《古文字研究》第2辑，中华书局1980年版。

2. 省纠纷

"省"还包括省纠纷之事。"省"纠纷之事,见于鬲从鼎(《集成》2818)及鬲从簋(《集成》4278),其铭曰:

> 唯卅又一年三月初吉壬辰,王在周康宫徲大室,鬲从以攸卫牧告于王,曰:"汝孚我田,牧弗能许鬲从。"王命省,史南以即虢旅,廼使攸卫牧誓曰:"敢弗具付鬲从其且射分田邑,则播。"攸卫牧则誓。

"省",阮元、吴式芬、孙诒让①等均释为相,刘心源始释作省②,郭沫若得其句读③。省者,审视之谓,与军礼无涉。又有省应及省图之事,其例如下。

> 正月,王在成周,王迋于楚麓。命小臣夌先省楚应。王至于迟应,无遣,小臣夌赐贝,赐马两。　　小臣夌鼎(《集成》2775)
>
> 唯四月,辰在丁未,王省武王、成王伐商图,诞省东国图,王卜于宜,入社南向。　　宜侯夨簋(《集成》4320)

以上均与军礼无涉。

二　命将、献俘与饮至之礼

西周彝铭有关于命将、献俘及饮至等军事礼仪。

(一) 命将出征

西周金文有命将出征之事,学者已有详论④,兹对相关彝铭进行条理。

1. 西周早期

西周早期有关命将出征之彝铭有如下数例。

> 唯王命明公遣三族伐东国……,鲁侯有过功,用作旅彝。
> 　　　　　　　　　　　　明公簋(《集成》4029)

---

① 阮元:《积古斋钟鼎彝器款识》4·13,吴式芬:《捃古录金文》三之二·18;孙诒让:《古籀余论》中13。
② 刘心源:《奇觚室吉金文述》2·15。
③ 郭沫若:《两周金文辞大系考释》,科学出版社1957年版,第127页。
④ 罗琨、张永山:《夏商西周军事史》,军事科学出版社1998年版,第331—334页。

第五章　军礼研究　231

王命遣捷东反夷，寰肇从遣征。攻跃无敌，省于人身，俘戈。
寰鼎（《集成》2731）

唯王命南宫伐反虎方之年，王命中先省南国贯行。
中方鼎（《集成》2751）

2. 西周中期

西周中期命将出征之彝铭有如下数例。

唯八月初吉，在宗周。……王命毛公以邦冢君、徒驭、𢧧人伐东国瘠戎。咸，王命吴伯曰："以乃师左比毛父。"王命吕伯曰："以乃师右比毛父。"遣命曰："以乃族从父征，诞城卫父身。"
班簋（《集成》4341）

王命彧曰："䖒！淮夷敢伐内国，汝其以成周师氏戍于㭰师。"
录彧卣（《集成》5419）

唯十又一月，王命师俗、史密曰："东征。"
史密簋（《新收》636）

唯王九年九月甲寅，王命益公征眉敖。益公至，告。
归夆簋（《集成》4331）

与西周早期相比，西周中期命将出征之彝铭有命将之辞，如录彧卣及史密簋；而且还有命副将之事，如班簋。

3. 西周晚期

西周晚期命将出征之彝铭有以下诸例。

王廼命西六师、殷八师曰："扑伐鄂侯驭方，勿遗寿幼。"肆师弥守匍匐，弗克伐鄂。肆武公廼遣禹率公戎车百乘、斯驭二百、徒千，曰：于睢朕肃慕。惠西六师殷八师，伐鄂侯驭方，勿遗寿幼。①
禹鼎（《集成》2833）

唯王十月，王在成周。南淮夷迁及内伐湄、昴、参、泉、裕敏、阴阳洛。王命敔追䁅于上洛、㤅谷，至于伊，班。敔簋（《集成》4323）

唯十月，用玁狁放兴，广伐京师，告追于王，命武公遣乃元士，

---

① 释文参考冯时：《禹鼎铭文新释》，纪念徐中舒先生诞辰一百二十周年国际学术研讨会论文集，四川成都，2018年10月。

羞追于京师。武公命多友率公车羞追于京师。癸未，戎伐郇，卒俘。

多友鼎（《集成》2835）

王若曰："师寰！㽙，淮夷旧我帛晦臣，今敢搏氒众叚，反厥工吏。弗迹我东国。今余肇命汝率齐师……左右虎臣征淮夷。"

师寰簋（《集成》4313）

唯王五年九月既生霸壬午，王曰："师旋！命汝羞追于齐。贲汝十五易登、盾生皇画内、戈琱㭬必彤沙，敬毋败绩。"

五年师旋簋（《集成》4216）

王亲命晋侯稣率乃师……伐夙夷，晋侯稣折首百又廿，执讯廿又三夫。王至于匓城。王亲远省师，王至晋侯稣师，王降自车，位南向，亲命晋侯稣自西北隅敦伐匓城。晋侯率厥亚旅、小子……先陷入，折首百，执讯十又一夫。王至，淖淖烈烈夷出奔。王命晋侯稣率大室、小臣、车仆从遣逐之。

晋侯苏编钟（《新收》870—873）

惟正月壬申，王格于恭太室，王若曰："引，余既命汝赓乃祖歔司齐师，余唯申命汝，赐汝彤弓一、彤矢百、马四匹，敬乃御，毋败绩。"

引簋①

学者以为晋侯稣钟"王至于匓城，王亲远省师，王至晋侯稣师，王降自车，位南向，亲命晋侯稣自西北隅敦伐匓城"所记为命将之礼②，确切地说应为天子检阅诸侯师之礼，因检阅而命将。

《孔丛子·问军礼》及《太公六韬》均记有天子命将之仪注，二者所记不同，不备引。二者所记是否为周代礼制尚存疑问。且周彝铭所记命将之事均事起而命将，并非有备而征伐也，其命将仪节从简是可以想见的。西周时期有备而命将之仪注暂不可考。

（二）振旅与饮至

1. 振旅

"振旅"之铭有二，其一为中觯，其铭云："王大省公族，于庚振旅，王赐中马自厉侯四骉。"

其二见于晋侯稣钟："王唯返，归在成周。公族整师，宫。""整师"即振旅之意，《左传·隐公五年》："三年而治兵，入而振旅。"杜预《集

---

① 《高青陈庄西周遗址考古发掘取得重大进展》，《齐鲁晚报》2010年4月13日；李学勤：《高青陈庄引簋及其历史背景》，《文史哲》2011年第3期。
② 商艳涛：《西周军事铭文研究》，华南理工大学出版社2013年版，第132—134页。

解》："振，整也。"杨伯峻《注》："振旅意即整军。"《左传·僖公二十八年》晋楚城濮之战后，晋师还，"振旅，恺以入晋。"杨伯峻《注》："盖凡军旅胜利归来曰振旅。"①

"公族整师，宫"者，事与《左传·僖公二十八年》晋楚城濮之战后晋"作王宫于践土"相类，宫应即《仪礼·觐礼》"诸侯觐于天子，为宫方三百步，四门"之宫②。

2. 饮至之礼

饮至之礼见于㺇方鼎（《集成》2739），其铭云：

> 唯周公于征伐东夷，丰伯、薄姑咸戬。公归，䄛（禂）于周庙。戊辰，饮秦饮。公赏㺇贝百朋，用作尊鼎。

䄛，读为禂，铭文所记为周公东征。班师之后禂祭于周庙，与《周礼·夏官·甸祝》所云入以"舍奠于祖祢"之制相合③。饮秦饮即饮至之礼。虢季子白盘所记亦饮至之礼④。

（三）献俘

与献俘相关的铭文有虢季子白盘、多友鼎、小盂鼎、不𡢁簋、敔簋等，虢季子白盘（《集成》10173；图5.1.4）云：

> 唯十又二年正月初吉丁亥，虢季子白作宝盘。……薄伐玁狁于洛之阳。折首五百，执讯五十，是以先行。赳赳子白，献馘于王，王孔嘉子白义。王格周庙宣榭，爰飨。王曰："伯父！孔颙有光。"王赐乘马，是用佐王，赐用弓彤矢，其央，赐用钺，用政蛮方，子子孙孙万年无疆。

铭文所述与《左传·僖公二十八年》城濮之战相类⑤。《左传》述城濮之战云："丁未，献楚俘于王。……己酉，王享醴，命晋侯宥。王命尹氏及王子虎、内史叔兴父策命晋侯为侯伯，赐之大辂之服、戎辂之服，彤

---

① 杨伯峻：《春秋左传注》，中华书局2016年版，第46、515页。
② 竹添光鸿：《左氏会笺》，巴蜀书社2004年版，第607页；杨伯峻：《春秋左传注》，中华书局2016年版，第505页。
③ 冯时：《殷代田猎献牲考》，《考古学集刊》第18辑，科学出版社2010年版。
④ 杨树达：《积微居金文余说》，上海古籍出版社2007年版，第376页。
⑤ 冯时：《中国古文字学概论》，中国社会科学出版社2016年版，第605页。

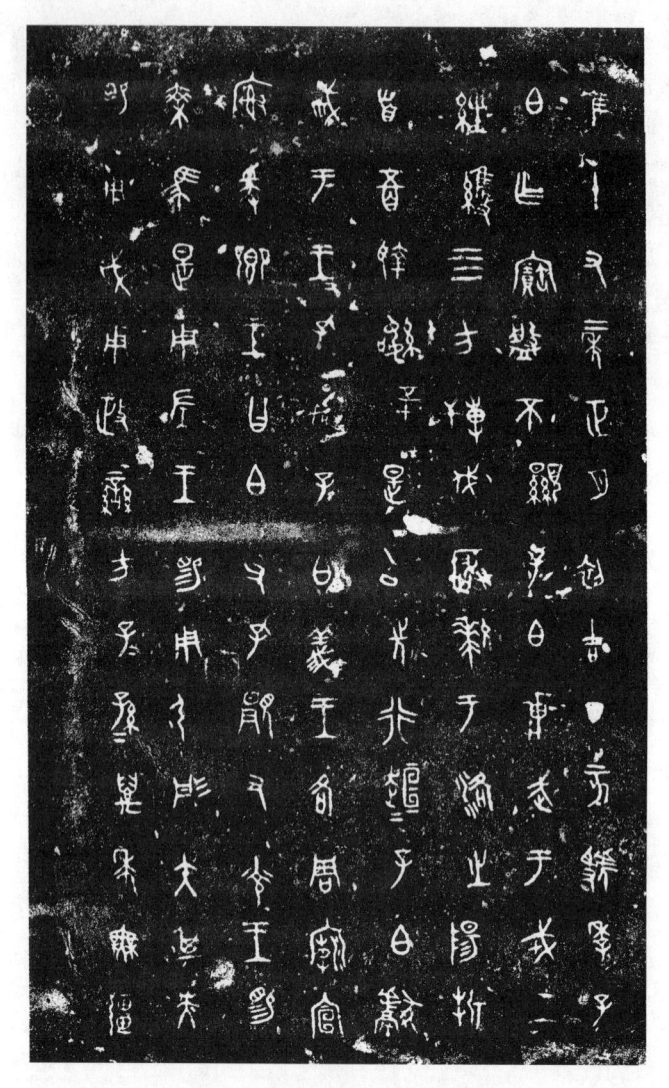

图 5.1.4 虢季子白盘铭文

弓一，彤矢百，旅弓矢千，秬鬯一卣，虎贲三百人，曰：'王谓叔父，敬服王命，以绥四国，纠逖王慝。'"周王赐子白之物有弓矢及钺，吴式芬引《礼记·王制》"诸侯赐弓矢然后征，赐鈇钺然后杀"为说①，近是。用政蛮方，乃以武力取得赋敛徭役之谓②。

---

① 吴式芬：《攈古录金文》三之二·41。
② 冯时：《中国古文字学概论》，中国社会科学出版社2016年版，第605页。

三 田礼类铭文

西周彝铭涉及畋事者有"狩"及"田"。

（一）狩

与狩相关之彝铭有如下数例。

> 唯正月既望癸酉，王狩于眡廩，王命员执犬、休善。
>
> 　　　　　　　　　　　　　　　　　　员鼎（《集成》2695）
>
> 唯正月初吉庚寅，晋侯作宝尊伋盨。其用田狩，甚乐于原隰。
>
> 　　　　　　　　　　　　　　　　　　晋侯对盨（《新收》852）

《说文·彳部》："伋，急行也。"伋盨义同旅盨、行盨。

《易·明夷》："明夷，于南狩。"李鼎祚《集解》引《九家易注》云："岁终田猎名曰狩。"二铭之正月乃农季之终，与《明夷》所记相合。《穀梁传·桓公四年》："四时之田，皆为宗庙之事也。……冬曰狩。"范宁《注》："狩，围猎也。冬物毕成，获则取之，无所择"是其义。《公羊传·庄公四年》何休《注》："狩者，上所以共承宗庙，下所以教习兵行义。"故狩与军事相关。

（二）田

《说文·田部》："田，陳也。树穀曰田。象四口；十，阡陌之制也。"段玉裁《注》："取其畞列之整齐谓之田。"徐灝《注笺》："此当以象四口为句，谓田之四畔也。十，象其中阡陌之道。"案：许书、段注、徐笺说田之本义甚晰。田，甲骨、金文作田、田，正作陈列整齐之田，外有四畔、中有阡陌。

田，殷卜辞、周彝铭或用作田土之田，或用作田猎之田，或用借用为侯甸之甸。郭沫若说侯甸云：

> "多田与多伯"，余释为"多甸与多伯"。矢彝有"诸侯侯田男"，田亦是甸。与侯伯同意耳。[1]

甸关乎殷周畿服制度，冯时师已有详论兹不赘述[2]。

---

[1] 郭沫若：《殷契粹编》，科学出版社1965年版。

[2] 冯时：《殷周畿服及相关制度考》，《考古学集刊》第20集，中国社会科学出版社2017年版。

田猎之田字形与树穀之田字形相同，不唯殷卜辞、周彝铭，文献史籍亦然。《易·师卦》："六五，田无禽。"《尚书·无逸》："文王不敢盘于游田。"《诗·郑风·叔于田》："叔于田，巷无居人。"皆是。《白虎通义·田猎》："四时之田总名为田，何也？为田除害也。"《诗·郑风·叔于田》，毛《传》："田，取禽也。"孔颖达《正义》："田者，猎之别名。以取禽于田，因名曰田。"并是其义。盖田猎字亦作田者，一则为田除害，二者田猎之禽兽取于田，故名。

第二节　金文所见西周马政

周彝铭所记与西周马政相关者有驹及执驹之礼等。

一　驹与驹车

西周彝铭有赐驹之事。

唯三年四月庚午，王在丰，王呼虢叔召瘭，赐驹两。拜稽。

瘭鼎（《集成》2742）

六月初吉戊寅，旦，王格大室，即位。王呼膳夫曰："召晋侯。"稣入门，立中廷。王亲赐驹四匹，稣拜稽首，受驹以出。

晋侯稣钟（《新收》870—885）

然驹是否可驾车，先儒或有歧说。《诗·周南·汉广》："之子于归，言秣其驹。"毛《传》："五尺以上曰驹。"《诗·小雅·皇皇者华》："我马维驹，六辔如濡。载驱载驰，周爰咨诹。"《诗·小雅·白驹》："皎皎白驹，食我场苗。絷之维之，以永今朝。"郑玄《笺》："永，久也。愿此去者乘其白驹而来，食我场中之苗，我则绊之系之，以永今朝，爰欲留之。"均言驹可骑乘，亦可驾车。此与周彝铭所见相合，彝铭有言赐"驹车"者，如下列诸铭。

唯王八月，辰在丙午，王命郱侯伯晨曰："嗣乃祖考侯于郱，赐汝秬鬯一卣、玄衮衣、幽市、赤舄、驹车。"　伯晨鼎（《集成》2816）

王曰："克，余唯经乃先祖考，克𤔲臣先王，昔余既命汝，今余佳申就乃命，命汝赓乃祖考，歔司左右虎臣。赐汝秬鬯一卣、赤市五衡、

赤舄、邪幅、驹车。"　　　　　　　　　　　　师克盨（《集成》4467）

王曰："㽙，敬明乃心，用辟我一人，善效乃友内辟，勿使暴虐从狱，受夺贾行道；厥非正命，迺敢疾讯人，则唯辅天降丧，不□唯死。赐汝秬鬯一卣、乃父巿、赤舄、驹车。"　　　　　　㽙盨（《集成》4469）

唯五年三月既死霸庚寅，王初格伐玁狁于䣱盧，兮甲从王，折首执讯，休亡尤，王赐兮甲马四匹、驹车。　　兮甲盘（《集成》10174）

王曰："逨，赐汝秬鬯一卣、玄衮衣、赤舄、驹车……、马三匹、銮勒。"　　　　　　　　　　　　四十三年逨鼎（《新收》747）

既言"驹车"，则系马驹所驾之车可明。先儒或疑《诗·陈风·株林》"乘我乘驹，朝食于株"之"驹"当读为"骄"，马瑞辰《通释》云：

> 驹，《释文》本作骄，音驹，引沈重曰："或作驹字，是后人改之。《皇皇者华》篇同。"又《皇皇者华》《释文》："维驹，本亦作骄。"《说文》："马高六尺为骄。"引《诗》"我马维骄"。《汉广》《传》："五尺以上曰驹。"此诗《笺》："马六尺以下曰驹。"以《说文》及《释文》引沈重说证之，驹皆当作骄。骄与驹双声，古音盖读骄为驹，因假借作驹耳。《公羊》注"驹高五尺以上"，驹亦是骄也。《周官·校人》郑司农《注》及《说文》并云："马二岁曰驹。"据《淮南子·修务篇》："马之为草驹之时。"高《注》："马五尺以下曰驹。"是驹乃小马未可驾者，犹在五尺以下。后人譌下为上，遂与五尺以上之骄相混，而不知"驹"实"骄"之假借字也。

段玉裁《说文·马部》"驹"注说同，王先谦《诗三家义集疏》说亦同。

清儒之论证不可谓不严密，然而事实并非如此。现代幼驹在1.5周岁之时，身高已达成年马的60%—70%，一般在1.5周岁左右就要对幼驹进行带笼头、备鞍训练[①]，2岁的幼驹如果训练成熟，可适当服役。然而，周彝铭均作"驹车"，无作"骄"者，殷墟甲骨文有"骄"字，见于《合集》37514，其文曰："惠骄暨小骝，亡灾?"字形与驹不类。且骄与驹意义亦不相同，《说文·马部》："骄，马高六尺为骄。"骄为成年之马无疑。驹之训示不一，或主年齿，《说文·马部》："驹，马二岁曰驹。"或主体

---

① 田家良：《马驴骡饲养管理》（修订版），金盾出版社2008年版，第81—87页。

高，其说又不一，《诗·周南·汉广》毛《传》曰："五尺以上曰驹。"《吕氏春秋·仲夏》："则絷腾驹。"高诱《注》引《周礼》曰："五尺曰驹。"高氏《淮南子·时则训》"絷腾驹"注及《修务训》"夫马之为草驹之时"注，皆云："五尺以下曰驹。"《诗·陈风·株林》："乘我乘驹。"郑玄《笺》云："马六尺以下曰驹。"《大戴礼记·夏小正》："或取离驹纳之。"孔广森《补注》则曰："马六尺以下通称驹。"其说莫衷一是，盖马驹之体高并无定数，大率在六尺以下。

何人可乘"驹车"，先儒之说亦不一，《诗·陈风·株林》："驾我乘马，说于株野。乘我乘驹，朝食于株。"毛《传》："大夫乘驹。"郑玄《笺》："我，国人；我，君也。君亲乘君乘马，乘君乘驹，变异车乘，以至株林。"是毛《传》以驹车为大夫所乘，而郑康成以国君亦可乘驹车，清儒或申毛而非郑，如马瑞辰《通释》即曰：

  按：隐元年《公羊》何休《注》曰："礼，大夫以上至于天子皆乘四马，所以通四方也。天子马曰龙，高七尺以上；诸侯马高六尺以上；大夫、士皆曰驹，高五尺以上。"此诗"乘马"指陈灵，"乘驹"指孔宁、仪行父，故《传》以"大夫乘驹"释之，王肃云"陈大夫孔宁、仪行父与君淫于夏氏"是也。《笺》以乘马、乘驹皆指国君，不若《传》以乘驹指大夫为确。

愚案：证之周彝铭，诸侯及卿大夫俱有驹车之赐，如伯晨为诸侯而受赐驹车，𤉹即晋侯邦父[①]，亦有受赐驹车之事；师克及兮甲均卿大夫而有受赐驹车者也。

二 执驹

"执驹"之礼见于盠尊及达盨。

  唯王十又二月，辰在甲申，王初执驹于岸，王呼师豦召盠，王亲诣盠，驹赐两。 盠尊（《集成》6011；图5.2.1[②]、图5.2.2）

[①] 冯时：《略论晋侯邦父及其名、字问题》，《古文字与古史新论》，台湾书房出版有限公司2007年版。

[②] 陕西省古籍整理办公室、陕西省考古研究院编，张天恩主编：《陕西金文集成》卷六，三秦出版社2016年版。

唯三年五月既生霸壬寅，王在周，执驹于滆应，王呼巂趩召达，王赐达驹。
　　　　　　　　　　　　　　　　　　　　达盨（《新收》692；图 5.2.3）

图 5.2.1　盠尊

图 5.2.2　盠尊铭文　　　　　　　　　图 5.2.3　达盨铭文

关于执驹之礼，学者讨论的焦点是"执驹"究系何义，以及"执驹"的季节。何为"执驹"，先儒有歧说。《大戴礼记·夏小正》："四月：……执陟攻驹。执也者，始执驹也。执驹也者，离之去母也，执而升之君也。"《周礼·夏官·校人》："春祭马祖，执驹。"郑玄《注》引郑司农云："执驹无令近母。"郑司农之说与上引《夏小正》相合，郑玄则谓："执犹拘也。春通淫之时，驹弱，血气未定，为其乘匹伤之。"以上两铭显示执驹或于十二月（当夏历八月前后），或在五月（当夏历正月前后），均非春通淫之时也，知郑玄之说不可据，陈梦家说同①。故当以《夏小正》及郑司农说为是，沈文倬申述《夏小正》"执驹也者，离之去母也，执而升之君也"之说，认为"执而升之君"即絷羁幼驹而编入王之六闲或十二闲②，其说是也。盠尊及达盨铭文显示，执驹之后即有赐驹之事，亦是郑玄说之坚强反证。

　　沈文倬已经指出，盠驹尊所记执驹季节与《周礼·夏官·校人》"春……执驹"及《夏小正》、《月令》、《吕氏春秋》、《淮南子》以仲夏执驹均不合。沈氏以执驹的时间由交配的季节决定，说近是。母马交配的季节则与气候密切相关，热带、亚热带地区气候温暖，母马终年都有性活动，交配的季节性不明显，纬度较高地区只在春季日照延长时才发情配种③。廄在宗周附近，达盨之漷应在周附近，均位于今关中平原。关中地区古今气候不同，西周时期气候较冷，年平均温度较现在稍低④，但是局地温度与植被等密切相关，上古时期植被良好⑤，因此局地气温可能比平均温度稍高。综合而言，或与现在平均温度基本持平。因此，关中平原现有马的生殖、饲养状况对西周时期马饲养有一定参考价值。目前关中地区的主要品种为关中马，其发情季节在阳历2—4月份，当夏历三月前后⑥，恰为文献所记之仲春，《周礼·夏官·牧师》："中春通淫。"郑玄《注》："中春，阴阳交、万物生之时，可以合马之牝牡也。《月令·季春》'乃合累牛腾马，游牝于牡'，秦时书也。秦地寒凉，万物后动。"寒凉之地马通淫较晚，今甘青地区、内蒙古马通淫较晚多在阳历4月之后⑦，与郑玄之说基本相合。

---

① 陈梦家：《西周铜器断代》，中华书局2004年版，第172—173页。
② 沈文倬：《"执驹"补释》，《菿闇文存》，商务印书馆2006年版。
③ 《中国大百科全书·农业》第Ⅰ卷，中国大百科全书出版社2004年版，第615页。
④ 竺可桢：《中国近五千年来气候变迁的初步研究》，《考古学报》1972年第1期。
⑤ 李润乾：《古代西北地区生态环境变化及其原因分析》，《西安财经学院学报》2005年第4期。
⑥ 国家遗传资源委员会：《中国禽畜遗传资源志·马驴驼志》，中国农业出版社2011年版，第184页。
⑦ 国家遗传资源委员会：《中国禽畜遗传资源志·马驴驼志》，中国农业出版社2011年版，第36页。

执驹的季节与幼驹哺乳期的长短也有直接关系，沈氏已经指出今日科学饲养6—8月断乳，而古时哺乳期可能延迟至出生后一年，以母马仲春受孕，十一月后产驹，哺乳一年则正值夏历二月前后，哺乳半年则夏历八月前后，与达盨、盠驹尊之时令合。

另外，盠尊和达盨都属西周中期偏晚①，二者又皆记执驹之事，或与当时养马术的进步有关。《史记·秦本纪》："非子居犬丘，好马及畜，善养息之。犬丘人言之周孝王。孝王召使主马于汧渭之间，马大蕃息。"可见，关中平原在西周中期是良马的培育基地，这与盠尊和达盨执驹皆在关中适相吻合。技术进步、养马业繁盛客观上推动了马政的完善。

第三节　霸仲诸器与迁庙之主

山西翼城大河口墓地 M1017、M2002 的考古材料业已公布，其中 M1017 所出霸伯盘②及 M2002 所出霸仲鼎（M2002：9）和两件霸仲簋（M2002：8、M2002：33）③皆记伐戎之事。诸器铭文简略，然所记关乎西周军礼。今结合周彝铭及文献史料，略作考述。

一　诸器铭文

霸伯盘铭（图5.3.1）4行38字：

> 唯正月既死霸丙午，戎［大］捷于霸伯，搏戎，获讯一，霸伯对扬，用作宜姬宝盘，孙子子其万年永宝用。

霸仲鼎与两件霸仲簋三器同铭，霸仲簋铭（图5.3.2）4行29字：

> 唯正月甲午，戎捷于丧原。霸仲率追，获讯二夫、馘二，对扬祖考福，用作宝簋。

---

① 郭沫若：《盠器铭文考释》，《考古学报》1957年第2期；中国社会科学院考古研究所：《张家坡西周墓地》，中国大百科全书出版社1999年版，第368页。
② 山西省考古研究所、临汾市文物局、翼城县文物旅游局联合考古队、山西大学北方考古研究中心：《山西翼城大河口西周墓地1017号墓发掘》，《考古学报》2018年第1期。
③ 山西省考古研究所、临汾市文物局、翼城县文物旅游局联合考古队、山西大学北方考古研究中心、中国人民大学出土文献与中国古代文明研究协同创新中心：《山西翼城大河口西周墓地2002号墓发掘》，《考古学报》2018年第2期。

图 5.3.1　霸伯盘铭文　　　　　　图 5.3.2　霸仲簋铭文

（一）铭文略释

霸伯、霸仲伐戎并非一事。霸伯盘既死霸乃朔日，则正月既死霸丙午为正月初一①，甲午与丙午相去四十八日，正月又不置闰，因此两器之正月应非同年②。

霸伯簋"戎［大］捷于霸伯"，乃被动语态，应作一气读。

宜姬，应即宜侯之女。宜侯夨簋铭云："王命虞侯夨曰：'迁侯于宜。'……宜侯夨扬王休，作虞公父丁尊彝。"虞，即吴③。宜地即南虞，亦即宜侯夨簋出土地江苏镇江烟墩山，虞公父丁应即吴侯周章，虞侯夨或即熊遂④。宜侯夨簋属康王之世，霸伯盘则属穆王之世，则宜姬，应为宜侯夨之女或孙女。

---

① 冯时：《中国古文字学概论》，中国社会科学出版社 2016 年版，第 487—488 页。
② 冯时：《丧、噩考——兼论丧礼的形成及其意义》，《中原文物》2019 年第 1 期。
③ 唐兰：《宜庆夨殷考释》，《考古学报》，1956 年第 2 期。
④ 李学勤：《宜侯夨簋与吴国》，《文物》1985 年第 7 期。

丧原，即《左传·僖公八年》之采桑，地在今山西乡宁县①。

(二) 相关问题

M1017所出霸伯盘、霸伯盉与霸伯钺所记关系密切。为了便于讨论，我们先将霸伯盉、霸伯钺铭文移写于下。

霸伯盉铭文3行19字："唯正月王在氐，霸伯作宝盉，其万年孙子子永宝。"

霸伯钺铭文4行32字："唯正月，王祭剬于氐，大奏，王赐霸伯贝十朋，霸伯用作宝钺，其万年孙子子其永宝。"

发掘报告已经指出，霸伯盉与霸伯钺系同批铸造②。两铭同记正月王在氐事，且嘏辞也基本相同，两铭所记应有关联。而霸伯盉、霸伯钺两铭与霸伯盘铭文亦可对读。排比三器铭文可知，霸伯盘正月丙午既死魄为初一，在诸器中时间应最早，如此则霸伯搏戎、获馘或为霸伯参加周王祭典、赐贝、为宜姬作器诸事之因。

另外，霸伯盘、盉应为同时铸造的一套水器。霸伯盘所言"霸伯对扬"实为联系三器的纽带。西周金文一般言××"对扬"者，多因受赏赐而答谢赏赐者，盘铭仅言"霸伯对扬"，既无受赏赐之事，亦无对扬之对象，所记显然不完整。对读霸伯盘与霸伯钺可知，霸伯对扬或因受赐贝十朋。而霸伯钺记霸伯受赐则与霸伯参与祭祀及搏戎、获讯有关。当然，霸伯盘"霸伯对扬"也可能是霸仲器"对扬祖考福"的省略。即便如此，三器之间仍有内在的关联，宜视作同时铸造的一组器物。从纹饰看，霸伯盘腹部所饰鸟纹与霸伯盉盖面及颈部纹饰亦全同，可为助证。

霸伯钺铭文关乎周代祭典，有关问题容详论。

二 迁庙之主与军事征伐

霸仲诸器"对扬祖考福"一语关乎迁庙之主与军事征伐之事，试述如下。

古者，天子巡守、征伐必载迁庙之主于车以行。《礼记·曾子问》即云：

> 曾子问曰："古者师行必以迁庙主行乎？"孔子曰："天子巡守以

---

① 冯时：《丧、噩考——兼论丧礼的形成及其意义》，《中原文物》2019年第1期。
② 山西省考古研究所、临汾市文物局、翼城县文物旅游局联合考古队、山西大学北方考古研究中心：《山西翼城大河口西周墓地1017号墓发掘》，《考古学报》2018年第1期。

迁庙主行，载于齐车，言必有尊也。今也取七庙之主以行，则失之矣。当七庙五庙无虚主。虚主者，唯天子崩，诸侯薨，与去其国，与祫祭于祖，为无主耳。"

是巡守以迁庙之主行也。
征伐亦以迁庙之主行，《礼记·曾子问》又云：

  天无二日，土无二王。……昔者齐桓公亟举兵，作伪主以行。及反，藏诸祖庙。庙有二主，自桓公始也。

郑玄《注》：

  伪，犹假也。举兵以迁庙主行，无则主命。为假主，非也。

齐桓公征伐当以迁庙之主行，载伪主则非礼也。
无迁庙之主，则主命。所谓主命即受命而出、不奉木主之谓。《曾子问》载其礼：

  曾子问曰："古者师行无迁主，则何主？"孔子曰："主命。"问曰："何谓也。"孔子曰："天子、诸侯将出，必以币、帛、皮、圭告于祖祢，遂奉以出，载于齐车而行。……盖贵命也。"

孙希旦《集解》：

  主命者，受命而出，而遂以为主，但主其命而无主也。凡告用牲、币，于所主命者则加皮、圭，而奉币、帛、皮、圭以出。

无迁主而主命者，其礼史籍可征。《史记·周本纪》记武王观兵盟津之事曰：

  九年，武王上祭于毕。东观兵，至于盟津。为文王木主，载以车，中军。

武王之世，文王非迁庙之主，因此《周本纪》所谓载文王木主以行者，应即《礼记·曾子问》所谓"主命"。《周本纪》又云：

> 居二年，闻纣昏乱暴虐滋甚，杀王子比干，囚箕子。太师疵、少师强抱其乐器而犇周。于是武王徧告诸侯曰："殷有重罪，不可以不毕伐。"乃遵文王，遂率戎车三百乘，虎贲三千人，甲士四万五千人，以东伐纣。

遵者，尊也。《墨子·备城门》："守者必善，而君尊用之，然后可以守也。"俞樾《诸子平议·墨子三》："尊，当为遵，古字通用。"是"乃遵文王"者，乃尊文王之命也，亦《曾子问》"主命"、"贵命"之谓。孙希旦《礼记集解》云："主命者，受命而出。……主命之礼，盖主祢庙，亦受命于祢之义。……贵，尊也。谓尊祖、祢之命。""乃遵文王"，即受命于文王、尊文王命之谓。

武王观兵而载文王木主之事，又见于《史记·伯夷列传》，其文云：

> 于是伯夷、叔齐闻西伯昌善养老，盍往归焉。及至，西伯卒，武王载木主，号为文王，东伐纣。伯夷、叔齐叩马而谏曰："父死不葬，爰及干戈，可谓孝乎？以臣弑君，可谓仁乎？"

梁玉绳《史记志疑》谓《伯夷列传》所记皆非，并列举十不可信[①]。梁氏所疑是，《伯夷列传》似合盟津观兵与东伐纣为一事，然无论观兵、伐纣皆遵文王之命应无可疑。

出师征伐以迁主行乃西周军礼，不唯天子诸侯，其礼亦下达至卿大夫。霸仲器记霸仲伐戎、执讯、获馘，而"对扬祖考福"，此语至少包含三层含义。

其一，霸仲奉命伐戎必告庙而受命于祖考，即孔子所谓"主命"、"贵命"，故亦受祖考之福祐。《礼记·祭统》："福者，备也。"郑玄《注》："世所谓福者，乃受鬼神祐助也。"

其二，无迁主者，但受祖、祢之命。《礼记·曾子问》孔颖达《正义》引皇甫谧云："谓有迁主者，直以币帛告神，而不将币、帛以出，行即埋之两阶之间。无迁主者，加之以皮、圭，告于祖、祢，遂奉以出。"孙希旦《集解》："主命者，主于祖、祢。"说皆是。故霸仲器言"对扬祖考

[①] 梁玉绳：《史记志疑》，中华书局1981年版，第1182—1184页。

福"者，祖考似实指祖与祢。

其三，得胜有告庙之事。《曾子问》云："孔子曰：'天子诸侯将出，必以币、帛、皮、圭告于祖祢，遂奉以出，载于齐车以行。……反必告，设奠，卒，敛币、玉，藏诸两阶之间，乃出。'"是师返有告庙之事。有迁主者，告出埋币玉于两阶之间，奉迁主出。还亦埋币玉，并藏迁主于庙。无迁主者，告出奉玉、帛，告返乃藏币、玉于两阶间。告出、告返皆以牲、币、玉、帛等，孙希旦《集解》："诸家于告出告反之礼，亦皆不言有牲。然以《舜典》、《王制》考之，则告礼有牲。"案：孙说甚塙。告庙用牲乃殷商之礼，殷卜辞云："庚寅卜，其告高祖，尞于上甲三牛？（《合集》32313）"是其证。周承殷礼，故告庙亦用牲。

穆王时期的𢆶方鼎（《集成》2824）鼎铭记𢆶以王命伐淮戎，出师告庙之事。其铭云：

𢆶曰："乌虖，王唯念𢆶辟烈考甲公，王用肇使乃子𢆶率虎臣御淮戎。"𢆶曰："乌虖，朕文考甲公、文母日庚，式休则尚，安永宕乃子𢆶心，安永袭𢆶身，厥复享于天子，唯厥使乃子𢆶万年辟事天子，毋有尤于厥身。"

𢆶言"朕文考甲公、文母日庚，式休则尚，安永宕乃子𢆶心，安永袭𢆶身"，则𢆶出师虽奉王命，亦告祢庙，尊祖祢之义也。而且师返告庙不仅有事于祖考，亡母亦与有荣焉。而且亡母并非仅为祢之配而与祭，其对𢆶之教导在战争中也发挥了积极作用，𢆶簋（《集成》4322）即云：

唯六月初吉乙酉，……戎伐𫵦，𢆶率有司、师氏奔追袭戎于棫林，搏戎𫵦。朕文母竞敏𢼸行，休宕厥心，永袭厥身，俾克厥敌，获馘百，执讯二夫，俘戎兵。……卒搏，无尤于𢆶身。乃子𢆶拜稽首，对扬文母福烈，用作文母日庚宝尊簋。

𢼸字不识，该字上从宀，中从启省，下从耳从乃。似可读为启。启行，文献习见。《诗·小雅·六月》："元戎十乘，以先启行。"《左传·宣公十二年》引此诗，杜预《注》："《小雅》言王者行军，必戎车十乘在前开道，先人为备。"故启行者，开道也。《尔雅·释诂》："竞，强也。"《说文·攴部》："敏，疾也。""朕文母竞敏启行"，言文母教导𢆶强倞、敏疾的品质为克敌致胜的重要因素，犹战车开道先人为备也。

第四节　仁本思想与西周刑德观

商周历法研究的推进，为西周军事的研究提供了新的视角。研究表明，殷历岁首在秋分之后的第一个月，约当农历九至十月[①]。周宣王十二年之前，西周历法继承了殷商历法的传统，亦以秋分所在月的次月为岁首[②]。军事类铭文所系历月对认识西周时期的军事思想颇有助益。

一　冬夏不兴师

古制，严冬酷暑不兴师，《司马法·仁本》："冬夏不兴师，所以兼爱民也。"《群书治要·司马法》释之云："大寒甚暑，吏士懈倦，难以警戒。大寒以露，则生外疾；甚暑以暴，则生内疾，故不出师，爱己彼之民也。"施子美《施氏七书讲义·司马法》云："隆冬大寒，手足可堕，师不可兴也；盛夏炎热，民多疾病，师亦不可兴也。冬夏不兴师，我之民得所利，而彼之民亦得其利也。"这一制度在周彝铭中有清晰的反映。

农历腊月前后正值严冬，《吕氏春秋·季冬纪》："冰方盛，水泽腹。"农历腊月约当周历四月前后，而彝铭中尚未见周王四月兴师之事。

殷历、周历十月、十一月，约当农历的七月前后，盛夏酷暑不利进兵，然其时有王师出征者，或抵御外敌，或守卫盐场。

（一）抵御外侮

厉王时期，玁狁、淮夷逆天时而动酷暑进兵，大肆犯边。其例如下。

唯十月，用玁狁放兴，广伐京师，告追于王。命武公遣乃元士，羞追于京师。武公命多友率公车羞追于京师。多友鼎（《集成》2835）

唯王十月，王在成周。南淮夷迁殳，入伐滍、昴、参、泉、裕敏、阴阳洛。王命敔追䢈于上洛、悇谷，至于伊，班。

敔簋（《集成》4323）

此虽盛夏用兵，然旨在抵御外侮，不违礼制。礼，农时、冬夏酷暑不

[①] 冯时：《殷历岁首研究》，《考古学报》1990年第1期。
[②] 冯时：《晋侯稣钟与西周历法》，《考古学报》1997年第4期；《中国古文字学概论》，中国社会科学出版社2016年版，第487—488页。

可主动兴师。《礼记·月令》："孟春之月，……不可以称兵，称兵必天殃，兵戎不起，不可从我始。"郑玄《注》："为客不利，主人则可。"孔颖达《正义》："起兵伐人者谓之客，敌来御扞者谓之主。此经云兵戎不合兴，起兵之时不可从我而始。我为主人也，主人既不先起兵，彼来伐我，我不得不应，故云主则可，客既先兴兵，故云为客不利。"所记即此。

（二）守卫盐场

周历十月、十一月乃东方盐场和河东盐池产盐季，这在殷卜辞和周彝铭中有清晰反映①。彝铭显示，发生在周历十一月的战争亦多与东夷有关，事见下列诸铭。

> 唯公大保来伐反夷年，在十又一月庚申，公在盩师，公赐旅贝十朋，旅用作父尊彝。　　　　　　　　　　旅鼎（《集成》2728）
>
> 𢾾东夷大反，伯懋父以殷八师征东夷，唯十又一月，遣自𡌥师，述东陕，伐海眉。　　　　　　　　　小臣䛑簋（《集成》4238）
>
> 唯十又一月，王命师俗、史密曰："东征！敆南夷卢、虎会杞夷、舟夷，……广伐东国。"　　　　　　史密簋（《新收》636）
>
> 唯王既燎，厥伐东夷，在十又一月，公返自周。
>
> 　　　　　　　　　　　　　　　　　　保员簋（《新收》1442）

诸铭所记战事或起于十一月伐东反夷，或因南夷等伐东国，应与周王朝垄断东方盐场、控制盐业资源有关。

（三）秋狝与出师

殷历、周历的正月适值农季结束，正宜秋田和出征。彝铭所记正月田猎之事有如下数例。

> 丙辰，王命㚤其贶饎，殷于逢，田㳞，㑳贝五朋。在正月。
> 　　　　　　　　　　　　　　　　　　二祀㚤其卣（《集成》5412）
>
> 唯正月既望癸酉，王狩于视廪。　　　　　员鼎（《集成》2695）
>
> 唯正月，辰在壬申，公命狩□□。②

---

① 冯时：《古文字所见之商周盐政》，《南方文物》2009年第1期；黄益飞、谢尧亭：《霸伯簋铭文考》，《郑州大学学报（哲学社会科学版）》2018年第1期。

② 滕州市博物馆：《1989年山东滕州庄里西西周墓发掘报告》，《中国国家博物馆馆刊》2012年第1期。

正月出师之事除前举霸伯盘、霸仲诸器外，尚有如下数例。

  唯十又三年正月初吉壬寅，王征南夷，王赐无𦥑马四匹。
无𦥑簋（《集成》4225）
  唯伯犀父以成师即东，命戍南夷，正月既生霸辛丑，在坏。
競卣（《集成》5425）

  殷历九月至十二月为农季[1]，西周农季历月当与殷商同。商周时期是农业社会，施政要以农为本，不得违背农时、滥用民力，其制在《吕氏春秋·十二纪》和《礼记·月令》中有系统记述。然周彝铭或偶见记战事而署九月者，其例如下。

  唯九月，鸴叔从王、员征楚荆，在成周。 鸴叔簋（《集成》3950）
  唯王于伐楚伯，在炎，唯九月既死霸丁丑，作册矢令尊宜于王姜。
作册矢令簋（《集成》4300）
  唯九月，在炎师。甲午，伯懋父赐召白马。召卣（《集成》5416）
  唯九月初吉戊申，伯氏曰："不嬰，𫘤方獫狁广伐西俞，王命我羞追于西，余来归献禽。"
不嬰簋（《集成》4328）

  鸴叔簋九月之时已返成周，则征楚荆之事或在九月之前。作册矢令簋与召卣同记九月在炎师，丁丑在前、甲午后丁丑十七日，所记当为同年之事[2]，作册矢令簋记王征伐楚伯，而九月之时在炎师驻屯，战事似乎未起。细细玩味不嬰簋，伯氏宣命虽在九月，而羞追獫狁之事或在九月之前。

  由此可见，周师于九月并不主动征伐，彝铭亦未见十二月劳师征伐之事。如此则西周农季除抵御外侮、保卫东方盐场之外，不主动发动战争，颇合礼制。《司马法·仁本》："战道：不违时，不历民病，所以爱吾民也。"刘寅《直解》："战阵之道，不违农之时，不历民之病，所以亲爱吾民也。"刘源《注》云："王者吊伐之兵，不违于农时，不妨于耕稼，……所以爱吾民也。"是也。《穀梁传·隐公五年》："伐不逾时，战不逐奔，诛不填服。"义亦相同。冬夏不用兵，兴师不违农时皆是仁本思想的体现。除

---

[1] 冯时：《殷代农季与殷历历年》，《中国农史》1993年第1期。
[2] 陈佩芬先生谓"令簋在炎是既死霸乙丑，由此知九月当月无甲午，伐楚必是另一年之事"，未知何据。详氏著：《夏商周青铜器研究》西周卷，上海古籍出版社2004年版，第165页。

此之外，西周军事中的仁本思想还体现在老幼不忘弃。

二 老幼不忘弃

仁本思想有助于我们更深刻地认识相关铭文。禹鼎（《集成》2833）铭文云：

> 乌虖哀哉！用天降大丧于下国，亦唯鄂侯驭方率南淮夷、东夷，广伐南国、东国，至于历寒。王廼命西六师、殷八师，曰："扑伐鄂侯方，勿遗寿幼。"肆师弥怵匌匡，弗克伐鄂。肆武公廼遣禹率公戎车百乘、厥驭二百、徒千，曰："于匨朕肃慕，惠西六师、殷八师，伐鄂侯驭方，勿遗寿幼。"雩禹以武公徒驭至于鄂，敦伐鄂，休获厥君驭方。

"勿遗寿幼"，郭老解作不问老幼，一盖不赦①。郭老此说广为学者接受，甚至一度被作为鄂被王师伐灭的依据②。2012 年，南阳市新店乡夏饷铺村发现了春秋早期鄂国墓地，出有"鄂侯"、"鄂侯夫人"等鄂国具铭铜器③。夏饷铺墓地的发现证实鄂并未灭国，这已成学术界共识④。禹鼎"扑伐鄂侯方，勿遗寿幼"，学者或认为是周王的命令未被贯彻实施⑤。事实上，"扑伐鄂侯方，勿遗寿幼"，不仅不能作为鄂被王师伐灭的依据，相反此语恰恰说明了周代的仁本思想。

遗者，弃忘也。《礼记·祭义》："居乡以齿，而老穷不遗，强不犯弱，众不暴寡，而弟达乎州巷矣。"郑玄《注》："老弱不遗，以乡人尊而长之。虽贫且无子孙，无弃忘也。"陆德明《释文》："遗，弃忘也。"《礼记·乡饮酒义》："宾酬主人，主人酬介，介酬众宾，少长以齿，终于沃洗

---

① 郭沫若：《禹鼎跋》，《光明日报》1951 年 7 月 7 日。
② 徐中舒：《禹鼎的年代及其相关问题》，《考古学报》1959 年第 3 期；徐少华：《鄂国铜器及其历史地理综考》，《考古与文物》1994 年第 2 期；李学勤：《论周初的鄂国》，《中华文史论丛》2008 年第 4 期；《由新见青铜器看西周早期的鄂、曾、楚》，《文物》2010 年第 1 期。
③ 《2012 年度河南省五大考古新发现·南阳市夏饷铺鄂国贵族墓地》，《华夏考古》2013 第 3 期。
④ 崔本信：《寻找消失的古鄂国》，《光明日报》2015 年 8 月 4 日第 7 版；陈荣军：《新出金文与鄂国历史地理问题探析》，《中华文化论坛》2016 年第 4 期；蔡靖泉：《鄂国史迹与楚人至鄂》，《湖北社会科学》2017 年第 10 期。
⑤ 崔本信：《寻找消失的古鄂国》，《光明日报》2015 年 8 月 4 日第 7 版。

者焉。知其能弟长而无遗矣。"郑玄《注》："遗，犹脱也，忘也。"孔颖达《正义》："此经明旅酬之时，宾主少长皆得酬酒，长幼无被遗弃之事。"《孟子·梁惠王上》："未有仁而遗其亲者也，未有义而后其君者也。"朱熹《集注》："遗，弃也。"《后汉书·荀爽传》："古今之制虽有损益，而谅闇之礼未尝改移，以示天下莫遗其亲。"李贤《注》："遗，忘也。"皆是其证。

"勿遗寿幼"者，勿忘弃寿幼也。其礼甚古，《司马法·仁本》记天子征讨无道之国时，冢宰所颁军令即明令不得忘弃寿幼，其文云：

冢宰征师于诸侯，……冢宰与百官布令于军曰："入罪人之地，无暴神祇，无行田猎，无毁土功，无燔墙屋，无伐林木，无取六畜、禾黍、器械，见其老幼，奉归勿伤，虽遇壮者，不校勿敌，敌若伤之，医药归之。"

施子美《施氏七书讲义·司马法》云：

王者之兵，吊民伐罪，岂以杀伐为事哉？彼其乱常背德，必其诸侯也，民何罪焉？吾取其渠魁而已，民可爱也，人可安也，杀可止也。……神祇者，民所依也，无暴之，则神得其所，而获祐斯民也。……土功者，民力所为也，无毁土功，则民力不伤。墙屋者，民所安也，毋燔墙屋，则民得保其居。林木，民所植也，毋伐其木，则材木不可胜用。六畜、禾黍，民资以为养；器械，民资以为用，毋取之，则民足其所养与所用矣。老幼者，所宜爱也，故见其老幼，则奉归勿伤，此则老吾老以及人之老，幼吾幼以及人之幼也。……凡此皆怀柔神民之道也。

施说足申《司马法》仁本之恉。故此役只取其渠魁、擒其君鄂侯驭方而不毁伤百姓。

"勿遗寿幼"与"扑伐"之义正相承。扑伐乃轻击之义，多为威慑敌人，伐而不灭[①]。即便如此，周天子谆谆告诫王师出征务行仁义，武公亦以命禹，西周之王师可谓仁义之师。其事与田猎之时，不伤幼小、不滥杀之制正同。《礼记·王制》：

---

① 冯时：《郭沫若早期甲骨学研究的弃中之得》，《郭沫若学刊》2015年第3期。

天子诸侯无事，则岁三田。……田不以礼，曰暴天物。天子不合围，诸侯不掩群。……昆虫未蛰，不以火田。不麑，不卵，不杀胎，不殀夭，不覆巢。

《王制》所记田猎之制见于殷卜辞①，皆以仁为本。

《左传·僖公二十二年》记宋楚泓之战，宋襄公战败，"国人皆咎公。公曰：'君子不重伤，不禽二毛。'"杨伯峻《注》："已伤之人，不再伤之。……二毛，有白发间于黑发者。……《淮南子·氾论训》云：'古之伐国，不杀黄口，不获二毛，于古为义，于今为笑。'"《氾论训》所记古制与禹鼎正合。春秋诸侯争霸无义战，战国群雄逐鹿行诈术，三代以仁为本之古礼寝灭，诈伪致胜之道渐兴。

三 仁本与刑德

周师虽为仁义之师，不杀黄口、不擒二毛，然霸伯簋、霸仲器等所记征伐戎夷仍有折首、获馘之事，何也？《左传·僖公二十五年》："德以柔中国，刑以威四夷。"是其义。鄂既称侯则其为周之外服，其疆土及人民皆天子所授，故鄂侯驭方虽时服时叛，天子仍怀之以德。蛮夷戎狄则不然，四夷贪戾无耻，时时袭扰边境，甚至侵入周王朝腹地（如敔簋记南淮夷入伐之事、虢季子白盘记玁狁入侵洛水之阳），实周王朝之心腹之患。《左传·成公四年》："《史佚之志》有之曰：'非我族类，其心必异。'"故若彼不服王化，兴兵来犯，则须恭行天罚、威之以刑，折首俘馘、掳掠其人口牲畜以示惩戒。小盂鼎（《集成》2839）记盂伐鬼方之事云：

盂以多旂佩鬼方……入南门，告曰："王命盂以……伐鬼方，……，执兽三人，获馘四千八百[又]二馘，俘人万三千八十一人，俘马四□□匹，俘车卅辆，俘牛三百五十五牛，羊廿八羊。"盂或□曰："亦□□□，平蔑我征，执兽一人，俘馘二百卅七馘，俘人□□人，俘马百四匹，俘车百□辆。"

杀伐甚众，虏获人口、车辆、马匹、牛羊甚夥，即以刑威四夷之例。刑、德为治国之二轨，《左传·宣公十二年》："叛而伐之，服而舍之，德刑成矣。伐叛，刑也；柔服，德也；二者立矣。"《左传·成公十七年》：

---

① 冯时：《中国古文字学概论》，中国社会科学出版社2016年版，第337页。

"乱在外为奸，在内为轨。御奸以德，御轨以刑，不施杀不可谓德；臣偪而不讨，不可谓刑。德刑不立，奸轨并至。"皆是也。

刑之用虽大，然必本于德。《汉书·刑法志》云：

> 文德者，帝王之利器；威武者，文德之辅助也。夫文之所加者深，武之所服者大，德之所施者博，则威之所制者广。三代之盛，至于刑错兵寝者，其本末有序，帝王之极功也。

仁德虽为王道之本，然德无威不立，故制刑名以正德。《汉书·刑法志》即云：

> 《洪范》曰："天子作民父母，为天下王。"圣人取类以正名，而谓君为父母，明仁爱德让，王道之本也。爱待敬而不败，德须威而久立，故制礼以崇敬，作刑以明威也。

德刑兼备，方为王道。

古之所谓刑者，自甲兵征伐至鞭扑教刑皆是也。《汉书·刑法志》即云：

> 《书》云："天秩有礼"、"天讨有罪"，故圣人因天秩而制五礼，因天讨而作五刑。大刑用甲兵，其次用斧钺，中刑用刀锯，其次用钻凿，薄刑用鞭扑。大者陈诸原野，小者致之市朝，其所繇来者上矣。

颜师古《注》引张晏曰："（甲兵），以六师诛暴乱。"又引韦昭曰："（斧钺），斩刑也；刀，割刑；锯，刖刑也；钻，髌刑；凿，黥刑也。"颜师古《注》又云："（陈诸原野），谓征讨所杀也；（致之市朝），大夫以上尸诸朝，大夫以下尸诸市。"

刑以辅德，故征伐之事须以仁为本。上文已论彝铭所见西周军事中的仁本思想，古之兵书，亦亟言以仁为本，乃周制之余绪。如，《司马法·仁本》："古者，以仁为本，以义治之之谓正。……是故杀人安人，杀之可也；攻其国，爱其民，攻之可也。"《尉缭子·天官第一》开篇即曰："梁惠王问尉缭子曰：'黄帝刑德，可以百胜，有之乎？'"《文韬》为《六韬》之首，亦多陈以仁爱治国之事。

斧钺以下乃狱讼之小刑，小刑亦以德为本。古之刑狱务求明德慎罚，这一思想在《尚书·康诰》中有集中的论述，《康诰》云："王若曰：'孟侯，……惟乃丕显考文王克明德慎罚，不敢侮鳏寡。'……王曰：'呜呼！封，敬明乃罚。'"大盂鼎铭言周王命盂"敏諫罚讼"，陈梦家云："敏諫罚讼，即慎罚。《康诰》'克明德慎罚'，《多方》'罔不明德慎罚'。《说文》：'娕，谨也。'諫即谨。"①

综上所论，以仁德为本、以刑罚辅德的刑德观是西周时期重要的治理思想和治国方略，这一观念经纬万端、无所不贯，是西周社会崇尚文德的表现。

---

① 陈梦家：《西周铜器断代》，中华书局 2004 年版，第 104 页。

第六章　嘉礼研究（上）
——饮食之礼及射礼

《周礼·春官·大宗伯》："以嘉礼亲万民。"郑玄《注》："嘉，善也。所以因人心所善者而为之制。"孙诒让《正义》："谓饮食昏冠等礼，并人心所嘉善者，故顺而制设其礼，使相亲乐也。"是嘉礼因人所嘉善而设，使万民相亲乐也。

嘉礼之别有六。《大宗伯》云："以饮食之礼，亲宗族兄弟；……以宾射之礼，亲故旧朋友；以飨燕之礼，亲四方之宾客。"郑玄《注》："亲者，使之相亲。人君有食宗族饮酒之礼，所以亲之也。《文王世子》曰：'族食世降一等。'《大传》曰：'系之以姓而弗别，缀之以食而弗殊，百世而昏姻不通者，周道然也。'"孙诒让《正义》："'以饮食之礼亲宗族兄弟'者，此饮食、宾射、燕飨之礼，皆宗族兄弟、故旧朋友、四方之宾客所通有。……经各举一耑，互文以见义耳。"是饮食之礼、宾射之礼、燕飨之礼通乎宗族兄弟、故旧朋友及四方宾客。

《大宗伯》又云："以脤膰之礼，亲兄弟之国；以贺庆之礼，亲异姓之国。"郑玄《注》："脤膰，社稷宗庙之肉。"贺庆之礼者，贾公彦《疏》云："言贺庆者，谓诸侯之国有喜可贺可庆之事，王使大夫往，以物贺庆之。"是其义。孙诒让《正义》引孔广森云："（以脤膰之礼，亲兄弟之国）与'以贺庆之礼，亲异姓之国'互文，异姓亦有脤膰，其兄弟之国当有贺庆，益可知矣。且归脤，虽诸侯于异姓大夫通有之，故子以膰俎不至去鲁。《论语》记祭于公，不宿肉。"是也。

《大宗伯》复云："以昏冠之礼，亲成男女。"郑玄《注》："亲其恩，成其性。"孙诒让《正义》："注云'亲其恩'者，谓昏礼也。……亲其恩，谓合其恩谊。云'成其性'者，谓冠礼也。《士冠礼》，士冠始加，祝曰：'弃尔幼志，顺尔成德。'……又《冠义》云：'已冠而字之，成人之道也。成人之者，将责成人礼焉也。责成人礼焉者，将责为人子、为人弟、为人臣、为人少者之礼行焉。'"所言即婚礼及冠礼之义。

嘉礼六礼之中饗礼、饮食之礼、射礼及婚礼彝铭资料丰富，本章及下章将对相关问题进行系统研究。脤膰之礼及贺庆之礼彝铭资料较少，第一章第二节已论吴大澂以大鼎"王在归脤宫"者，义即"天子有馈脤之礼，因以名其宫也"。贺庆之礼，见于西周早期荣仲方鼎（《新收》1567），其铭云：

> 王作荣仲宫。在十月又二月生霸吉庚寅，子加（贺）荣仲璋瓒一、牲大牢。己巳，荣仲速芮伯、胡侯、子，子赐白金钧，用作父丁䵼彝。史。

加，读作贺①，《说文·贝部》："贺，以礼相奉庆也。从贝加声。""子贺荣仲璋瓒一、牲大牢"者，荣仲因王为其作宫，其事可贺可庆，故宗子以璋瓒、大牢贺之，所记即贺庆之礼。由此益明，贺庆之礼自天子下达，以至士大夫皆有之。"荣仲速芮伯、胡侯、子"者，新宫已成，荣仲速召宾客，遂邀芮伯、胡侯、子三人为宾②。

本章对周彝铭所见饗礼稍作整理，并对饗礼、燕礼、饮食之礼和射礼略加整理研究；对饗礼举行的时间、地点、所用之俎、饗礼主宾以及饗义进行讨论；结合传统文献，就燕礼之醮、侑、饮食之礼及相关问题详为考辨；对西周金文所见"射"及射礼的仪节略作钩考。

第一节　饗礼铭文整理

"饗"可用于生人，亦可施之于亡人。用于人鬼之"饗"，其义与"享"有关。

一　宗庙献食之饗

殷卜辞中有大量饗先祖的记载，其例如下。

庚子，王饗于祖辛？　　　　　　　　　　　　　《合集》23003
丁酉卜，王贞：饗于父乙？六月。
　　　　　　　　　　　　　《合集》16048反+23281+22966

---

① 陈絜：《浅谈荣仲方鼎的定名及其相关问题》，《中国历史文物》2008年第2期。
② 冯时：《坂方鼎、荣仲方鼎及相关问题》，《考古》2006年第8期。

第六章 嘉礼研究（上）

  大乙事，王其饗？　　　　　　　　　　　　　《合集》27125
  辛卜：子禦□姒庚，侑饗？一　　　　　　　　　《花东》197
  贞：大乙、祖丁眔饗？
  癸亥卜，彭贞：大乙、祖乙、祖丁眔饗？　　　《合集》27147
  贞：其延于大戊饗？　　　　　　　　　　　　　《合集》27174
  甲申卜，何贞：翌乙酉其登祖乙，饗？　　　　　《合集》27221
  壬子卜，何贞：翌癸丑其侑姒癸，饗？　　　　　《合集》27456 正

《诗·小雅·楚茨》："以饗以祀。"朱熹《集传》："饗，献也。"上揭诸"饗"均献食于先祖之谓。周彝铭中"饗"亦有饗先祖考者。

  朕嗣㜈鼒，敢明扬告：……驭右和同，四牡旁旁，以取鲜槁，饗祀先王。　　　　　　　　　　　　　　　　　　　㜈鼒壶（《集成》9734）
  唯六月初吉丁亥，冶仲考父自作壶，用祀用饗，多福禄，用祈眉寿万年无疆，子子孙永宝是尚。　　　　　　冶仲考父壶（《集成》9708）
  它曰："拜稽首，敢䁛昭告朕吾考，命乃鹏沈子作簋于周公宗，陟二公，不敢不䰜。"……作兹簋，用䰜饗己公，用格多公。
　　　　　　　　　　　　　　　　　　　　　　　沈子它簋盖（《集成》4330）

"用䰜饗己公，用格多公"亦可省作"饗、格"，亦饗祀先祖考之谓，其例如下。

  宴作宝尊鼎，其万年用饗、格。　　　　　　　　宴鬲（《集成》631）

彝铭尚有饗祀上帝者。

  唯十四年，中山王䁥命相邦賙择燕吉金，铸为彝壶。节于禋䣫，可法可常。以饗上帝，以祀先王。　　中山王䁥方壶（《集成》9735）

《礼记·礼器》："孔子曰：'诵诗三百，不足以一献。一献之礼，不足以大饗。大饗之礼，不足以大旅。大旅具矣，不足以饗帝。'"郑玄《注》："饗帝，祭天。"据文献记载，献祭上帝之物，亦可称作"饗"。

《礼记·月令》："季冬之月，……乃命太史次诸侯之列，赋之牺牲，以共皇天、上帝、社稷之饗。"郑玄《注》："赋之牺牲，大者出多，小者

出少，饗，献也。"此饗即所献之物。

周彝铭亦有云"饗孝"者，亦享先祖之谓，其例如下。

    唯六月初吉，师汤父有司仲枏父作宝鬲，用敢饗孝于皇祖考，用祈眉寿，其万年子子孙孙其永宝用。　　　　　仲枏父鬲（《集成》746）
    伯誊作文考幽仲尊簋，誊其万年宝，用饗孝。
                                                             伯誊簋（《集成》3943）

"饗孝"亦作"享孝"。

    遅作姜淠盨，用享孝于姑公，用祈眉寿纯鲁，子子孙永宝用。
                                                                          遅盨（《集成》4436）
    虢季作宝用享追孝。　　　　　　　　　　　　虢季钟（《新收》5）

《说文·食部》："饗，乡人饮酒也。"段玉裁《注》："毛《诗》云'我将我享'，下文云'既右饗之'。云'以享以祀'，下文云'神保是饗'。云'享以骍牺'，下文云'是饗是宜'。毛《诗》之例，凡献于上曰享，凡食其献曰饗。"段说或然。无论如何，毛《诗》及古文字材料都显示，"饗"有宗庙献食之义。

二　燕饗之饗

殷卜辞燕享字多作"饗"，其例如下。

    甲寅卜，彭贞：其饗多子？　　　　　　　　　　《合集》27649
    贞：唯邑子呼饗酒？　　　　　　　　　　　　　《合集》3280
    庚申卜，王贞：翌辛酉其□饗？　　　　　　　　《合集》22598
    己酉卜，何贞：贞（鼎）其牢又一牛饗？　　　《合集》27138
    王先狩，廼饗，擒有鹿，亡灾？　　　　　　　　《合集》28333

另有言"饗鼒"者。

    庚卜：丁饗鼒？一二
    庚卜：丁弗饗鼒？一二　　　　　　　　　　　　《花东》236

"饗鬻"犹周彝铭之"鬻享",亦即《诗》"我将我享"。

周彝铭之"饗",可施之于朋友、宾、王出入使人等。有饗朋友者。

> 先兽作朕考宝尊鼎,兽其万年永宝,用朝夕饗厥多朋友。
> 先兽鼎(《集成》2655)
>
> 唯十又一月,邢侯延赞于麦。麦赐赤金,用作鼎,用从邢侯征事,用饗多诸友。 麦方鼎(《集成》2706)
>
> 唯七年十月既生霸,王在周般宫。旦,王格大室,邢伯入右趞曹,立中廷,北向。赐趞曹载市、冋黄、銮。趞曹拜稽首,敢对扬天子休,用作宝鼎,用饗朋友。 七年趞曹鼎(《集成》2783)
>
> 唯十又五年五月既生霸壬午,恭王在周新宫,王射于射庐。史趞曹赐弓、矢……。趞曹敢对,曹拜稽首,敢对扬天子休,用作宝鼎,用饗朋友。 十五年趞曹鼎(《集成》2784)
>
> 伯康作宝簋,用饗朋友,用𩰬王父、王母,施施受兹永命、无疆纯佑,康其万年眉寿,永宝兹簋,用夙夜无怠。
> 伯康簋(《集成》4160)

有饗宾者。

> 义叔闻肇作彝,用饗宾。　　　　　义叔闻簋(《集成》3695)
>
> 欮作厥簋两,其万年用饗宾。　　　欮簋(《集成》3745)
>
> 甲作宝尊彝,其万年用饗宾。　　　甲盉(《集成》9431)
>
> 兽叔奂父作孟姞旅盨,……嘉宾用饗有飤,则万年无疆,子子孙孙永宝用。 兽叔奂父盨(《新收》41)
>
> 唯曾伯陭廼用吉金鐈鋚,用自作醴壶,用饗宾客,为德无瑕,用孝用享,用赐眉寿,子子孙孙。用受大福无疆。
> 曾伯陭壶(《集成》9712)

有饗君长者。

> 弭仲作宝瑚,……用饗大正,歆王宾,𩰬具旨飤,弭仲受无疆福,诸友饮飤具饱,弭仲畀寿。 弭仲瑚(《集成》4627)

郭沫若认为生人曰"饗",而死人言"享"[1],学者有从之者[2],亦有非之者[3]。"饗"与"享"造字之初当有区别,"享"乃宗庙之象形,引申之而有享献之义[4];"饗"则为宾主相向而食之义[5]。二者均有献酒食之义,在实际应用之时经常通用不别,殷卜辞中享祭先祖亦用"饗",燕享字亦作"饗",已通用不别。周彝铭"饗醴"(师遽方彝、长甶盉等),文献或作"饗醴"(《左传·庄公十八年》、《左传·僖公二十五年》)或作"享醴"(《左传·僖公二十八年》)。燕享字金文或作"饗",或作"享"。仲柟父鬲曰:"用敢饗孝于皇祖考,用祈眉寿,其万年子子孙孙其永宝用。""皇祖考"亦用饗,可见饗亦可施诸故去之祖考。凡此均"饗"、"享"通用不别之证。盖二字至殷周之世已通用不别。

另有饗王逆覆者。

  坪作宝簋,用饗王逆覆使。   坪簋(《集成》3731)
  仲禹作厥宝彝,用饗王逆覆。   仲禹簋(《集成》3747)
  伯者父作宝簋,用饗王逆覆。   伯者父簋(《集成》3748)
  令敢张皇王室,用作丁公宝簋,用尊事于皇宗,用饗王逆覆,用匄寮人、妇子,后人永宝。   令簋(《集成》4300)

饗王逆覆,饗应读为相[6]。有饗王出入使人者。

  卫肇作厥文考己仲宝鼎,用奉寿、匄永福,乃用饗王出入使人,眾多朋友,子孙永宝。   卫鼎(《集成》2733)
  唯五月壬辰,同公在丰,命宅事伯懋父,伯赐小臣宅画册、戈九、锡、金车、马两,扬公、伯休,用作乙公尊彝,子子孙永宝,其万年用饗王出入。   小臣宅簋(《集成》4201)
  唯王南征,在□,王命生辨事□公宗,小子生赐金、鬱鬯,用作簋宝尊彝,用对扬王休,其万年永宝,用饗出入使人。   小子生尊(《集成》6001)

---

[1] 郭沫若:《两周金文辞大系考释》,科学出版社1957年版,第46页。
[2] 刘源:《商周祭祖礼研究》,商务印书馆2004年版,第89页。
[3] 黄盛璋:《历史地理与考古论丛》,齐鲁书社1982年版,第340页。
[4] 吴大澂:《说文古籀补》第五。
[5] 罗振玉:《增订殷墟书契考释》卷中。
[6] 马叙伦:《读金器刻词》,中华书局1962年版,第162页;冯时:《致事传家与燕私礼——叔趯父器铭文所见西周制度》,《华夏考古》2018年第1期。

矩作宗室盨，其用饗王出入，穆穆事宾，子孙其永保。

矩鼎（《新收》1664）

"饗王出土使人"与"饗王逆覆"意义相类，故"饗"亦当读为相。有饗有司者。

厉叔子凤、厉有司申季、庆癸、齗禣、荆人敢、井人偒屖，卫小子逆其饗媵，卫用作朕文考宝鼎，卫其万年永宝用。

五祀卫鼎（《集成》2832）

裘卫乃龛告于伯邑父、荣伯、定伯、琼伯、单伯，伯邑父、荣伯、定伯、琼伯、单伯廼命叁有司：司土微邑、司马单旟、司工邑人服眔受田。燹趞、卫小子㰒逆诸其饗。

裘卫盉（《集成》9456）

上揭"饗"有司铭文，饗似亦读为相。

三　饗有饮与食

"饗"或主饮，如《诗·小雅·彤弓》："钟鼓既设，一朝饗之。"郑玄《注》："大饮宾曰饗。"《周礼·秋官·大行人》："饗礼九献。"郑玄《注》："饗设盛礼以饮宾。""饗"有牲，《仪礼·聘礼》郑玄《注》："饗，谓亨大牢以饮宾也"。又有主食者，如《玉篇·食部》："饗，设盛礼以饭宾。"实则饗有酒亦有牲亦有稻粱之设，《仪礼·聘礼》"公于宾壹食再饗"，胡培翚《正义》："食礼主于饭，有牲无酒，饗则牲酒皆有。"《公食大夫礼》胡培翚《正义》："凡待宾客之礼，有饗有食有燕，燕主于酒，而食主于饭，饗则兼之。"

彝器自铭对于"饗"义的认识有重要价值。自铭用于"饗"生人者，有食器，如鼎（先兽鼎、麦方鼎、七年赵曹鼎等）、簋（仲偁簋、欨簋等）、瑚（弥仲瑚等）、盨（兽叔奂父盨等）、鬲（虘鬲等），其中鼎为烹牲、盛牲肉之器，而鬲、簠、盨、簋为煮、盛稻、粱、黍、稷之器，是饗有牲有食；亦有酒水器，如尊（小子生尊）、卣（叔趯父卣）、壶（曾伯陭壶）、盉（甲盉）、盘（邙侯盘《集成》10096），更有壶自铭曰"饗壶"者，其例如下。

复公仲择吉金，用作饗壶，其赐公子孙万寿用之。

复公仲壶（《集成》9681）

"饗"有酒醴亦可知矣。故而，郑玄云"饗，谓亨大牢以饮宾也"良是。

《礼记·郊特牲》：

> 饗禘有乐，而食尝无乐，阴阳之义也。凡饮，养阳气也；凡食，养阴气也。……饮，养阳气也，故有乐；食，养阴气也，故无声。凡声，阳也。

孙希旦《集解》：

> 而或用乐，或不用乐，盖声乐是阳，其或用或否，亦顺乎阴阳之义而已。《周礼·乐师》："饗食诸侯，序其乐事，令奏钟鼓。"《钟师》："凡饗食，奏燕乐。"《籥师》："宾客饗食，鼓羽籥之舞。"是天子食礼有乐。公食大夫礼不用乐，食尝无乐，盖诸侯之礼异于天子者与？《鲁颂》"秋而载尝"、"万舞洋洋"，《祭统》："大尝禘，升歌《清庙》，下管《象》。"此尝祭有乐者，盖大袷之祭也。诸侯大袷之祭，因秋尝行之。诸侯秋祭无乐，而袷祭在秋则用乐，大袷礼盛故也。

《郊特牲》之"饗"乃春饗孤子，以春阳用事故有乐。饗食之"饗"，既主食又有酒，故而《周礼》之《乐师》、《钟师》均以天子饗食有乐。然而，今所见乐器尚未有自铭曰用"饗"者，西周之饗是否用乐有待进一步研究。

四 䬼

杨树达认为用作动词之"䬼"有燕享之义[①]。

> 伯康作宝簋，用饗朋友，用䬼王父、王母。
> 伯康簋（《集成》4160）
> 敔作宝簋，用䬼厥孙子。
> 敔簋（《集成》3827）

"䬼"与"饗"字用法相类。

[①] 杨树达：《积微居金文说》，上海古籍出版社2007年版，第262页。

第二节 西周饗礼研究

饗礼汉初已亡，传世文献保留了不少饗礼的片段，其所记是否即西周礼制，尚需悉心甄别。所幸西周彝铭中保留不少饗礼的珍贵史料，可以部分还原出西周饗礼之仪节。

一 饗礼或行于庙

殷卜辞有记饗礼之场所者，其例如下。

贞：惠多子饗于庭？	《合集》27467
王其饗于庭？	《屯南》2276
甲午卜，王其侑祖乙，王饗于庭？	《屯南》2470

"庭"即谓宗庙太室之中庭[①]，是殷代之饗礼行于宗庙。殷卜辞质朴，饗礼仅言"饗"，西周彝铭或单言"饗"，或曰"饗醴"，或曰"饗酒"。西周彝铭有记行饗礼之所者。

> 唯十又二年正月初吉丁亥，虢季子白作宝盘。……王格周庙宣榭，爰饗。 虢季子白盘（《集成》10173）

盘铭所记饗礼在庙。亦有行于"太室"者。

> 王夕饗醴于大室，穆公侑。隐，王呼宰利赐穆公贝廿朋，穆公对王休，用作宝皇簋。 穆公簋盖（《集成》4191；图6.2.1）

有于"下淢应"饗礼者。

> 唯三月初吉丁亥，穆王在下淢应，穆王饗醴。
> 长由盉（《集成》9455；图6.2.2）

---

① 于省吾：《甲骨文字释林》，中华书局1979年版，第85—86页。

264　西周金文礼制研究

图 6.2.1　穆公簋盖铭文

图 6.2.2　长由盉铭文

盉铭所记穆王于"下减应"饗醴，彝铭又见"减应"，其例如下。

　　唯王元年四月既生霸，王在减应。甲寅，王格庙，即位，遅公入右师旋，即立中廷，王呼作册尹册命师旋。
元年师旋簋（《集成》4279）

　　唯元年既望丁亥，王在减应，旦，王格庙，即位，宰𦉼入右蔡，立中廷，王呼史微册命蔡。
蔡簋（《集成》4340）

"减应"与"下减应"或相去不远。由元年师旋簋知减应有庙，其他诸应或亦有庙。

　　唯元年六月既望甲戌，王在杜应，格于大室，井伯入右师虎，即立中廷，北向，王呼内史吴曰册命虎。
师虎簋（《集成》4316）

"应"有宗庙，当非临时筑造之住所，乃周王离宫之专字。减读作漆，漆应、下漆应乃漆水流域之王应①。长由盉所谓"穆王在下减应，穆王饗醴"者，其事或亦行于宗庙，与虢季子白盘相类。亦有于某宫行饗礼者。

　　唯十又五年三月既霸丁亥，王在归脤宫，大以厥友守。王饗醴，王呼膳夫驭召大以厥友入扞。
大鼎（《集成》2807）

有行礼于大池而后行饗礼者。

　　唯六月既生霸，穆王在莽京，呼渔于大池，王饗酒，遹御，亡遣。
遹簋（《集成》4207）

大池，陈梦家以为大池即辟雍，大池位于明堂之内②。《史记·封禅书》："天子曰明堂、辟雍，……周公既相成王，郊祀后稷以配天，宗祀文王于明堂以配上帝。"明堂亦享祭场所。遹簋所记"渔于大池"之后而行饗礼者或行于明堂。

---

① 拙作：《金文所见"应"与西周政治统治》，《考古》2016年第9期。
② 陈梦家：《西周铜器断代》，中华书局2004年版，第4页。

凌廷堪《礼经释例·饮食之例下》云：

> 凡食于庙，燕于寝，乡饮酒于庠。廷堪案：《公食大夫礼》公迎宾于大门内，"公揖入，宾从。及庙门，公揖入。"《注》："庙，祢庙也。"是食礼行于庙也。
>
> 又案：《公食大夫礼》："及庙门。"《疏》云："《仪礼》之内单言庙者，皆据祢庙。是以《昏礼》纳采云'至于庙'，《记》云'凡行事必用昏昕，受诸祢庙'。以此而言，则言庙皆祢庙也。若非祢庙则言庙祧，若《聘礼》云'不腆先君之祧'，问卿云'受于祖庙'之类是也，但受聘在祖庙，食饗在祢，燕轻于食饗，又在寝，是其差次也。"《饗礼》篇亡，《周官·大宗伯》："以饗燕之礼，亲四方之宾客。"贾《疏》亦云："饗，烹大牢以饮宾，献依命数，在庙行之。"
>
> 盖饗、食、燕三者，饗最重，食次之，燕又次之，故贾氏云然。若然则饗礼亦行于祢庙也。

由上文知，殷周饗礼多行于宗庙，然而是否行于祢庙，不可详考。瘐壶（《集成》9726；图6.2.3）所记行饗礼之地有二，其铭云：

> 唯三年九月丁巳，王在郑，饗醴，呼虢叔召瘐，赐羔俎。已丑，王在句陵，饗逆酒，呼师寿召瘐，赐彘俎，拜稽首，敢对扬天子休，用作皇祖文考尊壶，瘐其万年永宝。

图 6.2.3　瘐壶铭文

王在郑及句陵所行饗礼或亦于庙也。壶铭先言"王在郑",后曰"呼虢叔召瘨",则虢叔或为郑虢氏之后。

二 饗礼或有夜饮

饗醴有夜饮者,如前揭穆公簋盖。殷卜辞之"夕"指整个夜晚而言,乃当日日入至次日日出之间的一个时段①。"王夕饗醴于大室"言王于日入之后即饗醴;"隐②,王呼宰利赐穆公贝廿朋",隐乃午夜人定时分③。穆公簋盖铭所记乃王饗醴而作长夜之饮,所记与燕饮相类。《诗·小雅·湛露》毛《序》:"天子燕诸侯也。"郑玄《笺》:"燕,谓与之燕饮酒也。诸侯朝觐会同,天子与之燕,所以示慈惠。"诗文云:"湛湛露斯,匪阳不晞。厌厌夜饮,不醉无归。湛湛露斯,在彼丰草。厌厌夜饮,在宗载考。"毛《传》:"厌厌,安也。夜饮,燕私也。宗子将有事,则族人皆侍。不醉而出是不亲也,醉而不出是渫宗也。……夜饮必于宗室。"郑玄《笺》:"天子燕诸侯之礼亡,此假宗子与族人燕为说尔。族人犹群臣也,其醉不出、不醉出犹诸侯之仪也。饮酒至夜犹云不醉无归,此天子于诸侯之仪。燕饮之礼,宵则两阶及庭门皆设大烛焉。"穆公簋记王于周之宗庙太室饗醴与《湛露》"厌厌夜饮,在宗载考"所记相类。

郑玄《笺》业已指出,燕饮至宵需设庭燎,《仪礼·燕礼》:

> 宵则庶子执烛于阼阶上,司宫执烛于西阶上,甸人执大烛于庭,阍人为大烛于门外。

郑玄《注》:

> 宵,夜也。烛,燋也。甸人,掌共薪蒸者。庭大烛,为位广也。阍人,门人也。为,作也,作大烛以俟宾客出。

贾公彦《疏》:

---

① 冯时:《百年来甲骨文天文历法研究》,中国社会科学出版社 2011 年版,第 138 页。
② 冯时:《殷代纪时制度研究》,《考古学集刊》第 16 集,科学出版社 2006 年版。
③ 宋镇豪:《试论殷代的记时制度》,《全国商史学术讨论会论文集》(《殷都学刊》增刊),1985 年版;黄天树:《殷墟甲骨文所见夜间时称考》,《新古典新义》,学生书局 2001 年版。

凡燕法设烛者，或射之后，终燕则至宵也。或冬之日不射亦宵，夏之日不射未必至宵也。……在地曰燎，执之曰烛，于地广设之则曰大烛。其燎亦名大烛，故《诗》云："庭燎之光。"毛云："庭燎，大烛也。"郑云："夜未央，而于庭设大烛。"

簋盖铭不言射而曰"夕飨醴于大室"者，或即贾疏所谓"或冬之日不射亦宵"也。

飨醴虽亦有夜饮之事，但与燕礼"不醉无归"不同。《仪礼·燕礼》："宾反入，及卿大夫皆说屦，升就席。公以宾及卿大夫皆坐，乃安。"郑玄《注》："凡燕坐必说屦，屦贱，不在堂也。礼者尚敬，敬多则不亲；燕安坐，相亲之心。"贾公彦《疏》："云'礼者尚敬，敬多则不亲。燕安坐，相亲之心'者，《左传》云：'飨以训恭俭。'设几而不倚，爵盈而不饮，'燕以示慈惠'，飨在庙立行礼，是敬多则不亲者也。燕在寝，以醉为度，是相亲之心者也。"

三　飨礼之俎

瘐壶记王飨醴而有羔俎及豯俎，《大戴礼记·夏小正》："祭也者用羔。"孔广森《补注》："礼牲，未成羊曰羔。"《周礼·夏官·羊人》："凡祭祀饰羔。"郑玄《注》："羔，小羊也。"天子飨醴而用羔俎者，有贵诚之意也。《周礼·秋官·掌客》："王巡狩、殷国，则国君膳以牲犊，令百官百牲皆具。"郑玄《注》："国君者，王所过之国君也。犊，茧栗之犊也。以膳天子，贵诚也。牲孕，天子不食也，祭帝不用也。"郑《注》取自《礼记·郊特牲》，其文云："天子适诸侯，诸侯膳用犊，诸侯适天子，天子赐之礼大牢，贵诚之义也。故天子牲孕弗食也，祭帝弗用也。"郑彼《注》云："犊者，诚愨未有牝牡之情，是以小为贵也。"《尔雅·释兽》："豕子，猪。"郭璞《注》："今亦曰豯。"是豯亦小猪也，用豯俎之义与羔俎同。王在郑飨醴，郑虢叔或为主人，为王备羔俎、豯俎也。《仪礼·乡饮酒礼·记》："宾俎，脊、胁、肩、肺。主人俎，脊、胁、臂、肺。介俎，脊、胁、胳、肺。……皆右体，进腠。"《仪礼·乡射礼·记》："宾俎，脊、胁、肩、肺。主人俎，脊、胁、臂、肺。……皆右体也。进腠。"郑玄《注》："右体，周所贵也。"是嘉礼用右胖也。此羔俎及下豯俎或用右胖。

《仪礼·公食大夫礼》记载俎之事云："鱼腊饪。"郑玄《注》：

食礼宜孰，饗有腥者。

贾公彦《疏》：

《乐记》云大飨"而俎腥鱼"，郑《注》云："以腥鱼为俎实，不臑孰之。"是飨礼有腥也。又宣公十一年："冬，晋侯使士会平王室，定王享之。原襄公相礼，殽烝。武子私问其故。王闻之，召武子曰：'季氏，而弗闻乎？王享有体荐，宴有折俎。'"……又《国语》云："禘郊之事则有全烝，王公立饫则有房烝，亲戚宴飨则有殽烝。"以此观之，明飨有腥，以飨礼用体荐，体荐则腥矣。故《礼记》云："腥其俎。"谓豚解而腥之，豚者皆腥也。

若然则本铭之彘俎乃豚解之腥俎。《史记·项羽本纪》："项王按剑而跽曰：'客何为者？'张良曰：'沛公之参乘樊哙者也。'项王曰：'壮士，赐之卮酒。'则与斗卮酒。哙拜谢，起，立而饮之。项王曰：'赐之彘肩。'则与一生彘肩。樊哙覆其盾于地，加彘肩上，拔剑切而啗之。"是秦汉之时尚有腥彘俎。

"飨"有归俎之事，《礼记·杂记下》："或问于曾子曰：'夫既遣而包其余，犹既食而裹其余与？君子既食则裹其余乎？'曾子曰：'吾子不见大飨乎？夫大飨，既飨，卷三牲之俎归于宾馆。父母而宾客之，所以为哀也。子不见大飨乎？'"而《仪礼·公食大夫礼》亦云："有司卷三牲之俎，归于宾馆。"是飨之仪节有同于公食者。王命虢叔赐瘨俎者，瘨或为宾，故饗醴毕而赐瘨俎也，与《杂记》"夫大飨，既飨，卷三牲之俎归于宾馆"相类，然曾子以公食大夫礼说大飨，故云"卷三牲之俎归于宾馆"。王饗醴，或召宾而赐之俎也。

四　饗礼之主宾

饗礼铭文中人物之职司与其身份相关，与人物职司相关者有"御"、"侑"及"遹"。

（一）御

饗礼有"御"者，见于前揭遹簋。"御"亦见以下诸铭。

虢叔旅曰：丕显皇考惠叔，穆穆秉元明德，御于厥辟，……旅敢肇帅型皇考威仪，□御于天子，廼天子多赐旅休，旅对天子鲁休扬。

虢叔旅钟（《集成》238）

唯正月初吉辛亥，都仲之孙笞大史申，作其造鼎十，用征以连，以御宾客，子孙是若。

笞大史申鼎（《集成》2732）

唯五月王在衣，辰在丁卯，王禘，用牡于大室，禘昭王，剌御，王赐剌贝卅朋，天子万年，剌对扬王休，用作黄公尊䕼彝，其孙孙子子永宝用。

剌鼎（《集成》2776）

牧师父弟叔㚔父御于君，作微姚宝簋，其万年子子孙孙永宝用享。

叔㚔父簋（《集成》4068）

以上诸铭及遹簋之"御"皆可训为"侍"①，然而"侍"者其总名，剌鼎禘祭之"御"与飨醴之"御"显然有别。

今所见燕飨之"御"有二。其一，《礼记·曲礼上》："御食于君。"郑玄《注》："劝侑曰御。"御者须劝侑国君进食也；其二，笞大史申鼎及《诗·小雅·吉日》皆云："以御宾客。"郑玄《注》："'御宾客'者，给宾客之御也。"孔颖达《疏》："御者，给与充用之辞。"《诗·小雅·六月》："饮御诸友。"毛《传》："御，进也。"《文选·枚乘〈七发〉》："以御宾客。"张铣《注》："御，食之也。"是"御宾客"者，进酒食于宾客之谓。

王"飨醴"而以遹"御"者，殆即命遹进食于王及宾客，遹或即飨醴之主人。《仪礼·燕礼》：

宾升自西阶，主人亦升自西阶，宾右北面至再拜，宾答再拜。

郑玄《注》：

主人，宰夫也。宰夫，大宰之属，掌宾客之献饮食者也。……君于其臣虽为宾，不亲献，以其尊，莫敢伉礼也。至再拜者，拜宾来至也。天子膳夫为献主。

郑《注》略取《礼记·燕义》，其文云：

---

① 杨树达：《积微居金文说》，上海古籍出版社2007年版，第254页。

设宾主，饮酒之礼也。使宰夫为献主，臣莫敢与君亢礼也。

此饗醴亦需设宾主，天子至尊莫敢与之亢礼，《礼记·郊特牲》："觐礼，天子不下堂而见诸侯。"饗礼天子亦不应下堂，以天子尊极也。天子不下堂无由献宾以成礼，故以逌为主人。《周礼·秋官·大行人》，彼文云："上公之礼，执桓圭九寸。……王礼再祼而酢。"郑玄《注》："王礼，王以鬱鬯礼宾也。……礼者，使宗伯摄酌珪瓒而祼。"或以宗伯为主人。逌或摄宗伯而为主人，与宾揖让、周旋辛劳异常，故周王"亲赐逌鲜"以示荣宠，异于"侑"而王呼某赐物也。

（二）侑

饗醴有"侑"者，事见《左传·庄公十八年传》："虢公、晋侯朝王，王饗醴，命之侑。"《左传·僖公二十八年传》："晋侯朝王，王享醴，命晋侯侑。"《左传》所记与周彝铭相合，如穆公簋盖云："王夕饗醴于大室，穆公侑。""侑"，又作"胙侑"，如《国语·晋语四》："王饗醴，命公胙侑。""侑"者，自杜预以迄清代，先儒均以杜预《左传注》"饮宴，则命以币物；侑，助也"为圭臬，以"侑"为以币物劝食。清乾嘉学者王引之《经义述闻》、汪远孙《国语发正》始究其缪，王引之《经义述闻·命之侑》云：

庄十八年《传》，虢公、晋侯朝王，王饗醴，命之侑。杜《注》曰："饮宴，则命以币物。侑，助也，所以助欢敬之意。"《正义》曰："命之侑者，命之以币物。所以助欢也。《礼》主人酌酒于宾曰献，宾答主人曰酢。主人又酌以酬宾曰酬。谓之酬币，盖于酬酒之时赐之币也。"

引之谨案：杜谓以币物助欢者，盖据《公食大夫礼》公受宰夫束帛以侑也。然《聘礼》曰："若不亲食，使大夫各以其爵，朝服致之以侑币。致饗以酬币。"是侑币用于食礼，非饗礼所用也。且如杜说，命以币物以助欢，则《传》当云命侑之，不当云命之侑也。寻文究理，殆有未安。今案《尔雅》曰："酬、酢、侑，报也。"则侑与酬酢同义。

"命之侑"者，其命虢公、晋侯与王相酬酢与？或献或酢，有施报之义，故谓之侑。命之侑者，所以亲之也。僖二十八年《传》："晋侯朝王，王享醴，命晋侯侑。"其为命晋侯与王相酬酢，较然甚明。若谓助以币帛，则传但云"王享醴侑之"可矣。何须云命晋侯侑乎？

又僖二十五年《传》："晋侯朝王，王享醴，命之侑。"《晋语》

作"王饗醴命公胙侑",胙即酢之借字。盖如宾酢主人之礼,以劝侑于王,故谓之酢侑与?而韦《注》乃以胙为赐祭肉,时当饗醴,安得有祭肉之赐乎?《传》所言者,饗醴也,而解者乃当以食礼之侑币,杂以吉礼之赐胙,失《传》意矣。

汪远孙《国语发正》卷十说大体相类,不备引。王国维作《释宥》申王引之及汪远孙之说。王引之等所论不可易。《诗·小雅·彤弓》:"我有嘉宾,中心喜之,钟鼓既设,一朝右之。"孙诒让以"右"为酢[1],则"侑"者《诗》又假"右"为之。鄂侯驭方鼎云:"驭方纳壶于王,乃祼之,驭方侑王。"纳壶于王者,犹五年琱生簋所云"唯五年正月己丑,琱生有事,召来合事。余献,妇氏以壶",及五年琱生盨所记"唯五年九月初吉,召姜以琱生蔑五、帅、壶两",琱生二器所记均为乡饮酒之礼,彼行饮酒礼置壶以盛酒[2]。鄂侯驭方鼎所记为朝享之礼,驭方纳壶于王者,朝觐之贡献也。王祼驭方,而后驭方侑酢于王,其制可与《周礼·秋官·大行人》对读,彼文云:

上公之礼,执桓圭九寸,……王礼再祼而酢……。诸侯之礼,执信圭七寸,……王礼壹祼而酢……。诸伯执躬圭,其他皆如诸侯之礼。诸子执谷璧五寸,……王礼壹祼不酢,饗礼五献,食礼五举。……诸男执蒲璧,其他皆如诸子之礼。

郑玄《注》:

王礼,王以鬱鬯礼宾也。……礼者,使宗伯摄酌珪瓒而祼,王既拜送爵,又摄酌璋瓒而祼,后又拜送爵,是谓再祼。再祼宾乃酢王也。礼侯伯一祼而酢者,祼宾,宾酢王而已,后不祼也。礼子男一祼不酢者,祼宾而已,不酢王也。不酢之礼,《聘礼》礼宾是与?

孙诒让《正义》:

云"王礼,王以鬱鬯礼宾也"者,……谓朝享礼毕,王礼诸侯,

---

[1] 孙诒让:《籀庼述林》卷二《诗彤弓篇义》,中华书局2010年版。
[2] 冯时:《琱生三器铭文研究》,《考古》2010年第1期。

犹《聘礼》聘享礼毕，主国之君以醴礼宾也。……凡宾主行礼毕，主人用醴待宾，谓之礼。此用郁鬯与用醴同，故亦称礼。

秦蕙田云："饗礼之祼，经无明文。以宾礼之节推之，上公九献，则王一献，后亚献，皆祼。侯伯七献，子男五献，惟王祼而已。《记》云'献之属，莫重于祼。'大饗者，宾客之大礼，其十二献、九献、七献，与事神同，亦必有祼明矣。《周礼》所载宾客之祼事，注疏皆以礼宾当之，而不及大饗，似尚未备。"

孙希旦云："宾客之饗亦有灌，有献，有酢。上公饗醴九献，侯伯七献，子男五献，此自灌至酢之献数也。"

案：秦、孙说是也。凡祼亦通谓之献，故《祭统》以祼为献之属。……此王礼宾，再祼、一祼，祼后别无献酒，饗宾则祼献两有。

云"再祼宾乃酢王也"者，明与饗燕常礼异也。凡常礼备二献者，主人初献毕，宾即酢主人，再献则再酢。此王祼礼诸公，二献讫后，公始酢王，是宾不酢后，故有再祼而无再酢也。

云"礼侯伯一祼而酢者，祼宾，宾酢王而已，后不祼也，礼子男一祼不酢者，祼宾而已，不酢王也"者，爵弥卑而礼弥杀。……于子男王又不受酢也。

云"不酢之礼，《聘礼》礼宾是与"者，以彼宾亦不酢主君也。

王祼驭方而驭方酢王者，似即"壹祼而酢"之礼，与其侯爵正相呼应。周彝铭所见饗礼皆不记王后参与之事，王后是否参与饗礼尚需他证。

侑者受赐之物或有不同，穆公簋盖记穆公侑而王赐贝，师遽方彝有赐玉之事。

唯正月既生霸丁酉，王在周康寝，饗醴，师遽蔑历侑，王呼宰利赐师遽瑅圭一、環璋四，师遽拜稽首，敢对扬天子丕显休，用作文祖它公宝尊彝，用匄万年无疆，百世孙子永宝。

师遽方彝（《集成》9897；图6.2.4）

应侯见工簋则有侑而受赐玉、马及矢者。

唯正月初吉丁亥，王在蹼饗醴，应侯见工侑，赐玉五瑴、马四（三）匹、矢三千。敢对扬天子休釐，用作皇考武侯尊簋，用赐眉寿永命，子子孙孙永宝。
　　　　　　　　　　　　应侯见工簋（《新收》78；图6.2.5）

图 6.2.4　师遽方彝铭文

图 6.2.5　应侯见工簋铭文

《左传·庄公十八年》："春，虢公、晋侯朝王。王飨醴，命之宥，皆赐玉五穀，马三匹。非礼也，王命诸侯名位不同，礼亦异数，不以礼假人。"穆公、师遽、应侯见工爵位不同，所赐各异，礼也。应与晋均为武之穆，故而所赐均有"玉五穀、马三匹"，或因其名位相同之故也。

（三）逦

"逦"者见诸下列彝铭。

辛巳，王饮多亚，听就逦，赐贝二朋，用作大子丁。

听簋（《集成》3975）

乙亥，王囗在彙次，王饗酒，尹光逦，唯格。赏贝。用作父丁彝。唯王征井方。

尹光鼎（《集成》2709）

丁巳，王大祓。戊午，犆子蔑历，上白牡一。己未，王赏多邦伯，犆子逦，赏天竺卣、贝一朋，用作文母乙尊彝。

犆子鼎[1]

"逦"即附丽之义，乃参与之谓，"逦"者为宾之属。犆子即曾侯谏，乃多邦伯之一，地位较高。参加饗礼者有宾、介及士等，诸人身份各异，并非均可与王酬酢，惟受王命者，方能与王酬酢，"宥"者虽亦属宾，但可与王酬酢。

五 饗义

《诗·小雅·吉日》："以御宾客，且以酌醴。"毛《传》："饗醴，天子之饮酒也。"郑玄《笺》："'御宾客'者，给宾客之御也。宾客，谓诸侯也。酌醴，酌而饮群臣，以为俎实也。"孔颖达《正义》："醴不可专饮，天子之于群臣不徒设醴而已，此言酌醴者，《左传》天子饗诸侯每云'饗醴命之宥'，是饗有醴者，天子饮之酒，故举醴言之也。"

《左传·成公十二年》："诸侯间于天子之事，则相朝也。于是乎有享宴之礼。享以训共俭。……共俭以行礼。"杜预《注》："享有体荐，设几而不倚，爵盈而不饮，肴干而不食，所以训共俭。"是饗或有夜饮，然其主于礼也。

---

[1] 湖北省文物考古研究所、随州市博物馆：《湖北随州叶家山西周墓地发掘简报》，《文物》2011年第11期。

第三节　燕礼与食礼

燕礼殷卜辞及周彝铭或作"燕"或作"饮"，其实一也，均燕饮之谓。食礼周彝铭但作"食"。

一　燕礼

（一）燕与殷商燕礼

燕礼殷卜辞径作"燕"，如殷卜辞有"呼燕"之事。

　　庚戌卜：唯王命余呼燕，若？一　　　　　　　　　《花东》420

《仪礼·燕礼》："小臣戒与者。"郑玄《注》："小臣相君燕饮之法。与者，谓留群臣也。君以燕礼劳使臣，若臣有功，故与群臣乐之。"贾公彦《疏》："必使小臣戒与者，以其燕为聘使者为主，兼与旧在者欢乐之，故今戒可与之人使依期而至。……云'小臣相君燕饮之法'者，案《周礼·大仆职》云'王燕饮则相其法'。……云'与者，谓留群臣也'者，谓群臣留在国不行者也。"商王命子呼燕者，子相当于《周礼》之"大仆"，呼燕者，留群臣与燕之谓。

　　己酉卜：翌日庚，子呼多臣燕，见（献）丁，用不率？
　　　　　　　　　　　　　　　　　　　　　　　　《花东》34

子呼多臣与燕，与"王命余呼燕"者相类，然此"多臣"或需速召，与王燕而留群臣不同。"见"，读为"献"，《乡饮酒礼》主人进宾之酒谓之献，而宾报主人之酒谓之酢，此献或有酬酢之义，是否命来燕之多臣皆与丁酬酢。

殷卜辞显示王妇可参与燕礼。

　　甲申卜，㱿贞：勿呼妇井以燕，先于䛔？　　　《合集》6344
　　贞：呼妇井以燕？　　　　　　　　　　　　　《合集》8992

商王燕礼，商王之妇（或即王后）亦可参与燕享，与《仪礼·燕礼》

公夫人不与燕不同。《周礼·秋官·大行人》，彼文云："上公之礼，执桓圭九寸。……王礼再祼而酢。"郑玄《注》："王礼，王以鬱鬯礼宾也。……礼者使宗伯摄酌珪瓒而祼，王既拜送爵，又摄酌璋瓒而祼，后又拜送爵，是谓再祼。再祼宾乃酢王也。"王燕礼与饗礼均有夫人参与。

（二）西周醮、饫

1. 醮

醮，西周金文作醚（见叔趯父卣），读作醮①。叔趯父卣铭云：

> 叔趯父曰："余老，不克御事，唯汝倏其敬乂乃身，毋尚为小子，余贶为汝兹小鬱彝，汝其用饗（相）乃辟軝侯逆覆出入使人。呜呼！倏敬哉！兹小彝妹（末）吹（炊）见（宴），余唯用其醮汝。"

醮，乃西周燕私之礼，燕私之饮文献作"醧"。《初学记》引《韩诗说》云：

> 夫饮之礼，不脱屦而即序者谓之饫；跣而上坐者谓之宴。能饮者饮、不能者已谓之醧。齐颜色、均众寡谓之沈。闭门不出客，谓之湎。

所论即燕私之醧。燕私之醧唯同姓而已。②

2. 饫

饫，西周金文作䜩（见史寅卣、史寅尊、史寅盉）。史寅盉（《集成》9454；图2.1.7）云：

> 唯王大䄍于宗周，延䈞莽京年，在五月既望辛酉，王命士上眔史寅殷于成周，䜩百姓豚，眔赏卣鬯、贝，用作父癸宝尊彝。

䜩，读作饫③。《说文·西部》："醧，宴私饮也。"段玉裁《注》云：

---

① 冯时：《致事传家与燕私礼——叔趯父器铭文所见西周制度》，《华夏考古》2018年第1期。
② 冯时：《致事传家与燕私礼——叔趯父器铭文所见西周制度》，《华夏考古》2018年第1期。
③ 冯时：《致事传家与燕私礼——叔趯父器铭文所见西周制度》，《华夏考古》2018年第1期。

饮之礼大于宴醧，故饮主于敬，宴醧主于私。饮必立成，宴醧必坐。饮在昼，宴在夜。饮必屦而升堂，宴醧必跣。饮以建大德、昭大物，公之至者，不得云私。宴醧主饮酒以亲亲，故曰宴私。且《周语》分别其礼曰："王公立饮，则有房烝。亲戚宴饗，则有殽烝。"是则王公立饮，同异姓皆在焉，不专亲戚。宴醧则惟同姓而已。

说饮与醧之别甚精。另外，尚有燕饗之餕，餕、醧、饮三者畛域分明，学者已详辨之[1]，兹不赘引。

(三) 东周宴乐

东周金文多有言"宴"者，其例如下。

八月初吉，日唯己未，王子婴次自作堵钟，永用宴喜。
王子婴次钟（《集成》52）

唯正十月初吉丁亥，群孙斨子璋，璋择其吉金，自作龢钟，用宴以喜，用乐父兄诸士。 子璋钟（《集成》113）

唯正月初吉丁亥，齐鲍氏孙□择其吉金，自作龢钟，俾鸣攸好，用享以孝，……用宴用喜，用乐嘉宾及我朋友。
齐鲍氏孙□钟（《集成》142）

唯王正月初吉，辰在乙亥，邾公牼择厥吉金，……自作龢钟，曰："余……铸辞龢钟二堵，以[乐]其身，以宴大夫，以喜诸士。
邾公牼钟（《集成》149）

唯正月初吉丁亥，鄾子将师择其吉金，自作铃钟，终翰且扬，元鸣孔煌，穆穆龢钟，用宴以喜，用乐嘉宾、大夫及我朋友。
鄾子将师镈（《集成》153）

唯正月初吉元日癸亥，徐王子旃择其吉金，自作龢钟，以临盟祀，以乐嘉宾、朋友、诸贤，兼以父兄、庶士，以宴以喜。
徐王子旃钟（《集成》182）

唯正月初吉丁亥，徐王庚之淑子沇儿择其吉金，自作龢钟，……用盘饮酒，和会百姓，淑于威仪，惠于盟祀，余以宴以喜，以乐嘉宾，及我父兄、庶士。 沇儿镈（《集成》203）

唯王正月初吉乙亥，邾公华择厥吉金，玄镠赤鏞，用铸厥龢钟，

---

[1] 冯时：《致事传家与燕私礼——叔趯父器铭文所见西周制度》，《华夏考古》2018年第1期。

以作其皇祖皇考，曰："余……，淑穆不坠于厥身，铸其龢钟，以恤其祭祀盟祀，以乐大夫，以宴士庶子。" 郏公华钟（《集成》245）

唯正月初吉丁亥，王孙遗者择其吉金，自作龢钟，终翰且扬，元鸣孔皇，用享以孝，于我皇祖文考，用祈眉寿……阘阘龢钟，用宴以喜，用乐嘉宾父兄，及我朋友。 王孙遗者钟（《集成》261）

作厥龢钟，……以宴皇公，以受大福，纯鲁多釐，大寿万年，秦公其畯命在位，膺受大命，眉寿无疆，抚有四方，其康宝。

秦公钟（《集成》263）

余择厥吉金，……自作钩鑃，以宴宾客，以乐我诸父。

配儿钩鑃（《集成》427）

杕氏福□，岁贤鲜虞，荷是金匕，吾以为弄壶。其颂既好，多寡不吁。吾以宴饮，于我室家。 杕氏壶（《集成》9715）

唯王正月初吉庚午，楚大师登□，……自作铃钟，龢鸣且皇，用宴用喜用乐诸侯及我父兄。 楚大师登□钟（《新收》1466）

余文公之母弟，余鼏静朕配远□，用宴乐诸父兄弟，余不敢困穷。余龚好朋友厥尸仆。 文公之母弟钟（《新收》1479）

自铭曰用"宴"者，多见于乐器，可知"宴"当有乐。"燕"主饮，故有乐，《郊特牲》："凡饮，养阳气也，故有乐。"是也。沇儿钟更言"以盘饮酒"，是燕饮有乐之明证。"宴"有见于酒器者，则宴亦有酒。凡此均与《仪礼·燕礼》所记略同。东周金文宴者恒言"宴喜"或"宴乐"，因燕主欢之故也。《仪礼·燕礼》郑玄《注》："凡燕坐必说屦，屦贱，不在堂也。礼者尚敬，敬多则不亲。燕安坐，相亲之心。"是也。

二　饮

燕主饮，《诗·郑风·叔于田》："巷无饮酒。"郑玄《笺》："饮酒，谓燕饮也。"《周礼·天官·宰夫》："饮食宾赐之飧牵。"郑玄《注》："饮食，燕飨也。"故殷卜辞及周彝铭又有以燕为饮者，燕其文也，饮其质也。殷卜辞有"饮"，其例如下。

乙卯夕卜：子弜往田？用。一
乙卯夕卜：子弜饮？用。二　　　　　　　　《花东》7
乙巳卜：子其□[多]尹卩饮若？用。一
乙巳卜：于□饮若？用。一二三四五

乙巳卜：于入饮？用。一二 　　　　　　　　《花东》355

西周彝铭亦有燕礼之"饮"。

　　唯十又二月，……辰在庚申，王饮西宫，登，咸釐。尹赐臣爵，展扬尹休，高对，作父丙宝尊彝①。　　　　　展卣（《集成》5431）

上海博物馆所征集的䙲卣（《新收》1452），似亦有燕饮之事，其铭云：

　　唯王九月，辰在己亥，芮公献王䲣器，休无谴。内尹右，卒献。公饮在馆，赐䙲马，曰：用肇事。䙲拜稽首，对扬公休，用作父己宝尊彝，其子子孙孙永保用。戈。

"公饮在馆"，馆即客馆，亦即卿大夫之宗庙。《仪礼·聘礼》、《觐礼》均未有宾在客馆行燕饮之事，盖有喧宾夺主之嫌，卣铭所记似与礼不合。

考古所出有自铭为"饮壶"者，当即燕饮之器。饮壶共有五件。

其一为伯戜饮壶（《集成》6454；图 6.3.1②），器出扶风庄白西周墓。该饮壶敞口，束颈，垂腹，有两象鼻状鋬，颈饰一周云雷纹为地的凤鸟纹，鋬饰云纹。通高 14.5、口径 10.9、腹深 11.5 厘米，内底有铭 5 字："伯戜作饮壶。"

图 6.3.1　伯戜饮壶　　　　　图 6.3.2　邢叔饮壶

① 铭文释读参考冯时：《西周木屐考》，《考古》2019 年第 6 期。
② 曹玮主编：《周原出土青铜器》第七卷，巴蜀书社 2005 年版，第 1382 页。

其二为邢叔饮壶（《集成》6457，图6.3.2①），器出于西安沣西张家坡西周墓地M165。该饮壶为圆筒状，子母口，有盖，两侧各有两耳，每侧两耳组成一对。通高14.5、口径9.8、腹径10.6厘米，内底有铭5字："邢叔作饮壶。"学者或称为杯，由自铭知该形制之彝器亦当名为"饮壶"。

其三为眔仲饮壶（《集成》6511；图6.2.3②），为上海博物馆征集。该壶呈椭圆形，直口有盖。高14.8、口轴6.8—8.4、底轴8—9.3厘米。有铭14字："眔仲作倗生饮壶，匄三寿懿德，万年。"其形制与宋人所定觯相同，商周彝器并无自铭为觯者，今所谓觯当名为"饮壶"。

其四为洛阳动车站M567所出饮壶，铭3字曰："饮祖己。"③自铭为"饮"，亦宋人所谓觯者（图6.3.4）。通高16.6厘米，形体较小，当为饮酒器。

图6.3.3　眔仲饮壶　　　　　图6.3.4　祖己饮壶

其五为伯作姬饮壶（《集成》6456），器影不存，有铭5字："伯作姬饮壶。"

宋人所定觯类器本无自铭，伯戜饮壶有自铭，则与之形制相类的邢叔方彝（图6.3.5）、盠方彝、师遽方彝（图6.3.6），或亦为饮壶。而由眔仲饮壶和祖己饮壶观之，至少有一部分觯应为饮壶。

---

① 中国社会科学院考古研究所：《考古精华：中国社会科学院考古研究所建所四十年纪念》，科学出版社1993年版，第184页。
② 陈佩芬：《夏商周青铜器研究》西周篇上，上海古籍出版社2005年版，第352页。
③ 洛阳市文物工作队：《洛阳东车站两周墓发掘简报》，《文物》2003年第12期。

图 6.3.5 邢叔饮壶　　　　　图 6.3.6 师遽饮壶

周彝器自铭用于"饮"者另有壶。

> 仲师父作□壶，仲师父其用友，眔以朋友饮。
>
> 仲师父壶（《集成》9672）
>
> 枕氏福及，……吾以为弄壶。……吾以宴饮，于我室家。
>
> 枕氏壶（《集成》9715）

亦有罐。

> 唯曾伯文自作厥饮罐，用征行。　　曾伯文罐（《集成》9961）

有盉。

> 鲁大司徒元作饮盉，万年眉寿永宝用。
>
> 鲁大司徒元盉（《集成》10316）

上举自铭用于"饮"之器，形体较饮壶大，应为盛酒醴之器。另有食器自铭用于"饮"者。

> 毛公旅鼎亦唯簋，我用饮厚眔我友，䚃其用侑，亦𢼸唯孝，肆母有弗顺，是用寿考。　　毛公旅鼎（《集成》2724）

《仪礼·乡饮酒礼》、《燕礼》均有为宾设折俎之事，俎烹于鼎，饮酒之礼亦有鼎簋之设。然饮酒之礼无稻粱黍稷之设,"毛公旅鼎亦唯簋"者,与稻粱之设当无关联。

亦有军礼饮至之礼。

> 唯周公于征伐东夷,丰伯、薄姑咸戡。公归禡于周庙。戊辰,饮秦饮,公赏塑贝百朋,用作尊鼎。　　塑鼎(《集成》2739)

本书第五章已有详论,兹不赘述。

三　食礼

西周之食礼,彝铭但作"食"。周彝自铭用于"食"者有鼎。

> □父作宝食彝。　　　　　　　　　　□父鼎(《集成》2194)
> 仲义君自作食鬻。　　　　　　　　　仲义君鼎(《集成》2279)
> 王四月,郓孝子以庚寅之日,命铸食鼎鬲。
> 　　　　　　　　　　　　　　　　　郓孝子鼎(《集成》2574)
> 上曾大子般殷,乃择吉金自作鑐彝,……用孝用享,既龢无测,父母嘉持,多用旨食。　　　　　　上曾大子鼎(《集成》2750)

自铭用于"食"者亦有簋。

> 牧共作父丁小食簋。　　　　　　　　牧共簋(《集成》3651)

自铭用于"食"者尚有铺。

> 唯九月初吉庚寅,晋侯对作铸尊铺,用旨食大饎,其永宝用。
> 　　　　　　　　　　　　　　　　　晋侯对铺(《新收》857)

亦有自铭用作"飤"者,其铭见于瑚。

> 子季嬴青择其吉金,自作飤瑚,眉寿无期,子子孙孙永保用之。
> 　　　　　　　　　　　　　　　　　季嬴青瑚(《集成》4594)
> 唯正月初吉丁亥,楚屈子赤目媵仲芈璜飤瑚,其眉寿无疆,子子孙孙永保用之。　　　　　　　　楚屈子赤目瑚(《新收》1230)

自铭用作"飤"者另有盨。

  兽叔奂父作孟姞旅盨，用侑稻、……粱，嘉宾用饗有飤，则万年无疆，子子孙孙永宝用。   兽叔奂父盨（《新收》41）

  "食"与"飤"古音相同，均读如嗣，《周礼·秋官·大行人》："上公之礼，……食礼九举。"《释文》："食礼，音嗣。"自铭为食者有鼎，则食礼有牲可知；亦有簋、铺、盨、瑚等盛黍稷稻粱之器，《仪礼·公食大夫礼》以稻粱为正馔。
  亦有钟自铭用于"饮食"者，其例如下。

  唯正九月初吉丁亥，曾孙仆儿，余迖斯于之孙，余兹佫之元子，曰："於虖敬哉，余义楚之良臣，遹之慈父，余購遹儿得吉金镈铝，以铸龢钟，以追孝先祖，乐我父兄，饮飤歌舞，子孙用之，后民是语"。
                   儜儿钟（《集成》183）

  本铭之"饮食"当为偏义名词主于饮，谓之"饮飤歌舞"者，似以"飤"足句，非谓食有乐。自铭曰"食"者，均为食器而无乐器，与《礼记·郊特牲》"食，养阴气也，故无声"相合。

第四节 西周射礼零拾

  周彝铭所见礼射较传统文献所记更为丰富，有王射之礼，有诸侯臣工之射礼。诸侯臣工之射礼又包括大射、饗射、宾射、习射等。本节对相关问题分别进行考述。

一 王射之礼

  西周彝铭即有周王于蒡京辟雍（辟池）行射者。

  王命辟邢侯出坏，侯于邢。雩若二月，侯见于宗周，亡尤。会王饔蒡京，酌祀。雩若翌日，在辟雍，王乘于舟，为大礼，王射大鸿，擒。侯乘于赤旂舟，从，死咸。之日，王以侯入于寝，侯赐玄琱戈。雩王在敽，已夕，侯赐赭炁臣二百家。齎用王乘车马、金勒、冂衣、

市、鸟。唯归,𥛬天子休,告亡尤。　　　　麦方尊(《集成》6015)

"亡尤"即《仪礼·觐礼》之"无事",言"无所为得罪之事"[①]。尊铭所记乃邢侯因觐见周王而参与辟雍射事。

伯唐父鼎亦记周王于荓京辟雍大池行射之事。

乙卯,王饔荓京。□荓辟舟,临舟龙,咸荓,伯唐父告备。王格,乘辟舟,临荓白旂。用射兕、豻虎、貈、白鹿、白狼于辟池,咸。

伯唐父鼎(《新收》698)

辟池,即《灵台》之灵沼,郑玄《笺》:"沼,池也。"荓,读作祓[②]。祓祭涵盖范围颇广,此"祓",则与路行道祭軷相当,《说文·车部》:"軷,出将有事于道,必先告其神,立坛四通,树茅以依神,为軷。既祭軷,轹于牲而行,为范軷。《诗》曰:'取羝以軷。'从车犮声。"此伯唐父告备须行軷祭,王格舟亦须軷祭,古人出行审慎如是。

王射建白旗似与军事相关。《周礼·春官·巾车》:"革路,……建大白,以即戎,以封四卫。"郑玄《注》:"大白,殷之旗,犹周大赤,盖象正色也。"知大白是殷之正色,周因之为天子之戎旗,《逸周书·克殷解》:"武王乃手大白以麾诸侯。"伯唐父鼎亦云王"临荓白旂"。金榜《九旗》云:"《司常》熊虎为旗,《巾车》革路建大白,大白即熊虎。《司马法》:'旗章殷以虎,尚威。'是殷有旗矣。"[③] 孙诒让《正义》:"案:金氏谓大白即熊虎之旗,其说甚塙。《国语·吴语》云:'王亲秉钺,载白旗,以中陈而立。'韦《注》云:'熊虎为旗。'是其证也。"周天子用大白,诸侯用大赤,上揭麦尊"(邢)侯乘于赤旂舟,从"即是其明证。从以上两铭所记辟雍行射,所用旗章亦可见其军事性质。

天子射礼之详文献阙载,孔颖达《礼记·射义》疏则谓天子、诸侯皆有大射、宾射与燕射,其中天子大射乃将祭择士之射,宾射乃诸侯来朝天子与之射,燕射谓息燕而与之射。天子、诸侯三射皆具,士无大射。而麦方尊、伯唐父鼎所记天子射礼与此三射似皆不同。麦方尊天子射鸿雁,伯

---

① 孙常叙:《麦尊铭文句读试解》,《孙常叙古文字学论集》,东北师范大学出版社1998年版。
② 张政烺:《伯唐父鼎、孟员鼎甗铭文释文》,《张政烺文集·甲骨金文与商周史研究》,中华书局2012年版。
③ 金榜:《礼笺》,学海堂刻本。

唐父鼎射所获鹰、虎、貊、鹿、狼等，当有田猎习武之义，《穀梁传·昭公八年》："因狩以习用武事，礼之大者也。"礼之大者，故名大礼。而且，彝铭所见周王辟雍之射习武之义甚明，这与《穀梁传·昭公八年》所谓天子习射于射宫"贵仁义而贱勇力"不同。

二 诸侯臣工射礼

周彝铭所见诸侯、臣工之射礼与《仪礼·乡射礼》、《大射仪》所记，在一定程度上相吻合，其目的在于以射而决技艺及品行。周彝铭所见诸侯、臣工之射礼有大射、饗射、朝享之射、习射等。

（一）大射

彝铭有言"大射"者。

> 唯八月辰在庚申，王大射在周。王命南宫率王多士，师鲁父率小臣。王遅赤金十钣。王曰："小子、小臣，敬有又，获则取。"柞伯十称弓，无废矢。王则畀柞伯赤金十钣，诞赐柷见。柞伯用作周公宝尊彝。
> 　　　　　　　　　　　　　　柞伯簋（《新收》76；图6.4.1）

"废矢"者，学者以为即不释获之矢[1]，可从。"废矢"犹汉晋习语"废日"，"废"乃不计算在内之谓。《礼记·王制》："天子赐诸侯乐，则以柷将之；赐伯、子、男乐，则以鼗将之。"郑玄《注》："将，谓执以致命。柷、鼗，皆所以节乐。"孔颖达《正义》曰："凡与人之物，置其所与大者于地，执其小者以致命于人。将，行也，谓执以行命。……按《汉礼器制度》，柷状如漆筩，中有椎，将作乐，先击之。……柷之节乐，节一曲之始，其事宽，故以将诸侯之命。""执以致命"，觐见之谓，与簋铭"见"同义。柞伯簋言"诞赐柷见"，或即《王制》"以柷将之"之义。

溥天之下莫非王土，故周王行大射之地亦无定所，柞伯簋记王于周行大射，义盉（《集成》9453；图6.4.2）则谓王于鲁行大射，其铭云：

> 唯十又一月既生霸甲申，王在鲁，卿即邦君、诸侯、正、有司大射，义蔑历眔于王，遘，义赐贝十朋，对扬王休，用作宝尊盉，子子孙其永宝。

---

[1] 袁俊杰：《再论柞伯簋与大射礼》，《华夏考古》2011年第2期。

图 6.4.1　柞伯簋铭文　　　　　　　　图 6.4.2　义盉铭文

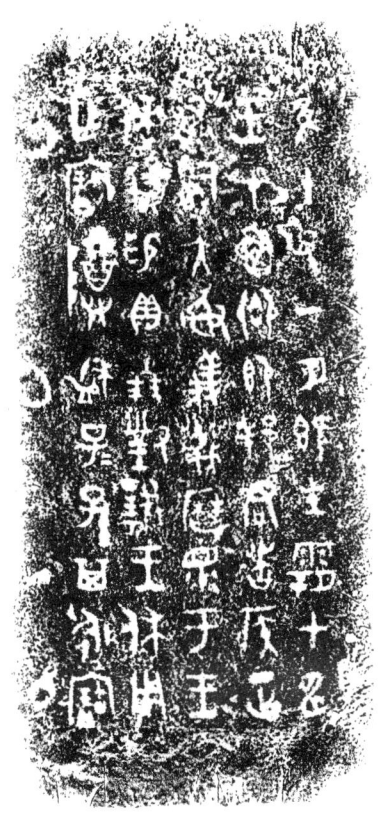

义盉盖铭所记王大射的参与者有"邦君、诸侯、正、有司"。"邦君"即畿内小国国君①，诸侯或即"侯、甸、男、卫、邦伯"等外服国君的统称。邦君、诸侯并称，亦见于《诗·小雅·雨无正》，其文曰："三事大夫，莫肯夙夜，邦君诸侯，莫肯朝夕。"正，长也，《诗·小雅·雨无正》："周宗既灭，靡所止戾，正大夫离居，莫知我勩。"郑玄《笺》："正，长也。"马瑞辰《通释》："《周官·大宰》：'建其正。'郑《注》：'正，谓冢宰、司徒、宗伯、司马、司寇、司空也。'《宰夫》八职'一曰正'，《注》：'所为正，辟于治官则冢宰也。'是正为天子六官之长。"马氏述义近是，然而六大似非西周典制，"正"在西周时期为天子之执政大臣，众官之长。五祀卫鼎云："唯正月初吉庚戌，卫以邦君厉告于井伯、伯邑父、定伯、琼伯、伯俗父，曰：'厉曰："余执恭王恤功，于昭大室东朔，营二

---

① 唐兰：《西周青铜器铭文分代史征》，中华书局1986年版，第463页。

川。'曰：'余舍汝田五田。'"正廼讯厉曰：'汝贮田否？'"本铭之"正"即指"井伯、伯邑父、定伯、㝬伯、伯俗父"等五位执政大臣①。"有司"即执事者之通称②。盖铭"正"与"有司"并举，与大盂鼎"殷正、百辟"对文相类，"有司"或即"百辟"，亦即《酒诰》所云"越在内服，百僚庶尹、惟亚惟服宗工越百姓里居（君）"。

从柞伯簋铭文看，西周大射礼亦两队竟射，在形式上与《仪礼》所记射礼相同。但彝铭所记大射与《仪礼·大射仪》区别明显，其异有四。第一，《大射》先行饮酒礼，因有酒醴之设，故行射释筭之后，一耦上、下两射，胜者饮不胜者酒；柞伯簋但言"王迟赤金十钣"，乃以金酬劳胜者，盖未行饮酒礼之故。第二，《大射》仅较出一耦上、下两射之贤者，而柞伯簋所记大射，乃以最优者为胜。第三，《大射》每人射乘矢"搢三挟一个"，而簋铭则曰"柞伯十称弓"，当人射十矢。第四，先儒以天子大射乃"将祭择士"之射，验之簋铭似不必然。周彝铭所谓"大射"，乃天子举行的大规模射礼③，参与者人数众多之谓，与下文飨射、宾射等参与者人数较少相对。

（二）飨射

先行飨礼而后射者，即"飨射"，《周礼·春官·司几筵》："凡大朝觐，大飨射，凡封国命诸侯，王位设黼依，依前南向。"《司服》："享先公，飨射则鷩冕。"郑玄《注》："飨射，飨食宾客，与诸侯射也。"王之飨射与诸侯之燕射相类，故亦先行飨礼而后射。周彝铭有"飨射"之事，其例如下。

> 唯三月初吉丁亥，穆王在下减应，穆王飨醴，即邢伯、大祝射，穆穆王㞢长由以遝即邢伯，邢伯氏彋不奸。长由㞢历，敢对扬天子丕丕休，用肇作尊彝。　　　　　　长由盉

"彋"即"彋"，或释"弥"④，不确。"彋"所从之"彋"与无㠱簋（《集成》）之寅（作"寅"）全同，与尔形不类。"彋"当读为寅，《书·尧典》："寅宾出日。"伪孔《传》："寅，敬也。"《尔雅·释诂下》："寅，

---

① 唐兰：《西周青铜器铭文分代史征》，中华书局1986年版，第463页。
② 张亚初、刘雨：《西周金文官制研究》，中华书局1986年版，第58页。
③ 王龙正、姜涛、袁俊杰：《新发现的柞伯簋及铭文考释》，《文物》1998年第9期。
④ 刘雨：《西周金文中的射礼》，《考古》1986年第12期。

敬也。"《玉篇·女部》："奻，乱也。""寅不奻"与柞伯簋"敬有叉"意义相仿。"彌"又从弓，或专指射侯之时需恭敬。

令鼎亦记飨射之事，其铭云：

> 王大藉农于諆田。餳（觴），王射，有司眾师氏、小子卿射。

杨树达读餳为觴，并引《吕氏春秋·达郁篇》注"觴，飨也"为说，可从。令鼎所记亦为飨射。《国语·周语上》："及籍，后稷监之，膳夫、农正陈籍礼，太史赞王，王敬从之。王耕一墢，班三之庶人终于千亩。其后稷省功，太史监之。司徒省民，大师监之。毕，宰夫陈飨，膳宰监之。膳夫赞王，王歆太牢，班尝之，庶人终食。"韦昭《注》："歆，飨也。"孔颖达《月令正义》谓《周语》所记，乃耕后设飨之事。令鼎所记与《周语》颇相吻合。王因飨而射，故亦属飨射。

（三）宾射

孔颖达《礼记·射义》疏云："凡天子、诸侯及卿、大夫射礼有三：……二为宾射，诸侯来朝，天子入而与之射也。"是诸侯朝王而行射谓之宾射，亦因有宾主之设也，《周礼·春官·大宗伯》："以宾射之礼，亲故旧朋友。"郑玄《注》："射礼，虽王亦立宾主也。王之故旧朋友，为世子时，共在学官。天子亦有友诸侯之义。"宾射之事亦见于周彝铭。

> 王南征，伐角、僪，唯还自征，在坯。鄂侯驭方纳壶于王，乃祼之。驭方侑王。王休宴，乃射，驭方卿王射。驭方休闌，王扬，咸饮。
> 鄂侯驭方鼎（《集成》2810；图6.4.3）

鼎铭记周王南征还师于坯，鄂侯驭方来朝觐周王，王享之，并行宾射之事。

（四）习射

文献记天子习射之地有二：其一在射宫，《榖梁传·昭公八年》："其余与士众习射于射宫。"是也；其二在泽（即辟雍），《礼记·射义》："天子将祭，必先习射于泽。"是也。射宫，彝铭又作射庐。

> 唯十又五年五月既生霸壬午，恭王在周新宫，王射于射庐。
> 十五年趞曹鼎（《集成》2784）

图 6.4.3　鄂侯驭方鼎铭文

师汤父鼎及匡卣亦有"射庐"。陈梦家以为,"射庐"即"新宫"中习射之序,又称射宫,即《礼记·射义》"天子试之于射宫"①。由鼎铭知,新宫位于康宫内,《春秋经·成公三年》:"二月甲子,新宫灾。"《穀梁传》:"新宫者,祢宫也。……迫近不敢称谥,恭也。"可知新宫并非宗庙专名,而是对亡父宗庙的称谓,通乎天子、诸侯。此器属懿王初年,而所记乃恭王末年事②。唐兰先生认为,周代有周王生时预造宗庙之制,秦汉以降帝王预建陵寝之制或导源于此,此制可上溯至何时尚待研究。此"新宫"当为恭王生前预造之宗庙,"新宫"乃懿王对亡父宗庙之称。新宫为泛称,故而不具有断代意义。唐先生认为,铭文中出现"新宫"的铜器均属恭王时期,似乎不妥。

《礼记·射义》:"古者天子以射选诸侯、卿大夫、士。"《大戴礼记·朝事篇》:"古者天子为诸侯不行礼义,不修法度,不附于德,不服于义,故使射人以射礼选其德行。"知射礼有选贤任德之意。是时恭王已值季世,

---

① 陈梦家:《西周铜器断代》,中华书局 2004 年版,第 156 页。
② 彭裕商引董作宾说,详见彭裕商:《西周青铜器年代综合研究》,巴蜀书社 2003 年版,第 51 页。

而懿王尚为太子，恭王于其垂暮之年，在为己预造的宗庙内举行射礼，当有考校即将担负天下大任的太子德行之意，其用心良苦可见一斑。这与《史记·周本纪》"懿王之时，王室遂衰，诗人作刺"的记载颇相暗合，而懿王崩后，其叔孝王夺嫡或亦与懿王失德有关。

习射之地除射庐，另有学宫及大池，其事见于静簋（《集成》4273），彼铭云：

> 唯六月初吉，王在莽京，丁卯，王命静司射学宫，小子眔服、眔小臣、眔夷仆学射。雩八月初吉庚寅，王以吴奉、吕刚卿䚄荅师、邦君射于大池，静教无尤，王赐静鞞䪎。

罗振玉已经指出，"射于大池"即泽射也，亦习射之处。相关问题罗氏考之甚详，兹不赘述。

三 射仪

礼射彝铭所见射仪，包括射耦、射数、赞射、奖惩等。

（一）射耦

与射耦相关之字为"卿"。"卿"作两人相对之形以见义，从合得声，即合字①，《尔雅·释诂上》："偶，合也。"用于射礼即"耦"。义盉盖"卿即邦君、诸侯、正、有司大射"，即命邦君、诸侯、正、有司相互为耦而行大射礼。长由盉"即邢伯、大祝射"与义盉盖铭"卿即邦君、诸侯、正、有司大射"相类，殆以邢伯与大祝为耦而行射。

由于义盉、长由盉等器之作器者未参与耦射，故亦未详记一耦中孰为上射，谁为下射。鄂侯驭方鼎乃驭方自作器，其铭详载了驭方与周王为耦而射之事，其铭云："驭方卿王射。驭方休闌，王扬。"《仪礼·大射仪》记第二番三耦射讫，公射之事云："公既发，大射正受弓而俟，拾发以将乘矢。"郑玄《注》："公，下射也而先发，不留尊也。"驭方于王为宾，其耦王射之时，或亦为上射。鼎铭云"驭方卿王射"，先言驭方当以其为上射，后言王则王或为下射。以王尊故王先射，驭方后射。然释获之时，当先释上射之获，故铭先言"驭方休闌"，后曰"王扬"。"休闌"乃射中侯栏，未中侯心之谓②；"扬"，陈梦家所释，《大射仪》："大射正立于公

---

① 唐兰：《西周青铜器铭文分代史征》，中华书局1986年版，第375页。
② 刘雨：《西周金文中的射礼》，《金文论集》，紫禁城出版社2008年版。

后，以矢行告于公：下曰留，上曰扬，左右曰方。"郑玄《注》："扬，过去也。"陈梦家据以为说，① 说极是。上下两射均未中侯，故"咸饮"。凡此均可补《大射仪》经文之未备。

柞伯簋云"王命南宫率王多士，师辥父率小臣"者，所记或亦比耦之事，《仪礼·大射仪》："遂比三耦。"郑玄《注》："比，选次也。"贾公彦《疏》："若耦及侯数，天子大射、宾射六耦三侯，畿内诸侯则四耦二侯，畿外诸侯大射、宾射皆三侯三耦。……若燕射，则天子、诸侯例同三耦，一侯而已。"然经文所记或为东周礼制，与西周制度是否相合，未敢遽定。

《仪礼·乡射礼》及《大射仪》所载射礼均行三番射，所记是否西周制度，尚需新材料验证。

（二）射数

西周时期射礼，射数不定，有射一矢者，如鄂侯驭方鼎，玩味文辞，王与驭方当皆射一矢，且一扬一中闌，均未获，故皆饮酒。有射十矢者，如柞伯簋（"柞伯十称弓，无废矢"）。均与《仪礼·乡射礼》、《仪礼·大射仪》每人射乘矢不同。

《乡射礼》、《大射仪》第二番射有释筭而决贤者之事，《乡射礼》云："释获者坐设中，南当楅，西当西序，东面，兴，受筭，坐，实八筭于中，横委其余于中西，南末。兴，共而俟。司射遂进，由堂下北面命曰：'不贯不释。'上射揖，司射退反位。释获者坐，取中之八筭，改实八筭于中，兴，执而俟。"贾公彦《疏》："八筭者，人四矢，一耦八矢。虽不知中否，要须一矢则一筭，改实八筭，拟后来者用之。"此论为一耦射筭。《乡射礼》记释筭云："乃射。若中，则释获者坐而释获，每一个释一筭。上射于右，下射于左，若有余筭，则反委之。又取中之八筭，改实八筭于中，兴，执而俟。三耦卒射。"经文记司射视筭云："释获者东面于中西坐，先数右获。二筭为纯。一纯以取，实于左手，十纯则缩而委之。每委异之。有余纯，则横于下。一筭为奇，奇则又缩诸纯下。兴，自前适左，东面。坐，兼敛筭，实于左手，一纯以委，十则异之。其余如右获。"郑玄《注》："缩，从（纵）也。"释获而后唱获，筭多则胜。《大射仪》所记筭数、释筭之法相同。无论乡射或大射，每耦均有上射及下射，均"搢三挟一个"人射四矢，故一耦须设八矢，然而至司射视筭之时，经文所记筭数可能有超过"十纯"者，二人共八筭，何得有"十纯则缩而委之，每委异之，有余纯，则横于下"者？若每人射数在十以上，则《仪礼》经文

---

① 陈梦家：《西周铜器断代》，中华书局 2004 年版，第 219 页。

所记"十纯则缩而委之,每委异之,有余纯,则横于下",便有其存在的价值。

武威所出汉简本《泰射》云:"小臣师执中先作,设之。……司射遂退由堂下,北面视上射,命曰'不贯不舍'。若中,则释获,每一个释一筭。改实八筭。……释获者遂以所执余获东面坐,兼敛筭。释获者遂尽。"① 较郑注本《仪礼》简略。盖郑注本将古礼中相关内容均囊括其中,《乡射礼》及《大射仪》所记释获之事,当有更古的渊源。

(三)赞射

《周礼·夏官·大仆》:"王射,则赞弓矢。"郑玄《注》:"赞,谓授之、受之。"贾公彦《疏》:"此谓大射也。案:《大射礼》云:'大射正执弓,小臣授矢于公。既射,大射正受弓。'天子之礼,则太仆授受,其法与彼同。必知此礼大射礼者,见《小臣职》云'宾射掌事如大仆之法',则知大射此大仆所掌者是也。其小臣所掌宾射,亦当授受可知。"义盉铭言大射而义遘者,则义之职司或与大仆相当。

长由盉所记为饗射,饗射乃王饗醴宴群臣,其事与宾射相类。虽同为遘,长由盉职司或类小臣。

(四)奖惩

彝铭记奖惩之事者有柞伯簋及鄂侯驭方鼎。柞伯簋所记大射因未行饮酒礼,故以赤金劳胜者。鄂侯驭方鼎所记,驭方与王均未中而"咸饮",与《大射仪》所记两射"均"的情形并不相同。《大射仪》记释获者释筭、唱获之事云:"释获者遂进,取贤获执之,由阼阶下北面告于公。若右胜,则曰:'右贤于左'。若左胜,则曰:'左贤于右。'以纯数告。若有奇者,则曰奇。若左右均,则左右各执一筭以告,曰'左右均'。"若二人均未射中,则无筭可执,或空手以告。"左右均"是否"咸饮",经无明文。

四 结语

西周金文所见"射"较《仪礼·乡射》、《大射仪》诸篇所记射礼内容丰富,不唯客观地反映了西周时期具体的礼仪制度,而且对探讨《仪礼》所记礼制的形成有重要意义。

从西周彝铭所见礼射可知,西周时期的射礼与《仪礼》所记射礼既有

---

① 甘肃省博物馆、中国科学院考古研究所:《武威汉简》,文物出版社1964年版,第121—128页。

区别，亦有密切联系。《仪礼》诸篇所记射仪散见于战国时期出土文物中，但二者又不完全一致①，这些差异可能与今传本《仪礼》的文本有关，即汉初高堂生所传《士礼》十七篇，本身可能就有阙逸；当然也不排除儒家在推广六经之教之时，仅仅选取了其中合于德育教化者周加文饰，《礼记·射义》："故射者，进退周还必中礼，内志正，外体直，然后持弓矢审固；持弓矢审固，然后可以言中。此可以观德行矣。……射者，仁之道也。射求正诸己，己正而后发，发而不中则不怨胜己者，反求诸己而已矣。孔子曰：'君子无所争，必也射乎！揖让而升，下而饮，其争也君子。'"《射义》所谓之射包括燕射、大射、乡射、宾射，陆德明《经典释文》："郑（玄）云：'射义者，以其记燕射、大射之礼，观德行取其士之义也。'"孔颖达《正义》："（此篇）乡射、宾射俱有之矣。……但此篇广说天子、诸侯大射、燕射之义，不专于乡射、宾射。"是也。燕射、大射、乡射、宾射更适合儒家推广六经之教，因此被选入《仪礼》之中。

　　再者，通过本节的分析不仅可以窥见两周射礼的发展轨迹，亦为探讨《仪礼》中与射礼相关篇章所记礼制的形成年代打下了坚实的基础。

---

① 袁俊杰：《两周射礼研究》第六、七章，科学出版社2013年版。

第七章 嘉礼研究（下）
——婚礼研究

本章主要讨论婚礼相关彝铭，对婚礼六礼、婚期及婚礼用币等问题进行探索。

《仪礼·士昏礼》记士婚有六礼：纳采、问名、纳吉、纳徵、请期及亲迎。周彝铭显示纳徵、亲迎及婚媵之礼都属西周礼制，彝铭虽未见纳采、问名、纳吉之礼，然既行纳徵之礼，应有纳采等三礼。由此可见，婚礼六礼应为西周礼制。

第一节 匍盉与纳徵礼

河南平顶山应国墓地西周中期墓葬M50所出匍盉（图7.1.1）[①]，盖内有铭文5行44字（图7.1.2）：

> 隹（唯）三（四）月既生霸戊申，匍即于氐（泜），青公事（使）翮（司）史盾（允）曾（赠）匍于柬（馆）：麀韋（韨）、韋两、赤金一勻（鈞）。匍敢对扬公休，用乍（作）宝障（尊）彝，其永用。

盉铭除个别字词音义尚待探究之外，已经基本可以通读。但是铭文所记究系何种礼制或何事件，学者之间尚有争议。不少学者认为盉铭所记为诸侯国之间的聘礼，也有学者认为其与军事活动有关，实则匍盉所记应为纳徵礼。

[①] 王龙正、姜涛、娄金山：《匍鸭铜盉与覜聘礼》，《文物》1998年第4期；河南省文物考古研究所、平顶山市文物管理局：《平顶山应国墓地》第Ⅰ卷，大象出版社2012年版，第346—378页。

图 7.1.1　匍盉　　　　　　　　　　　图 7.1.2　匍盉铭文

一　匍盉与纳徵礼

盉铭所载青公赠匍之物、铭文用辞、行礼之仪程及匍盉的特殊形制，均透露了其与婚礼的密切联系。

首先，赠物。青公使者赠匍之物有"麀奉、韦两"。"麀奉"亦见于卫盉，唐兰认为"奉"与"帔"音近，以"麀奉"为鹿皮披肩①；李学勤读"奉"为"贲"，以"麀贲"为牝鹿皮所制的饰件②，两说皆以"麀"为鹿皮。《说文·鹿部》："麀，牝鹿也"，训"麀"为鹿皮稍显迂曲。商代甲骨文及西周金文之"奉"多作 𢍏，盉铭之"奉"从艸奉声。西周金文"拜"多从手奉声，亦有从页奉声者③，"拜"古属帮纽月部，"敝"属并纽月部，帮纽、并纽同属双唇音，发音部位相同，读音极近，例可通假，故"奉"当为"蔽"之别体，此处读为"币"。《说文·巾部》："币，帛也。"《仪礼·聘礼》："多货则伤于德，币美则没礼。"郑玄《注》："币，……谓束帛也。"是"币"即束帛。

以"麀"名币，乃以鹿之毛色来形容币色。大部分鹿类动物每年冬、

---

① 唐兰：《西周青铜器铭文分代史征》，中华书局 1986 年版，第 461 页。
② 李学勤：《论应国墓地出土的匍盉》，《平顶山师专学报》1999 年第 2 期。
③ 容庚：《金文编》，中华书局 1985 年版，第 774—776 页。

夏各换毛一次，夏季毛色棕黄或偏红，冬季毛色暗淡或偏黑褐色[①]。《说文·玄部》："玄，幽远也。黑而有赤色者为玄。"与鹿类动物冬季毛色相类；《糸部》："纁，浅绛也。"又"绛，大赤也。"纁为浅赤色，与夏季毛色相似。其冬夏之毛色恰与经典之"玄纁"相当，鹿一物而备"玄纁"两色。"麂币"者，乃以"麂"状帛色也。以动物指代某种颜色，文献常见，如《书·顾命》曰："卿士、邦君，麻冕蚁裳，入即位。"《太平御览·服章部·冕》引郑玄《书》注云："蚁谓色，玄也。"《顾命》又云："二人雀弁，执惠，立于毕门之内。"孔《疏》引郑玄曰："赤黑曰雀，言如雀头色也。"盂铭曰"麂币"而《书》云"蚁裳"、"雀弁"，均以动物名色，其用法相同。故"麂币"当即经典之"玄纁束帛"（卫盂之"麂币"亦同）。《仪礼·士昏礼》："玄纁束帛。"郑玄《注》："束帛，十端也。《周礼》曰：'凡嫁子取妻，入币纯帛无过五两。'"贾公彦《疏》："《周礼》：'凡嫁子取妻，入币缁帛无过五两。'郑彼《注》云：'五两，十端也。'……'玄纁束帛'者，合言之阳奇阴耦，三玄二纁也。"是"玄纁束帛"是玄、纁二色之束帛，束帛共五两，玄三两纁二两。玄、纁二色是由练帛依法染制而成。《书·禹贡》："（荆州）厥筐玄纁玑组。"孔颖达《正义》："《释器》云：'三染谓之纁。'李巡云：'三染，其色已成为绛，纁、绛一名也。'《考工记》：'三入为纁，五入为緅，七入为缁。'郑云：'染纁者三入而成，又再染以黑则为緅，又再染以黑则为缁。玄色者在緅、缁之间，其六入者。'是染玄纁之法也。"是所谓"麂币"者，乃由练帛染制而成的玄纁两色帛束，其数或为五两。

"韦"者，兽皮也，《说文·韦部》："韦，……兽皮之韦，可以束物，枉戾相韦背，故借以为皮韦。"两周金文罕有训"韦"为"皮韦"之例，战国简牍中偶见，如《包山楚简》259"二紫韦之帽。"注曰："韦，熟皮"[②]。《说文》以韦为熟皮之说传世经典常见，如《仪礼·聘礼》："君使卿韦弁，归饔饩五牢。"贾公彦《疏》："有毛则曰皮，去毛熟治则曰韦。"《汉书·郑崇传》："每见曳革履。"颜师古《注》："孰曰韦，生曰革。"《易·遯》："六二，执之用黄牛之革，莫之胜说。"惠栋《述》："始拆谓之皮，已干谓之革，既熟谓之韦。"皆是其例。盂铭之"韦两"即"俪皮"，《仪礼·士冠礼》："主人酬宾，束帛俪皮。"郑玄《注》："俪皮，两

---

① 中国大百科全书总编辑委员会《生物学》编辑委员会编：《中国大百科全书·生物学卷》，中国大百科全书出版社2004年版，第961页。
② 湖北省荆沙铁路考古队：《包山楚简》，文物出版社1991年版，第37、61页。

鹿皮。"《聘礼》："上介请觌……摈者入告，出许。上介奉币，俪皮，二人赞。"郑玄《注》："俪，犹两也。皮，麋鹿皮。"知"俪皮"即鹿类动物之皮。本铭"韦两"承上文"麀币"之后，当亦为鹿皮。对观盉铭之"韦两"，则"俪皮"当为已熟制之鹿皮。

婚礼纳徵，婿之使者有馈赠女家"玄纁束帛、俪皮"之仪，《仪礼·士昏礼》"纳徵，玄纁束帛、俪皮"是也。而青公赠匍之"麀币、韦两"，恰即"玄纁束帛、俪皮"，此为盉铭所记为纳徵礼之明证。《士昏礼》郑玄《注》云："用玄纁者，象阴阳备也。"知用"玄纁束帛"有备阴阳之意。《士昏礼》用"玄纁束帛"而盉铭以"麀币"者，除备阴阳外尚有深意。《周礼·地官·大司徒》："施十有二教焉：……三曰：以阴礼教亲则民不怨。"郑玄《注》："阴礼谓男女之礼，昏姻以时则男不旷、女不怨。"孙诒让《正义》："云'阴礼谓男女之礼'者，《媒氏》注云：'纳币用缁，妇人阴也。'《郊特牲》云：'昏礼不用乐，幽阴之义也。'《说文·女部》：'礼，娶妇以昏时，妇人阴也。'故男女昏姻之礼谓之阴礼。"是婚礼属阴礼，有幽阴之意。麀乃牝鹿属阴，以"麀"名币，除明其为玄纁两色而备阴阳外，实亦含幽阴之意。事实上，"麀币"更能体现周人以婚礼为阴礼的阴阳观，古人用心细密如是。

青公所赠之物除"麀币、韦两"之外，尚有"赤金一钧"。赤金即铜，《说文·金部》："铜，赤金也。"《金部》："钧，三十斤。"许慎所在的东汉世，每斤约合220克[①]，故一钧约6600克。《士昏礼》："纳徵，玄纁束帛、俪皮。"郑玄《注》："俪，两也。执束帛以致命。两皮为庭实。"青公纳徵以"麀币"为贽，以"韦两、赤金一钧"为庭实。《仪礼·聘礼》："习享，士执庭实。"郑玄《注》："庭实必执之者，皮则有摄张之节。"贾公彦《疏》："享时庭实旅百，献国所有，非止于皮，知所执是皮者，以其金、龟、竹、箭之等，皆列之于地，不执之。所执者唯有皮而已。"知庭实有皮、金等。所以用金为庭实者，《礼记·礼器》有说，其文云："内金，示和也。"以朝聘纳金有示和之意。《郊特牲》云："旅币无方，……以钟次之，以和居参之也。"郑玄《注》："钟，金也。献金为作器，钟其大者。以金参居庭实之间，示和也。"孔颖达《正义》："不谓之为金，而谓之为钟者，贵金以供王之铸器，器之大者莫大于钟，故言以钟次之也。……金性柔和，从时变革。"而婚礼纳金则与婚义相关，《礼记·昏义》云："昏礼者，将合二姓之好。"《周礼·春官·典瑞》："谷圭以和难、以

[①] 邱光明：《中国历代度量衡考》，科学出版社1992年版，第429页。

聘女。"贾公彦《疏》："谷，善也。故执善圭和之使善也。聘女亦是和好之事，故亦用善圭也。"和难乃和两国之好，聘女则合两姓之好，其和合之意相通。是以纳金示和之意，当通乎聘礼、婚礼，亦与婚义相合。且匍以所纳之金作"盂"，和合之意不言而明。

其次，铭辞。"青公使司史𦥑赠匍"虽寥寥数语，却意味深长。"司史"在此充当使者，《士昏礼》："昏礼。下达纳采，用雁。……使者玄端至。"郑玄《注》："使者，夫家之属，若群吏使往来者。"可见使者非一人。胡培翚《正义》引吴廷华云："此使者当是《周礼》媒氏，男父使来纳采，故曰使至，奉男父命至门外也。"《周礼·地官·叙官》："媒氏，下士二人，史二人，徒十人。"知媒氏属官有史、徒，故《士昏礼》婿家所遣之"使者"，当为媒氏及其所属之史、徒。纳徵与纳采同，其使者亦非一人，故青公纳徵所遣之"司史"亦为媒氏及其所属之史、徒。

"司史"为群吏之统称，并非官名，则其后之"𦥑"字，亦非人名。"𦥑"字从人从目，与五年师旋簋盖铭（《集成》4216.1）之"𢑏"形构全同，故二者当系同字。此件五年师旋簋器、盖同铭，"𢑏"字器铭（《集成》4216.2）作"𢑏"，后字当为前字之繁写，乃"盾"字①，故"𦥑"为"盾"之简体，殆无可疑。"盾"字之简体战国尚存，如包山楚简277之"盾"字亦从人从目，作"𢑏"②。此处读为"允"，《汉书·叙传上》："穉少为黄门郎中常侍，方直自守。成帝季年，立定陶王为太子，数遣中盾请问近臣，穉独不敢答。"颜师古《注》："盾，读曰允。"是其证。《尔雅·释诂上》："允，信也。"邢昺《疏》："允，谓至诚。《释》曰：皆谓诚实不欺也。"《释诂上》又云："允，诚也。"故"允"乃至诚至信之谓。诚信为婚礼纳徵的内在要求，《礼记·郊特牲》："夫昏礼，万事之始也。……币必诚，辞无不腆，告之以直信。信，事人也；信，妇德也。壹与之齐，终身不改，故夫死不嫁。"孙希旦《集解》："币，谓纳徵之币。诚，实也。币必诚，谓不以沽恶之物，《昏礼记》云'皮帛必可制'是也。腆，善也。辞无不腆者，谓纳币之辞，不自谦言皮帛不善。币必诚，信也；辞无不腆，直也。斯二者，所以告妇以正直诚信之道也。信者，人之所以事人。妇以事夫，其德以信为本，故于纳徵之币与辞，而先有以示之如此。上言'直信'，而下但云'信'者，言'信'则直在其中矣。

---

① 郭沫若：《长安县张家坡铜器群铭文汇释》，中国科学院考古研究所《长安张家坡西周铜器群》，文物出版社1965年版。
② 何琳仪：《包山楚简选释》，《江汉考古》1993年第4期。

齐，谓共牢同尊卑也。壹与之齐，终身不改，惟其信而已。"所述即纳徵之币必诚，并藉纳币教妇向德之义。《仪礼·士昏礼》："纳徵，……如纳吉礼。"郑玄《注》："徵，成也。使使者纳币以成昏礼。"所谓成婚礼者，是男女双方之诚诺，男不复纳、女不再许，亦以诚信为纳徵之第一要义。铭辞云"青公使司史允赠"者，即青公纳币至诚之谓。

第三，仪程。据《仪礼·士昏礼》，纳徵、纳吉与纳采仪程相同。《士昏礼》经文合纳采与问名为一事，其述纳采之礼云：

> 昏礼。下达纳采，用雁。主人筵于户西，西上，右几。使者玄端至。摈者出请事，入告。主人如宾服，迎于门外，再拜，宾不答拜，揖入。至于庙门，揖入。三揖，至于阶，三让。主人以宾升，西面。宾升西阶，当阿，东面致命。主人阼阶上北面再拜。授于楹间，南面。宾降，出。主人降，授老雁。

对比西周金文礼制文献[①]与传世文献的有关记载，金文礼制文献反映出一个共同特点：其在叙述行礼过程时，大多省略揖让、周旋等"繁文缛节"。如果略去《士昏礼》经文之"繁文缛节"，纳徵之仪程则可以简化为"主人筵于户西……使者玄端至……（使者）授（玄𫄸、束帛、俪皮）于楹间"，与盉铭所记基本相同。铭文之仪程亦为盉铭所载为纳徵礼之证。

最后，形制。学者或以盉流为鸭首形[②]，或认为系雁首形[③]。鸭和雁同属雁形目鸭科，而雁在雁亚科鸭属鸭亚科[④]。二者形体相近，这与盉流的特征比较吻合。秦始皇陵K0007陪葬坑I区出土了一组青铜雁[⑤]，其中K0007I:30头部特征与匍盉十分接近，所异者匍盉为使整体造型协调，而缩短了颈部。秦始皇陵陪葬坑所出铜雁造型之逼真，使我们不敢怀疑，古人能将动物特征刻画得生动形象，但考虑到将动物形象融入青铜器，可能会进行艺术加工，因此流部特征并不能作为判断其母题的唯一标准。就生

---

① 刘雨：《金文论集》西周礼制部分，紫禁城出版社2008年版。
② 夏麦陵：《殷周青铜器定名中的两个问题》，《中国历史文物》2002年第5期。
③ 陈昌远、王琳："匍鸭铜盉"应为"匍雁铜盉"新释》，《河南大学学报（社会科学版）》1999年第4期。
④ 美国不列颠百科全书公司编、中国大百科全书出版社《不列颠百科全书》国际中文版编辑部译：《不列颠百科全书》国际中文版，中国大百科全书出版社2007年版，第360、361页。
⑤ 陕西省考古研究院、秦始皇兵马俑博物馆：《秦始皇帝陵园考古报告2001—2003》，文物出版社2007年版，第171—173页、图版35、36、42—51。

活习性而言，鸭类每个繁殖季节均交换配偶，而雁则雌雄终身配对①。鸭类频繁换偶似乏善可陈，而雁终身为配则与古人对于婚姻的看法高度一致。

《白虎通·嫁娶》曰："《礼》曰：女子十五许嫁，纳采，问名，请期，亲迎，以雁为贽。纳徵用玄纁，不用雁也。贽用雁者，取其随时而南北，不失其节，明不夺女子之时也。又是随阳之鸟，妻从夫之义也。又取飞行成行，止成列也。明嫁娶之礼，长幼有序，不相踰越也。又昏礼贽不用死雉，故用雁。"随阳、从夫者即言终身不倍。

《易·序卦》："夫妇之道，不可不久也，故受之以恒。恒者，久也。"李鼎祚《集解》引郑玄曰："言夫妇当有终身之义。"《易·恒》六五爻辞曰："恒其德。贞，妇人吉。"《象》传："妇人贞吉，从一而终也。"古人以恒久乃夫妇之道应有之义。战国楚竹书《孔子诗论》曰："不攻不可能，不亦知恒乎？"孔子所阐发的诗教意旨亦同，《孔子诗论》又引孔子之言曰"《燕燕》之情，以其独也"，则谓寡妻于亡夫用情专一②。先秦时期有赠予夫人祖䘸，或为妇人作祖䘸之事，其目的即在于体现男权社会对寡妻严守礼法、恪守妇德的要求③。知夫妇终身之义不唯生时，夫亡亦不改初衷。因此古人婚礼用雁，更在情理之中。婚礼之纳采、问名、纳吉、请期、亲迎等均须用雁，此即郑玄所谓的"六礼五雁"。惟纳徵不用雁，《礼记·昏义》孔颖达《正义》云："惟纳徵无雁，以有币故也，其余皆用雁。"五礼以雁表信，而纳徵以币示诚，诚信之义贯穿婚礼始终。雁形盉非纳徵所致之物，而系事后所铸，恰与纳徵不用雁密合。然匍于纳徵后铸雁盉，当有希冀其女信守妇德、忠贞不二之意。事实上，婚姻恒久也是夫妻双方的诚信，青公"允赠"以示至诚，匍则铸雁盉以冀其女终身不倍。《周礼·秋官·司约》："凡大约剂，书于宗彝。"郑玄《注》："大约剂，邦国约也。"婚姻于诸侯即邦国之约，于卿大夫而言其合两姓之好、上以事宗庙而下以继后世也，其事亦不可谓不大，故匍亦铸宗彝且勒铭以记其事，即孙诒让《正义》所谓："大约剂，事重文繁，故勒铭彝器，藏于宗庙，……欲其历久不磨灭也。"婚姻诚信之义，在纳徵中得到了充分体现。

---

① 美国不列颠百科全书公司编、中国大百科全书出版社《不列颠百科全书》国际中文版编辑部译：《不列颠百科全书》国际中文版，中国大百科全书出版社2007年版，第360、361页。
② 简文编缀及考释参见冯时：《战国楚竹书〈子羔·孔子诗论〉研究》，《考古学报》2004年4期。
③ 冯时：《祖䘸考》，《考古》2014年第8期。

除婚礼外，其他礼仪活动，如士相见礼、聘礼亦有用雁的记载。《仪礼·士相见礼》："下大夫相见以雁，饰之以布，维之以索。"是下大夫相见需以雁为贽；《仪礼·聘礼》记宾请有事、卿先往劳之时"大夫奠雁再拜，上介受"。用雁之仪由婚礼而及其他，亦与婚义相关，《礼记·昏义》："敬慎重正，而后亲之，礼之大体，而所以成男女之别，而立夫妇之义也。男女有别，而后夫妇有义；夫妇有义，而后父子有亲；父子有亲，而后君臣有正。故曰：'昏礼者，礼之本也。'"说又见《易·序卦》，彼文曰："有天地，然后有万物。有万物，然后有男女。有男女，然后有夫妇。有夫妇，然后有父子。有父子，然后有君臣。有君臣，然后有上下。有上下，然后礼义有所错。"均以婚礼为礼之本。夫妇恒久而后有敬，肃敬则生诚信。信乃上古人们最崇尚之德行①，而雁又为肃敬、诚信之象征，用雁之仪由婚礼而及士相见礼、聘礼，与《昏义》所记"昏礼者，礼之本也"正协。

准上，匋铭所记当为纳徵礼无疑。匋铭不明载匋为何受赠，盖因于匋而言，青公遣使纳币即纳徵礼已成之谓，时人见物便知原由，无需说明。古人遣词之精确，行文之绵密，逻辑之严谨，让人敬畏。

二　相关人物

匋铭所记既为纳徵之礼，为研究铭文所涉人物及其身份地位，提供了依据。学者或以匋流形状与匋身份有关，并引《周礼·春官·大宗伯》"以禽作六贽以等诸臣，孤执皮帛，卿执羔，大夫执雁，士执雉，庶人执鹜，工商执鸡"为说，以匋为大夫②。而匋为事后所铸，并非相见时所执，故此说可商。匋匋所属 M50 为一座土坑竖穴墓，随葬青铜礼器 2 件，除匋匋之外尚有铜鼎 1 件，随葬用一鼎者或为士。匋铭曰"赠匋于柬"，所记为异邦通婚之事（详下）。《仪礼·士昏礼》舅姑飨送者"若异邦，则赠丈夫送者以束锦"，贾公彦《疏》："案：庄二十七年冬，莒庆来迎叔姬，《公羊传》曰：'大夫越竟逆女非礼也。'郑注《丧服》亦云：'古者大夫不外娶。'今言异邦得外娶者，以大夫尊外娶则外交，故不许。士卑，不嫌容有外娶法，故有异邦送客也。"外娶、外嫁其事一也，士可外娶，便可外嫁。是先儒以士可外娶、外嫁，而大夫嫁娶不逾境，匋墓随葬一鼎而

---

① 冯时：《儒家道德思想渊源考》，《古文字与古史新论》，台湾书房出版有限公司 2007 年版。

② 陈昌远、王琳：《"匋鸭铜匋"应为"匋雁铜匋"新释》，《河南大学学报（社会科学版）》1999 年第 4 期。

有外嫁之事，似亦说明其身份为士。然而实际情况并非如此。首先，就用鼎而论，应国墓地 M84 应侯再墓随葬两鼎而无簋①，该墓属西周中期恭王前后，而甸盉属穆王时期，时代相差不远，若比照应侯再随葬用两鼎之制，那么甸随葬一鼎，似也说明其身份不低。事实上，西周时期礼器随葬情况颇为复杂，相关问题容另文讨论。再者，大夫以上不得外婚，亦与西周金文所见史实不合。诸侯之卿、大夫有嫁于天子者。

晋司徒伯郘父作周姬宝尊鼎。　　晋司徒伯郘父鼎（《集成》2597）

郭沫若以周姬即王姬，所记为晋国之卿与王室通婚之事②。诸侯亦有嫁女于他国之卿大夫者，其例如下。

芮公作铸京氏妇叔姬媵［鬲］，子子孙孙永用享。
芮公鬲（《集成》712）
芮公作铸京仲氏妇叔姬媵鬲，其子子孙孙永宝用享。
芮公鬲（《集成》743）

二铭所述为芮公嫁女于京仲氏之事，称"仲"者，小宗之谓也。《水经注·河水》引纪年云"芮人乘京"，芮、京两国当相去不远③。甸的身份虽然难于推断，但其为应国之卿大夫殆无可疑，有外嫁之事亦不足为奇。

再者，青公于戊申日行纳徵礼，似亦与外婚之事相涉。《礼记·曲礼上》："外事以刚日，内事以柔日。"郑玄《注》："出郊为外事。"孔颖达《疏》："外事，郊外之事也。刚，奇日也。十日有五奇五偶。甲、丙、戊、庚、壬五奇为刚也。外事刚义故用刚日也。"戊申为刚日，青公于是日行纳徵之礼者，殆因其为外婚之故。

青公纳徵用"麀币、韦两、赤金一钧"，亦与其身份有关。上古天子至于庶人成婚均有纳徵之礼，但行礼所用之物有别。《周礼·考工记·玉人》："谷圭七寸，天子以聘女。"郑玄《注》："纳徵加于束帛。"是天子

---

① 河南省文物考古研究所、平顶山市文物管理局：《平顶山应国墓地八十四号墓发掘简报》，《文物》1998 年第 9 期；河南省文物考古研究所、平顶山市文物管理局：《平顶山应国墓地》第 I 卷，大象出版社 2012 年版，第 564—647 页。
② 郭沫若：《两周金文辞大系考释》，科学出版社 1957 年版，第 230 页。
③ 上海博物馆商周青铜器铭文选编写组：《商周青铜器铭文选》（三），文物出版社 1988 年版，第 348 页。

纳徵以束帛及谷圭。《玉人》又云："大璋亦如之，诸侯以聘女。"郑玄《注》："亦纳徵加于束帛也。"诸侯纳徵用束帛与大璋甚明。《仪礼·士昏礼》："纳徵，玄纁束帛、俪皮。"郑玄《注》："俪，两也。执束帛以致命。两皮为庭实。"知士纳徵以束帛和俪皮。《周礼·地官·媒氏》："凡嫁子娶妻，入币纯帛，无过五两。"郑玄《注》："纯，实缁字也。古缁以才为声。"贾公彦《疏》："'凡嫁子娶妻'，含尊卑，但云缁帛，文主庶人耳。"庶人纳徵仅用缁帛耳。自士上达于天子，纳徵所致之物均有正礼、加礼之别，士以上纳徵以币为正礼，俪皮、大璋、谷圭均为加礼，身份不同，加礼各异。青公纳徵则以"麀币"为正礼，以"韦两、赤金一钧"为加礼。其加礼较士为重，又与诸侯不同，当为卿、大夫之属，上文已论大夫无外娶之事，故青公为卿可知。盂铭所记为卿、大夫纳徵之事，可补文献之未备，《礼记·昏义》孔颖达《正义》曰："纳徵者，……《春秋》则谓之纳币，……卿、大夫则玄纁，玄三纁二，加以俪皮。"以卿、大夫纳徵加礼为俪皮，孔氏据士礼上推卿大夫之礼，经无明文。以此铭证之，则卿纳徵以束帛为正礼，以俪皮及金为加礼，大夫纳徵所用加礼尚待进一步研究。青公身份虽可推知，然其究系何人，目前尚难论定，姑阙疑待问。

　　盂铭所记究系青公为己聘女，抑或代子纳徵亦值得讨论。《春秋经·成公八年》："夏，宋公使公孙寿来纳币。"杜预《注》："宋公无主婚者，自命之，故称使也。"孔颖达《正义》："隐二年《公羊传》曰：'昏礼不称主人，宋公使公孙寿来纳币，则称其主人何？辞穷也。辞穷者何？无母也。'《礼》，有母则母命之①，宋公无主婚者，宋公自命之，故称'宋公使公孙寿来'也。"盂铭"青公使司史允赠匍"与《春秋经》"宋公使公孙寿来纳币"措辞全同，事亦相类。是时，青公父母亡无主婚者，故自命之。由此可见，《春秋》经传纪事制度源远流长。

三　铭辞余释

匍即于泒

　　《说文·皀部》："即，即食也。"段玉裁《注》："凡止于是之词谓之即。凡见于经、史言即皆是也。《郑风》毛《传》曰'即，就也。'（案：《郑风·东门之墠》：'子不我即'毛《传》。)"故"即于泒"意即止于泒、到了泒。"即"，李学勤读为"次"②，亦通。金文及文献中"次于"

---

① 《仪礼·士昏礼》："宗子无父母命之，亲皆没，己躬命之。"
② 李学勤：《论应国墓地出土的匍盂》，《平顶山师专学报》1999年第2期。

后缀以地名之例颇多。

> 叔夷钟铭云：师于淄溎。（"师"，张亚初读为"次"①。）
> 《春秋经·庄公三年》：冬，公次于滑。
> 《春秋经·庄公十年》：夏六月，齐师、宋师次于郎。

上引诸"次"均与《左传·庄公三年》："凡师，一宿为舍，再宿为信，过信为次。"所述之意相同。《左传·庄公三年》杨伯峻《注》："其实，不必师出，凡过三宿俱可谓之次，昭二十八年《经》'公如晋，次于乾侯'可证。"②杨说是。《楚辞·九歌·湘君》："鸟次兮屋上。"王逸《章句》："次，舍也。再宿为信，过信曰次。"亦为杨说之佳证。是凡宿过三日皆可曰次，不必为驻军之专称。

学者已经指出，"氐"当读为"泜"为地名，与之相关的地名有两处：其一在河北，《说文·水部》："泜，水。在常山。"段玉裁《注》："今泜水在元氏县。"元氏县西张村西周墓地所出臣谏簋、叔趯父卣等彝器证明軧国位于元氏县境内③，軧国得名当与泜水有关；其一在河南，《左传·僖公三十三年》："晋阳处父侵蔡，楚子上救之，与晋师夹泜而军。"杜预《集解》："泜，水。出鲁阳县东，经襄城定陵而入汝。"桂馥《札朴·温经·泜水》亦云："僖三十三年《传》：'晋阳处父侵蔡，楚子上救之，与晋师夹泜而军。'……馥案：'泜'借字，当为'溭'。《说文》：溭水出南阳鲁阳尧山，东北入汝。"应国墓地适在溭水北岸溭阳岭上。青公遣使纳徵当至甸处，故"泜"当即应国境内之溭水。

青公使司史允赠甸于馆

"朿"，学者或以其与"束"相通④，或读"朿"为"肩"，意为一件⑤。无论读"肩"或者"束"，其意都将用作量词。商周金文材料显示量词之数有限⑥，如非必要则不用，"肩"作为量词在金文及文献中无征⑦。金文中名词用量词修饰之时，都有相对固定之搭配，"束"多用来修

---

① 张亚初：《殷周金文集成引得》，中华书局2001年版，第961页。
② 杨伯峻：《春秋左传注》，中华书局1990年版，第162页。
③ 河北省文物管理处：《河北元氏县西张村的西周遗址和墓葬》，《考古》1977年第1期；李学勤、唐云明：《元氏铜器与西周的邢国》，《考古》1979年第1期。
④ 王龙正、姜涛、娄金山：《甸鸭铜盉与媵聘礼》，《文物》1998年第4期。
⑤ 王龙正：《甸盉铭文补释并再论媵聘礼》，《考古学报》2007年第3期。
⑥ 马国权：《西周铜器铭文数量词初探》，《古文字研究》第1辑，中华书局1979年版。
⑦ 刘桓：《关于甸盉"朿"字的考释》，《考古》2001年第6期。

饰矢、帛、丝等①。且除数量级有差别而缀以不同量词外，一般不会出现既用此又用彼，或时而用之时而不用的情况。本铭之"麃币"亦见于卫盉，彼铭云："矩或取赤琥两、麃币两"，可见"麃币"不用量词修饰。故此铭之"麃币"亦无需以量词修饰。因而无论读为"束"或"肩"都可商榷。再者，金文中由名词、数量词构成的名词短语并列出现时，其搭配形式也尽量保持一致，如：

曶鼎：匹马、束丝
不娶簋：弓一、矢束、臣五家、田十田

曶鼎"匹马、束丝"为"数量词+名词"的形式，而不娶簋则为"名词+数量词"的形式。如果读"朿"为"肩（件）"或"束"，则出现了"束麃币"（数量词+名词）、"韦两"（名词+数量词）两种表述形式，似与金文通例不合。

"朿"，又见于王奠新邑鼎，用为地名，地在成周即今洛阳附近②，陈梦家认为即涧上③；或写作"𩫏"，于省吾读为"管"④，地在今郑州；李学勤以为"阑"也可能是殷末商王在淇县的离宫别馆⑤。然而由上文知"朿"位于"氾"附近，而"氾"又为应国境内之滍水，故以上诸说均与本铭内容不合。学者或以"朿"读为"馆"⑥，可从。

言"馆"者，异国之宾所居者也。《仪礼·士昏礼》："若异邦，则赠丈夫送者以束锦。"郑玄《注》："就宾馆。"贾公彦《疏》："郑知就馆者，赠贿之等皆就馆，故知此亦就馆也。"行聘礼之时，宾所居之馆为主国卿、大夫之宗庙。《仪礼·聘礼》归饔饩于宾介之时，"及庙门宾揖入"。郑玄《注》："古者天子适诸侯，必舍于大祖庙。诸侯行，舍于诸公庙。大夫行，舍于大夫庙。"郑《注》本于《聘礼·记》，其文曰："卿馆于大夫，大夫馆于士，士馆于工商。"郑玄彼《注》："馆者必于庙。"盉铭之"馆"亦宗庙之谓，聘礼为国事，降等以示谦敬。纳徵系私事，当馆于匍之家庙，然既名曰"馆"，则系异国之使可知。据《士昏礼》，其六礼皆行于女父

---

① 张亚初：《殷周金文集成引得》，中华书局2001年版，第1176页。
② 李学勤：《论应国墓地出土的匍盉》，《平顶山师专学报》1999年第2期。
③ 陈梦家：《西周铜器断代》，中华书局2004年版，第65页。
④ 于省吾：《利簋铭文考释》，《文物》1977年第8期。
⑤ 李学勤：《论新出现的甗方鼎和荣仲方鼎》，《文物》2005年第9期。
⑥ 刘桓：《关于匍盉"朿"字的考释》，《考古》2001年第6期。

之祢庙，其文曰："主人筵于户西。"郑玄《注》："户西者，尊处，将以先祖之遗体许人，故受其礼于祢庙也。"贾公彦《疏》："知'受礼于祢庙'者，以《记》云凡行事受诸祢庙也。"是士婚纳徵之礼行于祢庙也，士以上亦当行于宗庙。

盉铭曰"赠匍于馆"者，其意有二：一者，乃明此系异邦通婚之事；再者，可证异邦之使舍于女家之宗庙，而纳徵礼亦行于宗庙，与文献所记相合。盉铭所记纳徵仪物有金，纳金则行于庙，《礼记·礼器》："内金，示和也。"孙希旦《集解》："内，谓先内之于庙也。"与盉铭所记亦合。

使者纳徵之前，女父有告庙之事。孔颖达《诗·齐风·南山》："取妻如之何？必告父母。"《正义》曰："案婚礼受纳采之礼云：'主人筵于户西。'《注》云：'主人，女父也。筵，为神布席也。将以先祖之遗体许人，故受其礼于祢庙也。'其后诸礼皆转以相似，则礼法皆告庙矣。"铭文先言"匍即于氐"而后云"青公使司史允赠匍于馆"者，或亦有先告庙而后行事之意。

第二节 散车父诸器与亲迎之礼

散伯车父鼎、散车父簋及散车父壶与西周婚礼相关，诸器铭文如下。

唯王四年八月初吉丁亥，散伯车父作邢姞尊鼎，其万年子子孙永宝。　　　　　　　　　　散伯车父鼎（《集成》2697；图7.2.1）
散车父作𨛫姞鐈簋，其万年子子孙孙永宝。
　　　　　　　　　　　　　散车父簋（《集成》3881；图7.2.2）
散车父作皇母媪姜宝壶，用逆姞氏，伯车父其万年子子孙孙永宝。　　　　　　　　　　散车父壶（《集成》9697；图7.2.3）

曹玮业已指明，以上诸器与西周婚礼关系密切，并认为邢姞与𨛫姞均为散伯车父之妻室，其一可能为正妻，其一则为姪娣之媵，说是①。然曹氏以"尊"器多为祭器，并藉此推断，散车父鼎系散车父为亡妻所作之

---

① 曹玮：《散伯车父器与西周婚姻制度》，见氏著《周原遗址与西周铜器研究》，科学出版社2004年版。

图 7.2.1　散伯车父鼎铭文　　　　　　　图 7.2.2　散车父簋铭文

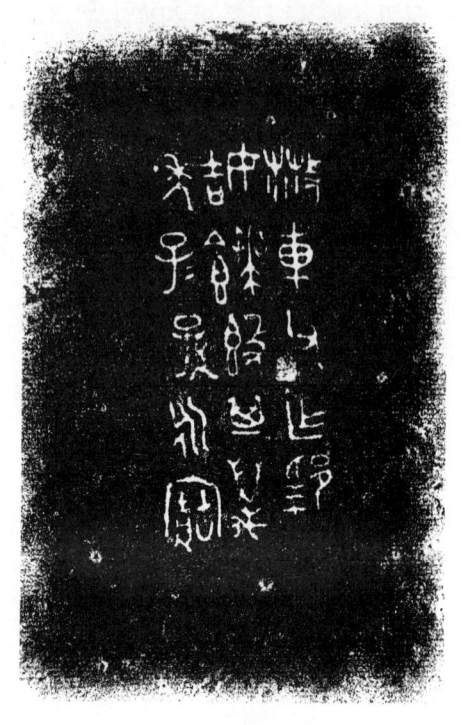

图 7.2.3　散车父壶铭文

器，此说可商。"尊"器系宗庙陈设之器，有为人鬼而作，其例如下。

此敢对扬天子丕显休命，用作朕皇考癸公尊鼎，用享孝于文神，用匄眉寿，此其万年无疆，畯臣天子霝终，子子孙永宝用。

此鼎（《集成》2821）

亦有为生人而作，其例如下。

  唯七月丁亥，应姚作叔诰父尊簋，叔诰父其用赐眉寿永命，子子孙孙永宝用享。 应姚簋（《新收》58）
  唯八月初吉丁丑，公作敔尊簋，敔用赐眉寿永命，子子孙孙永宝用享。 公作敔簋（《新收》74）

上举数"尊"器，显为生人所作，因此自铭为"尊"，不足以说明是否系为亡人作器。曹先生藉此认为，散伯车父鼎、散车父簋及散车父壶所记为散伯车父续弦再娶，便缺乏有力证据。

"尊鼎"为宗庙祭器，是邲姞得与祭祀，《仪礼·士昏礼》：

  妇入三月，然后祭行。

郑玄《注》：

  入夫之室三月之后，于祭乃行，谓助祭也。

贾公彦《疏》：

  此据舅在无姑，或舅没姑老者。若舅在无姑，三月不须庙见，则助祭。案《内则》云"舅没则姑老"者，谓姑六十亦传家事，任长妇。妇入三月庙见，祭菜之后亦得助夫祭，故郑云"谓助祭也。"此亦谓嫡妇，其庶妇无此事。

则邲姞为嫡妇明矣。散车父为郐姞所作则为"饙簋"，或以郐姞不得与祭之故，郐姞似为庶妇。为在世妇人作"尊"器者，当为嫡妇。嫡妇（冢妇）与庶妇（介妇）在宗族地位不同，《礼记·内则》："冢妇所祭祀宾客，每事必请于姑。介妇请于冢妇。……舅姑若使介妇，毋敢敌耦于冢妇，不敢并行，不敢并命，不敢并坐。"是也。

"用逆姞氏",所记即婚礼亲迎之礼①。《仪礼·士昏礼》:

> 宗子无父,母命之。亲皆没,已躬命之。

郑玄《注》:

> 宗子者,嫡长子也。命之,命使者。母命之,在《春秋》"纪裂繻来逆女"是也。躬犹亲也,亲命之,则"宋公使公孙寿来纳币"是也。言宗子无父,是有父者。礼,七十老而传,八十齐丧之事不及。若是者,子代其父为宗子,其取也,父命之。

壶铭曰"散车父作皇母娪姜宝壶,用逆姞氏"者,散伯车父之父已故,散车父之母命其亲迎也。亲迎者应嫡妇,壶铭所迎之姞氏为邓姞可知。庶妇不亲迎。

既然六礼之中纳徵、亲迎,已见诸西周彝铭,那么似可推断其他诸礼,如纳采、问名、纳吉、请期等,在西周时期也一定存在。理由很简单,纳采、问名、纳吉等三礼,系婚礼前期谋议阶段,其中一事未就婚事便无由确定,因此亦无需作彝以纪其事。再者,纳徵后婚礼方进入实质阶段,纳徵礼成则女方父兄便视其为外姓之妇,其例如下。

> 郮仲作毕媿媵鼎,其万年宝用。　　郮仲鼎(《集成》2462)

再如前揭芮公鬲。故而,西周时期成婚必行六礼。

第三节　昔鸡簋与送亲之礼

昔鸡诸器出于周原遗址贺家村北西区墓地②,诸器铭文今已刊布③。本

---

① 曹玮:《散伯车父器与西周婚姻制度》,见氏著《周原遗址与西周铜器研究》,科学出版社2004年版。
② 周原考古队:《陕西宝鸡市周原遗址2014—2015年的勘探与发掘》,《考古》2016年第7期。
③ 陕西省古籍整理办公室、陕西省考古研究院编,张天恩主编:《陕西金文集成》卷一,三秦出版社2016年版,第46—61页。该书下文简称整理者。

第七章　嘉礼研究（下）　311

节就昔鸡簋铭文所涉送亲之礼及相关问题（图 7.3.1、7.3.2①）略作释论。

昔鸡簋共二件，形制、铭文全同，簋铭共四行二十四字：

> 王姒呼昔鸡逹（遏）芣（偪）姞于韩，韩侯宾（傧）用贝、马，敢扬王休，用作尊彝。

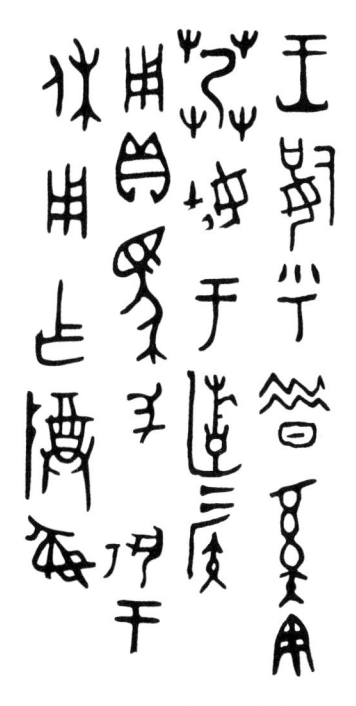

图 7.3.1　昔鸡簋铭文　　　图 7.3.2　昔鸡簋铭文

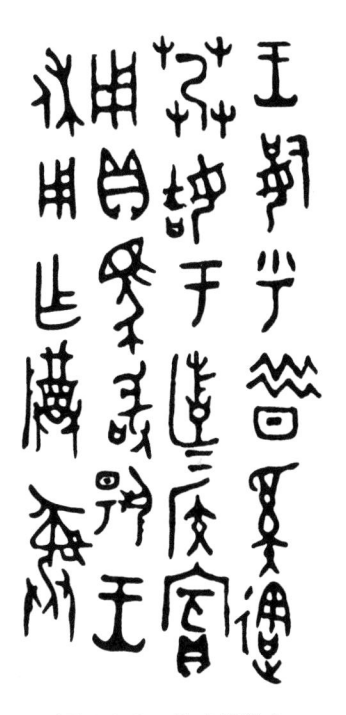

一　送亲之礼

逹（🔣）字是判读簋铭之关键。逹，整理者读为会，害与会古同属匣纽月部字，古音相同，通假无碍。然读逹为会，字形、义训则颇多龃龉。就其字形而言，会字金文习见，作🔣、🔣、🔣，基本与《说文》所载会字

---

① 昔鸡簋铭文摹本由中国社会科学院考古研究所考古编辑室吕杨、田苗二位同志制作，在此致谢。

篆文、古文形体相合。其次，释作会与周代礼制不合。会乃天子合诸侯之礼，《周礼·春官·大宗伯》："以宾礼亲邦国：春见曰朝，夏见曰宗，秋见曰觐，冬见曰遇，时见曰会，殷见曰同。"郑玄《注》："此六礼者，以诸侯见王为文。……时见者，言无常期，诸侯有不顺服者，王将有征讨之事，则既朝觐，王为坛于国外，合诸侯而命事焉。《春秋传》曰'有事而会，不协而盟'是也。"孙诒让《正义》："时会人众，必于国外为坛，与常朝在庙异也。……《尔雅·释诂》云：'会，合也。'故合诸侯谓之会礼。"驫羌钟云："率征秦迮齐，入长城，先会于平阴。"会者，亦合诸侯之谓，均与此铭所记不合。再者，王讵命大臣专程到韩会妇人，似不合情理。

遗，从辵害声，应读为遏[①]。《书·大诰》："予曷敢不终朕亩。"《汉书·翟方进传》引王莽《大诰》作"予害敢不终朕亩。"是其证。《说文·辵部》："遏，微止也。"段玉裁《注》："《释诂》：遏，止也。按：微者，细密之意。"止者，留止不行之谓，伪《古文尚书·太甲上》："钦厥止。"孔颖达《正义》："谓行所安止也。"《诗·小雅·小旻》："国虽靡止。"朱熹《集传》："止，定也。"止偪姞于韩，犹言嫁偪姞于韩。古时女子在家从父、出嫁从夫，止于韩，即嫁入韩、永久留止于韩。簋铭言"遏偪姞于韩"，是希望偪姞安守于韩，不被夫家所出。

故簋铭所记当为偪姞适韩，而王讵命昔鸡送之，偪姞似为韩侯之媳。礼，韩侯有馈赠于送者，《仪礼·士昏礼》："舅飨送者以一献之礼，酬以束锦。……若异邦，则赠丈夫送者以束锦。"故簋铭言"韩侯傧用贝、马"。

二　国族地理

另外，簋铭所记还关乎周代国族地理。

（一）莽

殷墟甲骨文即有莽字，然相关卜辞皆与农业相关[②]。西周金文中，则多用为地名或国族名，其例如下。

唯三月丁卯，师旂众仆不从王征孟方雷，使厥友引以告于伯懋

[①] 刘桓：《释甲骨文"遣、遏"》，《古文字研究》第27辑，中华书局2008年版。
[②] 裘锡圭：《甲骨文中所见的商代农业》，《裘锡圭学术文集·甲骨文卷》，复旦大学出版社2012年版。

父。在荓，伯懋父殛罚得显古三百锊，今弗克厥罚。懋父命曰："宜播，叡厥不从厥右征，今母播，其有纳于师旅。"引以告中史书，旅对厥谦于尊彝。　　　　　　　　　　师旅鼎（《集成》2809）

唯六月初吉，王在莽京，丁卯，王命静司射学宫，小子眔服、眔小臣、眔夷仆学射。雩八月初吉庚寅，王以吴奉、吕刚卿䘗荎师、邦君射于大池，静教无尤，王赐静鞞𩏡。静敢拜稽首，对扬天子丕显休，用作文母外姞尊簋，子子孙孙其万年用。　　静簋（《集成》4273）

唐兰以䘗、荎师为西六师之二，师旅之族则隶属于莽师①，其说至塙。莽之地望，唐氏先以师旅鼎之为仍叔采地，地在宗周附近②；又读静簋之荎为徵，望在今陕西澄城县附近③。今案：唐说可商。仍当即风姓之任国，地在今山东济宁④，与西六师之莽并非一地。今由昔鸡簋更知莽乃姞姓国。莽，似可读为偪。古属日纽蒸部字，偪属帮纽职部字，职部与蒸部对转叠韵，音近可通。晋襄公之母亦名偪姞，《左传·文公六年》："八月乙亥，晋襄公卒，灵公少。晋人以难故，欲立长君。……赵孟曰：'杜祁以君故，让偪姞而上之。以狄故，让季隗而己次之，故班在四。'"杜预《注》："杜祁，杜伯之后祁姓也。偪姞，姞姓之女生襄公为世子，故杜祁让，使在己上。"孔颖达《正义》："《谱》以偪为国名。地阙，不知所在。"罗泌《路史·国名纪》以偪为周之偪阳国，此说不可据。偪阳为妘姓，《国语·郑语》："妘姓邬、郐、路、偪阳，曹姓邹、莒，皆为采卫，或在王室，或在夷狄。"故偪阳与姞姓之偪不同。章炳麟谓偪即密须氏之密⑤，密在今甘肃灵台县附近⑥，地适在西，章氏之论可备一说。《国语·周语上》记甘肃之密国被恭王所灭。

就昔鸡簋来说，若偪姞已是韩侯夫人，依礼似应称韩姞。既称偪姞，则姞非韩氏妇可知。

（二）韩与昔

𩏡，发掘报告、整理者皆释为韩，其说甚是。韩为武之穆，初封在北

---

① 唐兰：《西周青铜器铭文分代史征》，中华书局1986年版，第316、360页。
② 唐兰：《西周青铜器铭文分代史征》，中华书局1986年版，第316页。
③ 唐兰：《西周青铜器铭文分代史征》，中华书局1986年版，第360页。
④ 顾颉刚：《有仍国考》，《古史辨》第七册，海南出版社2005年版。
⑤ 转引自杨伯峻：《春秋左传注》，中华书局1990年版，第551页。
⑥ 陈槃：《春秋大事表列国爵姓及存灭表譔异》，上海古籍出版社2009年版，第1037、1038页。

土，其地近燕，韩都在今河北固安县，周幽王时为獫夷所迫，迁徙至今山西芮城县，旧地为燕所并①。昔鸡簋属西周中期早段，其时韩尚在北土。此为西周韩国首见于彝铭。

昔为周代氏族，系周大夫所封。《风俗通义·佚文·姓氏》："昔氏，周大夫封昔，因氏焉。汉有昔登为乌伤令。"昔氏封地或在今河北邢台巨鹿县、南宫市境内，《路史·国名纪·周世侯伯》："巨鹿故昔城，一云贝丘。今恩之清河有鄚亭，……乃秦厝县贝州也。"昔氏或出夕侯，《路史·国名纪·周世侯伯》："昔作夕，故有夕侯，后有昔氏、夕氏。"是也。夕与昔古音相同，可互用不别。《诗·小雅·頍弁》："乐酒今夕。"《楚辞·大招》王逸注引夕作昔。《吕氏春秋·制乐》："今昔荧惑其徙三舍。"《淮南子·道应》、《论衡·变虚》昔作夕，故夕氏与昔氏原本应为一族。夕地在蜀中，《通志·氏族略》云："后汉巴中渠帅有夕氏。巴郡七姓，一曰夕。"鄨娶诸器所见鄨氏，郭沫若以为即蜀地之鄨②。趞曹鼎之趞氏与昔鸡簋昔氏的关系尚待进一步探讨。

三　周王后妃称谓

昔鸡诸器铭文古朴，颇有昭王彝铭之书风；昔鸡尊、昔鸡卣形制上又具穆王器之特点，发掘简报将其年代定在西周早中期之交，比较客观。但是无论诸器属昭王还是穆王，都涉及周王夫人称名问题。

西周早期晚段到西周中期早段的彝铭中，冠以王字的女性有王姜、王姒、王妊。

（一）王姜

王姜之名见于小臣俞鼎、旟鼎、叔簋、作册夨令簋、作册睘卣、王姜鼎、不寿簋、彧方鼎等器。现将诸器铭文移写于下，并简要讨论其年代。

唯二月辛酉，王姜赐小臣俞贝二朋。扬王休，用作宝鼎。

小臣俞鼎（《新收》1696）

唯八月初吉，王姜赐旟田三于待劃，师楷酷貺，用对王休，子子孙其永宝。

旟鼎（《集成》2704）

唯王奉于宗周，王姜使叔事于大侯，赏叔鬯、白金、刍牛，叔

---

① 陈槃：《春秋大事表列国爵姓及存灭表譔异》，上海古籍出版社 2009 年版，第 641—650 页。

② 郭沫若：《两周金文辞大系考释》，科学出版社 1957 年版，第 156 页。

对大僚休，用作宝尊彝。　　　　　　　　　　　　叔簋（《集成》4132）

唯王于伐楚伯，在炎，唯九月既死霸丁丑，作册矢令尊宜于王姜。姜赏令贝十朋、臣十家、鬲百人，公尹伯丁父貺于戍，……。令敢扬皇王宝。　　　　　　　　　　　　　　作册矢令簋（《集成》4300）

唯十又九年，王在斥，王姜命作册睘安夷伯，夷伯宾睘贝、布，扬王姜休，用作文考癸宝尊器。　　　　　作册睘卣（《集成》5407）

王姜作龙姞宝尊彝。　　　　　　　　　　　　　　王姜鼎（《新收》1157）

唯九月初吉戊戌，王在大宫，王姜赐不寿□，对扬王休，用作宝。　　　　　　　　　　　　　　　　　　不寿簋（《集成》4060）

唯九月既望乙丑，在𦙫师。王姐姜使内史友员赐𢦚玄衣朱襮裣。𢦚拜稽首，对扬王姐姜休。　　　　　　𢦚鼎（《集成》2789）

小臣伯鼎属王世民等先生划分的Ⅳ型2式鼎，与琉璃河M251所出亚盉鼎形制最为接近①。其铭文书风古朴，该鼎或属康王时期。旟鼎形制与大盂鼎全同，铭文书体亦与大盂鼎相类，故应属康王时期。叔卣亦属康王时期②。作册令簋、作册睘卣则为昭王时期标准器，王姜鼎也属西周早中期之际约昭穆时期，不寿簋应穆王时期③，𢦚鼎亦为穆王时期标准器。

（二）王姒与王妊

王姒除昔鸡簋外，尚见于叔𩵦尊和叔𩵦尊。

叔𩵦赐贝于王姒，用作宝尊彝。　　　　　　叔𩵦尊（《集成》5962）
叔𩵦赐贝于王姒，用作宝尊彝。　　　　　　叔𩵦方彝（《集成》9888）

叔𩵦尊、叔𩵦方彝形制与作册令尊、作册令方彝基本相同，尊字的书风和结体也多见于昭穆时期标准器，如𢦚方鼎、作册令簋。因此，叔𩵦尊、叔𩵦方彝应属昭王时期④。

---

① 王世民、张长寿、陈公柔：《西周青铜器分期断代研究》，文物出版社1999年版，第43页。
② 彭裕商：《西周青铜器年代综合研究》，巴蜀书社2003年版，第241页。
③ 王世民、张长寿、陈公柔：《西周青铜器分期断代研究》，文物出版社1999年版，第70—72页。
④ 王世民、张长寿、陈公柔：《西周青铜器分期断代研究》，文物出版社1999年版，第141页。

王妊见于王妊簋（《集成》3344），其铭云："王妊作簋。"王妊簋出于洛阳北窑墓地，其年代属昭王时期①。

（三）周王后妃称号

通过上文分析，我们知道康王时期冠王字的后妃有王姜，王姜或为康王后。昭王时期冠王字的后妃有王姜、王姒和王妊，史籍记载昭王之后为房后，《国语·周语上》："昔昭王娶于房，曰房后，实有爽德，协于丹朱，丹朱凭身以仪之，生穆王焉。"韦昭《注》："房，国名。"《帝王世纪》所记相同。《通志·氏族志》以房为祁姓。依照金文惯例，房后可称王祁②。那么见于记载的昭王世可冠王字的后妃就有王姜、王姒、王妊及王祁等。如果昔鸡簋属昭王时期，那么簋铭之王姒应与叔鮍器的王姒应为同一人。如果昔鸡簋属穆王时期，那么穆王时期冠以王字的后妃就有王姜、王姒和王俎姜。

学者或认为昭王器中的王姜为康王后③，那这就意味着昭王之母（秦汉以后称皇太后）与昭王后妃（秦汉以后称皇后、皇妃）名号相同，这恐怕有违礼制。那么周人是怎么区分时王之母与时王嫔妃的？而且昭王在位年数较短，王姜、王姒、王妊、王祁诸人在穆王世恐怕大都健在，那么是否可以认为周王所有嫔妃都可以冠以王字？再进一步，商王数个见于祀典的配偶，是否一定皆为正妃，而且前者去世后者扶正之后才能列入祀典？相关问题值得进一步思考。

穆王时期的王姜与王俎姜恐非一人，俎似应读为祖，与兵壶（《新收》1980）云：

　　唯正五月初吉壬申，余郑大子之孙与兵，择余吉金，自作宗彝，其用享用孝于我皇俎文考。

俎，即读为祖。王祖姜可能是康王之后、穆王之祖母。这或许是西周彝铭仅见的类似于后世太皇太后的称号。

这些问题不仅关乎商周礼制，而且关系到相关铜器的断代，应该引起学者的重视。唐兰已经注意到王姒、王姜对铜器断代的意义，如唐先生在

---

① 洛阳文物工作队：《洛阳北窑西周墓》，文物出版社1999年版，第361页；彭裕商：《西周青铜器年代综合研究》，巴蜀书社2003年版，第289—290页。
② 班簋铭见"毓文王姒孙"，因此周王正妃的称呼亦为"王+女姓"。
③ 李学勤：《西周中期铜器的重要标尺》，《新出青铜器研究》（增订版），人民美术出版社2016年版。

讨论叔龀尊、叔龀方彝的年代时说："此王姒疑当为康王之后，尊、彝器形均不古，以方彝言，……与……作册夨令方彝极相似了，但以书法特征而言，还应在康王时代。"① 以考古学的研究方法而言，虽然其书法颇具康王世的特征，但其形制已与昭王世标准器作册夨令方彝极为相似，那么叔龀尊、叔龀方彝应属昭王世无疑。唐兰将其定在康王世，也与其预设了王姒为康王后的结论有关。既然王姒为康王后，那么叔龀器一定在康王世，如果将两器定为昭王器，那么王姒就不可能为康王后了。再如旟鼎，唐兰认为："此器（旟鼎）器形、花纹与文字、书法很像康王后期的盂鼎，但已是王姜执政，疑当是在昭王前期。"② 这一判断也是基于王姒是康王后、王姜是昭王后这一认识。唐氏将叔卣也定为昭王器，应该有同样的考虑。虽然唐氏对诸器年代的认识可能存在偏差，但是其对周王夫人称号问题却有着清晰的认识。这也意味着，周王夫人称号是礼制研究和铜器断代中一个不可回避的问题。

第四节　婚礼用币考

有关婚礼用币的情况，本章第一节中已有部分讨论，麑币（玄𤄃束帛）为士以上纳徵所用。庶人纳徵所用之帛，先儒有争论，本节对相关问题进行考述。

一　缁帛考辨

《周礼·地官·媒氏》云："凡嫁子娶妻，入币纯帛，无过五两。"郑玄《注》："纯，实缁字也，古缁以才为声。"关于经文"纯"是否读为"缁"，聚讼纷纭。孙诒让《正义》云：

> 《注》云"纯，实缁字也。古缁以才为声"者，《玉藻》云："大夫佩水苍玉，而纯组绶。"郑彼《注》云："纯当为缁，古文缁字，或作糸旁才。"又《祭统》云："王后蚕于北郊，以共纯服。"注云："纯以见缁色。"并以纯为缁，说与此同。《毛诗·召南·行露》传云："昏礼，纯帛不过五两。"彼《释文》及孔《疏》引定本并作"纣"

---

① 唐兰：《西周青铜器铭文分代史征》，中华书局1986年版，第191页。
② 唐兰：《西周青铜器铭文分代史征》，中华书局1986年版，第226页。

字，疑后人依此注改之，毛、郑读不必同也。

贾《疏》云："缁以糸为形，才为声，故误为纯字。但古之缁有二种：其缁布之缁，糸旁甾，后不误，故礼有缁布冠、缁布衣，存古字；若以丝帛之缁，则糸旁才，此字诸处不同。丝理明者即破为色，此'纯帛'及《祭统》'蚕事以为纯服'，又《论语》云：'麻冕，礼也，今也纯俭。'如此之类，皆丝理自明，即为色解之。《昏礼》云：'女次纯衣。'郑云：'纯衣，丝衣。'以《昏礼》直云纯衣，丝理不明，故为丝衣解之也。"

段玉裁云："云实缁字者，俗谓为纯丝字，实则缁字也。缁字作纯者，盖古文缁以才为声，作纼，篆作𦃃，纯篆作純，隶作纯，形略相似，是以误为纯字也。《说文》无纼字，盖失之。"

诒让案：郑意盖谓纼即缁之古文或体，实一字也。以纯字与缁形远，与纼形近，故不破为缁而破为纼。《说文》缁字重文无纼字，许、郑义不同也。贾谓缁布字作缁，缁帛字作纼，《士冠礼》疏及《诗·小雅·都人士》孔疏说并同，恐非郑意也。然郑破为纼，义实未塙。惠士奇读纯如字，云："纯，犹全也。"其说最允。

案：近年新见战国楚竹书，为深入认识该问题提供了新的史料。《郭店楚墓竹书·缁衣》假"兹"为"缁"①，《上海博物馆藏战国楚竹书·缁衣》以从糸才声之纼为缁②，《武威汉简·服传》则借"緫"为"缁"③，均今本《说文》缁字古文所无。尤其是《上海博物馆藏战国楚竹书·缁衣》中从糸才声之纼，为上述问题的解决提供了难得的材料。战国文字中"屯"（如随县曾侯乙墓、包山楚简 147 简、《郭店楚墓竹书·缁衣》等）④与"才"（包山楚简 8、郭店楚简《老子》甲本）⑤ 形体十分相近，极易混淆。而从糸才声之纼字，又不见于《说文·糸部》，盖纼乃六国文字，而缁乃秦文字。秦统一文字用秦文，纼字便废弃。六国文字中"才"、"屯"形体相近，秦文字中"才"、"屯"形体差异较大，秦统一之后，从

---

① 荆门市博物馆：《郭店楚墓竹简》，文物出版社 1998 年版，第 17、129 页。
② 马承源主编：《上海博物馆藏战国楚竹书》（一），上海古籍出版社 2001 年版，第 45、174 页。
③ 甘肃省博物馆、中国科学院考古研究所：《武威汉简》，文物出版社 1964 年版，第 156 页。
④ 汤余惠主编：《战国文字编》，福建人民出版社 2001 年版，第 23 页。
⑤ 汤余惠主编：《战国文字编》，福建人民出版社 2001 年版，第 384 页。

糸才声之"纼"弃用,故而汉人不识,又不察六国文字"才"、"屯"之异,便误将从糸才声之"纼"隶定为"纯"。段玉裁据秦篆为说虽不足,然以为从糸才声之缁为《说文》失载,则颇有见地。上海博物馆《缁衣》简的发现,为郑玄说提供了坚实证据。先秦文字多同声通假,"纼"与"缁"实本一字,贾疏强分为二亦大可不必。后郑读"纼"为缁并非破读,孙诒让从惠士奇说读纯如字也未必妥当。由上海博物馆《缁衣》等竹书可知,郑玄当目睹战国古文材料,故其说多有所本,未可轻疑。这桩聚讼不已的公案,或因新材料的发现而得以圆满解决。

学者或以纯本有黑义,来调和文献记载的矛盾。《广雅·释器》:"缁、黗,黑也。"二字虽俱可训黑,然义亦有别。王念孙《疏证》:"《说文》:黗,黄浊黥(案,原文作黑)也。……三礼皆谓黑色为纯,则纯自有黑义,无烦改读为缁,亦未必皆为纼字之讹也。古爵弁服固以丝为之,然《士冠礼》之纯衣与纁裳连文,则义主于色而不主于丝。《士昏礼》之'纯衣、纁袡'亦犹是也。若训纯为丝,则于文不类矣!"王氏以三礼之纯皆为黑色之意,并举《士冠礼》、《士昏礼》以证成其说,诚不易之论。事实上,郑康成注《士冠礼》及《士昏礼》之时,亦在有意无意地调和纯既训丝,又有黑义的矛盾。《士冠礼》云:"爵弁服,纁裳,纯衣,缁带,韎韐。"郑《注》:"纯衣,丝衣也。……先裳而后衣者,欲令下近缁,明衣与带同色。"是虽训纯为丝,仍以纯衣为黑色衣。《士昏礼》曰:"女次,纯衣纁袡。"郑《注》曰:"纯衣,丝衣。女从者毕袗玄,则此衣亦玄矣。"亦以纯衣之色为玄(黑)色。若径读纯为缁,则毋庸调和矣。

通过上文的讨论可知,误"缁"为"纯"当系文字形体讹变所致,"纯"本身并无黑义。王引之《经义述闻·周礼·纯帛》及《经义述闻·仪礼·纯衣》并据王念孙《广雅疏证》以纯有黑色之义为说。读纯为黗固然巧妙,然黗与纯(缁)字义并不完全相同。《说文·黑部》:"黗,黄浊黑。"段玉裁《注》:"谓黄浊之黑。《广雅》云:'黗,黑也。黇,黄也。'盖二字音义同,偏旁异耳。"《广雅·释器》:"黇,黄也。"王念孙《疏证》:"黗与黇同。"与段说同。是黗、黇俱为黄浊黑之意,从黑者可训为黑,从黄者可训黄。《说文·糸部》:"缁,帛黑色。"无黄黑之意。黗与缁意义差别明显。纯与黗、缁似不相涉,《说文·糸部》:"纯,丝也。"段玉裁《注》:"纯,丝也。……此纯之本义也。故其字从系。按纯与醇音同,醇者,不浇酒也。叚纯谓醇字,故班固曰:'不变曰醇,不杂曰粹。'崔觐说《易》曰:'不杂曰纯,不变曰粹。'其意一也。美丝、美酒,其不杂同也。不杂曰壹,壹则大。故《释诂》、毛《传》、郑《笺》皆曰:

'纯，大也'。"段说甚析。醇有厚义，《汉书·曹参传》："参辄饮以醇酒。"颜师古《注》："醇酒不浇，谓厚酒也。"《文选·张衡〈东京赋〉》："春醴惟醇。"薛综《注》："醇，厚也。"并是其证。因而纯亦有厚义，《文选·成公绥〈啸赋〉》："羌殊尤而纯世。"李周翰《注》："纯，厚也。"厚，引申之乃深也，故纯又可训为深，《文选·王褒〈四子讲德论〉》："履纯仁。"刘良《注》："纯，深也。"因此，高邮王氏父子以纯本有黑色之意，并不确当。

二　布帛尺寸

婚礼所用布帛之长度，汉儒有说，《周礼·地官·媒氏》："凡嫁子娶妻，入币纯帛，无过五两。"郑玄《注》："《杂记》曰：'纳币一束，束五两，两五寻。'"贾公彦《疏》："云'纳币一束，束五两，两五寻'者，寻八尺，则一两四十尺。五两，四五二十，总二百尺……。若余行礼，则用制币丈八尺，取俭易共。此昏礼每端两丈，取诚实之意，故以二丈整数为之。"孙诒让《正义》："依郑义则端二丈，匹四丈，此为布帛之常法，吉凶礼同。"孙诒让《正义》以端两丈为布帛常法，与贾《疏》不同。《仪礼·聘礼》："释币，制玄纁束。"郑玄《注》："凡物十曰束。玄纁之率，玄居三，纁居二。《朝贡礼》云：'纯，四只。制，丈八尺。'"贾公彦《疏》："云'《朝贡礼》云纯四只制丈八尺'者，纯谓幅之广狭，制谓舒之长短，《周礼》赵商问只长八寸，四八三十二，幅广三尺二寸，大广非其度。郑《志》答云：古积画误为四，当为三，三咫则二尺四寸矣。《杂记》云：'纳币一束，束五两，两五寻。'然则每卷二丈。若作制币者，每卷一丈八尺为制，合卷为匹也。"知聘礼之币长丈八尺。《礼记·杂记上》："鲁人之赠也。三玄二纁，广尺，长终幅。"郑玄《注》："言失之也。"孔颖达《正义》："记鲁失也。赠，谓以物送亡人于椁中也。赠别用玄纁束帛，三玄二纁，故《既夕礼》曰：'赠用制币，玄纁束。'今鲁人虽三玄二纁而用广尺长终幅，不复丈八尺则失礼也。"知丧礼之币长亦丈八尺。丧礼、聘礼之币长，均与婚礼币长两丈有异，当以贾疏为是而孙氏失之。

布帛的宽度，诸书所记不一。上揭《聘礼》郑玄《注》引《朝贡礼》以布幅宽三尺二寸，郑《志》以为二尺四寸，二说不同。而《说文·巾部》："幅，布帛广也。"段玉裁《注》："凡布帛广二尺二寸，其边曰幅。"以布幅宽二尺二寸。《汉书·食货志下》："布帛，广二尺二寸为幅。"《仪礼·丧服·记》："袂，属幅。"贾公彦《疏》："属幅者，谓整幅二尺二寸，凡用布为衣物及射侯，皆去边幅一寸，为缝杀，今此属连其幅，则不削去其边幅，取整幅为袂。"《仪礼·士丧礼》："为铭各以其物。亡则以缁长半幅，赪末长终幅，广三寸。"郑玄《注》："半幅一尺，终幅二尺。"贾公彦《疏》："布幅二尺二寸，今云二尺者，郑君计侯与深衣皆除边幅一寸，此亦两边除二寸而言之。"并以布幅为二尺二寸。是布幅似均为二尺二寸，吉凶礼同。

第五节　俪皮及相关问题

俪皮乃鹿科动物皮革，中国现存的鹿科动物将近20种，包括獐亚科的獐（先秦文献作麇、麕[1]），麂亚科的毛冠鹿、黄麂、黑麂、菲氏麂、贡山麂、罗氏麂、赤麂，鹿亚科的豚鹿、水鹿、坡鹿、白唇鹿、梅花鹿（又称斑鹿）、马鹿、麋鹿，美洲鹿亚科的狍、驼鹿、驯鹿等[2]。鹿科动物大约出现在渐新世，在我国生存历史十分悠久[3]。

一　鹿皮的礼仪用途

鹿科动物皮革在先秦时期是重要的礼仪用具，其主要用途有三。其一用作挚或庭实，其二用于答谢，其三用作服饰。用鹿皮作挚者，《通典》曰："挚者，至也，信也。君子于其所尊，必执挚以相见，明其愿心之至，以表忠信，不敢相亵也。"是用挚之意。《说文·心部》："庆，……吉礼以鹿皮为贽，故从鹿省。"段玉裁《注》："《士冠礼》、《聘礼》俪皮，郑《注》：两鹿皮也。《鹿部》曰：'礼，丽皮纳聘。盖鹿皮也。'"婚礼纳徵用鹿皮为庭实，《仪礼·士昏礼》："纳徵，玄𫄸束帛、俪皮，如纳吉礼。"郑玄《注》："俪，两也。执束帛以致命，两皮为庭实。皮，鹿皮。"聘礼亦用鹿皮为庭实，《仪礼·聘礼》："劳者礼辞，宾揖先入，劳者从之，乘皮设。"郑玄《注》："设于门内也。物四曰乘；皮，麋鹿皮也。"《聘礼》又云："摈者入告，出许，上介奉币、俪皮，二人赞。"郑玄《注》："俪，

---

[1] 字亦作麕，《尔雅·释草》："麞父、麕足。"陆德明《释文》："麕，本或作麕。"或作麚，《玉篇·鹿部》："麚同麕。"《诗·召南·野有死麕》："野有死麕。"陆德明《释文》："麕，本亦作麕，有作麕。"《说文·鹿部》："麕，麞也。"《左传·哀公十四年》："逢泽有介麕焉。"陆德明《释文》："麕，獐也。"是麕（麕、麚）即獐。
[2] 盛和林等：《中国鹿类动物》，华东师范大学出版社1992年版，第1—3页。
[3] 盛和林等：《中国鹿类动物》，华东师范大学出版社1992年版，第8页。

犹两也。上介用皮，变于宾也。皮，麇鹿皮。"《聘礼》复云："庭实设四皮。"郑玄《注》："麇鹿皮也。"由《聘礼》郑注知，聘礼所用乃麇鹿皮。鹿科动物中獐亚科、麂亚科形体较小，体长多在 1 米左右，而鹿亚科中水鹿、坡鹿、梅花鹿、麋鹿等较为常见，且体型较大体长通常在 2 米左右①。因此鹿亚科动物皮革面积较獐亚科、麂亚科大，故而用作挚的鹿皮当系鹿亚科动物的皮革，俪皮除了用麋鹿外，可能还有梅花鹿、水鹿、坡鹿、马鹿等鹿亚科动物。

冠礼尚用鹿皮答谢宾客，《仪礼·士冠礼》："主人酬宾，束帛、俪皮。"郑玄《注》："饮宾客，而从之以财货曰酬，所以申畅厚意也；束帛，十端也；俪皮，两鹿皮也。"

古人还以鹿皮作冠，称之为皮弁。《仪礼·士冠礼》："皮弁服，素积，缁带，素韠。"郑玄《注》："皮弁者，以白鹿皮为冠。"白鹿偶见文献记载，《国语·周语上》曰："（周）穆王将征犬戎，祭公谋父谏。……王不听，遂征之，得四白狼四白鹿以归。自是荒服者不至。"韦昭《注》："白狼、白鹿，犬戎所贡。"《韩诗外传》卷十云："齐桓公逐白鹿，至于麦丘。"后世以白鹿为祥瑞之兆，《宋书·符瑞中》云："白鹿，王者明惠及下则至。"史书有不少捕获白鹿的记载。据《宋书·符瑞》所载，汉章帝建初七年、元和年间、延光三年六月、七月，汉桓帝永兴元年，魏文帝黄初元年，晋武帝泰始八年、太康元年三月、八月、太康三年，晋惠帝元康元年，晋愍帝建兴元年，晋元帝太兴三年正月、四月、永昌元年，晋成帝咸和四年五月、七月、咸和九年、咸康二年，晋孝武帝太元十六年、十八年、二十年，晋安帝隆安五年，宋文帝元嘉五年、九年、十四年、十七年、二十年、二十二年、二十三年、二十七年、二十九年、三十一年，宋孝武帝孝建三年、大明元年、二年、三年、五年、八年，宋明帝泰始二年、五年、六年，后废帝元徽三年，均有获（见）白鹿的记载。《魏书·灵徵》所记，北魏时期获（见）白鹿的记载亦不在少数，如道武帝天兴四年、明元帝永兴四年、太武帝神䴥元年（因获白鹿而改元神䴥）三年、太延四年、太平真君八年、献文帝太安二年、孝文帝承明元年、太和元年正月、三月、四年、十九年、二十年、宣武帝景明元年、永平八年、延昌二年、四年、孝明帝熙平元年、二年、神龟二年，东魏孝静帝元象元年、武定元年等。《梁书·武帝纪》："（中大通六年）二月……秦郡献白鹿一。……六月丁未，平阳县献白鹿一。"《南齐书·祥瑞》有齐武帝永明五年、九年获白鹿的记载。

---

① 盛和林等：《中国鹿类动物》第六章，华东师范大学出版社 1992 年版。

现存的鹿科动物中唯驯鹿有通体纯白者,十分罕见①。如果排除基因突变的可能性,文献中所谓的白鹿或即通体纯白之驯鹿。而现存驯鹿乃环北极型动物,广泛分布于北美、欧亚大陆北纬48°以北地区②。若文献所记白鹿为驯鹿,那么这些关于白鹿的记载,对古环境的研究或有重要意义。由于白鹿数量稀少,不易获得,故制作皮弁所用白鹿皮,也可能是鹿科动物腹部的白色或浅色皮革。

二 鹿皮与婚礼

婚礼纳徵使用"玄纁束帛、俪皮",已为应国墓地所出匍盉证实。上古时期,动物皮毛曾是先民着装的主要材料③,其时鹿类分布很广,且猎取较易④,因而上古纳徵仅用俪皮。《通典·嘉礼·天子纳后》引谯周《古史考》云:"伏羲氏制嫁娶,以俪皮为礼。"或有所本。《通典·嘉礼三》云:"上古人食禽兽之肉,而衣其皮毛,周氏尚文去质,玄衣纁裳,犹用皮为鞸,所以制婚礼纳徵,用玄纁、俪皮,充当时之所服耳。"说近是。其实古人纳徵用俪皮除实用因素外,尚与鹿的文化内涵息息相关。

考古学及文献学的证据同时显示,战国以前四象体系中,北宫所配乃雌雄双鹿(麒麟)⑤。在北宫同时配上具有雌雄两种属性的麒麟,是受北方为方位起点乃生养万物的基础这一文化传统支配。与北相配的五行之水、四气之冬至以及四象之雌雄双鹿,都有生养其他物质的特性,战国以后北宫所配由龟蛇二象组成的玄武,也有阴阳双重属性⑥,这些都是基于北的特殊地位而作的配置。很显然,双鹿(麒麟)的阴阳属性,其实质乃为生养万物,这与婚礼生养的本质完全相同,因此我们有理由相信,婚礼中所致赠的两张鹿皮,大概也是一雌一雄。

后来纺织技术有了长足进步,织物逐渐取代兽皮成为服饰的重要材料,纳徵便改用币帛,俪皮备阴阳而生养的任务则转由"玄纁束帛"承担了。纳徵虽以币为贽,但使用俪皮的传统仍得以保留,如《仪礼·士昏礼》"纳徵,玄纁束帛、俪皮"。《公羊传·庄公二十二年》:"冬,公如齐纳币。"何休《注》:"纳币即纳徵,纳徵礼曰'主人受币,士受俪皮',

---

① 盛和林等:《中国鹿类动物》,华东师范大学出版社1992年版,第251页。
② 盛和林等:《中国鹿类动物》,华东师范大学出版社1992年版,第253页。
③ 沈从文:《中国古代服饰研究》,北岳文艺出版社2002年版,第2—5页。
④ 袁靖:《论中国新石器时代居民获取肉食资源的方式》,《考古学报》1999年第1期。
⑤ 冯时:《中国天文考古学》,中国社会科学出版社2007年版,第426—432页。
⑥ 冯时:《中国天文考古学》,中国社会科学出版社2007年版,第432、433页。

是也。……俪皮者，鹿皮，所以重古也。"陈立《义疏》："重古者，《礼记·礼运》云：昔者先王未有火化，食草木之食、鸟兽之肉，饮其血，茹其毛，衣其羽皮。后圣有作，治其麻丝，以为布帛。即反本修古义也。"所谓"重古"当有追远之意，追远尔后能事宗庙，与《礼记·昏义》"昏礼者，……上以事宗庙而下以继后世也，故君子重之"相合。

纳徵用俪皮之制，在后代的婚礼中仍有所保留。《通典·嘉礼·天子纳后》：

> （晋穆帝）升平元年，将纳皇后何氏……纳徵，用白羊一口，玄纁帛三疋，绢二百疋，兽皮二枚，钱二百万，玉璧一枚，酒十二斛，白米十二斛，马六匹。

《晋书·志·礼下》：

> （晋）孝武纳王皇后，……惟纳徵羊一头，玄纁用帛三匹、绛二匹，绢二百匹，兽皮二枚，钱二百万，玉璧一枚，马六匹，酒米各十二斛。

纳徵何以用俪皮及俪皮为哪种兽皮，在南北朝时期已经争执不下了。当时纳徵亦有用虎皮两张者，如《通典·嘉礼三·皇太子纳妃》：

> 北齐皇太子纳妃……纳徵，用玄三疋，纁二疋，束帛十疋，大璋一，虎皮二，锦采六十疋，绢二百疋，羔羊一口，羊四口，犊二头，酒黍稻米麦各十斛从车百乘。

关于纳徵用俪皮之争，史有明载，《宋书·礼志一》：

> （宋）明帝泰始五年十一月，有司奏："按晋江左以来，太子昏，纳徵，礼用玉一，虎皮二，未详何所准况。或者，虎取其威猛有彬炳，玉以象德而有温润。寻珪璋既玉之美者，豹皮义兼炳蔚，熊黑亦昏礼吉征，以类取象，亦宜并用，未详何以遗文。……今皇太子昏，纳徵，礼合用珪璋豹皮熊黑皮与不？下礼官详依经记更正。若应用者，为各用一？为应用两？"
> 博士裴昭明议："案《周礼》纳徵，玄纁束帛、俪皮。晋太子纳妃仪注，以虎皮二。太元中，公主纳徵，以虎豹皮各一具。岂谓婚礼

不辨王公之序，故取虎豹皮，以尊革其事乎。虎豹虽文，而徵礼所不用。熊罴吉祥，而婚典所不及。珪璋虽美，或为用各异。"

兼太常丞孙诜议以为："聘币之典，损益惟义，历代行事，取制士婚。若珪璋之用，实均璧品，采豹之彰，义齐虎文，熊罴表祥，繁衍攸寄。……礼，称束帛、俪皮，则珪璋数合同璧，熊罴文豹，各应用二。"

长兼国子博士虞龢议："案《仪礼》纳徵，直云玄纁束帛、杂皮而已。《礼记·郊特牲》云虎豹皮与玉璧，非虚作也。则虎豹之皮，居然用两，珪璧宜仍旧各一也。"

参诜、龢二议不异，今加珪璋各一，豹熊罴皮各二，以龢议为允。诏可。

杜佑在《通典》中已指出诸人之论纯属臆说，不足采信（见前揭《嘉礼三》）。周代用俪皮（两张鹿皮）的文化含义，前文已有所讨论，后代婚礼纳徵虽延续了俪皮的传统，但是对其原因可能已经不甚明了。这与战国以后双鹿（麒麟）从北宫转配中央宫而北宫则代之以龟蛇二象组成的玄武有直接的关系。双鹿转配中宫，以致其后的学者已经不了解古人用象征生养万物的北宫二兽双鹿之皮用于纳徵礼中来象征婚礼生养本义的良苦用心了，故而徒存其形而其实已失。

三 余论

古人以婚礼为"礼之本"，《礼记·昏义》："敬慎重正，而后亲之，礼之大体，而所以成男女之别，而立夫妇之义也。男女有别，而后夫妇有义；夫妇有义，而后父子有亲；父子有亲，而后君臣有正。故曰：'昏礼者，礼之本也。'"故婚礼为礼之本。《易·序卦》："有天地，然后有万物。有万物，然后有男女。有男女，然后有夫妇。有夫妇，然后有父子。有父子，然后有君臣。有君臣，然后有上下。有上下，然后礼义有所错。"亦以婚礼为礼之本。因此鹿皮在礼仪活动中的运用或本于婚礼，而后推及其他礼仪活动。

第六节 两周婚期研究

婚期是指婚礼亲迎之期，是婚礼研究的重要内容，本节拟通过对古文字材料及《春秋》经传所见婚期的分析，对两周婚期进行稽考。

一 媵器所见两周婚期

《仪礼·士昏礼》："媵御餕。"郑玄《注》："古者嫁女必侄娣从，谓之媵。"是"媵"即从嫁之义，媵器即从嫁之器。媵又有送义，《仪礼·燕礼》："媵觚于宾。"郑玄《注》："媵，送也。"是也。婚礼六礼，亲迎礼为夫家逆女，对于女父而言即送女。因此，嫁女媵器当作于夫家亲迎之时，因而媵器所记日期似即为婚期。

（一）西周媵器

系有婚期的西周媵器有番匊生壶、栾伯盘等。番匊生壶铭（《集成》9705）云：

> 唯廿又六年十月初吉己卯，番匊生铸媵壶，用媵厥元子孟改乖，子子孙孙永宝用。

番匊生壶系厉王二十六年所铸，西周宣王之前，岁首在秋分后一月[1]。本铭十月当在夏历六月前后。

栾伯盘（《集成》10167）亦为媵器，其铭云：

> 唯八月既生霸庚申，辛□□□□，栾伯方□邑，邦（？）□用赐三国，□内□，□□□丞斿西□，鼎立，□邑百，□鉴，自作媵盘，其万年需寿，黄耇，子子孙孙宝用于辛邑。

栾伯盘通高14.5、口径37.5、足高7、足径27.5、深8.5厘米[2]，属学者划分的西周时期盘类Ⅱ型2式，流行于西周晚期[3]，其下限可至春秋早期，三门峡虢国墓地M2006：58形制与之相近。口沿所饰顾首龙纹，并非西周时期流行的两龙相背之形，两龙龙首朝向一致，与三门峡虢国墓地M2011：330盆颈部所饰龙纹相类；然而，栾伯盘有更多西周时期的特征，如龙首有两条飘逸的长冠。综合考虑，栾伯盘的年代当在西周晚期晚段，下限可至春秋初期。是时周正建丑，簋铭之八月相当于夏历七月。

可见西周婚礼可行于夏历六月、七月。

---

[1] 冯时：《中国古文字学概论》第七章第五节第三小节，中国社会科学出版社2016年版。
[2] 叶向荣：《浠水县出土西周有铭铜盘》，《江汉考古》1985年第1期。
[3] 王世民、陈公柔、张长寿：《西周青铜器分期断代研究》，文物出版社1999年版，第153页。

(二) 春秋媵器

春秋时期各诸侯国之媵器颇多，其中不少媵器记有婚期。

1. 晋国媵器

今所见晋国媵器记月者有晋公盦（《集成》10342），其铭云：

> 唯王正月初吉丁亥，晋公曰："我皇祖唐公，应受大命，左右武王，□□百蛮，广司四方，至于大廷，莫不俾王。"……公曰："余雔（唯）今小子，敢帅型先王，……丕作元女，□□□□，媵盦四酉，□□□□，虔恭盟祀……。"

关于晋公盦的年代，颇有争议。唐兰、杨树达读"余雔今小子"之"雔"为"午"，以为晋定公之名，推定该器属晋定公时期（公元前511—前475年）属春秋晚期。李学勤认为"雔"即"雖"字，读为"唯"，系语词而非人名[1]（张政烺读为"惟"[2]），以盦铭所记为《左传·昭公四年》楚灵王求亲于晋之事，因而其铸造年代当在晋平公二十一年（公元前537年）。是年周正建子[3]，正月相当于夏历十一月。

2. 蔡国媵器

今存蔡器中媵器数量较多，其纪月者有蔡叔季之孙甗匜、蔡侯申盘、蔡侯瑚、蔡大师鼎等。蔡叔季之孙甗匜铭（《集成》10284）云：

> 唯正月初吉丁亥，蔡叔季之孙甗媵孟姬有止嬭媵盘，用祈眉寿，万年无疆，子子孙孙永宝用之匜。

该匜形制、纹饰均与河南光山县黄君孟夫人孟姬墓G2：A13匜相同，黄国于公元前648年灭国，G2墓的年代距灭国不远，器物制作年代亦均不晚于公元前648年[4]，发掘者推定孟姬墓G2：A13匜属春秋早期晚段。蔡叔季之孙甗匜亦当属春秋早期晚段。是时周正建丑，正月相当于夏历十二月。

淅川下寺楚墓墓葬乙M3出土蔡侯盘（《新收》471）亦为媵器，其铭曰：

---

[1] 李学勤：《晋公盦的几个问题》，《出土文献研究》，文物出版社1985年版。
[2] 张政烺：《张政烺批注〈两周金文辞大系考释〉》中册，中华书局2011年版，第505页。
[3] 杨伯峻：《春秋左传注》，中华书局1990年版，第1260页。
[4] 河南信阳地区文管会、光山县文管会：《春秋早期黄君孟夫妇墓发掘报告》，《考古》1984年第4期。

> 唯王正月初吉丁亥，蔡侯作媵鄔仲姬丹盥盘。用祈眉寿万年无疆，子孙永保用之。

M3 墓主为鄔仲姬丹，系 M2 墓主蒍子冯之妻妾，蒍子冯卒于楚康王二年（公元前 548 年）①，而蔡侯盘系蔡侯为鄔仲姬丹所作媵器，其制作年代当早于公元前 548 年，属春秋中期晚段②。蔡景侯于鲁宣公十八年（公元前 591 年）即位，卒于鲁襄公三十年（公元前 543 年）在位 49 年，盘铭之蔡侯当系蔡景侯。由此铭知，蔡用周正，是时周正建子，正月即冬至所在月，当夏历十一月。

蔡侯申盘（《集成》10171）曰：

> 元年正月，初吉辛亥，蔡侯申虔恭大命，上下陟𩁹。擽敬不易，肇佐天子。用作大孟姬媵彝盘。

器为蔡昭侯所作，昭侯元年即公元前 519 年，周正建子。
蔡大师䐛鼎（《集成》2738）铭云：

> 唯正月初吉丁亥，蔡大师䐛媵许叔姬可母飤繁，用祈眉寿万年无疆，子子孙孙永宝用之。

蔡侯瑚及蔡大师鼎均属春秋晚期③。是时周正建子，正月相当于夏历十一月。

3. 陈国媵器

陈国媵器系月者有陈侯鼎、陈侯瑚、陈侯匜、陈子匜、原氏仲瑚等。陈侯鼎铭（《集成》2650）曰：

> 唯正月初吉丁亥，陈侯作铸妫囧母媵鼎，其永寿用之。

---

① 李零：《"楚叔之孙佣"究竟是谁——河南淅川下寺二号墓之墓主和年代问题的讨论》，《中原文物》1981 年第 4 期；《再论淅川下寺楚墓——读〈淅川下寺楚墓〉》，《文物》1996 年第 1 期。
② 高崇文：《东周楚氏鼎形态分析》，《江汉考古》1983 年第 1 期。
③ 上海博物馆商周青铜器铭文选编写组：《商周青铜器铭文选》（四），文物出版社 1990 年版，第 400 页。

第七章 嘉礼研究（下） 329

陈侯鼎形制、纹饰均与陕西韩城梁带村芮国墓地 M27：1006 鼎相同，属春秋早期①。鲁僖公五年之前周正建丑，周正正月相当于夏历十二月。

陈侯簠铭（《集成》4604）曰：

> 唯正月初吉丁亥，陈侯作王妫媵簠，用祈眉寿无疆，永寿用之。

陈侯盘（《集成》10157）云：

> 唯正月初吉丁亥，陈侯作王仲妫媲母媵盘，用祈眉寿万年无疆，永寿用之。

陈侯簠窄折沿，折沿占器盖高四分之一弱，錾耳一端铸于器盖斜面，另一端铸于折沿上，属于学者划分的簠类 B 型 I 式，流行于春秋早期后段至春秋中期②；腹部所饰回首象纹，流行于春秋中期③。故而，陈侯簠当属春秋中期。与陈侯簠、陈侯盘同铭者尚有陈侯匜（《新收》1833），其铭云：

> 唯正月初吉□亥，陈侯作王□□媲母媵匜，□祈眉寿□□□□，永寿□□。

匜铭虽有残泐，从行款看内容与陈侯簠铭基本相同，匜铭较簠铭多一"母"字，"母"为女字或可省略④。且匜铭字体与陈侯簠铭如出一手，二者当为同时所铸。陈侯匜与郑大内史叔上匜（详后）形制相同，当属春秋中期前段。由于三器的绝对年代无法判断，而周正岁首于春秋中期有一次调整，故簠铭之正月无法判定，然不出夏历十一月、十二月两月，夏历十一月应为冬至所在月份。

陈子匜铭（《集成》10279）云：

> 唯正月初吉丁亥，陈子子作庸孟妫毂母媵匜，用祈眉寿，万年无

---

① 陕西省考古研究院、渭南市文物保护考古研究所、韩城市文物旅游局：《陕西韩城梁带村遗址 M27 发掘简报》，《考古与文物》2007 年第 6 期。
② 彭裕商：《春秋青铜器年代综合研究》，中华书局 2011 年版，第 68 页。
③ 彭裕商：《春秋青铜器年代综合研究》，中华书局 2011 年版，第 159—161 页。
④ 郭沫若：《两周金文辞大系考释》，科学出版社 1957 年版，第 178 页。

疆，永寿用之。

陈子匜形制及纹饰特征，与郑大内史叔上匜及陈侯匜相似，亦属春秋中期前段。

原氏仲簠铭（《新收》395）云：

> 唯正月初吉丁亥，原氏仲作沦仲妫家母媵簠，用祈眉寿万年无疆，永用之。

学者以"原氏仲"即陈国大夫原仲，原仲卒于鲁庄公二十七年（公元前677年），推定该簠属春秋早期器①，说是。其形制与陈侯簠相同，流行于春秋早期与中期，与铭文反映的时代特征吻合。春秋早期周正建丑，正月相当于夏历十二月。

4. 许国媵器

许国媵器纪月者有许子妆簠（《集成》4616），其铭云：

> 唯正月初吉丁亥，许子妆择其吉金，用铸其簠，用媵孟姜秦嬴，其子子孙孙永保用之。

铭言"用媵孟姜秦嬴"，与曾侯簠"曾侯作叔姬邛嬭媵器尊彝"同，张政烺谓："叔姬盖曾侯之女，邛嬭又叔姬之女，曾侯为外祖故为作媵器。"②说极是。此许子妆"媵孟姜秦嬴"与彼相同，即谓许子妆为外孙秦嬴作媵器。伯猎父鬲曰："伯猎父作邢姬季姜尊鬲。"伯猎父即季姜之外祖。

许子妆簠折壁，直壁长度不及腹深一半，属学者划分的簠类 A 型 II 式③，流行于春秋中期；通体饰蟠螭纹，与新郑李家楼郑成公墓出土簠④、淅川下寺楚墓 M8：4 簠相同。郑成公于公元前584—前571年在位，李家楼大墓所出簠其铸造、使用或在此时，属春秋中期后段；下寺 M8：4 簠年代亦在春秋中期后段⑤。因此，许子妆簠当属春秋中期后段。许用周正，

---

① 河南省周口市博物馆：《周口市博物馆藏有铭青铜器》，《考古》1988年第8期。
② 张政烺：《张政烺批注〈两周金文辞大系考释〉》中册，中华书局2011年版，第374页。
③ 朱凤瀚：《中国青铜器综论》，上海古籍出版社2009年版，第140页。
④ 孙海波：《新郑彝器》，考古学社专刊第十九种，1937年，第82页。
⑤ 李零：《入山与出塞》，文物出版社2004年版，第231页。

许公买瑚曰："唯王正月初吉丁亥，许公买择厥吉金，自作飤瑚，以祈眉寿，永命无疆，子子孙孙永宝用之。"可为明证。是时周正或建子，正月相当于夏历十一月。

5. 曾国媵器

曾国媵器系月者有曾子原鲁瑚（《集成》4573），其铭云：

唯九月初吉庚申，曾子原鲁为孟姬鄀铸媵瑚。

曾子原鲁瑚形制纹饰与许子妆瑚相同①，当亦属春秋中期后段。孟姬为曾子原鲁之女，嫁女于九月。曾用周正，曾伯霖瑚首言"唯王十月既吉"可为证。春秋中期后段，周正建子，周正九月相当于夏历七月。《春秋·宣公五年》："秋九月，齐高固来逆叔姬。"杜预《注》："高固，齐大夫。不书女归，降于诸侯。"《左传》："秋九月，齐高固来逆女，自为也。故书曰：逆叔姬，自逆也。"鲁宣公五年周正建子，齐高固逆叔姬在九月，与曾子原鲁瑚所记时间一致。

6. 黄国媵器

黄国媵器系月者有黄大子伯克盘（《集成》10162），其铭云：

唯王正月初吉丁亥，黄大子伯克作仲□□媵盘，用祈眉寿万年无疆，子子孙孙永宝用之。

该盘器影未见，1978年沂水县刘家店子春秋墓M1出土有黄大子伯克盆，与此盘属同人之器②，其年代属春秋中期偏晚③。黄灭于鲁僖公十二年（公元前648年），作器年代当早于鲁僖公，是时周正建丑，正月相当于夏历十二月。

7. 楚国媵器

楚国媵器纪月者有楚屈子赤目瑚、楚王钟、楚王鼎等。楚屈子赤目瑚（《新收》1230）云：

唯正月初吉丁亥，楚屈子赤目媵仲嬬璜飤瑚，其眉寿无疆，子子

---

① 湖北省文物考古研究所：《曾国青铜器》，文物出版社2007年版，第382—383页。
② 山东省文物考古研究所、沂水县文物管理站：《山东沂水刘家店子春秋墓发掘简报》，《文物》1984年第9期。
③ 朱凤瀚：《中国青铜器综论》，上海古籍出版社2009年版，第1703—1704页。

孙孙永保用之。

楚王钟铭（《集成》72）云：

> 唯正月初吉丁亥，楚王媵邛仲嬭南龢钟，其眉寿无疆，子孙永保用之。

楚王鼎铭云：

> 唯王正月初吉丁亥，楚王媵随仲嬭加飤繁。其眉寿无期，子孙永宝用之。①

楚王鼎属春秋中期器。
另有邓子盘出于楚墓附记于此，其铭（《新收》1242）云：

> 唯正月初吉丁亥，邓子□媵叔曼盥盘，□□无諆，子孙永□。

邓子盘出土于湖北钟祥黄土坡楚国墓地 M3，其年代属春秋晚期早段②。邓于鲁庄公十六年（公元前 678 年）灭于楚，此邓子当即邓国之后，既灭于楚当用楚历。学者通过对楚地出土简牍及具铭铜器的研究指出，楚历季节与历月并不同步，楚历孟春为夏屎之月，当夏历仲春二月，楚历正月即刑夷之月，于夏历当属一月③。

8. 齐国媵器

齐国媵器有齐侯盂，其铭（《集成》10318）云：

> 齐侯作媵子仲姜宝盂，其眉寿万年，永保其身，子子孙孙永保用之。

---

① 曹锦炎：《"曾"、"随"二国的证据——论新发现的随仲嬭加鼎》，《江汉考古》2011 年第 4 期。
② 荆州博物馆、钟祥市博物馆：《湖北钟祥黄土坡东周秦代墓发掘报告》，《考古学报》2009 年第 2 期。
③ 陈伟：《包山楚简初探》第一章第一节，武汉大学出版社 1996 年版；冯时：《伅夫人嬛鼎铭文及相关问题》，《中原文物》2009 年第 6 期。

该盂乃齐侯媵女之器。冯时师以为鬻镈所记为鬻迎娶齐侯女仲姜之器，与齐侯盂系同时所作之器①。镈铭首记亲迎之期曰："唯王五月初吉丁亥"，鬻为鲍叔牙之孙，属齐昭公之世②，是时周正建子，五月相当于夏历三月。

9. 郑国媵器

郑国媵器系月者有郑大内史叔上匜，其铭（《集成》10281）曰：

> 唯十又二月初吉乙巳，郑大内史叔上作叔妘媵匜，其万年无疆，子孙孙永宝用之。

该匜现藏故宫博物院，图像、铭文均见著录③。匜流底部呈弧形，口部向外平折，属学者划分的匜类 Aa 型 II 式，流行于春秋中期④；四足宽扁，窃曲纹所形成的纹饰带下方未饰瓦纹，这种形式流行于春秋中期⑤，与其流部所反映的时代特征吻合。其形制与河南光山县黄国 G2：A13 匜相近，后者属于春秋中期前段。因此该匜年代亦属春秋中期前段，学者或以该匜铸于西周晚期⑥，失之偏早；《集成》（10281）定为春秋器，近是。匜腹部所饰双首龙纹与伯公父盨、滕侯稣盨相同。学者认为，其流行年代为西周晚期至春秋早期⑦，由郑大内史叔上匜观之，此种窃曲纹的延续年代或可至春秋中期。作器之时周正建丑，十二月相当于夏历十一月。

10. 其他

其他系月之媵器有，长子沫臣瑚、伯氏姒氏鼎等，长子沫臣瑚铭（《集成》4625）云：

> 唯正月初吉丁亥，长子沫臣择其吉金，作其子孟嬭之母媵瑚，其眉寿万年无期，子子孙孙永保用之。

---

① 冯时：《春秋齐侯盂与鬻镈铭文对读》，见氏著《古文字与古史新论》，台湾书房出版有限公司 2007 年版。
② 冯时：《春秋齐侯盂与鬻镈铭文对读》，见氏著《古文字与古史新论》，台湾书房出版有限公司 2007 年版。
③ 故宫博物院：《故宫青铜器图典》，紫禁城出版社 2010 年版，第 136 页。
④ 朱凤瀚：《中国青铜器综论》，上海古籍出版社 2009 年版，第 289 页。
⑤ 彭裕商：《春秋青铜器年代综合研究》，中华书局 2011 年版，第 96 页。
⑥ 故宫博物院：《故宫青铜器图典》，紫禁城出版社 2010 年版，第 136 页。
⑦ 朱凤瀚：《中国青铜器综论》，上海古籍出版社 2009 年版，第 580 页。

长子沫臣当为商代长国之后，鹿邑太清宫发现有西周早期长国墓①；西周时期的长子口、长由亦均为长国之后②。其形制与陈侯瑚、许子妆瑚相同，年代亦相近，属春秋中期。长国历法不可考。

伯氏姒氏鼎属器邓，其铭（《集成》2643）云：

唯邓八月初吉，伯氏、姒氏作䚄嫚㚔媵鼎，其永宝用。

器属春秋早期。由铭文知邓国不用周正，邓历岁首不能确定。

春秋时期，媵器所见春秋婚嫁，有行于夏历一月、三月、七月、十一月、十二月者。

准上，两周金文显示，从西周时期到春秋晚期婚期，有夏历一月、三月、六月、七月、十一月、十二月。

二　《春秋》经传所见婚期

春秋时期周王、诸侯及卿大夫嫁娶《春秋》经传有载。

（一）于春嫁娶

《左传·庄公十八年》："春，虢公、晋侯、郑伯使原庄公逆王后于陈，陈妫归于京师，实惠后。"杜预《注》："虢、晋朝王，郑伯又以齐执其卿故，求王为援，皆在周，倡义为王定昏，陈人敬从，得同姓宗国之礼，故传详其事。"

《春秋·庄公二十五年》："夏，……伯姬归于杞。"依庄公二十四年事例之（详下），杞来逆女或在春季。

庄公时期周正建丑，春季含夏历十二月、一月、二月。

《春秋·宣公元年》："春，王正月，公即位。公子遂如齐逆女。"《左传》："元年春王正月，公子遂如齐逆女，尊君命也。"《公羊传》："夫人何以不称姜氏？贬，讥丧娶也。"

《春秋·襄公十五年》："春，……刘夏逆王后于齐。"《左传·襄公十五年》："官师从单靖公逆王后于齐，卿不行，非礼也。"

宣公元年周正建子，正月相当于夏历十一月。襄公十五年周正建子，春季包括夏历十一月、十二月、一月。

---

① 杨升南：《商代的长族——兼说鹿邑"长子口"大墓的墓主》，《中原文物》2006 年第 5 期。

② 杨肇清：《长国考》，《中原文物》2002 年第 4 期。

（二）于夏嫁娶

《左传·隐公八年》："四月甲辰，郑公子忽如陈逆妇妫。辛亥，以妫氏归。甲寅，入于郑。"四月相当于夏历三月，当仲春之月。

《春秋·庄公二十四年》："夏，公如齐逆女。秋，公至自齐。八月丁丑，夫人姜氏入。"杜预《注》："无传。亲逆，礼也。"庄公二十四年，周正建丑，夏季含夏历三月、四月、五月。

《春秋·僖公二十五年》："夏，宋荡伯姬来逆妇。"杜预《注》："无传。伯姬，鲁女，为宋大夫荡氏妻也，自为其子来逆。称妇，姑存之辞。妇人越竟迎妇非礼，故书。"

《春秋·文公四年》："夏，逆妇姜于齐。"《左传》："逆妇姜于齐，卿不行，非礼也。"僖公二十五年之后周正建子，文公四年周正建子，夏季含夏历二月、三月及四月。

《左传·昭公二年》："夏四月，（晋）韩须如齐逆女。""夏四月"当夏历二月。

《左传·昭公三年》："晋韩起如齐逆女。"事见于"五月，叔弓如滕葬滕成公"及"秋七月，郑罕虎如晋贺妇人"之间，殆韩起如齐逆女在六月。"六月"当夏历四月。

（三）于秋嫁娶

《春秋·隐公二年》："九月，纪裂繻来逆女。冬十月，伯姬归于纪。"隐公二年周正建丑，九月当夏历八月前后。

《春秋·桓公三年》："秋七月壬辰朔，日有食之，既。公子翚如齐逆女。"杜预《注》："礼，君有故则使卿逆。"

隐公二年、桓公三年周正建丑，九月、七月分别相当于夏历八月、六月。

《春秋·成公十四年》："秋，叔孙侨如如齐逆女。……九月，侨如以夫人妇姜氏至自齐。"杜预《注》："成公逆妇人最为得礼。"《左传》："秋，宣伯如齐逆女。称族，尊君命也。"孔颖达《疏》："宣元年已发尊君命、尊夫人之例。今复发者，彼以丧娶，嫌非正礼，且公子非族，故重明之。"秋宣伯如齐，九月以夫人归，故逆女当在七月或八月。成公十四年周正建子，故七月、八月相当于夏历五月、六月。

（四）于冬嫁娶

《春秋·桓公八年》："冬，……祭公来，遂逆王后于纪。"《左传》："祭公来，遂逆王后于纪，礼也。"《春秋·桓公九年》："春，纪季姜归于京师。"《左传》："春，纪季姜归于京师。凡诸侯之女行，唯王后书。"杜预《注》："为书妇人行例也。适诸侯虽告鲁犹不书。"事实上，通观《春秋》经传，周王娶后亦未必均书。

《春秋·庄公元年》："夏，单伯送王姬。秋筑王姬之馆于外。"杜预《注》："公在谅闇，虑齐侯当亲迎，不忍便以礼接于庙，又不敢逆王命，故筑舍于外。"经文又曰："（冬），王姬归于齐。"杜预《注》："无传，不书逆，公不与接。"经未书齐侯何时逆王姬，盖在冬季。

《春秋·庄公二十七年》："冬，……莒庆来逆叔姬。"

桓公八年、庄公元年及庄公二十七年周正建丑，冬季包括夏历九月、十月及十一月。

《春秋·僖公三十一年》："冬，杞伯姬来求妇。"

《春秋·成公九年》："二月，伯姬归于宋。"以桓公八年事例之，则宋遣使逆女当在此之前或在成公八年冬。

《左传·宣公六年》："冬，召桓公逆王后于齐。"

僖公三十一年、成公九年、宣公六年周正建子，冬季包括夏历八月、九月及十月。

《春秋》经传表明，春秋时期春、夏、秋、冬四时逆女皆宜。

三 战国日书所见婚期

春秋时期每月皆可嫁娶的婚姻制度为战国时期所遵循。这在战国时期及秦代墓葬出土的日书中也可以得到印证。湖北江陵九店楚墓出土大量战国楚简，其中《建除》一篇曰：

【酻】尿，建于辰……城于子……；【夏尿，建于】巳……城于丑……；【亯月，建于】午，……城于寅……；夏夹，建于未，……城于卯……；八月，建于申，……城于辰……；九月，建于酉，……城于……巳；十月，建于戌，……城于午……；臭月，建于亥，……城于未……；【献】马，建于子，……城于申……；【冬夹，建于】丑，……城于酉……；屈夹，建于寅，……城于戌……；远夹，建于卯，……城于亥……。凡建日，大吉，利以娶妻。……凡城日，大吉，利以结言，娶妻、嫁子。①

---

① 陈伟等著：《楚地出土战国简册（十四种）》，经济科学出版社2009年版，第304—305页。

是娶妻每月皆可。《成日、吉日和不吉日宜忌》篇曰：

> 凡春三月，甲、乙、丙、丁不吉，壬、癸吉，庚、辛成日；凡夏三月，丙、丁、庚、辛不吉，甲、乙吉，壬、癸成日；凡秋三月，庚、辛、壬、癸不吉，丙、丁吉，甲、乙成日；凡冬三月，壬、癸、甲、乙不吉，庚、辛吉，丙、丁成日。凡成日，利以娶妻、嫁女、冠，利以成事，利以入邦中，利以纳室，利以纳田邑，利以入人民，利。①

亦以每月均有嫁娶之吉日。
睡虎地秦墓所出竹简有《娶妻》篇，其文云：

> 娶妻龙日，丁巳、癸丑、辛酉、辛亥、乙酉，及春之未、戌，秋丑、辰，冬戌、亥。丁丑、己丑娶妻，不吉。戊申、己酉，牵牛以娶织女，不果，三弃。

"龙日"即忌日②。其《娶妻嫁子》篇曰：

> 春三月季庚辛，夏三月季壬癸，秋三月季甲乙，冬三月季丙丁，此大败日。娶妻，不终。

"春三月季庚辛"者，即春三月之季庚、季辛日③。又曰：

> 子、寅、卯、巳、酉、戌为牡日，丑、辰、申午、未、亥为牝日。……十二月、正月、七月、八月为牡月。三月、四月、九月、十月为牝月。牝月牡月娶妻，吉。

秦建寅行夏历。甘肃放马滩一号秦墓甲种《日书》曰：

> 正月建寅，除卯，盈辰，平巳，定午，执未，彼申，危酉，成

---

① 陈伟等著：《楚地出土战国简册（十四种）》，经济科学出版社2009年版，第314—315页。
② 王子今：《睡虎地秦简〈日书〉甲种疏证》，湖北教育出版社2003年版，第292页。
③ 刘乐贤：《睡虎地秦简日书研究》，文津出版社1994年版，第206页。

戌，收亥，开子，闭丑；二月建卯，除辰，盈巳，平午，定未，执申，彼酉，危戌，成亥，收子，开丑，闭寅；三月建辰，除巳，盈午，平未，定申，执酉，彼戌，危亥，成子，收丑，开寅，闭卯；……十二月建丑，除寅，盈卯，平辰，定巳，执午，彼未，危申，成酉，收戌，开亥，闭子。……平日可娶妻、祝祠、赐客，可以入黔首、作事，吉。

乙种基本相同①。秦代日书亦可证明每月皆可嫁娶。

四　余论

古代婚礼之期向有歧说，或主仲春，或主霜降至冰泮。黄以周《礼书通故·昏礼通故》论之云：

《白虎通义》云："嫁娶必以春何？春者天地交通，万物始生，阴阳交接之时也。《诗》云：'士如归妻，迨冰未泮。'《周官》曰：'仲春之月，令会男女，令男三十娶，女二十嫁。'"《家语》云："霜降而妇功成，嫁娶行焉。冰泮而农桑起，昏礼杀于此。"郑玄从《通义》，王肃从《家语》。

束晳云："春秋二百四十年，天王取后，鲁女出嫁，夫人来归，大夫送女，自正月至十二月，悉不以得时、失时为褒贬，何限于仲春、季秋以相非哉！"

以周案：仲春会男女，文见《周官》；"二月绥多士女"，文见《夏小正》；"士如归妻、迨冰未泮"，文见《邶风》；"秋以为期"，文见《卫风》；霜降逆女，冰泮杀内，文见《荀子》；有女怀春，不暇待秋，文见毛《传》。《通典》引董仲舒云："天地之道，向秋冬而阴气来，向春夏而阴气去，故古人之霜降而逆女，冰泮而杀止。"文本《荀子》、毛《传》。《家语》虽伪书，未可全斥。昏之正期，在霜降后，冰泮前。《周官》："仲春会男女，奔者不禁。"据期尽言。若仲春为正昏之月，何容汲汲先下不禁之令？郑《注》错会经意。而仲春后、季秋前不相昏娶，振古如兹。束说更缪，《春秋》所书多失礼事。

黄氏之论可见婚礼争论之一端。然而，基于上文对商周古文字材料及

---

① 甘肃省文物考古研究所：《天水放马滩秦简》，中华书局2009年版，第83—106页。

《春秋》经传相关记载的分析可知，两周婚礼似乎并无后世礼家所谓的明确婚期。

同样，《诗·卫风·氓》"将子无怒，秋以为期"这一记载，对于婚期的研究也没有多少助益。《氓》诗之"秋"系农年抑或历年，尚无法究明。商代和西周前期只有春秋二季，四季的划分可能萌芽于西周晚期，春秋时期逐渐确立，战国时期才成为各国共识①。《诗·卫风·氓》序曰："《氓》，刺时也。宣公之时，礼义消亡，淫风大行，男女无别，遂相奔诱，华落色衰，复相弃背，或乃困而自悔，丧其妃耦，故序其事以风焉。"以《氓》作于卫宣公（公元前718—700年）世，若"秋"指农年或当延续商周传统，秋为休耕季节。若秋为历年，则卫宣公时周正建丑，秋季指夏历六月、七月及八月。所指的时间比较宽泛。

从生物学角度来看，一些动物的发情与大气温度有关，如马。黄河流域的马，只能在气温较暖的春季才能发情交配，因此古人以马"仲春通淫"，具有科学依据。与其他大部分动物季节性发情不同，人类是自然界中为数不多的一年四季都能发生性行为的动物，这也意味着人类在一年四季中任何一个季节都可繁衍后代，婚礼主生，故而从生育的角度来看，似亦无需制定婚期。

但是我们对婚期的认识不能仅止于此。顺阴阳、依四时而施政布令是古代用事制度的核心内容。婚礼属阴礼，婚期自应以主阴为正。故先儒以霜降后、冰泮前为婚之正期殆不可易。然而从实际情形来看，上古社会生产力低下，人是第一位的生产要素，人口繁殖对当时社会生产力发展具有决定性的意义。《左传·哀公元年》勾践灭越首重人口繁殖，伍子胥即言"越十年生聚，而十年教训，二十年之外，吴其为沼乎"（勾践生聚人口之事亦见《国语·越语上》）。若穷守礼制，势必影响人口繁殖，终将危害社会安定、发展。礼依人情而制、仪顺人性而作，故礼有正、权、隆、杀，虽以正礼为纲，亦需权礼为之补充。此为古人制礼之神髓所在。故而，礼制世有损益、代有更革，亦时也、势也。可见，中华民族的通权达变所由来尚矣，此为中华民族民族智慧的结晶。

---

① 于省吾：《岁、时起源初考》，《历史研究》1961年第4期。

第八章　西周金文常见仪节考

本章在全面占有材料的基础上，对西周金文常见的拜礼和答谢（"对扬"）等仪节进行研究，并就相关问题进行考辨。

第一节　金文拜礼与《周礼》九拜

西周金文所见拜礼，其别共有15种，即撵頣首、拜頣首、手頣首、撵手頣首、撵手指首、撵頣手、撵頣、撵手、頣首、撵首頣首、三撵頣首、撵手页手、颡頣首、捌頣首、撵页首，东周金文另有再拜稽首，凡16种。《周礼·春官·大祝》则云："辨九拜，一曰稽首，二曰顿首，三曰空首，四曰振动，五曰吉拜，六曰凶拜，七曰奇拜，八曰褒拜，九曰肃拜。"金文所见诸拜礼与《周礼》之九拜之间有何种关系，或者说《周礼》之九拜是否即周代礼仪，这些问题的厘析，对于周代拜礼以及《周礼》所记拜礼的研究有重要意义。《周礼》之九拜条理井然，本节试以《周礼》九拜为纲，对金文所见拜礼进行研究。

一　拜

拜字在西周金文中有四种写法，即从页奉声之颡，见于师晨鼎（《集成》2817）、虞簋（《集成》4167）。

从手莽声之撵，见于克鼎（《集成》2836）、颂壶（《集成》9731）。

公臣簋（《集成》4185、4187）之撵（ ）所从之" "乃手字之异文，盖手掌正面形象。

亦有从手从页之拜，见于眘簋（《集成》4194）：

从二手之拜，见于辅师嫠簋（《集成》4286）。从两手之拜，当即《说文·手部》所录杨雄《训纂篇》从两手下之"拜"。王臣簋（《集成》4268）则以"手"当拜。段玉裁《说文解字注》云："凡拜必兼用首、手、足三者，而造字者重手，故从手。"按：段说甚析。凡拜必跪，因跪而拜，拜者兼用首、手，故或从手得义，或从首得义，或从手、页会意，或从二手会意，或省作手，其义皆同。

《说文·手部》："捧，首至手也。"段玉裁《注》：

> 各本作首至地也。今正。首至地谓之稽首，拜中之一，不可该九拜。拜之名生于空首，故许言首至手，《周礼》之空首，他经谓之拜手。郑注曰："空首，拜头至手，所谓拜手也。"何注《公羊传》曰："头至手曰拜手。"某氏注《尚书·大甲》、《召诰》曰："拜手，首至手也。"何以谓之头至手，《足部》曰："跪者，所以拜也。"既跪而拱手，而头俯至于手，与心平，是之谓头至手。《荀卿子》曰："平衡曰拜。"是也。头不至于地，是以《周礼》谓之空首。

是拜即拜手，亦即《周礼·春官·大祝》九捧之空首。由于拜首、手兼用，故拜手亦称拜首，宋道诚《释氏要览·礼数》即云："拜首，谓以头至手，即（《周礼》）第三空首拜也。"

二　稽

"稽"字，西周彝铭有多种写法，有仅作"页"者，如卯簋（《集成》4327）。有从页旨声之"䭫"，见于邢侯簋（《集成》4241）、它簋盖（《集成》4330）、元年师兑簋（《集成》4279）、克鼎（《集成》2836）等。

有从页匕声者，如眘簋（《集成》4194）；亦有从手旨声者，如归夆簋（《集成》4331）。

有从首旨声之"䭫"，见于公臣簋（《集成》4184）、弭叔师察簋（《集成》4253）等。

亦从𥝩声者，如羖簋盖。

古文字从首与从页无别，故"䭫"、"頴"实为一字。旨亦从匕得声，故从页匕声之"顷"与从页旨声之"頴"无别；亦后又添加声符"旨"作"頴"。

《说文·首部》："䭫，䭫首也。"段玉裁《注》："三字句，各本作'下首也'，亦由妄人不知三字句之例而改之。"按：段校是也。即稽首，《周礼·春官·大祝》："一曰稽首。"郑玄《注》："稽首，拜头至地也。"《白虎通义·姓名篇》云：

必稽首何？敬之至也。头至地何？以言首谓头也。

稽首之仪节先儒有说，段玉裁（《释拜》）云：

拜，头至地也。既拜手而拱手下至于地，而头亦下至于地。（拱手至地而手仍不分散，非如今人两手按地也。手前于膝，而头又前于手。）荀卿子曰："下衡曰稽首。"是也。①

贾公彦《周礼注疏》又云：

一曰稽首，其稽，稽留之字，头至地多时，则为稽首也。

然孙诒让《周礼正义》非之云：

稽，《释文》作"䭫"，云"本又作稽"。《说文·首部》曰："䭫，下首也。"案：《释文》本是也。经作䭫，注作稽，亦经用古字，注用今字之例。稽、䭫同声叚借字，贾疏说稽首为稽留之字，则误以叚字为正矣。

---

① 段玉裁：《经韵楼集》，上海古籍出版社 2008 年版。

案：周彝铭所见"稽"与《释文》同，乃稽首之本字，"䭫首"或作"頁"，添加声符后作"䭫"或"頴"，后"䭫"废"稽"行，以其同音之故也。《左传·僖公五年》："士蒍稽首而对。"孔颖达《正义》："稽首，头至地，头下缓至地也。"段玉裁《说文·首部》注曰："䭫首者，稽迟其首。"并以稽有稽留、稽迟之义。

三 九拜

（一）稽首

稽首之礼多与拜手并行，其例如下。

> 唯王九月既生霸甲寅，王在周康宫，格大室，即位，荣伯入右辅师嫠，王呼作册尹册命嫠曰："䞋乃祖考司辅，……今余增乃命，赐汝玄衣黹纯、赤市、朱黄、戈彤沙琱戟、旂五日，用事。"嫠拜頴首，敢对扬王休命，用作宝尊簋，嫠其万年子子孙孙永宝用事。
>
> 辅师嫠簋（《集成》4286）

亦有但行稽首之礼者。

> 王若曰："师询，……今余佳唯申就乃命，命汝惠拥我邦小大猷，邦佑潢辥，敬明乃心，率以乃友扞敔王身，欲汝弗以乃辟陷于艰，赐汝秬鬯一卣、圭瓒、……三百人。"询稽首，敢对扬天子休，用作朕烈祖乙伯同益姬宝簋……。唯元年二月既望庚寅，王格于大室，荣入右询。
>
> 师询簋（《集成》4342）

《大祝》："一曰稽首。"贾公彦《疏》："稽首，拜中最重，臣拜君也。"是稽首乃臣拜君之拜，师询簋所记是也。

稽首实即拜稽首，《左传·僖公五年》："初晋侯使士蒍为二公子筑蒲与屈，不慎寘薪焉，夷吾诉之公使让之，士蒍稽首而对。"孔颖达《疏》云："《尚书》每称拜手稽首者，初为拜，头至手，乃复叩头以至地，至手是为拜手，至地乃为稽首。然则凡为稽首者，必先拜手，乃成稽首。故《尚书》拜手稽首连言之。《传》虽不言拜手，当亦先为拜手，乃为稽首。稽首、拜手共成一拜之礼，此为其敬之极，故臣于君乃然。"是其证。周彝铭亦有明证，霸伯盂铭云：

唯三月，王使伯老蔑尚历，归柔鬱、芳邕，臧，尚拜稽首，既稽首，延宾，赞宾，用虎皮再贿，用章奉。

孟铭言王使伯老蔑历尚，又有馈赠，继言"尚拜稽首"，又曰"既稽首"，则拜稽首实即稽首。故金文所谓撲頴首、拜頴首、手頴首、撲手頴首、撲手指首、撲頴手、撲頴、撲首頴首、撲手页手、頯頴首、捃頴首、撲页首均稽首之谓也。

以上均为诸侯、臣工于王行拜礼，诸礼仪节虽有差异，然均有"頴首"之仪。《左传·襄公三年》："知武子曰：'天子在而君辱稽首，寡君惧矣！'"杜预《注》："稽首，事天子之礼。"彝铭所见诸侯、臣工向天子所行之礼皆为"頴首"，是见天子必行"頴首"也。然，诸侯之臣于国君亦行"頴首"之礼，上引《左传·僖公五年》士蒍于晋侯行稽首之礼，孔颖达《正义》："稽首，臣拜君也。"是也。臣拜君而行"稽首"之礼，其事亦见于西周彝铭。

唯王九月既望乙巳，趞仲命㝬歔司蒦田。㝬撲頴首，对扬趞仲休。

㝬鼎（《集成》2755）

趞仲即孟簋之毛公趞仲，乃班簋之趞，亦即今本《竹书纪年》作"毛伯迁"，趞仲乃毛伯班之父①。故该器与孟簋、班簋均当属穆王时期。㝬，趞仲之臣属也，向趞仲行"撲頴首"之礼。公臣簋（《集成》4184）所记相类，其铭云：

虢仲命公臣司朕百工，赐汝马乘、钟五金，用事。公臣撲頴首，敢扬天尹丕显休。

公臣当为虢仲之臣属，其于虢仲行"撲頴首"之礼。或亦作"撲手頴首"。

唯九月初吉癸丑，公酢祀，霝旬又一日辛亥，公禘酢辛公祀，卒事亡尤，公蔑繁历，赐宗彝一肆、车、马两。繁撲手頴首，对扬公休。

繁卣（《集成》5430）

————————
① 冯时：《班簋铭文补释》，李学勤主编《出土文献》第1辑，中西书局2010年版。

复有作"捧手页（頔）手"者，其例如下。

唯王十又一月既生霸丁亥，荣季入右卯，立中廷，荣伯呼命卯曰："……今余唯命汝死司荤宫荤人，汝毋敢不善，赐汝瓒璋、四毂、宗彝一肆，宝……。"卯捧手页手，敢对扬荣伯休。

卯簋盖（《集成》4327）

卯簋铭与周王锡命诸侯、臣工之铭相类，所用仪节亦相类。"捧頔手"与"捧手页手"之义全同，见于西周彝铭者有不娶簋（《集成》4329），其铭云：

唯九月初吉戊申，伯氏曰："不娶，驭方玁狁广伐西俞，王命我羞追于西，余来归献擒，余命汝御追于䅣，汝以我车宕伐玁狁于高墮，汝多折首执讯。"……伯氏曰："不娶，汝小子，汝肇敏于戎功，赐汝弓一、矢束、臣五家、田十田，用从乃事。"不娶捧𩑢手，休，用作朕皇祖公伯、孟姬尊簋。

臣属亦有向君长行"颡頔首"之礼者。

虡颡頔首，休朕宝君公伯，赐厥臣弟虡井五量……。虡弗敢忘公伯休，对扬伯休。

虡簋（《集成》4167）

曶鼎所记另有诉讼之事，曶于主审之司寇邢叔亦行"捧頔首"之礼，其文云：

[曶]使厥小子赘以限讼于邢叔："我既赎汝五[夫效]父，用匹马、束丝。限忏曰：'质则俾我偿马，效[父则]俾复厥丝束。'质、效父廼忏赘曰：'于王参门□□木榜，用贲徒赎。兹五夫用百鍰。非处五夫[贲，则]罚。'廼质有罚暨乞金。"邢叔曰："才王人廼赎[用贲]。不逆付，曶毋俾成于质。"曶则捧𩑢首，受兹五[夫]，曰陪，曰恒，曰劦，曰会，曰眚。

段玉裁《释拜》云：

《礼》有非祭、非君而稽首者。(《特牲馈食礼》:"宿尸,尸许诺,主人再拜稽首。"《少牢馈食礼》:"宿尸,祝摈,主人再拜稽首。尸拜许诺,主人又再拜稽首。"此皆未入庙之尸也,而再拜稽首者,郑重之至以定其为尸也。《士昏礼》:"宾升,北面,奠雁再拜稽首。"必再拜稽首者,以逆女之事至重,稽首主为授女,故主人不答拜。《聘礼》郊劳"宾用束锦俟劳者,劳者再拜稽首受"。《注》云:"尊国宾也。"又受饔饩俟大夫,"大夫北面当楣再拜稽首受币",《注》云:"尊君客也。"下文皆云宾再拜稽首送币,又下文大夫饔饩,宾再拜稽首受。是亦犹上文尊国宾、尊君客之再拜稽首也。)

曶鼎之诉讼事,曶对邢叔行"摔頴首"之礼,亦尊长上之义。

(二)顿首

周彝铭中虽不见"顿首"之名,却有顿首之实。彝铭中"䭫首"有用于非常之事者,如曶鼎所记匡众偷盗曶盉,而为曶诉至东宫太子之事,其铭云:

昔僅岁,匡众厥臣廿夫寇曶禾十秭,以匡季告东宫。东宫廼曰:"求乃人,乃弗得,汝匡罚大。"匡廼䭫首于曶,用五田,用众一夫曰嗌,用臣曰疐、[曰]朏、曰奠,曰:"用兹四夫。"䭫首曰:"余无攸具寇足[禾],不审,鞭余。"

匡季非曶之臣,然两次向曶行"稽首"之礼(即再拜稽首①),乃为谢罪之故也。曶鼎之稽首犹《周礼》九拜之顿首。《说文·页部》:"顿,下首也。"段玉裁《注》:

下首也。按当作顿首也。三字为句。……凡《经》、《传》言顿首,言稽颡,或单言颡,皆九拜之顿首。何注《公羊》曰:"颡犹今叩头。"《檀弓》"稽颡"注曰:"触地无容。"皆与《周礼》顿首注合。头至手者,拱手而头至于手,头与手俱齐心不至地,故曰空首。若稽首、顿首则拱手皆下至地,头亦皆至地。而稽首尚稽迟,顿首尚急遽。顿首主于以颡叩触,故谓之稽颡,或谓之颡。

---

① 冯时:《中国古文字学概论》,中国社会科学出版社2016年版,第600页。

是稽颡即顿首,稽首、顿首、稽颡三者,仪节基本相同,所异者稽首主首至地尚稽迟,而顿首主于以颡叩地尚急遽。故稽首、顿首或通言不别,孙诒让《周礼·春官·大祝》《正义》曰:

> 《孟子·尽心下篇》云:"若崩厥角稽首。"赵《注》云:"额角犀厥地。"《汉书·诸侯王表》颜《注》引应劭云:"厥者,顿也。"是角犀即颡,厥地即稽颡亦即顿首也。《孟子》以厥角、稽首并举者,通言之,稽首、稽颡、顿首亦可互称,故《一切经音义》引《仓颉篇》云:"稽首,顿首也。"

是其证。

然稽首、顿首所用场合不同。稽首多用于吉、宾、嘉诸礼,而顿首、稽颡则用于凶礼。《说文·页部》顿段玉裁《注》曰:

> 而稽首者,吉礼也。顿首者,凶礼也。空首者,吉凶所同之礼也。……《经》于吉、宾、嘉曰稽首,未有言顿首者也;于丧曰稽颡,亦未有言顿首者也。然则稽颡之即顿首无疑矣。有非丧而言顿首者,非常事也,类乎凶事也。如申包胥之九顿首而坐,以国破君亡;穆嬴顿首于宣子,以太子不立;与季平子稽颡于叔孙昭子以君亡;昭公子家驹再拜颡于齐侯以失国,正同也。

顿首亦为请罪之拜,段玉裁《释拜》云:

> 顿首本专为凶拜,后因振动他用,如穆嬴、申包胥者,遂以为请罪之拜。《战国策·中山》:司马喜顿首于轼曰:"臣自知死至矣。"阴姬公稽首曰:"诚如君言,事何可豫道者。"一为请罪之辞,一为有求之辞,绝然分别,盖非请罪不顿首也。

鼎铭匡稽首于曶,乃请罪之拜。

(三) 空首

前文已述,《周礼》九拜之"空首"即拜手,拜手与稽首共成一拜之礼,亦有单行空首之礼者,其例如下。

> 唯王三年四月初吉甲寅,仲大师右柞,柞赐载、朱黄、銮,司五

邑甸人事，柞拜手对扬仲大师休，用作大林钟，其子子孙孙永宝。

柞钟（《集成》133）

郭老已经指出，钟铭所记乃柞受赐于王，而答谢右者仲大师也。由此铭可知锡命之时，受赐命者于右者亦有答谢之仪。

孙诒让《周礼·春官·大祝》《正义》云：

> 盖郑谓空首，首至手，明手与手相著，首既不至地，则手亦不当至地。……凡经典男子行礼，单言拜者，皆言空首。详言之则曰拜手，略言之则曰拜，虽稽首顿首，亦多先拜手，则空首之拜通于尊卑矣。

（四）吉拜

《周礼·大祝》："辨九拜，……五曰吉拜，六曰凶拜。"郑玄《注》："吉拜，拜而后稽颡，谓齐衰不杖以下者。言吉者，此殷之凶拜，周以其拜与顿首相近，故谓之吉拜云。凶拜，稽颡而后拜，谓三年服者。"

贾公彦《疏》申郑说，历代学者多无异词，至清代学者始有疑郑说者，庄存与《周官说》辨之最析，其文云：

> 《檀弓》之记孔子曰"拜而后稽颡，颓乎其顺也"，康成以为殷之丧拜，"稽颡而后拜，顾乎其至也"。康成以为周之丧拜，"三年之丧吾从其至者"康成以为自期如殷可盖合《周官》。《戴记》为一说矣，窃以为非也。吉凶不相干，《经》曰吉拜，必谓施于宾祭嘉好之事者，今以齐衰不杖以下当之，反吉凶之名，不正甚矣。且求之《经·记》（案：即《仪礼·丧服·记》）稽颡服之重者也，齐衰不杖以下绝无稽颡之文。……吉拜，则冠、昏、相见以往，宾礼、嘉礼、吉礼，拜者多矣。

庄以吉拜乃施于宾祭嘉好之事者，《仪礼》中《士冠礼》、《士昏礼》、《士相见礼》至《觐礼》诸篇多吉拜之礼。孙诒让《周礼正义》亦云："庄纠郑说之误，是也。"由此，吉拜之得名，乃因吉而拜，则拜手、稽首、拜稽首诸拜，凡用于吉者，皆为吉拜，吉拜之用周彝铭中最为常见。

1. 吉礼（祭祀）

吉礼之多为祭祀之事，凡祭祀多有行拜礼之事。或簋所记有祭祀亡母而行拜礼之事。

  乃子𢦏拜稽首，对扬文母福烈，用作文母日庚宝尊簋，俾乃子𢦏万年，用夙夜尊享孝于厥文母，其子子孙孙永宝。

𢦏簋（《集成》4322）

段玉裁《释拜》云：

  凡祭必稽首。（《士虞礼》："主人再拜稽首，祝飨，命佐食祭。"《特牲馈食礼》："主人再拜稽首，祝在左，卒祝，主人再拜稽首。"《少牢馈食礼》："主人西面，祝在左，主人再拜稽首，祝。"）

2. 宾礼
（1）朝觐
方伯朝觐周王，受赐之后有行拜礼之事。

  二月，眉敖至见，献帛。己未，王命仲俋归乖伯貔裘，王若曰："乖伯，朕丕显祖文王、武王，膺受大命，乃祖克弼先王，……赐汝貔裘。"乖伯捧手指（稽）首："天子休，弗忘小裔邦。"

归夅簋（《集成》4331）

（2）朝聘
霸伯盂记周天子之使臣与霸国国君霸伯间朝聘之事，霸伯于天子之使多行拜稽首之礼。其铭云：

  唯三月，王使伯老蔑尚历……，尚拜稽首……。霸伯拜稽首，对扬王休，用作宝盂，孙子子其万年用宝。

3. 军礼
军礼有命将之事，诸将受命用事而行拜礼者，见于𢦏鼎、引簋等。

  𢦏曰："乌虖，王唯念𢦏辟烈考甲公，王用肇使乃子𢦏率虎臣御淮戎。"……𢦏捧頴首，对扬王命。

𢦏鼎（《集成》2824）

  唯正月壬申，王格于恭太室，王若曰："引，余既命汝赓乃祖𢾅司齐师，余唯申命汝，赐汝彤弓一、彤矢百、马四匹，敬乃御，毋败绩。"引拜稽首，对扬王休，……，俘兵，用作幽公宝簋，子子孙孙宝用。　　　　　　　　　　　　　　　　　　　　　　　　　　引簋

彧鼎属穆王时期，鼎铭所记乃穆王命彧抵御淮戎之事。引簋属宣王时期，簋铭所记即周宣王命引率师御敌之事，彧、引皆行"捧頵首"之礼以答王命。

4. 嘉礼

周彝铭所见嘉礼中多有拜稽首之事，如蔑历、锡命、受赐等。

（1）蔑历

彝铭所见有因蔑历而行拜礼者。

唯四月初吉丁卯，王蔑睧历，赐牛三，睧既拜頵首，升于厥文祖考，睧对扬王休，用作厥文考尊簋，睧眔厥子子孙永宝。
　　　　　　　　　　　　　　　　　　　　　睧簋（《集成》4194）

唯六月初吉丁巳，王在郑，蔑大历，赐刍騽犅，曰："用禘于乃考。"大捧頵首，对扬王休。　　大簋（《集成》4165；图 2.2.1）

其他如穞卣、师𩵦鼎、彔尊、𣄰尊、师遽方彝、彔彧卣，所记亦同。蔑历有受嘉奖之义，可纳入嘉礼之属。

（2）锡命

锡命铭文在西周中晚期最为常见，其中多有受锡命者行拜礼之事。有行"捧頵首"之礼者。

唯王九月丁亥，王格于般宫，井伯入右利，立中廷，北向，王呼作命内史册命利，曰："赐汝赤市、銮旂，用事。利捧頵首，对扬天子丕显皇休。"　　　　　　　　　　　　利鼎（《集成》2804）

唯王五月初吉甲寅，……王呼作册尹册命柳："司六师牧、场大□，司羲夷场佃事。赐汝赤市、幽黄、鋚勒。"柳捧頵首，对扬天子休。　　　　　　　　　　　　　　　南宫柳鼎《集成》2805

唯王九月既生霸甲寅，……王呼作册尹册命辅曰："赓乃祖考司辅……。"辅拜頵首，敢对扬王休命，用作宝尊簋，辅其万年子子孙孙永宝用事。　　　　　　　　　　　　　　辅师嫠簋（《集成》4286）

唯二年三月初吉庚寅，王格于大室，……呼内史失册命王臣：

"赐汝朱黄、䘩亲、玄衣黹纯、銮旂五日……用事。"王臣手（拜）頶首，丕敢显天子对扬休。
王臣簋（《集成》4268）

唯王九月既生霸庚寅，……王呼内史史失册命扬，王若曰："扬，作司工，官司量田甸、眔司应、眔司刍、眔司寇、眔司工事，赐汝赤市、銮旂。"扬捧手頶首，敢对扬天子丕显休。 扬簋（《集成》4294）

唯王八月，辰在丙午，王命甄侯伯晨曰："嗣乃祖考侯于甄。"……晨捧頶首，敢对扬王休，用作朕文考濒公宫尊鼎，子孙其万年永宝用。
伯晨鼎（《集成》2816）

前文已论**捧頶首**、**拜頶首**、**頶首**、**捧手頶首**其义均与稽首（拜手稽首）相同。利鼎、南宫柳鼎、辅𠭰簋、王臣簋等所记乃臣工受锡命而行"捧頶首"，伯晨鼎所记即诸侯受锡命而行拜稽首之礼，凡此可明"捧頶首"之仪通乎外服诸侯、内服臣工。

（3）嘉赐

周彝铭亦见受周王嘉许、赏赐而行拜礼者。西周晚期宣王时期晋侯稣钟（《新收》879—880）云：

六月初吉戊寅，旦，王格大室，即位。王呼膳夫曰："召晋侯。"稣入门，立中廷。王亲赐驹四匹，稣捧頶首，受驹以出，返入，捧頶首。

钟铭两言"捧頶首"，返入之后又"捧頶首"。此言晋侯稣受王赏赐而行拜礼。其例亦见于其他铭文。

唯三月，王命荣眔内史曰："蔿邢侯服，赐臣三品：州人、重人、庸人。"捧頶首……作周公簋[1]。 邢侯簋（《集成》4241）

唯十又三年正月初吉壬寅，王征南夷，王赐无㠯马四匹，无㠯捧手頶首。
无㠯簋（《集成》4225）

周彝铭所记尚有受王褒奖而用"捧手頶首"之礼者。

---

[1] 铭文释读参见冯时：《班簋铭文补释》，李学勤主编《出土文献》第1辑，中西书局2010年版。

唯四月初吉甲午，懿王在射庐，作象舞，……王曰："休。"匡捧手頶首，对扬天子丕显休，用作文考日丁宝彝，其孙孙子子永宝用。

匡卣（《集成》5423）

王大耤农于諆田，……王归自諆田，王馭溓仲仆，令罴奋先马走，王曰："令罴奋乃克至，余其舍汝臣卅家"。王至于溓宫，婖，令捧頶首，曰："小子乃效。"令对扬王休。

令鼎（《集成》2803；图2.4.5）

由此可见，吉拜乃因吉事而拜，吉拜通乎吉礼、宾礼、军礼、嘉礼。凡吉拜者，多行拜稽首之礼。

（五）凶拜

吉拜既为因吉而拜，则凶拜则因凶而拜，自郑玄已降，孔颖达、贾公彦、庄存与、凌廷堪、段玉裁、孙诒让等先儒皆以凶拜属之丧礼。凶拜有用于丧礼者，然丧礼之拜亦未必全属凶拜，惠士奇即云："小功以下为吉（拜），大功以上为凶（拜）。"另外，凶礼非止丧礼一端，《周礼·春官·大宗伯》云："以凶礼哀邦国之忧，以丧礼哀死亡，以荒礼哀凶札，以吊礼哀祸栽，以襘礼哀围败，以恤礼哀寇乱。"凶礼之别有五，即丧礼、荒礼、吊礼、襘礼、恤礼，拜若行于此五礼，当多有凶拜之事，《礼记·杂记》："廐焚，孔子拜乡人为火来者。拜之，士壹，大夫再，亦相吊之道也。"郑玄《注》："言拜之者，为其来吊己。《宗伯职》曰：'以吊礼哀祸灾。'"孔子所行之拜礼当即凶拜。然《经》、《传》及周彝铭所见之凶拜多用于丧礼殆无可疑。

凶拜所以区别于吉拜者，郑玄以拜而后稽颡为吉拜、稽颡而后拜为凶拜，然后世学者多有疑郑康成此说者，庄存与《周官说》以为拜而后稽颡、稽颡而后拜皆凶拜，然所用不同，其文曰：

<blockquote>
谨定曰：稽颡而后拜，子为父者之礼；稽颡而不拜则众子也；臣为君、妻为夫，亦皆稽颡而不拜，无为后之道故也，此重拜也，非子为父母、臣为君、妻为夫、父母为长子则皆拜而不稽颡，重稽颡也。拜而后稽颡，父母为长子、君吊于其臣、大夫吊于士，为主后而拜者行之。此皆大祝所辨之凶拜也。
</blockquote>

然稽颡而后拜是否周礼，学者已疑之。凌廷堪《礼经释例·周礼九拜解》即云：

考之《礼经》，但有拜稽颡，而无稽颡拜之文，则拜而后稽颡则周礼欤？郑《檀弓》注以为殷之丧拜，似与经未合。

是凌氏以周无稽颡而后拜之礼。段玉裁为调和郑玄注与三礼经文的矛盾，以拜而后稽颡为周之凶拜，稽颡而后拜为殷之凶拜，段氏《释拜》云：

（《周礼》、《檀弓》、《杂记》）三注略同，皆谓三年丧及齐衰杖之丧则稽颡而后拜，此《周礼·大祝》之凶拜，周之丧拜也。齐衰不杖以下，则拜而后稽颡，此《周礼·大祝》之吉拜，殷之丧拜也。夫《檀弓》之"拜而后稽颡"为殷丧礼，"稽颡而后拜"为周丧礼，未知郑之所据，考之各经，则皆言"拜稽颡"，绝无有"稽颡拜"者。……窃意拜后稽颡，自是《周礼》如此。孔子因古礼稽颡而后拜，顽乎其至，愿三年之丧行此，则谓稽颡后拜为殷礼，似近之。

案：拜而后稽颡为周之凶拜于《经》可征，然稽颡而后拜是否殷之凶拜则难以论定。拜而后稽颡亦见于周彝铭。应国墓地所出晏鼎铭文云：

晏捧稽首，皇兄孝于公，宝厥事。弟不敢不择衣，夙夜用占蘥公。

晏鼎铭文所记即"皇兄"系"公"之独子且早夭、无后，为使大宗不绝，小宗庶子"无"入继大宗宗子，并为大宗宗君"公"操办丧仪之事（详见第三章第三节）。则"晏拜稽首"当为凶拜无疑。班簋亦有凶拜之事。

班捧諸首曰："呜呼！丕丕子皇公受京室懿釐，毓文王、王姒圣孙，隥于大服，广成厥功。文王孙亡弗怀型，亡克竞厥烈。班非敢觅，唯作昭考爽谥大政。"

班为毛公趞仲之子，《白虎通·谥》：

死乃谥之何？《诗》云："靡不有初，鲜克有终。"……所以临葬而谥之何？因众会，欲显扬之也。……诸侯薨，世子赴告天子，天子遣大夫会其葬而谥之何？

簋铭所记盖临葬而作谥，班行"捧馘首"之礼，其为凶拜必矣。臣谏簋言："臣谏曰：捧手頴首，臣谏□亡母弟，剢拥有长子□。"臣谏述其胞弟战死之事而曰"捧手頴首"者，拜手稽首亦为凶拜可知。

拜稽首即《经》、《传》之"拜稽颡"，前文所引段玉裁《释拜》及孙诒让《周礼正义》论之甚甚，稽首与稽颡对文则别，散文则通。稽首、顿首、稽颡周彝铭皆作"稽首"。由晏鼎知，周代凶拜仅有拜稽首（稽颡），而无稽颡而后拜，由此亦明凌廷堪以拜稽颡为周之凶拜至塙。

凶拜之"拜稽首"与吉拜之"拜稽首"之别，仅在于尚左与尚右。清儒惠士奇以吉拜、凶拜乃尚右与尚左之别已廓清吉拜与凶拜的分野，孙诒让《周礼正义》辨之最析，孙氏云：

> 《贾子·容经》云："拜以磬折之容，吉事尚左，凶事尚右，随前以举。"即此经吉拜、凶拜之塙诂。……盖吉拜者，凡常时之稽首、顿首、空首、肃拜、振动诸拜，皆尚左手也。凶拜者，居丧时之稽首、顿首、空首诸拜，皆尚右手，即《杂记》所谓丧拜也。……凡丧拜皆从凶礼尚右手。若已除丧，当从吉礼，故闻丧而从吉拜。奔丧礼谓之吉丧，明其已逮吉时而闻丧，不复用凶拜，并非小功以下之礼也。《杂记》之吉拜、丧拜，亦即指手尚左、尚右之别。……以意推之，盖非居丧之常礼，抑或据吉丧而言，故非三年之丧则吉拜；若常礼，则居丧而丧拜，其正也。孔子有姊之丧，而拱尚右，岂徒三年之丧哉。此经拜仪不专属丧礼，则吉凶相对，吉拜自不专指丧礼之轻者而言。

吉拜、凶拜尚左、尚右之法，段玉裁论之详焉，段氏《释拜》云：

> 凡拜，吉时拱尚左手，凶时拱尚右手。九拜皆必拱手。（凡拱，右手在内，左手在外，是谓尚左；左手在内，右手在外，是谓尚右。……《贾子·容经》曰："拜以磬折之容，吉事尚左，凶事尚右，随前以举。""随前以举"者，正谓吉则举左手在前，凶则举右手在前也。《玉藻》："君赐，稽首据掌致诸地。"《注》曰："致首于地，以左手覆案右手。"此亦取尚左之义。但谓右手掌据地，左手按右手上，恐非古稽首之仪。古稽首、顿首、空首、肃拜，皆必拱手，……非如今人两手伏地之匍匐也。）

（六）奇拜与褒拜

《周礼·春官·大祝》："七曰奇拜，八曰褒拜。"郑玄《注》：

> 郑大夫（兴）云："奇拜，谓一拜也。褒，读为报，报拜，再拜是也。"……一拜，答臣下拜；再拜，拜神与尸。

贾公彦《疏》：

> 按《燕礼》、《大射》有一拜之时，君答一拜，后郑从之。……知再拜拜神与尸者，按《特牲礼》，祝酳奠于铏南，主人再拜，祝在左也。再拜于尸，谓献尸，尸拜受，主人拜送是也。天子诸侯亦当然。

愚按：郑据一端以说经也，一拜不专为答臣下拜而设；再拜亦不止于拜神与尸也。

段玉裁《释拜》云：

> 奇者，不耦也。凡《礼经》言拜，不言再者，皆谓一拜也。（《经》有明言一拜者，《士相见礼》曰："士、大夫奠挚再拜稽首，君答一拜。……士见于大夫，于其入也，一拜其辱，宾退，送，再拜。"……褒拜者，何也？谓再拜已上也。褒者，大也，有所多大之辞也。凡《礼》经言"三拜"及《左传》或言"三拜稽首"，或言"三拜"，或言"九顿首"，以及夫人之侠拜，皆是也。）

黄以周云：

> 古人行礼，多用一拜。其或再拜以加敬，三拜以示徧，皆为褒大之拜。

是奇拜者，一拜也；褒拜者，再拜已上也。
春秋齐彝铭叔夷镈（《集成》285）有再拜稽首之礼。

> 唯王五月，辰在戊寅，师于淄澨。……公曰："夷，汝敬共台命，汝膺厉公家，汝勤劳朕行师，汝肇敏于戎攻，余赐汝莱都膏、禋，其县三百，余命汝司台莱逈、威徒四千，为汝嫡寮。"乃敢用拜稽首，

弗敢不对扬朕辟皇君之赐休命。公曰:"夷,……余赐汝马车、戎兵,莱仆三百又五十家,汝以戒戎作。"夷用或敢再拜稽首,膺受君公之赐光,余弗敢废乃命。

镈铭言公(齐灵公)先赐夷以莱国之鄑、劚共计三百县,并以莱之遗民为夷之属僚,夷行拜稽首之礼;公再赐夷以马车、戎兵及莱之隶仆三白五十五家,以备兵事之作,夷行再拜稽首之礼。西周彝铭中则有行"三拜稽首"之礼者。

唯十又五年三月既霸丁亥,王在归脈宫,大以厥友守。王飨醴,……王召走马膺命取駬騧卅二匹赐大,大三捧頴首,对扬天子丕显休。　　　　　　　　　　　　　　大鼎(《集成》2807)
唯正月甲午,……王亲命伯䢃曰:"毋俾农貧,使厥友聘农。"……农三捧頴首,敢对扬王休①。　　　　　　　农卣(《集成》5424)

大鼎言大受周王赐予而行三拜稽首之礼。农卣所记即王命䢃以其友妻农,农于周王行三拜稽首之礼。

褒拜之仪先儒有异说,敖继公、阎若璩以为再拜稽首者,两拜一稽首,至于拜仪二氏又有不同。《仪礼·士昏礼》婿亲迎奠雁之事曰:

主人揖入,宾执雁从,至于庙门,揖入,三揖,至于阶三让,主人升西面,宾升北面,奠雁,再拜稽首,降出。

敖继公《集说》:

稽首,头下至手也,拜时两手至地,左手在上,若稽首则以头加于左手之上。再拜稽首者,始拜则但拜而已,于其卒拜则因而遂稽首焉。《书》曰"拜手稽首"是也。此礼之重者而为之,重昏礼之始也。

敖氏以稽首为头下之手,说不足信,稽首之法前文已论之颇详,不再赘述。以再拜者,始拜但拜,卒拜之时再稽首,说亦不足取,稽首乃拜手稽首之省称,凡稽首必先拜手,拜手、稽首共成一拜之节,再拜稽首者乃

---

① 释文参见张程昊:《农卣铭文考释》,《考古》2018年第12期。

两拜之节。

阎若璩《答万公择书》①则云：

> 按：再拜《周官》之襃拜，今之两揖是也，折腰而已，非头至地。……稽首仅头一至地而已。……《觐礼》侯氏降两阶之间，北面再拜稽首，升成拜。再拜稽首，首一至地也。升成拜，而至堂上复再拜稽首，亦头一至地。

凡拜未有不跪者，以拜为折腰而已，再拜稽首者，两揖一稽首，实难信据。

文献又有言"稽首再拜"者，《孟子·万章下》：

> （鲁）缪公之于子思也，亟问，亟馈鼎肉，子思不悦。于卒也，摽使者出诸大门之外，北面稽首再拜而不受，曰："今而后知君之犬马畜伋。"……曰："敢问国君欲养君子，如何斯可谓养矣。"曰："以君命将之，再拜稽首而受。其后廪人继粟，庖人继肉，不以君命将之。子思以为鼎肉使己仆仆尔亟拜也，非养君子之道也。"

赵岐《注》：

> 孟子曰，鲁缪公时尊礼子思，数问，数馈鼎肉，子思以君命烦，故不悦也。于卒者，末后复来时。……麾使者出大门之外，再拜叩头不受。……始以君命行，礼拜受之。其后仓廪之吏继其粟，将尽复送，廚宰之人日送其肉，不复以君命者，欲使贤者不答以敬，所以优之也。子思所以非缪公者，以为鼎肉使己数拜故也。

是缪公数问、数馈，子思亦数拜君赐，故子思"于卒也"，麾使者于大门外，并"稽首再拜"者，因前有数拜，故又作稽首之拜，是为卒拜。"稽首再拜"之语亦屡见于汉人文字，《后汉书·礼仪中》刘昭注引蔡质所记立宋皇后仪首云："尚书令臣嚻、仆射臣鼎、尚书臣旭、臣乘、臣滂、臣谟、臣诣稽首言。"末云："臣嚻、臣鼎、臣旭、臣乘、臣滂、臣谟、臣诣愚闇不达大义，诚惶诚恐，顿首死罪，稽首再拜以闻。"许冲进

---

① 阎若璩：《潜邱札记》卷六，台湾商务印书馆1983年版。

《说文解字》云:"召陵万岁里公乘艸莽臣沖稽首再拜,上书皇帝陛下。"末云:"臣沖诚惶诚恐,顿首顿首,死皋死皋,䭫首再拜以闻皇帝陛下。"蔡质文首言"稽首言",末云"稽首再拜以闻",则"再拜"对开篇"稽首"而言。许沖文两言"稽首再拜"者,盖沖曾上书皇帝,为进《说文解字》又上书,"再拜"者对此前曾拜而言。

(七) 肃拜

《周礼·大祝》:"辨九拜,……九曰肃拜。"郑玄《注》引郑司农云:"但俯下手,今时擖是也。"先郑以肃拜不跪但俯下手者,郑康成从之,清儒已驳其非是,黄以周《礼书通故》云:

> 先郑云"但俯下手"者,俯谓俛而低首也,郑注《少仪》云"拜低头",与先郑注合。但俯低头而下两手,较空首、拜手之礼为轻也。肃拜者,跪而俯首下手也。《少仪》明言坐而肃拜,而后人乃云立而肃拜,不亦左乎。

是肃拜跪而俯首下手。孙诒让《周礼正义》云:

> 盖跪而微俯其首,下其手,则虽俯首,不至手;手虽下,不至地也。

孙氏所云即是肃拜之正法也。

《礼记·少仪》所记有妇人拜礼者,其文云:"妇人吉事,虽有君赐,肃拜。为尸,坐则不手拜,肃拜。为丧主,则不手拜。"先儒据以认为"肃拜"为妇人之常礼,以"手拜"为妇人之重礼,段玉裁《释拜》即云:

> 肃拜者,……妇人之拜也。《少仪》曰:"妇人虽有君赐,肃拜。"是则肃拜为妇人之常,犹拜手为男子之常也。妇人以肃拜当男子之空首,以手拜当男子之稽首,以稽颡当男子之顿首。

以肃拜为妇人之常拜,虽君赐亦肃拜,似与周彝铭所见不合。西周彝铭显示,妇人受君赐亦有行"撲䭫首"之礼者。

> 唯十又二月既生霸,子仲渔囗池,天君蔑公姞历,使赐鱼三百,

捧頔首，对扬天君休，用作齍鼎。　　　　　　　公姞鬲（《集成》753）

穆公作尹姞宗室于繇林，唯六月既生霸乙卯，休天君弗忘穆公聖粦明弼辅先王，格于尹姞宗室繇林，君蔑尹姞历，赐玉五品、马三匹，捧頔首，对扬天君休，用作宝齍。　　　　　　　尹姞鬲（《集成》754）

上揭两铭之公姞、尹姞为一人，皆穆公之妻，"天君"乃周王后①。两铭所记皆公姞（尹姞）受天君之嘉赐而行"捧頔首"之礼。鬲铭所记与《礼记·少仪》所谓"虽有君赐，肃拜"之说相抵牾，臣工之妻于王后尚行拜稽首之礼，与周王亦必为拜稽首之礼。再者，两铭所记公姞、尹姞行拜稽首之礼亦与男子礼同。盖肃拜乃妇人常拜，于周王、天君等行拜稽首之礼者，皆因对方地位尊贵，需更加敬意以隆盛其礼之故。

又依礼经，妇人拜礼为侠拜，《仪礼·士冠礼》"（冠者）北面见于母，母拜受，子拜送，母又拜。"郑玄《注》："妇人於丈夫，虽其子，犹侠拜。"宋赵与时《宾退录》卷八："礼，妇人与丈夫为礼则侠拜。侠者夹，谓男子一拜，妇人两拜，夹男子拜。"凌廷堪《礼经释例》："凡妇人于丈夫皆侠拜。侠拜者，丈夫拜一次，妇人则拜两次也。"皆是其义。

（八）振动

《周礼·大祝》："辨九拜，……四曰振动。"郑玄《注》兼存杜子春、郑兴之说，郑氏云："杜子春云：'振，读为振铎之振；动，读为哀恸之恸。'……郑大夫云：'动，读为董，书亦或为董。振董，以两手相击也。'……玄谓振动战栗之拜，《书》曰：'王动色变。'"贾公彦《疏》以为振动亦稽首之拜。凌廷堪《礼经释例》、陈寿祺皆申杜子春以振动为丧拜之说，以谓振动即哭踊。孙诒让《周礼正义》驳之云："但拜必跪，而踊则立，丧拜之拜而成踊者，必拜毕兴乃踊。是踊与拜二事迥别。"孙氏又以合乐节之拜说之，未知何据。振动之拜，先儒歧说纷繁，莫衷一是。

四　小结

《周礼·春官·大祝》所记九拜，贾公彦《周礼注疏》以为：

> 此九拜之中，四种是正拜，五者逐事生名，还依四种正拜而为之也。一曰稽首，二曰顿首，三曰空首，……此三者正拜也。……九曰

---

① 陈梦家：《西周铜器断代》，中华书局2004年版，第135页。

肃拜，拜中最轻，……妇人亦以肃拜为正。其余五者，附此四种正拜者，四曰振动附稽首，五曰吉拜附顿首，六曰凶拜亦附稽首，七曰奇拜附空首，八曰褒拜亦附稽首。

贾以奇拜附空首者，以君拜臣下用空首之拜，又以《书·洛诰》云："周公拜手稽首，朕复子明辟。成王拜手稽首，不敢不敬天之休"者，因周公、成王两相尊敬，故用稽首。愚按：贾说以君拜臣下释奇拜，已偏离郑注之义；又以成王答周公用拜手稽首乃因敬而稽首，恐亦不塙。成王以拜手稽首答拜，乃西周之常礼。换句话说，君答臣拜亦用拜手稽首也。故而《书·顾命》成王崩后，太史读命康王嗣位之册书毕，"（王）乃受同、瑁，王三宿，三祭，三咤，上宗曰：'饗！'太保受同，降。受宗人同，拜，王答拜。"又诸侯朝见康王之时，"宾称奉圭兼币曰：'一二臣卫，敢执壤奠。'皆再拜稽首。王义嗣德答拜。"郑玄、马融、王肃及伪孔《传》皆不释康王以何礼答拜者，盖因其答拜与成王答周公以拜手稽首礼相同，故无需另外出注。

《说文·页部》："顿，下首也。"段玉裁《注》："《周礼·太祝》九捧……以前三者为体，后六者为用。"其说又与贾疏不同。据上文研究可知，男子之拜只有拜与稽首两种，二者为体，顿首、吉拜、凶拜、奇拜、褒拜为用。振动之拜，其义未详，暂不讨论。妇人以肃拜为正，以稽首为盛礼。

《周礼·春官·大祝》所记九拜，除振动外，余者皆见于西周金文，可见九拜大抵为西周制度。随着礼制的发展，顿首（稽颡）等因适用场合特殊，最终从稽首中脱离。另外，又依据拜礼的具体应用情况，又细分出吉拜、凶拜、奇拜、褒拜等，九拜的名目大约在东周时期最终形成。

第二节 "对扬"研究

"对扬"乃西周彝铭习语，究系何义，学者之间有分歧。本节先对周彝铭中有关对扬之仪进行梳理，并对相关问题进行考索。

"对"和"扬"均可单独使用，"对"、"扬"与"休"、"德"等构成一些固定的搭配。

一 对

"对"可单独使用，其例如下。

唯三月，王命荣罤内史曰："蔑邢侯服，赐臣三品：州人、重人、庸人。"拜稽首，……追孝，对，不敢坠，……作周公彝。

邢侯簋（《集成》4241）

亚。唯十又二月，……尹赐臣爵，屈扬尹休，高对，作父丙宝尊彝，尹其亘万受厥永鲁。

屈卣（《集成》5431）

"高"乃"对"之形容状语。"对"亦可与"休"、"享"、"对"等构成一些固定搭配。

（一）对……休

"对……休"的词例如下。

公侯赐亳杞土、麇土……，亳敢对公仲休，用作尊鼎。

亳鼎（《集成》2654）

唯八月初吉，王姜赐旗田三于待劇，师楷酤贶，用对王休，子子孙其永宝。

旗鼎（《集成》2704）

唯十又三月庚寅，王在寒次，王命大史貺裹土。王曰："中，兹裹人入事，赐于武王作臣，今貺畀汝裹土，作乃采。"中对王休命，将父乙尊，唯臣尚中臣。

中方鼎（《集成》2785）

唯王八祀正月，辰在丁卯，王曰："师䚄，汝克盡乃身，臣朕皇考穆穆王……，赐汝玄衮……鋚勒，用型乃圣祖考，粦明命辟前王，事余一人。"䚄拜稽首……䚄敢对王休，用绥作公上父尊。

师䚄鼎（《集成》2830）

唯九月，王才在宗周命盂，王若曰："盂，……赐汝鬯一卣，冂衣、芾舄、车马；赐厥祖南公旂，用狩；赐汝邦司四伯，人鬲自驭至于庶人六百又五十又九夫，赐夷司王臣十又三伯，人鬲千又五十夫。"……王曰："盂！若敬乃政，勿废朕命。"盂用对王休，用作祖南公宝鼎。唯王廿又三祀。

盂鼎（《集成》2837）

易□曰："趞叔休于小臣贝三朋、臣三家，对厥休，用作父丁尊彝。"

易□簋（《集成》4042）

"对……休"者，均因受赐而为之，其他如庚嬴鼎（《集成》2748）、亢鼎（《新收》1439）、叔簋（《集成》4132）、穆公簋盖（《集成》4191）、献簋（《集成》4205）、殷簋（《新收》840）、遣卣（《集成》5402）、效卣（《集成》5433）、遣尊（《集成》5992）。

（二）对……享

"对……享"的词例仅一见。

  王曰："大保，唯乃明乃鬯（畅），享于乃辟。余大对乃享，命克侯于匽。"
               克盉（《新收》1367）

"乃明乃畅"者，周王谓太保清明畅达；"享于乃辟"者，乃谓召公辅弼其君。"大对"者，大报也；因太保享王勤王，故王大报之，命其子侯于燕[①]。

（三）对……烈

"对……烈"的词例如下。

  癲趩趩夙夕圣丧，追孝于高祖辛公、文祖乙公、皇考丁公䵼林钟，用邵格喜侃乐前文人，用祓寿、匄永命，……弋皇祖考高对尔烈……，融绥厚多福。
               癲钟（《集成》246）

  王征南淮夷，……翏生从，执讯折首，俘戎器、俘金，用作旅盨，用对烈，翏生眔大妊，其百男、百女、千孙，其万年眉寿永宝用。
               翏生盨（《集成》4459）

烈者，功烈。钟铭"皇祖考高对尔烈"者，对乃报之义。盨铭"用对烈"者，对应训扬，《广雅·释诂四》："对，扬也。"称扬其功烈。

（四）对……德

"对……德"之词例如下。

  曆肇对元德，孝友唯型，作宝尊彝，其用夙夕将享。
               曆鼎（《集成》2614）

对，可训报、可训答、可训扬，随文而变。

二 扬

"扬"多与"休"、"烈"等构成固定的搭配。"扬"亦可单独使用，其例如下。

[①] 冯时：《周初二伯考——兼论周代伯老制度》，《中原文化研究》2018年第2期。

> 王命辟邢侯出坏，侯于邢，雩若二月，侯见于宗周，亡尤。……唯归，眡天子休，告亡尤，用龏义宁侯，覭考于邢侯。作册麦赐金于辟侯，麦扬，用作宝尊彝。　　　　　　　　　　麦尊（《集成》6015）

> 唯十月使于曾，密伯于成周休眡小臣金，弗敢废，扬，用作宝旅鼎。　　　　　　　　　　　　　　　　　小臣鼎（《集成》2678）

"扬"的对象为施礼者之官长，皆因受赐而"扬"。

（一）扬……休

"扬……休"的搭配较为常见，其例如下。

> 辛宫赐舍父帛、金，扬辛宫休，用作宝鼎。
> 　　　　　　　　　　　　　　　　　舍父鼎（《集成》2629）

> 唯五月乙亥，相侯休于厥臣殳，赐帛、金，殳扬侯休，告于文考，用作尊簋。　　　　　　　　　　　　殳簋（《集成》4136）

> 唯五月壬辰，同公在丰，命宅事伯懋父，伯赐小臣宅画册、戈九、钖、金车、马两，扬公、伯休，用作乙公尊彝。
> 　　　　　　　　　　　　　　　　　小臣宅簋（《集成》4201）

> 唯四月，辰在丁未，王省珷王、成王伐商图，诞省东国图，王卜于宜，入社南向。王命虞侯夨曰："迁侯于宜，赐鬯卣一卣、璋瓒一、□、彤弓一、彤矢百、旅弓十、旅矢千，赐土：厥川三百□，厥□百又廿，厥宅邑卅又五，厥□百又卌，赐在宜王人□又七姓，赐甸七伯，厥庐□又五十夫，赐宜庶人六百又□六夫。"宜侯夨扬王休，作虞公父丁尊彝。　　　　　　宜侯夨簋（《集成》4320）

> 守宫扬王休，作父辛尊，其永宝。　　守宫尊（《集成》5959）

上举"扬……休"皆因受赐而"扬"。

"宜"与"休"同义，故而又作"扬……宜"。

> 公束铸武王、成王祀鼎，唯四月既生霸己丑，公赏作册大白马，大扬皇天尹大保宜，用作祖丁宝尊彝。　作册大鼎（《集成》2758）

> 唯王于伐楚伯，在炎，唯九月既死霸丁丑，作册夨令尊宜于王姜，姜赏令贝十朋、臣十家、鬲百人，公尹伯丁父覭于戍，戍冀司讫，令敢扬皇王宜。　　　　　　　　　　　令簋（《集成》4300）

> 明公归自王，明公赐……令鬯、金、小牛，曰："用祓。"……作

册令敢扬明公尹厥宝，用作父丁宝尊彝。　　矢令尊（《集成》6016）

上揭"扬……宝"者多因受赐而"扬"。"扬……休"与"对……休"意义相同。另有因受命而"扬……休"者，其例如下。

唯王五年九月既生霸壬午，王曰："师旋，命汝羞追于齐，赉汝册五……，敬毋败绩。"旋敢扬王休，用作宝簋。

五年师旋簋（《集成》4216）

因受命而"扬"者，与受赏而扬者似不相同，乃西周军礼。亦有言"敏扬"者。

唯正月初吉乙亥，王在康宫大室，王命君夫曰："償求乃友。"君夫敢敏扬王休，用作文父丁䵽彝。　　君夫簋盖（《集成》4178）

唯十又二月既望，辰在壬午，伯犀父休于县改曰："厥，乃任县伯室，赐汝妇爵、觇之弋琱玉……。"县改敏扬伯犀父休，曰："休。"

县改簋（《集成》4269）

君夫亦因受命而"扬"。

（二）扬……烈

"扬……烈"者见于晋姜鼎（《集成》2826），其铭云：

唯王九月乙亥，晋姜曰："余唯嗣朕先姑君晋邦，余不暇荒宁，经拥明德，宣郊我猷，用诏匹辟。敏扬厥光烈，虔不坠。"

扬，称美也，《尔雅·释言》："对，扬也。"邢昺《疏》："扬，称美也。"此乃称扬其辟之光烈，并非实际仪节。"扬……烈"与"对……烈"意义相同。

（三）扬……赏

"扬……赏"者见于小子省卣（《集成》5394），其铭云：

甲寅，子赏小子省贝五朋，省扬君赏，用作父己宝彝。

"扬……赏"与"对……休"意义相类。故而，"对"、"扬"意义相近，单独使用均答谢之谓。

三 对扬

"对扬"用法比较灵活，"对扬"可单独使用。

> 唯正月初吉，君在雍，即宫，命趞事于述土，……天君使趞事息，趞敢对扬，用作文祖己公尊盂，其永宝用。　　趞盂（《集成》10321）

有"对……扬"、"对……对扬"者。
（一）对……扬
"对……扬"之例如下。

> 虢叔旅曰："丕显皇考惠叔，穆穆秉元明德，御于辟……，旅敢肇帅型皇考威仪，□御于天子，廼天子多赐旅休。"丕旅对天子鲁休，扬，用作朕皇考惠叔大林龢钟。　　虢叔旅钟（《集成》238）

> 王若曰："今余经乃圣祖考，申就乃命，命汝胥荣兑，欨司四方虞廩，用宫御。赐汝赤巿、幽黄、鋚勒。"逨敢对天子丕显鲁休，扬，用作朕皇祖考宝尊盘，用追享孝于前文人。　　逨盘（《新收》757）

> 逨敢对天子丕显鲁休，扬，用作朕皇考龚叔龢钟。
> 　　　　　　　　　　　　　　　　逨钟（《新收》772）

> 追虔夙夕恤厥死事，天子多赐追休，追敢对天子覭，扬，用作朕皇祖考尊簋。　　追簋（《集成》4219）

> 唯十又八年十又二月初吉庚寅，王在周康穆宫，王命尹氏友、史趞，典膳夫克佃人，克拜稽首，敢对天子丕显鲁休，扬，用作旅盨。
> 　　　　　　　　　　　　　　膳夫克盨（《集成》4465）

"拜稽首……对……扬"者与锡命有关。上揭"对……扬"与"拜稽首……对……扬"语境不同，但言"对……扬"者似为寻常记事，并非仪节。

（二）对扬……
"对扬"亦可与"休"、"蔑"、"休命"等连用。
1. 对扬……蔑
"对扬……蔑"者，其例如下。

唯正月既生霸乙未，王在周，周师光守宫事，祼周师，丕丕，赐守宫丝束……。守宫对扬周师釐，用作祖乙尊，其百世子子孙孙永宝用，勿坠。　　　　　　　　　　　　　守宫盘（《集成》10168）

2. 对扬……德

"对扬……德"者，其例如下。

王如上侯，师艅从，王庋功，赐师艅金，艅则对扬厥德，用作厥文考宝彝，孙孙子子宝。　　　　　　　　师艅尊（《集成》5995）

3. 对扬……耿光

"对扬……耿光"者，其例如下。

禹曰："丕显趄趄皇祖穆公，克夹诏先王，奠四方。肆武公亦弗叚忘朕圣祖考幽大叔、懿叔，命禹缵朕祖考，政于井邦。……乌虖哀哉，用天降大丧于下国，亦唯鄂侯驭方率南淮夷、东夷，广伐南国、东国，至于历内。"……雩禹以武公徒驭至于鄂，敦伐鄂，休，获厥君驭方。肆禹有成，敢对扬武公丕显耿光，用作大宝鼎。
　　　　　　　　　　　　　　　　　　　　　　　　禹鼎（《集成》2833）

禹因受武公之命，且以武公之徒驭而克敌制胜，故禹对扬武公耿光，与前揭五年师旋簋因受命而对扬王休相类，乃事后追记。此"对扬"似亦为习语。

4. 对扬……休（命）

"对扬……休（命）"者，其例如下。

寓对扬王休，用作幽尹宝尊彝，其永宝用。寓卣（《集成》5381）
唯二月初吉丁卯，公姞命次司田人，次蔑历，赐马、赐裘，对扬公姞休，用作宝彝。　　　　　　　　　　　次卣（《集成》5405）
唯十又二月初吉丁丑，王在宗周，……王命同左右吴大父，司场、林、虞、牧，自淲东至于河，厥逆（朔）至于玄水，……对扬天子厥休，用作朕考惠仲尊宝簋。　　同簋盖（《集成》4270）
唯正二月初吉甲寅，备仲入右吕服余，王曰："服余，命汝庚乃祖考事，胥备仲司六师服，赐汝赤市、幽黄、銮勒、旂。"吕服余敢

对扬天［子］丕显休命，用作宝盘盉。　　吕服余盘（《集成》10169）

唯正月初吉丁卯，王在周康宫，……王命尹册命申："庚乃祖考胥大祝，官司丰人眔九戲祝，赐汝赤市、縈黄、銮旂，用事。"申敢对扬天子休命，用作朕皇考孝孟尊簋。　　申簋盖（《集成》4267）

唯十又七年十又二月既生霸乙卯，王在周康宫徲宫，……王呼史翏册命此曰："旅邑人、膳夫，赐汝玄衣黹纯、赤市、朱黄、銮旂。"此敢对扬天子丕显休命，用作朕皇考癸公尊簋。　此簋（《集成》4303）

唯正月初吉丁亥，王在□饗醴。应侯见工侑，赐玉五瑴、马三匹、矢三千。敢对扬天子休釐，用作皇考武侯尊簋。
　　　　　　　　　　　　　　　　应侯见工簋（《新收》78）

另有因受命无咎而"对扬"者。

唯九月既生霸，公命黽从□友□炎身，黽既告于公，休亡眤，敢对扬厥休，用作辛公宝尊彝。　　　　黽尊（《集成》6005）

亦有事后追记而"对扬"者。

唯十又六年九月初吉庚寅，王在周康剌宫，王呼士智召克，王亲命克遹泾东至于京师，赐克甸车、马乘。克不敢坠，溥奠王命。克敢对扬天子休，用作朕皇祖考伯宝林钟。　克钟（《集成》206、207）

伯作蒜彝，用对扬公休命，☐其万年用宝。伯簋（《集成》3864）

唯六月既生霸辛巳，王命蒜眔叔犛父归虞姬饴器，师黄傧蒜璋一、马两，虞姬傧帛束，蒜对扬天子休，用作尊簋季姜。
　　　　　　　　　　　　　　　　　　　　蒜簋（《集成》4195）

蒜受赐于师黄及虞姬而"对扬天子休"，乃事后追记。再如下列两例。

唯五年九月初吉，召姜以琱生蔑五、帅、壶两，以君氏命曰："余老之，我仆庸土田多扰，式许，勿使散亡。"……琱生对扬朕宗君休，用作召公尊盨。　　　　　　　　　五年琱生盨

唯六年四月甲子，王在荓，召伯虎告曰："余告庆。"曰："公厥禀贝用狱扰，为伯有祇有成，亦我考幽伯、幽姜命。"……琱生对扬朕宗君其休。
　　　　　　　　　　　　　　　　六年琱生簋（《集成》4293）

宗君系召伯虎之父亦即本铭之"君氏"，虘铭显示宗君由召姜传达其命并未参与其事，琱生"对扬朕宗君休"，显非当面行礼而系事后追记。六年琱生簋琱生"对扬朕宗君其休"，乃因召伯虎用贝平息了琱生仆庸土田的纷扰，乃事后答谢之意。上章所引匍盉所记为青公遣使向匍纳徵之事，其时青公与匍并未晤面，而曰"匍敢对扬公休"，显系习语，并非实际仪节。

追夷簋（《新收》53）云：

唯正月初吉丁亥，追夷不敢昧先人之觐，对扬厥觐祖之遗宝，用作朕皇祖魏仲尊簋。

此"对扬"之对象为"觐祖之遗宝"，乃鬼神之事，与仪节无涉。再如戜簋（《集成》4322）云："乃子戜拜稽首首，对扬文母福烈，用作文母日庚宝尊簋。"此"对扬文母福烈"，亦事鬼神之谓。两铭之"对扬"似为祭祀时向祖考祝告，既与受赐答谢不同，亦与日常习语有别。

亦有因受命而"对扬"者，其例如下。

唯十又一月，王命师俗、史密曰："东征！"……师俗率齐师□人□□伐长必，史密父率族人……周伐长必，获百人。对扬天子休，用作朕文考乙伯尊簋，子子孙孙其永宝用。　　史密簋（《新收》636）

受征命而对扬天子休者，应系军礼。另有"曰：……对扬"之例，其例如下。

盠曰："余其敢对扬天子休，余用作朕文考大仲宝尊彝。"盠曰："其万年世子子孙孙永宝之。"　　盠尊（《集成》6011）

本铭之"对扬"亦习语，并非实际使用的仪节。

5. 拜稽首……对扬

"拜稽首……对扬"是册命铭文中最常见的两个仪节，"拜稽首"的相关问题本章第一节已有讨论，兹不赘述。"拜稽首……对扬"多见于锡命铭文中，其例如下。

唯二月初吉丁亥，王在康宫，格于大室。益公入右师道，即立中廷。王呼尹册命师道，赐汝莽朱亢、玄衣黹纯、……旂五日，鑾。道拜稽首，对扬天子丕显休命，用作朕文考宝尊簋，余其万年宝用享于朕文考辛公。　　　　　　　　　　　　　　　师道簋（《新收》1394）

亦见于其他铭文。

唯十又三月既生霸丁卯，叞从师雍父戍于辪师之年，叞蔑历，仲竞父赐赤金，叞拜稽首，对扬竞父休，用作父乙宝旅彝，其子子孙孙永用。　　　　　　　　　　　　　　　　　叞尊（《集成》6008）

所记皆因受赏赐而"拜稽首……对扬"施惠者。
亦有正封疆而"拜稽首……对扬"者。

唯十又二年初吉丁卯，益公入即命于天子，公乃出厥命，赐畀师永厥田阴阳洛疆眔师俗父田。厥眔公出厥命：邢伯、荣伯、尹氏、师俗父、遣仲。公乃命郑司徒㝬父、周人司工眉、致史、师氏、邑人奎父、毕人师同付永厥田。厥率履：厥疆宋句。永拜稽首，对扬天子休命，永用作朕文考乙伯尊盂，永其万年孙孙子子永其率宝用。
　　　　　　　　　　　　　　　　　永盂（《集成》10322）

盂铭记周王赐师永田土而命执政大臣负责交割之事，周王并未实际参与，而铭末曰"永拜稽首，对扬天子休命"者，乃事后追记。

6. 蔑历——对扬
有因受"蔑历"而"对扬"者，其例如下。

梁其曰："丕显皇祖考，穆穆异异，克慎厥德，农臣先王，浑屯亡敃，梁其肇帅型皇祖考秉明德，虔夙夕，辟天子，天子肩使梁其身邦君大正，用天子宠，蔑梁其历，梁其敢对天子丕显休扬，用作朕皇考龢钟。"　　　　　　梁其钟（《集成》189）

钟铭首记"梁其曰"，通篇乃梁其追述时事，铭末又云"对天子丕显休，扬"乃赞颂天子之习语，与仪节无涉。同例者尚有师望鼎（《集成》2812），学者以为曰后之"对扬"乃陈述的内容，可从①。

---

① 林沄、张亚初：《〈对扬补释〉质疑》，《考古》1964年第5期。

> 史墙夙夜不坠，其日蔑历，墙弗敢沮，对扬天子丕显休命，用作宝尊彝。
> 墙盘（《集成》10175）

墙盘之"对扬"并非实指，亦为称颂之辞。因蔑历而"对扬"者，又有长由盉（《集成》9455）等。

"对"、"扬"二字意义有别，沈文倬以为"对"字在礼仪场合乃接受对方的致意并表示敬意的意思，扬字是一种贵族礼仪中的动作形象，即趋身小仰，手中举物①。沈氏据《仪礼》为说，然而《仪礼》内容虽然来源古老，但是具体仪节是否西周制度尚待考证。由彝铭观之沈说未必然。由于"对"多有答词来表示敬意，因而故训多以对为应答之义。扬字乃以动作来表示谢意，因而扬又有称扬之义。如效尊（《集成》6009）铭云：

> 唯四月初吉甲午，王观以尝，公东宫纳飨于王，王赐公贝五十朋，公赐厥世子效王休贝廿朋，效对公休，用作宝尊彝。呜呼，效不敢不万年夙夜奔走，扬公休，亦其子子孙孙永宝。

尊铭之"对、扬"其义不同，"对"乃答谢之义，"扬"乃称美之辞。故而"对"、"扬"二字散文则通、对文则异，"对扬"盖由"对"、"扬"所组成的同义连绵词。

---

① 沈文倬：《对扬补释》，《考古》1963年第4期。

第九章 结语

一 本书主要内容

通过对西周金文所涉礼制全面整理和初步研究，本书的主要结论如下。

第一，整体思路和研究方法。

（一）研究礼制不仅要关注形而上的礼义、礼旨的研究，还要探讨形而下的礼程、礼物和礼仪。

（二）礼制研究的方法主要包括以下三个方面。第一，以关键字词为线索，初步构建西周金文礼制研究的体系。其二，注重礼仪中所用仪物、礼仪程序、礼位和乐制的研究，这对于礼制研究往往有重要意义。第三，重视器物类别、形制、纹饰与器铭所记礼制之间的关系。

第二，吉礼研究。

（一）通过对相关彝铭的研究，认为西周金文所见之神实即祖考。

（二）周彝铭显示，至迟在西周晚期五世迁宗的宗法制度已经确立。

（三）《礼记·月令》虽成书时间较晚，但其所记习俗在古文字材料中有所反映，可见《月令》所记渊源有自。

第三，凶礼研究。

（一）晏鼎所记关乎周代丧服制度和宗法制度，晏鼎铭文表明西周早期存在严格的五等丧服制度，已确立嫡子死立嫡孙、嫡子早夭无后者可立庶子、大宗无后小宗支子可入继为大宗宗子等较为详备的宗法制度。

（二）应公鼎铭文所记禫祭是西周时期存在三年丧制的确证。结合传统文献所记可知，三年丧制为殷周通制，而周代的丧服制度是建立在完备的宗法制度的基础之上，这是周礼与殷礼最为明显的区别。

第四，宾礼研究。

（一）结合册命铭文所记朝位与文献记载，对册命礼所涉天子、右者、受命者、宣命和秉策史官的朝位进行了探讨，并绘制了册命朝位的示意图。

（二）山西翼城大河口墓地出土霸伯盂所记朝聘礼与殷商及西周早期的宾礼不同，与《仪礼》所记周代聘礼多相吻合。霸伯盂朝聘先享后聘，与《仪礼》所记又有不同。故霸伯盂所记乃西周礼制，而《仪礼》所记或系东周聘礼。而且霸伯盂铭文不唯有礼也有大量关于"仪"的记载，如拜仪、傧相之仪、宾主对答之辞、赠物之仪，凡此或与《仪礼》所记相同，或补礼经之不备。

（四）对西周宾礼形成的原因及时间进行了讨论。《周礼·秋官·小行人》所记六币制度始于穆王时期。而六币的形成年代对认识《仪礼》部分篇章所记礼制的形成时间有积极意义，大凡傧赠使用皮、马、玉、帛者，如《士冠礼》、《士昏礼》、《士相见礼》、《聘礼》、《公食大夫礼》、《觐礼》和《士丧礼》《既夕礼》诸篇所记礼制，其形成年代都不早于西周穆王时期。这与西周中期穆王前后青铜礼器的面貌发生根本改变有着高度的一致性。

第五，军礼研究。

（一）对金文所见西周马政进行了初步的讨论。

（二）对西周时期行军迁主之礼进行了讨论，认为《礼记·曾子问》所载师出以迁主行、无迁主则主命之制系西周军礼。

（二）对军事铭文所反映的西周时期的仁本思想和刑德观进行了讨论，西周金文所反映的冬夏不兴师、老幼不忘弃等足以说明西周时期王师出征强调以仁为本，禹鼎铭文之"勿遗寿幼"义即不杀寿幼，与《司马法·仁本》等所记仁本思想吻合无间。

第六，饮食之礼及射礼研究。

（一）对彝铭所记"饗礼"进行研究，通过对饗礼的行礼地点、行礼时间、所用之俎及宾主关系的研究表明，饗礼一般行于庙，饗礼有行于夜者，所用之俎有羔俎及甗俎，其中甗俎或有用腥者；饗礼"御"者为主人，"侑"者、"逦"者为宾。

（二）对周彝铭所见燕礼和食礼进行整理，与燕礼相关者有"燕"、"醮"、"饫"及"饮"，自铭为"饮壶"者，其形制多样，今所见之"觯"亦有自铭为"饮壶"者，故当更名为"饮壶"，乃饮酒之器。

（三）对周彝铭所见"射"进行了整理，并对射耦、射数、赞射、奖惩等射仪进行了探索。

第七，婚礼研究。

（一）论证应国墓地出土匍盂铭文所记为纳徵礼，散车父诸器所载为婚礼亲迎之礼，昌鸡簋铭文则关乎周代送亲之礼。认为婚礼六礼在西周时期已经是一种较完备的制度，由此亦明《仪礼》经文来源古老且可靠。

（二）纳徵用俪皮的传统较玄纁束帛更为古老，除了实用因素外，还与雌雄双鹿（麒麟）系北宫之神而具有合阴阳而主生养的特性相关，纳徵所致俪皮亦当为雌雄双鹿之皮。

（三）对两周婚期进行研究，两周金文、《春秋》经传及战国日书关于婚期的相关记载显示，两周时期几乎每月都可进行婚嫁，这与先儒所谓霜降至冰泮为婚期之说看似矛盾，却正是古人制礼的精髓所在，即以正礼顺阴阳、修文德，以权礼来适应社会发展的需要。

第八，常见"仪节"研究。

（一）西周金文所见拜礼多可与《周礼·春官·大祝》之"九拜"（稽首、顿首、空首、吉拜、凶拜、振动、奇拜、褒拜、肃拜）互相联系，换句话说，"九拜"是西周制度，只不过《周礼》所记九拜在表述方式上与西周金文有所区别。

（二）对西周常见的"对扬"辞例、使用场合及意义进行了讨论。

二　新认识

较以往的研究而言，本书在西周金文礼制研究方面取得了以下新的进展。

第一，对西周金文所涉礼制，有了较为全面的认识。吉、凶、军、宾、嘉五礼在西周金文中都有所体现。

本书以与诸种礼制相关之关键字为纲，初步建立起西周金文礼制研究体系。吉礼主要以吉祭为主，主要包括祭祀天神之郊、祓、紫、般、莽（祥），祭祀人鬼之侑、祀、禘、肜、鑶、造、栅、禦、叙、尝、禋、燎、禴、烝、腊、赠、血、禅、襢、报、衣等。凡祭名多与吉礼相关，然用于丧祭者则属凶礼；与凶礼相关者有"丧"、"吊"、"哀"、"遣"等；与军礼相关者有"省"（巡守之礼），"狩"、"畋"（田礼）等，另有关乎饮至之礼（"祸"、"饮"）、振旅（"振旅"、"整师"）等；与宾礼相关者有"使"（出使）、"见"（朝觐）、"觐"（觐礼）、"遘"（遇礼）、"殷"（殷同之礼）等；与嘉礼相关者有"飨"（飨礼）、"燕"（燕礼）、"醮"、"饫"、"饮"与"食"（饮食之礼）、"射"（射礼）、"逆"（婚礼亲迎）等。随着材料的丰富及研究的逐渐深入，金文礼制研究体系会更加完备。

第二，用礼制的视角重新审视西周彝铭。本书以礼制视角解读了旲鼎铭文所记五等丧服礼及宗法继承制度、霸伯盂所记朝聘礼、匍盂所记婚礼纳徵之礼、昔鸡簋所记周代送亲之礼等，并对饗礼中宾主身份、射礼之仪节进行了探索，对相关研究有一定的启示。研究表明，《仪礼》等古代礼制文献虽然成书较晚，却保留了大量真实可信的西周礼制，是研究商周制度的重要参考资料。

第三，在前人研究的基础上进一步拓展了礼制研究的方法，即通过对铭文所涉古代思想制度、礼物及礼仪程序的分析，来探讨礼制的性质、内涵及礼制的变化。如通过对古人孝道观及相关制度的分析来阐释昱鼎铭文所记丧服礼。霸伯盂记霸伯进献伯老"用鱼皮两侧贿，用璋先马"与《仪礼·聘礼》享礼"奉束帛加璧享……庭实，皮则摄之"及《礼记·聘义》"圭璋特达"等适相对应，故知"用鱼皮两侧贿，用璋先马"为享礼，"原贿用玉"则为聘礼，进一步论证了两周聘礼礼仪程序之不同。匍盉所记"麀币、韦两"即《仪礼·士昏礼》之"玄纁束帛、俪皮"，再结合匍盉作雁形首的形制，进而论定匍盉所记为纳徵礼。此皆为以新方法取得的新认识。

第四，用古文字材料探究文献所记礼制的形成年代。通过对周彝铭中用事制度讨论，对《礼记·月令》等文献有了较为深入的认识。研究表明，《礼记·月令》虽成书较晚，但其所记用事制度则渊源有自，可上溯至西周时期。《仪礼》中大部分篇章所记礼制的形成年代不早于周穆王时期，也就是说目前所谓的周礼或是周穆王礼制改革的结果。

此外尚有不少本书未能深入研究，但又十分重要的礼制亦需重视，如周彝铭所见西周吉礼远不止本书所论者，周代的宗庙、学校、昭穆制度等亦有不少材料可兹参研。祭器所记世次与庙制、祀典及服制之间的联系亦与周代礼制相关。西周时期的命服制度、车舆制度、旗制等不仅事关礼制问题，而且与官制关系密切，需要结合文献记载与考古发现进行深入探研。另外，如何结合考古材料全面、深入认识西周的丧葬制度，也是今后礼制研究的重要课题。周承殷礼，西周早期的相关礼制尤其是祭礼需结合甲骨文所记殷礼综合讨论，此为今后研究之重点。

主要参考书目

一 基本文献

（一）经部

《春秋公羊传注疏》，《十三经注疏》嘉庆刊本，中华书局2009年版。
《春秋穀梁传注疏》，《十三经注疏》嘉庆刊本，中华书局2009年版。
《春秋左传正义》，《十三经注疏》嘉庆刊本，中华书局2009年版。
《礼记正义》，《十三经注疏》嘉庆刊本，中华书局2009年版。
《毛诗正义》，《十三经注疏》嘉庆刊本，中华书局2009年版。
《尚书正义》，《十三经注疏》嘉庆刊本，中华书局2009年版。
《仪礼注疏》，《十三经注疏》嘉庆刊本，中华书局2009年版。
《周礼注疏》，《十三经注疏》嘉庆刊本，中华书局2009年版。
敖继公：《仪礼集说》，吉林出版集团有限责任公司2005年版。
陈立：《白虎通义疏证》，中华书局1994年版。
陈立：《公羊义疏》，中华书局2017年版。
段玉裁：《说文解字注》，上海古籍出版社1981年版。
顾颉刚、刘起釪：《尚书校释译论》，中华书局2005年版。
胡培翚撰，胡肇昕、杨大堉补：《仪礼正义》，广西师范大学出版社2018年版。
黄怀信、孔德立、周海生：《大戴礼记汇校集注》，三秦出版社2005年版。
黄以周：《礼书通故》，中华书局2007年版。
廖平：《穀梁古义疏》，中华书局2012年版。
凌廷堪：《礼经释例》，北京大学出版社2012年版。
刘文淇：《春秋左传旧注疏证》，科学出版社1959年版。

马瑞辰：《毛诗传笺通释》，中华书局1989年版。
孙希旦：《礼记集解》，中华书局1989年版。
孙诒让：《周礼正义》，中华书局1987年版。
王与之：《周礼订义》，吉林出版集团有限责任公司2005年版。
卫湜：《礼记集说》，吉林出版集团有限责任公司2005年版。
杨伯峻：《春秋左传注》（修订本），中华书局2016年版。
竹添光鸿：《左氏会笺》，巴蜀书社2008年版。

（二）史部

班固：《汉书》，中华书局1962年版。
杜佑：《通典》，中华书局1988年版。
范晔：《后汉书》，中华书局1965年版。
泷川资言：《史记会注考证》，上海古籍出版社2016年版。
马端临：《文献通考》，中华书局2006年版。
司马迁：《史记》，中华书局1959年版。
王先谦：《汉书补注》，上海古籍出版社2008年版。
王先谦：《后汉书集解》，上海古籍出版社2006年版。
郑樵：《通志》，中华书局2012年版。

二　金石学著作

毕沅、阮元：《山左金石志》，清嘉庆二年阮元小琅嬛仙馆自刻本。
曹载奎：《怀米山房吉金图》，明治十五年文石堂翻刻木本。
陈介祺：《簠斋金石文考释》，云窗丛刻袖珍本，1913年。
端方：《陶斋吉金录》，光绪三十四年石印本。
端方：《陶斋吉金续录》（附补遗），宣统元年石印本。
方濬益：《缀遗斋彝器考释》，上海商务印书馆石印本，1935年。
柯昌济：《韡华阁集古录跋尾》，余园丛刻，1935年版。
刘喜海：《长安获古编》，清光绪三十一年刘鹗补刻标题本。
刘喜海：《清爱堂家藏钟鼎彝器款识法帖》，清光绪三年尹彭寿补刻本。
刘心源：《古文审》，清光绪十七年自写刻本。
刘心源：《奇觚室吉金文述》，清光绪二十八年自写刻本。
陆心源：《吴兴金石记》，清光绪十六年自刻本。

吕大临：《考古图》，清乾隆四十六年四库全书文渊阁书录钱曾影抄宋刻本。
潘祖荫：《攀古楼彝器款识》，同治十一年滂喜斋木刻本。
钱大昕：《金石录跋尾》，清光绪年间长沙龙氏家塾重刻本。
钱坫：《十六长乐堂古器款识考》，嘉庆元年自写刻本。
清高宗敕编：《西清古鉴》，清乾隆二十年内府刻本。
清高宗勅编：《宁寿鉴古》，涵芬楼石印本，1913年。
阮元：《积古斋钟鼎彝器款识》，清嘉庆九年自刻本。
孙诒让：《籀庼述林》，1916年刻本。
孙诒让：《古籀拾遗》、《古籀余论》，中华书局1989年版。
王昶：《金石萃编》，清光绪十九年上海醉六堂石印本。
王黼：《博古图》，清乾隆十八年黄晟亦政堂修补明万历二十八年吴万化宝古堂刻本。
王厚之：《钟鼎款识》，清嘉庆七年阮元积古斋藏宋拓摹刻木本。
王杰等：《西清续鉴（甲编）》，清宣统三年涵芬楼石印本。
王杰等：《西清续鉴（乙编）》，北平古物陈列所依宝韵楼钞本石印本，1931年。
吴大澂：《恒轩所见所藏吉金录》，清光绪十一年自刻木本。
吴大澂：《愙斋集古录》，涵芬楼影印本，1931年。
吴大澂：《愙斋集古录释文賸稿》，涵芬楼影印本，1930年。
吴荣光：《筠清馆金文》，杨守敬重刻本。
吴式芬：《捃古录金文》，杭州西泠印社，1913年。
吴云：《两罍轩彝器图释》，清同治十一年自刻木本。
徐同柏：《从古堂款识学》，清光绪三十二年蒙学报馆影石校本。
薛尚功：《历代钟鼎彝器款识法帖》，中华书局1986年版。
张廷济：《清仪阁金石题识》，清光绪二十年观自得斋校刊本。
张之洞：《广雅堂论金石札》，南皮张氏刻本，1933年。
朱善旂：《敬吾心室彝器款识》，台北艺文印书馆1975年版。
朱为弼：《积古斋钟鼎款识稿本》，清光绪三十三年石印本。

三　近人研究

白川静：《金文通释》，白鹤美术馆1963—1980年版。

陈梦家：《陈梦家学术论文集》，中华书局2016年版。
陈梦家：《西周铜器断代》，中华书局2004年版。
陈梦家：《殷虚卜辞综述》，中华书局1988年版。
冯时：《古文字与古史新论》，台湾书房出版有限公司2007年版。
冯时：《文明以止：上古的天文、思想与制度》，中国社会科学出版社2018年版。
冯时：《中国古代的天文与人文》，中国社会科学出版社2006年版。
冯时：《中国古文字学概论》，中国社会科学出版社2016年版。
冯时：《中国天文考古学》，中国社会科学出版社2007年版。
高明：《高明论著选集》，科学出版社2001年版。
高明：《中国古文字学通论》，北京大学出版社1996年版。
郭沫若：《金文丛考》，科学出版社2002年版。
郭沫若：《金文丛考补录》，科学出版社2002年版。
郭沫若：《两周金文辞大系图录考释》，科学出版社1957年版。
郭沫若：《殷周青铜器铭文研究》，科学出版社2002年版。
贾海生：《周代礼乐文明实证》，中华书局2010年版。
李朝远：《青铜器学步集》，文物出版社2007年版。
李学勤：《李学勤早期文集》，河北教育出版社2008年版。
李学勤：《通向文明之路》，商务印书馆2010年版。
李学勤：《文物中的古文明》，商务印书馆2008年版。
李学勤：《新出青铜器研究》，文物出版社1990年版。
李学勤：《中国古代文明研究》，华东师范大学出版社2005年版。
刘雨：《金文论集》，紫禁城出版社2008年版。
裘锡圭：《裘锡圭学术文集》，复旦大学出版社2012年版。
上海博物馆青铜器铭文选编写组：《商周青铜器铭文选》，文物出版社1986—1990年版。
沈文倬：《菿闇文存》，商务印书馆2006年版。
沈文倬：《宗周礼乐文明考论》，浙江大学出版社1999年版。
孙常叙：《孙常叙古文字学论集》，东北师范大学出版社1998年版。
唐兰：《西周青铜器铭文分代史征》，中华书局1986年版。
唐兰：《唐兰先生金文论集》，紫禁城出版社1995年版。
王国维：《观堂集林》，中华书局1959年版。
王国维：《王国维遗书》，上海古籍书店出版社1983年版。
王世民：《商周铜器与考古学史论集》，艺文印书馆2008年版。

杨宽：《古史新探》，中华书局1965年版。
杨树达：《积微居金文说》，上海古籍出版社2007年版。
于省吾主编：《甲骨文字诂林》，中华书局1996年版。
张政烺：《张政烺批注〈两周金文辞大系考释〉》，中华书局2011年版。
张政烺：《张政烺文集》，中华书局2012年版。

后　记

　　本书是在我的博士学位论文《西周金文礼制研究》的基础上完成的，与博士学位论文相比，本书进行了较大幅度的修订。博士论文正文共六章，本书增加为八章，博士论文凶礼、军礼、宾礼原为一章，本书中凶礼、宾礼及军礼皆独立成章，凶礼部分补充了《殷周三年丧制研究》、《旻鼎铭文与西周丧服制度研究》，宾礼部分增补了《古文字所见宾、客》、《西周册命礼的朝仪》、《霸伯盂铭文与西周朝聘礼》、《穆王制礼》，军礼部分补写了《霸仲诸器与迁庙之主》、《仁本思想和西周刑德观》等内容。另外，根据我最近的思考对相关内容进行了改定，因此本书基本反映了现阶段我对西周金文礼制的认识。

　　这本书初步建立了西周金文礼制研究的基本框架，对西周礼制进行了较为全面的整理，并就部分铭文所涉礼制问题进行了讨论。另外，有一些内容还没有最终成文，如，关于"礼"的哲学思考、西周朝觐礼研究、西周祫祭研究等尚待整理发表，待本书修订之时再行收入。有了这本书的经历，希望下一部《甲骨文与殷礼研究》可以写得更完善一些。

　　礼制是三代的基本制度，所包含的范围非常广泛，研究的难度也不小。多年来我一直希望自己能在礼制领域有所作为。2010年9月跟随冯时师读博之后，便下定决心作礼制研究。我的硕士论文《应国具铭铜器研究》是围绕河南平顶山应国墓地出土两周具铭铜器展开的，其中M50所出匍盉铭文虽短，但内容与一般周彝铭不同。硕士论文没有解决匍盉铭文的问题，但它一直萦绕在我脑海里，挥之不去。博士期间有一门《专门考古》课程，是导师单独为学生所开设的，跟冯师商量之后，我们决定以写铭文考释的形式代替讲授，以此来提高研究铭文的能力。我便以匍盉为题写了第一篇作业，孰知越写问题越多，我只能通过广读文献来解决碰到的问题，冯师更不厌其烦、逐字逐句的帮我修改，还不时给予指导，最终我认定匍盉所记为西周纳徵之礼。该文已在《考古》2013年2期发表。我逐渐明白老师当初为何让我从具体问题入手去做研究。

本书能顺利写完、结项、出版，得益于国家社科基金的资助。基金项目总要交差，否则以我之懒散，不知道什么时候才能脱稿。本书的完成也得益于师友、亲人的帮助、鼓励。

首先，感谢恩师冯时教授。第一次拜见冯师是在 2006 年 9 月 26 日下午，当时大四刚开学，想报考冯师的研究生，冯师便约我去家里，正所谓腹有诗书气自华，第一次见冯师便被他儒雅的气质所折服。虽然至今已十余载，当年的情形仍历历在目。在恩师的熏陶、帮助之下，我逐渐学会了学术论文的写作，并且喜欢上了阅读文献，这对今后的学术研究帮助很大。在日后的学业当中每当遇到困难，冯师总是给予最大限度的关怀、鼓励，并尽其所能帮我完成学业。若无恩师的循循善诱、谆谆教诲我无法走上学术道路。到《考古学报》作编辑之后，跟老师请教的机会更多，这几年在学问上的进益也与此分不开。师母金文馨女士，在我生活、求职和工作中都给予了很多帮助，师母的关心和帮助让我感动不已。

癸未金秋我以弱冠之岁来京求学，入中央民族大学博物馆学专业就读，如今早已过了而立之年，尔来已十六寒暑。帝都十余载，若无亲朋师友之助，我难以走到今天。母校中央民族大学惠我实多，民大诸师友对我亦襄助良多。肖小勇教授从本科起就给我传道授业，学士学位论文和硕士学位论文都是在肖老师的指导下完成的，肖老师在学习和论文撰写上给了我很多建议，开拓了我的思路和视野。肖师母在求学期间给予了我很多关心和经济上的援助，让我得以度过难关，没有恩师、师母的无私帮助，我在北京难有立足之地。戴成萍老师引领我进入了考古学领域，戴老师不仅在学业上提供了很多帮助，而且在为人处事方面对我教诲颇多。朱萍老师、马沙老师、霍宏伟老师、刘连香老师一直关心我的学习，并提供了力所能及的帮助。最近，又奉小勇师之命回母校给文博专业的本科生讲授《古文字学》，怎敢不庶竭驽钝，以己之绵薄略作反哺之谊。

感谢父母、岳父岳母和贤妻。父母爱子女无微不至，我十一岁离家到外求学，与父母聚少离多，1990 年开始念书至今已 29 年，父母一直无怨无悔、倾尽全力地爱我、护我、助我。岳父岳母对我们照顾有加，从工作学习、为人处世，到衣食住行、柴米油盐，都倾注了无数关爱。

2016 年小儿出生，冯师赐名伯儒，小名小易，典出《礼记·儒行》："儒者，易禄而难蓄也。"我儿性格温顺而跳脱，合了冯师所赐儒字。易儿给我们的生活增添了无穷的乐趣，也增加了无尽的责任。愿我儿健康长大，成为一个自信、学有专长的人，若能继承师门古文字的衣钵当然是更好。

爱妻赫然持家有方，体谅我的工作和研究，时时处处为我着想。我们这个温暖的小家几乎是她一个人支撑起来的，家中的大事小情都由她一手安排，使我从琐碎的家庭生活中解脱出来，能有闲情逸致来读书、写作、编稿。能做多大学问、有多深的造诣，取决于我自己的努力和资质，但是爱妻这份眷念体谅，这份鹣鲽深情，我将珍惜一生。如果可以我想把这本小书献给爱妻，这句话西方人喜欢写在扉页，中国人谦虚就夹在这文字中间吧。

感谢中国社会科学出版社的黄燕生主任、郭鹏老师、王琪老师为本书出版所作的努力。书稿杀青，感慨万千，再谢家人、师友。

黄益飞

2019 年 4 月